カルチュラル・スタディーズで読み解くアジア

岩崎稔・陳光興・吉見俊哉 編

せりか書房

カルチュラル・スタディーズで読み解くアジア◉目次

本書を編むにあたって　岩崎　稔　8

第一部　出来事としてのカルチュラル・スタディーズ

東アジアのCultural Studiesとは何か　吉見俊哉　18

緊張と共に生きる
――インター・アジア運動をめぐるメモランダムとして　陳　光興（橋本良一訳）　35

アジアにおける凡庸さと教育について　ミーガン・モリス（橋本良一訳）　47

「日本」におけるカルチュラル・スタディーズの水脈と変容
――ヨーロッパ／東アジア／日本の結節点において　ファービアン・シェーファ／本橋哲也　61

第二部　文化と政治の突端で

『アトミックサンシャイン』展覧会問題をどうとらえるか　毛利嘉孝　78

現代日本における排外ナショナリズムと植民地主義の否認
――批判のために　柏崎正憲　91

日本人「慰安婦」被害者と出会うために　木下直子　108

「経済開発」への抵抗としての文化実践
——施政権返還後の沖縄における金武湾闘争　上原こずえ　132

第三部　アイデンティティと可視化の問い

在日フィリピン女性の不可視性
——日本社会のグローバル化とジェンダー・セクシュアリティ　菊地夏野　152

不可視化される“不法”移民労働者第二世代
——トランスナショナルなつながりとエンパワーメント　鄭嘉英《チョンガヨン》（遠見里子訳）　169

「多文化共生イベント」におけるアイデンティティ・ポリティクスの現在
——「マダン（마당）」の変容にみる〈ナショナルなまなざし〉の反転可能性
稲津秀樹　184

第四部　アジアのイメージ、イメージのアジア

不安の感性、金守子《キムスジャ》と李昢《イブル》
——グロテスクな魅惑の都市、二一世紀のソウル・アート　禹晶娥《ウチョンア》（常安郁彌訳）　204

映画のなかの沖縄イメージ
——その複線的な系譜　多田　治　222

「アメリカ」・モダニティ・日常生活の民主主義
——占領期における女性雑誌のアメリカ表象　松田ヒロ子　237

第五部　メディアと公共性

越境する公共性
——テレビ文化がつなぐ東アジアの市民　岩渕功一　256

フィリピンにおける日本製アニメの人気と両国関係　マリア・ベルナデット・ブラヴォ（山嵜佑衣訳）　271

ファンの地下経済活動
——ジャニーズファンを例に　龐《パン》惠潔《ホエイチエ》　286

あとがき　312

執筆者略歴

本書を編むにあたって

岩崎　稔

本書の意図と成立事情について、冒頭で説明しておきたい。本書は、*Inter-Asia Cultural Studies* とカルチュラル・タイフーンの熱いコラボとして二〇〇九年七月三日、四日、五日に東京外国語大学で開催された《カルチュラル・タイフーン２００９／INTER-ASIA CULTURAL TYPHOON》のなかから生まれ出てきた。もっとも、単純な記録集ではない。この経験のなかで行き交ったもの、生まれでた疑問や発見、討議の成果を、その後しばらく時間をかけて反芻して結実させた成果である。カルチュラル・スタディーズとアジアをめぐって現時点で考えるべきあらゆる論点を、さまざまな視角から確認する試みになっているはずである。

アジアの文化的状況は、八九年の冷戦終結以後ドラスティックに変容してきていた。アジアにおける、アジアによる、アジアをめぐるカルチュラル・スタディーズは、当事者たちがどこまで自覚的でありえていたかは措いても、まずは、そうしたおおきな政治的コンテクストに深く規定されたものとならざるをえなかった。

冷戦の終わりとともに、アメリカの圧倒的な軍事プレゼンスを背景として戦後アジアを規定してきた暴力と抑圧の構造が破綻したり再編を強いられたりした。それは、新しい枠組みが、支配者の側でも、知識人のなかでも、そして民衆のなかでも模索されている時期であった。だから、冷戦構造が作りだした戦争と戦後の価値観が色褪せ、無効化し、その他方でそれまで封印されたり、不可視にされたりしてきた戦争の記憶がその空隙に吹きあがってきたものだった。

こうした脱冷戦という条件はまた、アジアの近現代史のなかで冷戦によって押し込められてしまっていたコロニアリズムの問題を再帰的に問いなおすという課題までもが浮上してくることを意味していたから、戦争の記憶は、おのずからポストコロニアルな問いにも結びつくことになった。そもそも戦後東アジアは、三八度線や台湾海峡、そして二七度線をはさんだ多くの分断と反共主義の技法によって、深い痛みを抱えていた。それは、コロニアリズムの負債のなかから生まれた闘争や革命、それをめぐる身もだえするような混乱によって、きわめて大きな政治的負荷を負わされた関係性でもあったのだ。ポストコロニアル状況を引受けるという特性が、イングランドで始まった最初のカルチュラル・スタディーズであったサブカルチャー研究に内在し、それがおのずから移民や移民の子たちの政治的覚醒に結びついていたように、アジアのカルチュラル・スタディーズも、当然のように植民地支配の歴史と影響が、いかになお持続し、再来し、しかもつねに不可視化されようとしているのかを執拗に問わざるをえない。

さらに、脱冷戦とポストコロニアル状況に加えて、近年のアジアを規定するもうひとつの深刻な契機となったのが、世界大の支配的な潮流として現われてきている新自由主義経済とそれを支える思考や技法であった。アジアの経済的沸騰や成長速度は、驚異的であり、それ自体は瞠目すべきスペクタクルと化してさえいる。新自由主義は、無制約な収奪と市場の支配のために、慣習や文化、法的な規制を掘り崩し、自己責任と過酷な自己組織化の身体技法を労働者たちに内面化する。これは、冷戦期の反共主義でさえ破壊することのできなかった社会や身体や感受性のなかの脱商品化的領域をも浸食するまでに、その強力な同化力を誇示している。新自由主義は、文化の商品化を徹底させることを通じて、文化をめぐるありとあらゆる敵対性を「払拭」し、わたしたちの言葉と表象を根源的に不毛にする。そのために、新自由主義にとって何より必要なのは、記憶と歴史の根絶である。

剰余価値の案出のための文化的差異化の操作を除けば、文化にインパクトがあっては困るのだ。新自由主義が要請し、しかも論理的に絶対ありえない理想的環境とは、あらゆる抵抗値のない資本にとっての絶対自由のサーキットであり、脱政治化された死に体の文化である。カルチュラル・スタディーズがとうていそうしたことに加担できないかぎり、今日、文化を生きて実践するということは、この新自由主義状況を根底から問い直すことを不可避にしている。

脱冷戦、ポストコロニアル、そして新自由主義との文化的に際限のない格闘。この三つの差し迫った課題のなかで、旧態依然たる諸学ではなく、またいまや根本的に取り込まれてしまった現状追認のための専門的情報知識でもなく、文化と政治のミクロ・マクロの動態を再帰的に問いなおそうとするカルチュラル・スタディーズという実践形態こそが、この状況の鍵となる知のフォルムとなってきていることには必然性がある。アジアのカルチュラル・スタディーズを体現しているのは、ひとつには、一九九九年にスタートしたアジアの各地を縦横に移動する*Inter-Asia Cultural Studies*の運動であり、いまひとつはそれに強く連帯しながら日本語圏を中心に展開してきたカルチュラル・タイフーンである。

そもそもカルチュラル・タイフーンが、二〇〇二年の予備会議を経て、二〇〇三年東京の早稲田大学で開催されるようになったことは、今日から思い起こしてみるならば、確実に文化研究と文化実践をめぐるこうした新しい状況に対する自然な時代の応答であったのかもしれない。東大で予定されていた二〇〇二年の予備会議の日は、東京には台風が襲来するとされていた。前日までの雨と風は、当日には晴れ渡っていたのだが、自分たちの熱気と活力をどのように命名しようかという段になって、わたしたちはおのずからカルチュラル・タイフーンという名を名乗るようになったのだ。それ以来、二〇〇四年沖縄、二〇〇五年京都、二〇〇六年下北沢、二〇〇七年名古屋、二〇〇八年仙台と経てきて、二〇〇九年には東京外国語大学で*Inter-Asia Cultural Studies*との共同大会として開かれるにいたった。この成果にのっとり、カルチュラル・タイフーンと*Inter-Asia Cultural Studies*のコラボから本書が生まれたということはすでに述べたとおりである。それを通じて、カルチュラル・タイフーンはスタートからの数年間を、*Inter-Asia Cultural Studies* も創刊以来の一〇年を振り返ろうと、あらためて互いに向き直ってみたのである。

全体は五つの部分から構成されている。第一部「出来事としてのカルチュラル・スタディーズ」では、主としてアジアと日本におけるカルチュラル・スタディーズの生成と変容、そしてその問題点について四つの論文が主題的に考察している。*Inter-Asia Cultural Studies* の主幹であり、本書の編者のひとりでもある陳光興の手による「緊張と共に生きる――インター・アジア運動をめぐるメモランダムとして」は、この運動の十年を振り返る形で、アジアにおけるカルチュラル・スタディーズが引き受けている内的な緊張と、それが学問的セクショナリズムやナショナリスティックな分断にいかに抗してきたのかを省察している。そのなかでかれは、とくに *Inter-Asia Cultural Studies* がサブタイトルに「運動 Movements」という言葉を伴っている理由をエピソードとして伝えている。カルチュラル・タイフーンに合流した *Inter-Asia Cultural Studies* は、あくまで「世界を変革するというより大きな知的運動の一環」であろうとしているし、カルチュラル・タイフーンもまたそうした関心や実践に十分に応じるような実質を持っていたからこそ一緒にできた。陳の論考と、ミーガン・モリスの「アジアにおける凡庸さと教育について」を通して、読者は *Inter-Asia Cultural Studies* の簡明な歴史と意義を理解することができるだろう。この二論文の英語版は、*Inter-Asia Cultural Studies* の第十一号に掲載されている。それに対して、カルチュラル・タイフーンについては、本橋哲也とファービアン・シェーファの共同論文「「日本」におけるカルチュラル・スタディーズの水脈と変容――ヨーロッパ／東アジア／日本の結節点において」を見てほしい。カルチュラル・スタディーズ小史とでも呼ぶべき試みのなかで、一九九六年に東大でスチュアート・ホールらを招いて行なわれた歴史的会議「カルチュラル・スタディーズとの対話」の意義と、それ以来の変転も振り返っている。とくにシェーファが、ヨーロッパにおけるヤパノロギー（日本学）という古い殻を、アジアのカルチュラル・スタディーズへと作り変えていこうと格闘しているライプツィヒ大学に根ざすグループである事情も、この共同論文のなかで行なわれている比較に独特の奥行きを与えていると言えるだろう。*Inter-Asia Cultural Studies* とカルチュラル・タイフーンのそれぞれの来し方を前提にしたうえで、さらに吉見俊哉は「東アジアの Cultural Studies とは何か」という論考のなかで、この難しい問題に対して暫定的な総括を与えている。これら四つの論文を通して、読者はアジアのカルチュラル・スタディーズの現在について、かなり明確な見通しを得られるはずである。

カルチュラル・スタディーズはつねに政治的な存在であるが、なかでも明示的な亀裂と抗争が出現している局面について主題的に考察している論考を四つ、第二部「文化と政治の突端で」に配置してある。毛利嘉孝の「『アトミックサンシャイン』展覧会問題をどうとらえるか」は、沖縄県立博物館・美術館の『アトミックサンシャインの中へ in 沖縄』展の経緯を記録しているとともに、すこし時間をおいた地点から振り返ってより普遍化して問題を考察しており、またその後の民主党政権への交代を経て焦点化した普天間基地問題についてもにらんでいる。『アトミックサンシャイン』展覧会の問題は、ちょうど《カルチュラル・タイフーン2009／INTER-ASIA CULTURAL TYPHOON》の時点では、アートの政治性と自由をめぐるきわめて熱い争点であった。タイフーンの会場には、展示拒否をされた大浦信行氏自身も駆けつけて緊急シンポジウムで討議する場面があった。柏崎正憲の「現代日本における排外ナショナリズムと植民地主義の否認――批判のために」は、きわめて新しい危険な現象として出てきている日本の排外主義運動についての考察である。「在日外国人特権を許さない市民の会」などを名乗る潮流は、在日外国人に照準を合わせて、露骨な人種主義的差別言動を掲げ、また実際に街頭での直接行動を通じてこの社会のマイノリティのひとびとに攻撃を仕掛けている。柏崎論文は、この奇異とも思われる事態の特性と背景について、正面から考察した試みになっているのではないか。木下直子の「日本人「慰安婦」被害者と出会うために」は、九〇年代以後、日本社会における歴史認識をめぐる最大の争点であった、かつて強制的に「従軍慰安婦」とされてしまったひとびとへの加害行為を、この社会の記憶としていかに忘れないでいるかという問題から出てきている。しかし、木下は、日本人慰安婦の不可視化のなかにも、彼女たちを職業的な娼婦たちであったとステロタイプ化することで消去する暴力が作動していることを具体的に読解して、この問題にさらにひとつの論点を付け加えようと試みている。上原こずえの「「経済開発」への抵抗としての文化実践――施政権返還後の沖縄における金武湾闘争」は、戦後沖縄のポストコロニアル状況が、軍事基地の重圧だけでなく、同時に経済開発という形でも生み出されているということ、そしてそれをめぐる闘いがいかに複雑な状況のなかで未来を切り開いてきたのかを論じており、示唆的である。

第三部「アイデンティティと可視化の問い」は、さまざまなアイデンティティをめぐる葛藤や内省、エンパワーメントの経験を読み解いている。菊地夏野の「在日フィリピン女性の不可視性――日本社会のグローバル化とジェンダー・セクシュアリティ」は、とくに性産業で働く移民労働者女性にインタヴューしつつ、そのひとたちをほとんどの日本人がまったく視野に入れていない実情のなかで、かれらの困難と困惑を読み解こうと格闘している。鄭嘉英の論文「不可視化される〝不法〟移民労働者第二世代――トランスナショナルなつながりとエンパワーメント」は、ソウルにあるモンゴル人移民の子供たちを対象とした支援学習組織に韓国語の教師として加わった参与観察に基づく考察である。外からはなかなか見えない韓国におけるエスニックマイノリティの問題が、非常に分かりやすい形で紹介されている。まったく同前の問題を日本の社会のなかに見出すことは難しくないだろうし、そうした敷衍が可能であるという点でも、有意義な論考であろう。稲津秀樹の「「多文化共生イベント」におけるアイデンティティ・ポリティクスの現在――「マダン（마당）」の変容にみる〈ナショナルなまなざし〉の反転可能性」は、在日朝鮮人の文化のなかで重要な意味を持っていたマダン劇が、在日にかぎらない多様な日本のエスニックマイノリティとの交互関係のなかに

はいったとき、それが変容し、新しい対立と可能性を孕むということを、できるかぎり出来事に即して考えている。

第四部の「アジアのイメージ、イメージのアジア」は、表象をめぐるコンフリクトや領有の問題を扱う三つの論文が収められている。禹晶娥の「不安の感性、金守子と李昢――グロテスクな魅惑の都市、二一世紀のソウル・アート」は、金守子と李昢というふたりの影響力あるアーチストをとりあげ、一方では伝統的手仕事の再発見、他方ではサイボーグ的表象と解体された身体性という正反対の手法があることを比較検討して確認しながら、この両者のなかに共通に存在する韓国社会に対する厳しい異論を鮮やかに読み解いている。沖縄をめぐる文化的横領の問題について取り組んでいる多田治は、《カルチュラル・タイフーン２００９／INTER-ASIA CULTURAL TYPHOON》においても、一橋大学の指導学生たちとともに、沖縄をめぐるツーリズムやカフェ文化の問題についてまとまったパネルを組織していたが、そうした一連の作業を背景として、「映画のなかの沖縄イメージ――その複線的な系譜」で沖縄映画を網羅的に整理している。松田ヒロ子の「「アメリカ」・モダニティ・日常生活の民主主義――占領期における女性雑誌のアメリカ表象」では、時代は一気に戦争直後の時期に飛ぶが、松田は社会史への関心が強いと思われる手際で、占領当局とメディア、それに読者の相互性のなかでいかに「アメリカ」が表象され、またその表象を介してどのように戦後のアメリカのプレゼンスが強化されたのかについて、考察を試みている。

第五部は、「メディアと公共性」として、三つの論考を収めている。すでに日本のカルチュラル・スタディーズを代表する論客でもある岩渕功一は「越境する公共性――テレビ文化がつなぐ東アジアの市民」を通じて、韓流華流ブームとしてもはや動かしがたい所与になっているテレビ番組の東アジア的越境について、総括し読み解いてくれている。マリア・ベルナデット・ブラヴォの「フィリピンにおける日本製アニメの人気と両国関係」や龐恵潔の「ファンの地下経済活動――ジャニーズファンを例に」は、日本語圏ではまったく知ることができなかったり、普段気にも留められていなかったりする現象をとりあげているが、ともに興味深い素材を提供してくれているだけでなく、類似のメディア状況に応用可能な示唆に満ちている。

これらの論文は、すでに述べたようにカルチュラル・タイフーン２００９の活動のなかで語られ、その周りで練られたものであるが、それぞれがまた多方面に越境していきながら、さらに多様な研究プロジェクトや活動と結びついている。それもまたカルチュラル・タイフーンに相応しいことであるのかもしれない。

《カルチュラル・タイフーン２００９／INTER-ASIA CULTURAL TYPHOON》は、かなりの成功を収めた。アジア各地から二〇〇〇人を越えるひとびとが参加して、多言語的な討議空間を作りだした効果は、参加者の経験を通じてさらにアジアの各地域でのカルチュラル・スタディーズの実践にフィードバックしてきている。本書はぜひ、そうした流れを想起しつつ、手にとっていただきたい。二〇〇九年以後も、二〇一〇年の駒沢大学で行なわれたカルチュラル・タイフーン２０１０は、映像にひとつの重心を据えた成果の多い大会であったし、二〇一一年のカルチュラル・タイフーン２０１１も、すでに多くの期待を集めて準備が進んでいる。カルチュラル・タイフーンは、その運営においても、既存の学会とは距離をとり、かならず若い研究者たちがイニシアティヴを発揮し、国と国の閾、大学とその外部との閾をかぎりなく小さくしながら、柔軟に組織されることを特長としている。ありていにいうなら、「カルタイは愉しい」と関わったひとたちに呟いてもらえるようなあり方をつねに模索してきている。文化と政治に対する仮借ない批判精神だけではなく、そうした自由な雰囲気の一端も、本書の頁のどこかから漏れ出てくれることを期待して、これをみなさんにお届けする。

第一部　出来事としてのカルチュラル・スタディーズ

東アジアのCultural Studiesとは何か

吉見俊哉

1 「豊かな戦後」とアジアの「戦後」

二〇一一年三月一一日の震災と原発事故の拡大で、私たちの「豊かな戦後」の終焉はいよいよ決定的となった。壮絶な大津波の到来で、一瞬にして瓦礫の荒野と化した東北沿岸の風景を前に、私たちはどうしようもなく胸が締めつけられる思いにかられる。逃げる間もなく濁流にのみ込まれて失われた二万数千の命に対し、その数知れぬ魂に対し、生き残った私たちにいったい何ができるのか。こうした思いが列島全体に広がっているし、今後も長く社会に刻み込まれ続けるだろう。今、ここにその終末があまりにも明白となったのは、日本社会の「豊かな戦後」への信憑である。この「豊かな戦後」は、一九五〇年代半ばに構築され始め、六〇年代を通じて絶頂に達し、七〇年代の模索の時期を経て軌道修正の可能性を失い、八〇年代末以降、今日まで四半世紀に及ぶ崩壊過程に入っていった。私は拙著『ポスト戦後社会』(岩波新書)において、この「豊かな戦後」が頂点に達して以降の日本社会、とりわけ八〇年代末以降のそれを「ポスト戦後社会」と名づけた。[1]

しかし、この日本の「ポスト戦後」は、東アジアの「戦後」である。東アジア全体でみた場合、「戦後」は一九四五年に始まってはいない。一九五〇年代から七〇年代まで、東アジアでは朝鮮戦争とベトナム戦争という二つの大規模戦争が生じ、中国大陸では文化大革命の動乱が続き、さらに韓国、台湾、フィリピン諸国は軍事独裁体制に支配されていた。東アジアは少なくとも一九七〇年代半ばまで、「戦後」どころかまさしく「戦時下」を生きてきた。東アジアに「戦後」が到来するのは、中国が文化大革命の混乱を終息させて「改革開放」政策に転じ、カンボジアでのポルポト派による大虐殺が終わり、韓国や台湾では民主化運動が盛り上がっていく七〇年代末以降のことである。つまり、日本の「ポスト戦後」が、東アジア全体で考えると「戦後」そのものになる。

したがって、日本の「戦後」と東アジアの「戦後」には三〇年以上のずれがあり、その間、日本と東アジアはそれぞれ異なる歴史的現実を生きた。日本本土の場合、この三〇年余は、復興から高度経済成長へと向かう「輝かしき」時代だった。無論、三〇年間は同じように流れたのではなく、中間の一九六〇年前後で前期と後期に分かれる。前期は「占領からポスト占領へ」の流れであり、軍事・政治的な支配者としてのアメリカが強烈に意識されていた。この点で、日本と他の東アジア諸国の間には、まだ共通点があった。だが、安保闘争を経た六〇年代以降は、文字通り日本が経済成長にひた走る時代で、東アジア諸国との歴史的経験の共通性は見えなくなる。そして、このような日本の「戦後」と東アジアの「戦時」が、同時に終わっていくのが、七〇年代半ばなのである。

七〇年代末以降、東アジアは、本格的な「戦後」の時代へ、日本の経験からするならば「ポスト戦後」の時代に入っていく。韓国や台湾では、八〇年代を通じて民主化闘争が展開され、九〇年代になると中国に市場経済が浸透し、東アジアは何よりも経済で再び深く結びつき始める。日本は八〇年代にバブル経済に沸いた後、長期的な停滞期に入っていくが、同時代に他の東アジア諸国は成長を重ね、四半世紀ばかり早くに「豊かな社会」を実現していた日本との差異は小さくなっていった。現在では、東アジア諸国から若者たちが職を求めて日本に流入してくるだけでなく、日本から香港や台湾、東南アジアに若者たちが職を求めて出ていくようにもなっている。日本の「戦後」と「ポスト戦後」では、国内的には前者の「発展」と後者の「停滞」が対照されるが、国際的にみると前者の「単独性」に対し、後者では他のアジア諸国との「共通性」が拡大していることに気づく。

このような変化の早い段階には、「日本」の消費文化が東アジアの若者たちにとって格別な憧れの的になっていった。一九七〇年代から八〇年代にかけては「海賊版」、すなわち日本のマンガやアニメ、流行歌などのアンダーグラウンドな流通が東アジア諸国で盛んになっていたが、やがてこれは日本のトレンディドラマやJポップの音楽の広範な消費に引き継がれていく。九〇年代の東アジアはJカルチャー消費全盛の時代であり、テレビドラマやポップミュージックからマンガ、アニメまで、あらゆる分野で「日本」は消費の記号となっていった。そして今でも、私が教える大学院などには、台湾や中国、東南アジアから「日本の大衆文化」を研究テーマにしたいと留学を希望してくる学生が後を絶たない。彼らの目からすると、Cultural Studies とは「大衆文化」の研究であり、その大衆文化の最先端をいっているのが日本だから、日本に留学してみたいということになる。

率直にいえば、このようなCultural Studiesの理解に、私は違和感を抱いてきた。テレビドラマやポピュラー音楽、マンガやアニメなどのいわゆる「クール・ジャパン」の表象領域で、日本で生じていることが自国にいかに越境し、消費されていくのかを分析することが、それだけでCultural Studiesの実践と言えるのか。Cultural Studiesとはたしかに「文化の研究」である。それはいわゆる「文学部」で営々と受け継がれてきたような「文学」や「美術」の研究とは異なるもので、半ば必然的に、テレビ番組や流行歌、映画、マンガやアニメ、広告、ファッションなどを対象としていく。多くの東アジアの若手研究者が、この消費文化をいち早く全面化させていた日本に注目するのも当然である。

それにもかかわらず、たとえば日本のアニメが大好きで、そうした大衆文化の研究をしたいと希望してくる若者たちに私が身構えてしまうのは、大衆文化を研究対象とすること自体への違和ではなく、それらに向かう姿勢への違和感からである。少なくとも私の理解では、Cultural Studiesは単なるポピュラー文化研究ではない。Cultural Studiesがポピュラー文化を焦点化してきたのは、歴史的にはそれが国民国家の文化体制のなかで正典化された教養文化のヘゲモニーに対抗してきたからである。しかし今日、グローバル資本主義のなかであらゆる種類の文化が並列的に消費されていく状況では、ポピュラー文化の対抗性は神話にすぎない。ポピュラー文化は、グローバルな文化体制のなかで越境する商品の地位をすでに確立しており、これについて考えることも、アカデミックな制度にすっぽり受容されている。だから、東アジアのポピュラー文化研究は、少なくとも個々の文化消費を取り囲む越境的な産業のシステムについて分析する視点を伴わなければならない。さらにそれを、東アジアの地政学的秩序のなかに位置づけていくことも必要であろう。

まさにここで重要なのが、日本の「戦後」とアジアの「戦後」の三〇年あまりのずれなのである。今日、東アジアで流通する日本のポピュラー文化のほとんどは、その原型が一九六〇年代から八〇年代までに形成されたものである。冷戦構造と日米関係の親密さに守られて、八〇年代までの日本では、アニメからポピュラー音楽まで、アメリカニズムを内面化したメディア文化が多様に創造された。八〇年代末以降、東アジア全域に広がる日本のポピュラー文化は、そのようにして冷戦構造のなかでリメイドされたものであるし、その浸透力を支えたのは、日本と他のアジア諸国の文化的というよりも時間的な距離であった。九〇年代以降、この距離が縮まり、やがてゼロに近づいていくなかで、東アジアの諸地域での文化生産は、新たな地政学的編成へと転位しつつある。

つまり東アジアは、一九八〇年代を境に、日本だけが「豊かな戦後」を享受している社会から、地域全体のなかで「豊かな戦後」が再配置されていく社会へと変化した。東アジア各国に消費社会が形成され、日本のポピュラー文化が越境的に消費され、やがてアジアのメガシティの間に文化消費の新たな地政学的秩序が形成されつつあることは、近代以降のアジアの歴史にとって何を意味しているのか。これらの問いに、東アジアのCultural Studiesは答えていかなければならないはずである。それは、Cultural Studiesが単にそれまでの国民国家を支えた教養文化にとどまらない幅広い文化領域を扱う人文知だから独自性があるというのではなく、いまやグローバルな資本体制の一部となりつつあるポピュラー文化と、その新たなトランスナショナルな消費者の台頭を、国民国家ベースの教養主義に戻るのではない仕方で批判する可能性を有しているからこそそうなのである。

2 国民国家による「文化」の想像

東アジアのCultural Studiesのこうした課題に何が賭けられているかを示すには、まずは概説的にでも、これまでCultural Studiesにおいて「文化」が何を意味してきたのかをふり返っておく必要がある。大雑把にいうならば、「文化」が単に人類学的、民俗学的な記述の対象というのでも、また西欧近代のブルジョア的価値と一体化した教養というのでもなく、むしろそうした前提自体を問う抗争的な場として問題化されてくるのは、第一次大戦後のことである。それ以前、一八世紀末から二〇世紀初頭まで、「文化」は、一方ではブルジョアジーによって発見された「他者」としての大衆文化や「未開」の文化、オリエンタルな相手として、他方ではそうした「他者」をまなざす近代西欧の「知的、精神的、美的発展の一般的過程」として、対称的な二重の意味を負って概念化されてきた。

この観念の確立は比較的遅く、ジョン・H・ニューマンは、一八五〇年代に書いた文章でも、後年ならば「文化」の概念に括られていく内容を次々に挙げ、それを一言で表現する言葉が英語にないことを嘆いていた。当時、「文化」はまだ個人の知性から社会的な価値、創造的な活動までを指す統一的な用語の地位を確立してはいなかったのである。[2] 語義的な面からいうならば、この言葉はもともと「穀物や動物の手入れ」を意味していた。これがやがて「人間の成長」も意味するようになり、「彼らの心の文化＝陶冶のために」などといった言いまわしがなされていく。一九世紀、「文化」概念の英国での確立過程で決定的な役割を果たしたとされるマシュー・アーノルドの『文化と無秩序』(一八六七年)は、労働者階級の文化的「無秩序」を調教し直していこうというブルジョアジーの戦略を理論的に表現していた。[3] 彼は、産業革命や大量生産、またそうした原理が支配するアメリカを、彼が理想とする陶冶された「文化」とは対極に位置し、人間性の調和的完成に破壊的な作用を持つ伝統を欠いた物質主義の土壌として批判した。そして、産業革命の悪しき影響で「無秩序」のなかに置かれた労働者階級を「文化」によって「救出」し、国民的な統合の枠組のなかに組み込んでいこうとしたのである。

英米圏では、一九世紀を通じた「文化」概念の構築は、とりわけ「英文学」の正典化と結びついていた。なかでもシェイクスピアの文学は、「民族的本質と理性的国家を統一するものとして、すなわち、民族の本質が国民文化として自然発生的に自らを表現する一つの支点として」、近代英国の国民的な教養文化において特権的な地位を確立する。シェイクスピアの「演劇＝文学」は、神聖ローマ帝国の後裔たるドイツにとってギリシャ哲学がそうであったのと同様、国民文化の自然発生的な起源を保証するものとなるのである。ギリシャ語もラテン語もほとんど知らないまま「天才」によって不朽の文学を創り上げたシェイクスピアは、英国文化のアイデンティティを証明するのにぴったりだった。グローブ座の円形舞台は、まるで古代ギリシャのアゴラと同じような象徴性を帯び、一七世紀からのイングランド市民による国民国家形成を正当化した。[4]

レディングズによれば、この英国における「文学」の正典化とシェイクスピアの聖人化を完成させたのが、スクルーティニー派の中心にいたF・R・リーヴィスである。彼にとって、シェイクスピアの「文学」は、イングランドの文化的伝統が立ち返るべき原点だった。リーヴィスは、一七世紀に生じたのは文学とコミュニケーション言語の分裂であると考えた。文化は有機的統一を失い、文明の機械的発展のなかで言語はひき裂かれた。支配的となっていった機械文明と大衆文化に対し、少数派たる知識人は、抵抗の言語をいかに獲得できるのか――。そのためには、分裂以前の文学、シェイクスピアの時代まで立ち返り、一度は死んでしまった詩の言語に批評の力で命を再び与え、産業社会の広告的言語に対抗させていかなければならない。英文学の研究は、シェイクスピアという原点に絶えず立ち返ることで、現代の産業文明に抗する英雄的な身ぶりの実践となるのである。

同じ頃、民俗学や人類学は、自分たちの社会が失いつつある文化にコロニアルなまなざしを向けていた。ピーター・バークによれば、民衆文化が西欧知識人の主要な関心事となったのは、ちょうどそれらが消滅していった一八世紀末以降のことである。知識人にとって民衆は、「自然で、素朴で、文字を知らず、衝動的で、非合理で、伝統と地域の土地に根ざし、個別性の感覚をもたぬ人々」であった。このような近代世界の外に民衆を「発見」することは、「未開への文化的復帰運動の一部」であった。すなわち、「タヒチやイロコイの人びとの生活慣習の研究から出発して、フランスの知識人がフランスの農民を見はじめ、信仰や生活様式においてかの地の人びととさして遠くないところに自国の農民もいると考えるにいたるまでは、ほんの一歩の距離でしかなかった」[5]。

3 Cultural Studies による「文化」への介入

やがて、第一次大戦とともに、大衆の時代が本格的に幕をあける。この時代、帝国の諸都市で、圧倒的な消費のリアリティが伝統的な価値を一気に呑み込んでいくのである。とりわけアメリカでは、口紅や香水、洗濯機や冷蔵庫、ラジオやタブロイド新聞、自動車、摩天楼、デパート、映画などによって縁どられる消費生活のスタイルが、広告技術とローンの普及に促されながら広く浸透しつつあった。この変化は単に日常を彩る商品が劇的に増えたというだけでなく、それまでの階級やジェンダー、人種をめぐる規範が根底のところでゆらぎ始めたことを意味した。たとえば性に関していえば、若い女たちのスカートの丈はどんどん短くなり、断髪や細身でローウェストのドレスが流行し、口紅の使用もごく一般的になっていった。セックスに対してもあけっぴろげな態度が広がり、女性の飲酒や喫煙の習慣の拡大や告白雑誌やラブシーンを盛り込んだ成人映画から離婚率の増大までがこの傾向に拍車をかけた。人種的次元においても、この時代のニューヨークでは、出版、演劇、音楽、ナイトクラブなどで人種間の境界をこえた結びつきが増殖していた。

第一次大戦後に顕在化する大衆文化状況に最初に鋭敏に反応したのも、やはりリーヴィスらであった。彼らは美学的鑑賞能力のあるエリートこそが創造的な文化の担い手であるとの認識から、審美的な能力の基盤をなし崩しにする大衆文化の作用を非難した。Q・D・リーヴィスは、大衆的な読み物や雑誌、タブロイド新聞、ハリウッド映画やダンスホールの流行により、読書を自己陶冶の手段と見なしていた宗教的伝統が力を失い、安易な刺激と受動的な快楽に人々が落ち込んでいくことを問題にした。彼らはやがて、文化産業が私たちの日常に送り込んでくる映画や大衆小説の質を見極めていく教育プログラムの必要を訴えていく。F・R・リーヴィスらは『文化と環境』(一九三三年)で、マスメディア化されていく現代の文化状況を厳しく批判し、そうした文化の「低俗化」と戦い、教養的なリテラシーを守る先導的な役割を英語教育の現場に期待した。こうしてイギリスの学校教師は、大量生産と画一化、教養的価値の下落が進む全般的傾向と先頭に立って戦う「英雄的」使命を負わされていったのである。彼らの呼びかけは英国の教師たちに大きな影響を及ぼし、今日のメディア・リテラシー教育の原型をかたちづくったとされる。

F・R・リーヴィスらスクルーティニー派は、後のCultural Studiesがマルクス主義を背景にしながら日常の文化的実践の政治性を問うたのとは異なり、あくまで西欧のエリート的価値に基づき大衆文化を批評する立場にとどまった。だがそれは、いくつかの点で、Cultural Studiesの問題構制の出発点でもあった。デニス・ドゥオーキンはこのスクルーティニー派からCultural Studiesへの連続性を三点にまとめている。第一に、それは批評的な方法を、文学作品の範囲を越えた文化的実践、たとえば広告や大衆雑誌、ポピュラー音楽、映画などにまで拡張していった。第二に、それは既存の文学研究のように作品論や作家論のレベルを越えて、文化的テクストとコミュニティ、メディア、言語、歴史を包括的に問題にしていく地平を拓いた。第三に、彼らはこうした批評的実践を教育実践に結びつけ、Cultural Studiesとメディア・リテラシー教育を一体のものとして発展させる道を示した。[6]

興味深いことに、こうして両大戦間期の英文学研究まで戻ってみると、ウィリアムズ以降のCultural Studiesとマクルーハンに代表されるメディア論が、出発点を共有していたことが見えてくる。F・R・リーヴィスが教えていたケンブリッジ大学は、Cultural Studiesからメディア理論までの諸動向が第二次大戦後に出現してくる原基となった場所だった。カナダ中央部の都市で育ったマクルーハンにとって、そのメディア学的な思考を開始するのは留学したケンブリッジ大学でのことであり、かれはそこでリーヴィスやI・A・リチャーズらの英文学研究の新しい流れと触れている。マクルーハンの最初の著作『機械の花嫁』に、海の彼方のスクルーティニー派からの屈折した影響を読みとることも不可能ではない。そして、レイモンド・ウィリアムズも、マクルーハンにやや遅れてケンブリッジ大学で学んだ人であり、マクルーハンと同様、英文学者としてキャリアを出発させている。ちなみにマクルーハンが『グーテンベルクの銀河系』を発刊するのは一九六二年、これは同じトロントを拠点としたノースロップ・フライの『批評の解剖』(五七年)、ハロルド・イニスの『メディアの文明史』(五一年)、エリック・ハヴロックの『プラトン序説』(六三年)等と同時代的な動きであった。他方で、レイモンド・ウィリアムズが『文化と社会』を出すのは一九五八年、リチャード・ホガートの『リテラシーの効用』は五七年、E・P・トンプソンの『イギリスにおける労働者階級の形成』は六三年であった。このように時期が集中しているのは、両大戦間期にケンブリッジ大学のような場所で英文学の新しい流れに触れて思想形成した世代が、第二次大戦後になってそれぞれの研究を一斉に開花させていった結果であった。

以上のように、「文化」研究を最初に推進したのは、産業化や大衆化に対してネーションの文化的伝統を守ろうとする立場の人々であった。彼らは流動化する状況のもとで、国民国家の文化的アイデンティティを防衛し、再構築していこうとした。そのために、旧来の文学研究を越境して、マスメディアを通じて流れ込んでくる大衆文化にまで視野を拡張したのである。このような大衆文化的なものへの批判に対し、Cultural Studies の出発点をなしたのは、むしろ労働者階級文化へのこだわりであった。たとえばジョージ・オーウェルは、スクルーティニー派などが文化を問題にしたのと同じ頃、むしろ労働者階級の生活世界から文化の大衆化やアメリカ化の問題を考えていた。彼は、どこの街角にもある売店で売られるけばけばしい表紙の大衆週刊誌に焦点を当て、そこから「イギリスの大衆の大多数がじっさい感じたり考えたりすること」に迫ろうとした。[7]

このオーウェルの労働者階級文化へのまなざしは、やがてリチャード・ホガートの『読み書き能力の効用』にもつながっていく。ホガートもまた第二次大戦後、労働者階級の文化に重大な変化が生じつつあることを問題にした。彼は、今日では「平凡さで満足するテクニック」が発達し、進歩の観念が「複雑でごちゃごちゃした商業的生活の圧力に押されて拡大され、ほとんど無制約の、モノの『進歩主義』にまで伸びきってしまっている」という。ホガートを驚かせたのは、イギリスの労働者階級の間にアメリカ流の進歩主義を「よろこんで受け入れようという気持ちが広汎にみられること」であった。ホガートは、同時代の労働者階級の間に二つの異なる態度のせめぎあいを見た。一方にあるのは、彼が「より古い秩序」と呼ぶ一九世紀から引き継がれた階級文化の世界である。他方には「新しい態度」、すなわちアメリカ流の文化消費を迎え入れていく若者たちが存在した。両者の関係は必ずしも不可逆的な変化ではなく、「同じ時、同じ人々のなかに共存」していた。[8] このようなホガートのまなざしは、ノスタルジックに理想化された階級文化に依拠しつつ、現在進行中の変容を「価値の頽落」として捉える点で、エリート主義的な立場から文化の大衆化を批判したスクルーティニー派と決定的に異なっていたわけではなかった。

しかし、やがて Cultural Studies は、このように根強く残ってきた大衆文化への蔑視を転換していく。ここで重要なのは、労働者の成人教育運動である。英国では、戦前から労働者教育協会（WEA）のような組織が労働者階級の成人教育を全国レベルで組織していた。第二次大戦後、政治運動の一環としての教育実践は行き詰まりをみせ、その一方で成人教育の実践を大学の教育プログラムとして営む動きが広がった。こうした労働者教育の運動が拡大するなかで、マルクス主義の社会学や社会史、リーヴィス流の文化批評などのアプローチが交流し、Cultural Studies の基礎が形成されてくるのだ。興味深いのは、このような成人教育の現場とかかわることで、スクルーティニー派のアプローチも、そもそもの意図とは異なる射程を帯びていったことである。リーヴィスらは本来、英国の文化的伝統を守るために文学研究の射程を大衆文化的なジャンルまで広げたのだが、こうした視界の拡張は、一部のエリート学生を相手にするのではなく、大衆雑誌や映画、ポップミュージック、スポーツの話題などにどっぷり漬かって生活している人々を相手にする成人教育の教師たちに魅力的な提案であった。彼らに必要なのは抽象理論ではなく、日常慣れ親しんでいる文化的経験に結びつく仕方で自分たちの社会的条件を力動的に捉えていけるようにする方法だった。Cultural Studies を特徴づける脱領域性は、労働者階級の人々との間で営まれる成人教育に固有の条件からも必要とされていたのである。

以上の概括から得られる結論は、次のようなものである。第一に、「文化」の概念は、もともと国民国家の確立過程で、哲学なり文学なりが国民的な文化伝統として構築されていくプロセスにおいて「発見」されたものだった。第二に、単に文学や哲学にとどまらない大衆文化領域まで含めた研究に向かうのは、産業界や大衆化の破壊的作用に対してネーションの文化的伝統を守ろうとする保守的な立場からの動きであった。そして第三に、Cultural Studies はこのような文化的伝統を守る立場からのアプローチを流用しつつ、労働者階級の教育実践に内在していくことにより誕生した。単純化していうならば、Cultural Studies は、その初期には「ネーション＝文化」という結合に対する「階級＝文化」という視座からの批判的介入の試みであり、これがやがて人種やジェンダー、様々な社会的差異への関心へと広がっていったものだった。だからこそこの動きは、国民国家よりもグローバル資本主義がよりヘゲモニックな体制となる時代において、逆にそもそも批判的介入であったはずのものが、その批判性を喪失するという危機に直面することにもなるのである。

4 日本における Cultural Studies の展開

今日、Cultural Studies がなお批判的な知としてこの危機を乗り越えていくには、自らを押し上げているグローバルな文化状況を、そうしたグローバリズムをトランスナショナルなローカリズム、より具体的には東アジアという地域の現在／歴史に再文脈化する実践が必要である。実際、東アジアにおける Cultural Studies の展開は、これまでも欧米の知的潮流の輸入とは大きく異なる動きを示してきた。もともと日本の場合、Cultural Studiesに関心が集まるようになったのは、一九九六年のいくつかの出来事を通じてだった。その一つとして、花田達朗や私が中心になり、英国からスチュアート・ホールらを招いて東京大学で開催した国際会議「Cultural Studiesとの対話」を挙げることができる。この国際会議は、一九九六年三月、同社会情報研究所とブリティッシュ・カウンシルの共催で催されたもので、英国からはホール、デヴィッド・モーレー、アンジェラ・マクロビー、シャルロッテ・ブランスドン、コリン・スパークス、アリ・ラタンシ等が、日本からは、花崎皋平、成田龍一、冨山一郎、上野千鶴子、小森陽一等が参加した。ホールと花崎の基調講演には六百人を超える聴衆が集まり、日本における関心の高さを示した。[9]

主催者側がこの国際会議で目指したのは、次の三点であった。第一に、これを単に英国で発展したCultural Studiesの成果を日本に紹介するだけに終わらせず、むしろ日本と英国の批判的な知の真正面からの対話を実現すること。第二に、この対話を一次的なイベントで終わらせるのではなく、より長い継続的なプロセスとして展開させていくこと。とりわけ日本でCultural Studiesに興味を抱く学生たちの問題関心を継続的に育んでいくプロセスの中にこの会議を位置づけること。第三に、日本でのそれまでのCultural Studiesの受容が、マス・コミュニケーションの受け手研究の新しい展開としてなされてきたことを批判し、むしろオーディエンスの「読み」の多層性のなかで交わされていくポリティクスから都市のサブカルチャーや新保守主義批判まで、社会的なヘゲモニーをめぐる幅広い文化政治学の実践としてCultural Studiesを再定義すること、これであった。

こうしてこの国際会議で主催者は、近代の歴史的文脈で具体的な問題に取り組みながら批判的な文化研究をしてきた人々を、「ネーションと植民地主義」「消費とポピュラー文化」「階級」「ジェンダー」「メディア」の五つの軸を立てて組織した。また、会議をより継続的なプロセスの中に位置づけるため、会議開催まで一年間にわたり、毎月大学院生や若手研究者による研究会を開いていった。開催された研究会は毎回五〇人を超える参加者を集めた。そして、ちょうどこの国際会議が開催された一九九六年頃からCultural Studiesは日本でもブームとなり、多くの雑誌で特集が組まれ、若手研究者の関心を集め、同時に様々な非難の対象ともされていった。こうした関心拡大のなかで、Cultural Studiesについてのマス・コミュニケーション研究的な理解は背景に退き、むしろそれが文学や思想のレベルでのポストコロニアル批評と一体のものとして語られていく状況が広がった。

九〇年代半ばの時点で、私たちはこのようなCultural

Studiesへの取り組みをしていく際、三つの越境を目指していくべきだと考えていた。第一は、ナショナルな知＝文化の越境であり、第二は、大学の知とその外の知の越境であり、第三には人類学、歴史学、社会学、文学研究、マス・コミュニケーション研究といった専門分野の越境である。換言するなら、Cultural Studiesの実践は、近代の知や文化が自明としてきたナショナルな境界やそうした枠組みを生み出してきた〈近代〉を問う。同時にCultural Studiesは、大学という場とそこにおける知識のあり方、「学問」と「非学問」の境界線を問題化する。このことは、単に伝統的なアカデミズムから排除されてきたいくつかの領域、たとえばテレビや大衆雑誌、マンガ、ポピュラー音楽、様々な身体的実践の領域を対象とすることだけを言っているのではない。むしろそうした大衆的な領域までを含め、学問的な知が生産され、流通し、消費されていく場の制度的編制そのものが問われるべきである。この問いは、当然のことながら既存の学問体制の再編成を含み込んでいかざるを得ない。この場合も、重要なのはいわゆる「学際的」研究ではない。むしろそうした「学際」性の前提となっている学問分野ごとの領土主義の境界線が問い直されなければならないだろう。

一九九六年以降、Cultural Studiesは、ポストコロニアリズムと文学批評、ポスト構造主義的な表象分析の潮流として受容され、一種の知的流行品となった。さらにCultural Studiesには国民国家批判としての性格も付け加えられ、また「被抑圧者」たちの抵抗運動との結びつきも強調されていくようになった。Cultural Studiesは、文字通り政治的な立場性を前面に出したポストコロニアルな実践として若い研究者たちの関心を集めていった。その一方で、日本の人文学ではフランス、ドイツの影響力が大きかったから、主に英語圏を基盤に広がったCultural Studiesは、フランス経由ですでに八〇年代、盛んに論じられたポスト構造主義を後追いする「頭の悪い」エピゴーネンとも揶揄された。

このように政治性を前面化させながらも、Cultural Studiesがこだわり続けたのは、日常の文化的実践であった。たとえば、最後の「被抑圧者」との関係にしても、Cultural Studiesは「被抑圧者」の主体性を本質主義的に固定化することを批判してきた。一方で日常のさりげない、分散的で断片的な文化実践のなかの政治と、他方で「抵抗」や「運動」の形態をとる政治の発現は、あくまで連続的なものとして把握されなければならないのである。顕在化した「抵抗」や「運動」がまずあるのではなく、日常的実践のなかで様々な差異とアイデンティティが構成され、実定性を帯びていく政治の場が無数に重なりあっている。Cultural Studiesが「抵抗」の武器になるとしても、それはまずこうした日常空間のなかの文化政治学を明らかにしていくことを通じてであろう。Cultural Studiesは、システムの外に立つことを特権化するのではなく、そうしたシステム自体の重層性のなかに亀裂や矛盾、闘争と折衝のフィールドを見いだしていく知的実践である。

5 *Inter-Asia Cultural Studies*と文化台風

以上のような意味でのCultural Studiesは、「英国」という起源には回帰しない、トランスナショナルにネットワーク化された場において発展してきた。たとえば、ミーガン・モリスやイエン・アング、ガサン・ハージュ、テッサ・モーリス-スズキなど、オーストラリアのCultural Studiesの関心はイギリスの場合とははっきり異なるし、アメリカの研究者の問題意識もまた異なっている。セルトーやブルデュー、カステルなどの影響が強いフランスやスペイン、中南米の文化研究は、たとえばメキシコのネストール・ガルシア・カンクリーニが示すように、英米系の文化研究とは異なる射程をもって深化している。

そして九〇年代のアジアでは、この地域のCultural Studies全体を結んでいく流れが生まれていった。台湾の陳光興、シンガポールのチュア・ベン・ファットらをはじめ、インド、タイ、インドネシア、フィリピン、香港、中国、韓国、日本等の研究者や活動家が協力し、日本では太田好信や冨山一郎、武藤一羊、それに私が参加して発刊され始めたジャーナル*Inter-Asia Cultural Studies*のプロジェクトがそれである。*Inter-Asia Cultural Studies*のプロジェクトの誕生と展開については、本書収録の陳光興とミーガン・モリスの論考がヴィヴィッドに証言している。私自身の経験を付け加えるならば、私にとって*Inter-Asia Cultural Studies*との出会いは、自分がアジアとのつきあいかたを決定的に変えていく契機だった。九六年に前述の「Cultural Studiesとの対話」の国際会議を開いた頃まで、私自身の活動の基盤は日本であり、北米やヨーロッパで自分と同じような問題意識を持った同世代の研究者たちと連携していた。しかし、*Inter-Asia Cultural Studies*のプロジェクトにより深くコミットしていくなかで、己の意識の遠近法が大きく変化し、徐々にアジアとの関係において自身の仕事や実践を位置づけるようになっていった。私自身のケースは単なる一例で、九〇年代末以降、多くの同時代の研究者のなかにそうした意識の転回が生じたのだと思う。

そして二〇〇〇年代以降、このようなアジア全域にわたるCultural Studiesの動きと連携しながら、日本の若手のCultural Studies研究者たちがリードするネットワークとして出現していったのがCultural Typhoonである。Cultural Typhoon誕生のきっかけは、二〇〇二年七月、東京から韓国の春川へ移動しながら開催された国際会議「New Dimension of Cultural

Studies」である。この会議は、一九九六年の会議では十分実現できなかった二つの課題、つまり大学院生たちの発表を前面に立てていくことと、アジアの研究者の連携を中軸に据えることを目指し、東京で二日間、春川で一日間開催された。この会議には二六〇人を超える若手研究者等が参加し、多くのアジア諸国からも研究者や実践家が集まり、大変熱気のこもった展開となった。ところが、実はこの国際会議の初日は、大型台風の直撃に見舞われた。台風は実際に東京に接近し、天気は大荒れとなってフライトが相次いで欠航になり、海外からの参加者が来られなくなるのではと危ぶまれる状況となった。台風襲来に苦労したので、会議のオーガナイザーたちは、この会議をしばしば「台風会議」と呼んでいたが、よくよく考えてみると、「台風」というのは東アジアを拠点とした草の根的な Cultural Studies の活動に非常にふさわしいメタファーであることに気づく。この国際会議が成功裡に終わったので、できればこの続編を考えていこうという声が浮上したとき、小倉利丸の発案で「文化台風 = Cultural Typhoon」というネーミングを、この日本での Cultural Studies の新しい広場的な活動の名称としていくことになった。

台風は、移動しながら周りのエネルギーを吸い上げ、吐き出し、不確定な軌道を描いて去っていく。私たちは、しばしば知の新しい「潮流」であるとか「渦」であるとかいった言葉を使う。潮流は渦となり、熱されてさらに大きな渦巻となって移動する。この変容と増殖のイメージは、台風に似ている。実際の台風はあまり歓迎されたものではないが、それは大雨を降らせ、乾いた土地であえぐ多くの生命を蘇らせ、過ぎ去った後にその土地の風景を一新させるようなきらきらした風通しの良さも残す。他方、知の革新には破壊がつきものであり、学問や思想、研究において塀や城壁を破壊していくことは、新しい認識の地平創出のための必須の条件である。学会とか、学派とかいった形態ではなく、絶えず求心力と遠心力が拮抗することで生み出される不安定な移動性のダイナミズムに賭け続けること。こうしたことが、私たちが Cultural Typhoon に託したイメージであった。私たちは、日本で若手研究者が既存の知を内破しつつ、トランスナショナルな Cultural Studies の活動に接続していくには、このようなダイナミズムが必要だと考えていた。

こうして二〇〇三年以降、毎年、Cultural Typhoon が日本各地で開かれていくことになった。第一回は、「グローバル化の中の文化表現と反グローバリズム」を統一テーマに、二〇〇三年六月末の二日間にわたり早稲田大学で開催され、約四六〇名の研究者が参加した。第二回は、〇四年七月初めに琉球大学で開催され、約五〇〇名が参加した。第三回は、〇五年七月初めに立命館大学で開催、五〇〇名近い参加者を集めた。このように三年間の積み重ねを経ることで、Cultural Typhoon は日本で Cultural Studies を志す多くの若手研究者にとって最も魅力的な研究発表の場として知られ、国際的にも関心を集めるようになった。その一方、第三回までの Cultural Typhoon はいずれも大学の施設を用いて開かれたために、もともとの目的の一つであった都市の文化実践や社会運動との連携という面で一定の限界が突破できなかった。そこで第四回は、会場を大学のキャンパスから外に出し、都市文化の面で活気ある動きを見せていた下北沢の街の中で、地域の運動と連携しながら開催していくことになった。二〇〇六年には、タウンホールと高校校舎を借りたメイン・プログラム、映画館シネマアートンを会場として都市映画をテーマに開催した Cinema Typhoon、再開発問題をめぐって世界から集まった建築家が二週間のワークショップを開いてオルタナティブな案を練る Urban Typhoon という三本柱を展開させた。第五回は、名古屋のウィルあいちをはじめとする市内各所で開催され、第六回は、六月末に仙台のせんだいメディアテークという公共施設で開催されていった。

Cultural Typhoon が乏しい予算の中で毎年、多くの大学院生、若手研究者を集めて継続できている根底には、この活動が、既存の学会や国際シンポジウムのような形式をとらず、また「教員」と「学生」などの既存のヒエラルヒーや区分にこだわらず、広く対話と表現の交流を目指してきたことがある。たとえば二〇〇九年には、東京外国語大学で第七回の Cultural Typhoon が、Inter-Asia Cultural Studies と合同で開催されたが、その実質的な準備を進め、企画から会場設営までを取り仕切ったのは、東京外大や一橋大を中心とする院生チームであった。すべてがボランティアベースであるにもかかわらず、彼らは自分たちの中で適材適所の役割分担の体制を作り上げ、会議の基本的な方向を枠づけていった。日本では若者たちの国際的な討論や共同作業に対する関心は概して低い。そのような中で、Cultural Typhoon への学生たちの強い没入は、全般的な傾向とは正反対の可能性を示すもので、大学の新たな学びが進むべき方向を示唆している。

6　東アジアの Cultural Studies は何を問うのか

以上、一九九〇年代半ば以降の日本とアジアでの Cultural Studies の展開を、主に組織的な面から概観した。しかし、このように徐々に連携のネットワークが形成されてきたアジアの Cultural Studies で、いったい今、何が共通の問いとなり得るのだろうか。もちろん、Cultural Studies は我々の日常の文化的実践をめぐる批判の知であるから、この知が取り組むテーマは多様で、何らかの一元的な枠組みで括れるようなものではない。とはいえ、一九世紀から二〇世紀にかけて国民国家を基盤に発達した教養知や人文知が、大雑把にいえば文学や美術、哲学、歴史等を代表とするネーションの伝統を想像する知であったのに対し、Cultural Studies を浮上させているのはグローバル資本主義の力である。そのため Cultural Studies は、トランスナショナルな文化のフローやその各地域での消費のプロセス、ジェンダーやセクシュアリティ、エスニシティを越境する様々な混淆、経済発展する沿岸地域の文化消費やネット・コミュニケーション等、どちらかといえば移ろいゆくものに注目していくことになる。これは、今日のグローバル化が必然的に生じさせている傾向であり、アパデュライがかつて論じたような文化、メディア、人々、技術、経済など諸々のトランスナショナルなフローとその節合が焦点化されることになる。

そうだとするなら、この全般的傾向を踏まえた上で、東アジアの Cultural Studies は何を問うていくべきなのだろうか。たしかに目前の対象は、諸々の越境的なメディアや文化の諸現象になるとしても、それらを東アジアのグローバル化、越境する文化の歴史的・地政的な文脈性と切り離しては考えられない。東アジアの歴史的文脈性とは、第一に、一九世紀末から二〇世紀中葉までの日本帝国による植民地支配であり、第二に、戦後冷戦及びポスト冷戦を通じたアメリカのヘゲモニーであり、第三に、中国共産党による大陸統治の確立であり、第四に、中国、韓国、日本、台湾、ベトナム、シンガポールなどを含めた東アジア経済圏の急激な拡大・統合であり、そして第五に、群島から成るこの東アジアが内包するすさまじい文化的多様性である。もちろん、さらに条件を加えることも可能だろうが、少なくともこれらの歴史的文脈を東アジア全体が根深く背負っていることは、この地域のいかなる文化的越境についての議論も看過できないはずである。

以上の五つの条件のうち、旧日本帝国による植民地支配、冷戦体制とアメリカのヘゲモニー、中国共産党による大陸統治の三つは、いずれもこの地域の近現代史を支配した大文字の支配力を示している。文化の越境的なフローが水平的な作用なら、これらはむしろ垂直的な作用である。東アジアの Cultural Studies は、この水平面と垂直軸の交錯を、それぞれの場面の内側から捉えていくことになるが、この交錯は東アジアのあらゆる場所で深刻に生じてきたことだから簡単ではない。私たちはこの三つの大文字の支配力に関し、一方ではそれらをめぐる表象の歴史や人類学、他方ではそれらが今なお現実の力として存在している地政学の両面から考えていく必要がある。たとえばアメリカは、冷戦期から今に至るまで、アジア各地で異なる仕方で表象され、消費されてきたが、同時に米軍基地や米国企業という現実の他者としても存在し続けている。旧日本帝国も映画やテレビ番組などで様々に表象されるが、その傷痕は今も現存している。中国共産党は、ますます表象上の他者であると同時に現実に作用する力となった。ラテンアメリカやアフリカの文化政治では、北米なりヨーロッパなりの植民地主義的権力との対抗的従属という基軸が存在するのに対し、東アジアでは少なくとも三つの歴史的な力が折り重なっている。

他方、東アジアは経済的には高度に統合化されながらも、めくるめく文化的多様性を内包した地域でもある。今日、黄海から東シナ海に広がる沿岸地域、すなわち上海、北京、大連、ソウル、台北、沖縄、福岡、そして少し離れて大阪や東京、あるいは香港やシンガポールを拠点にネットワーク化された東アジア経済圏は、間違いなくヨーロッパはもちろん、北米をも超える世界最大の経済圏に成長しつつある。市場経済圏として見た場合、東アジアは決して周縁ではなく、むしろ二一世紀のグローバル資本主義の中核地域となっていく。そのなかで主役を演じるのはもちろん中国で、これに日本、朝鮮半島、台湾、香港、シンガポールなどが連携しながら対抗する統合性の高い東アジア経済圏のなかで、私たちは同質性の高いコスモポリタンな文化圏を形成していくだろう。この東アジアでは、軍事や政治、歴史的記憶は今後も分裂を続けるだろうが、経済は統合の度合いをますます強めていくはずである。そうだとするなら、東アジアを先導し、まとめていくのはますます経済人たちの力となり、ここにおける企業や市場の優越性は簡単には揺らがない。

しかし最後に、この東アジア地域が、経済的にはどれほど統合されても、文化的には大小の群島から成る多様性の海であることを強調したい。東アジアは、中国大陸を中心とした求心的な世界であっただけでなく、日本海、黄海、東シナ海、南シナ海などが連なる長大な多島海地帯として生きられてきた。この多島海地域は、かつて帝国日本の激しい侵略を受け、アメリカの軍事的覇権下に置かれ、日米戦争の激戦と朝鮮戦争、ベトナム戦争も、いずれもこの一帯で起きた。しかし、日本列島とフィリピン諸島にはそれぞれ約七千の島があり、インドネシアには約一万七千の島がある。西太平洋全域を含めれば、おそらく五万を下らない島々が散在している。島はそれぞれが小宇宙を成し、文化的多様性を育む。日本は何よりも「島国」であり、この「島国」性を内に閉じたものではなく、外に開かれたものに定義し直す必要がある。さらに朝鮮半島のような半島も、「群島」の一種と考えるならば、アジアを特徴づけているのは画一性よりも多様性である。ちょうどヨーロッパを考える際、イスラムを含めた地中海世界からの眼で考えることが重要なように、アジアも中国大陸中心ではなく、これを五万の島々からなる多島海として考えることで未来イメージを変化させるべきである。アジアの台風はまさしくこの多島海を南から北へ抜ける。インドネシア諸島から千島列島に至るこの広大な海域の多様性においてアジアの未来を想像すること、これがもう一つの東アジアの Cultural Studies の可能性である。

【注】

1 吉見俊哉『ポスト戦後社会』岩波新書、二〇〇九年。「戦後」の複数性については、岩波新書編集部編『日本の近現代史をどう見るか』岩波新書、二〇一〇年、第九章「歴史はどこへ行くのか」（吉見俊哉）を参照。また、福島原発事故と冷戦構造の関係は、吉見俊哉『万博と戦後日本』講談社学術文庫（原著　ちくま新書）、二〇一一年、序文を参照。

2 ウィリアムズ、レイモンド『文化と社会』若松繁信・長谷川光昭訳、ミネルヴァ書房、一九六八年（新版　二〇〇八年）。

3 M. Arnold, *Culture and Anarchy*, Yale University Press, 1994, originally 1865. 翻訳は古いが、アーノルド、マシュー『教養と無秩序』多田英治訳、岩波文庫、一九四六年。

4 レディングス、ビル『廃墟のなかの大学』青木健他訳、法政大学出版局、二〇〇〇年。

5 ピーター・バーク『ヨーロッパの民衆文化』中村賢二郎他訳、人文書院、一九八八年。

6 Dworkin, Dennis etal, *Cultural Marxism in Postwar Britain*, Duke University Press, 1997.

7 オーウェル、ジョージ『右であれ左であれ、わが祖国』鶴見俊輔編訳、平凡社、一九七一年。

8 ホガート、リチャード『読み書き能力の効用』香内三郎訳、晶文社、一九七四年。

9 花田達朗・吉見俊哉・コリン・スパークス編『カルチュラル・スタディーズとの対話』新曜社、一九九九年。

緊張と共に生きる――インター・アジア運動をめぐるメモランダムとして

陳　光興（訳　橋本良一）

蓄積された組織化の経験

振り返ってみれば、*Inter-Asia Cultural Studies* をめぐる運動は、「生きた化石たち」が集結することから始まった。「生きた化石たち」とは、離れて暮らしていながらも、新自由主義の専門家たちによって昨今放棄されている政治的責任の一端をなんとかして担っていた人びとを指す。もはや革命の時代ではなかったが、彼らは知的な仕事に、言葉のあらゆる意味における想像力をもって取り組んでいた。彼らの仕事は、自分たちが生きる社会に組み込まれ、その社会と直接的な繋がりをもっていたため、大きな関心を集め、インパクトをもってきた。それゆえ、人びとは自己の利益だけでなく、またアカデミックな制度の境界をも越えて考え、動いた。こうした献身的な信念は、もともとは世界中のより多くの地域で民主主義や政治的支配の憂鬱からの解放を求める闘争が政治的、社会的運動となった一九八〇年代の歴史的瞬間から出てきたものなのだ。つまり、彼らにとって人生のある時期における優先事項が、「研究や教育」ではなく、政治的な集会やデモを組織する仕事であったのである。

このようにローカルな現場で運動をまとめていた人びとの経験は、後のインター・アジアの運動の基礎となった。それぞれのローカルな場に根付いた闘争がなかったら、ローカリティにもとづいた国際的なネットワークなど、築かれる余地もなかっただろう。また、地域に根付いた他者たちの状況を理解するために自らの経験を動員することも到底できなかっただろう。どうやったらうまくいくか、あるいはどうやったらまずいかということを感覚的に知るための、蓄積された組織化の経験がなかったら、地域を跨いで活動をどのように組織すればいいのかすら知りえなかっただろう。我々ははじめから、自分が自分自身のためだけに動いているのではなく、ローカルなコミュニケーションのために動いていることを知っていたのである。その中では、我々の一人一人は小さな構成要素に過ぎない。我々は、自分たちが、自分の生活している範囲を越えてより広い視野に訴えて動く国際主義者であるとも自負している。我々はあちらこちらで、自分によく似た人を、孤立した個人ではなく、しばしローカルな雑誌や運動団体の仲立ちをし、すでに様々な集団に繋がりをもっているような人を探している。

本誌のサブ・タイトル「運動 Movements」は、ある時代の「遺産」と精神を受け継いでいる。もともと、我々は「インター・アジア・カルチュラル・スタディーズ」ではなく、「運動」をメイン・タイトルにしたかったのだが、出版社がやってきて、それでは外国の図書館が分類に困ってしまうと立ちふさがったのであった。それで、我々は諦めたのだが、それではサブ・タイトルとして「運動」を使ってもらえないかと食い下がった。私がデザイナーの友人 Huang Mali のところに行くと、彼女は、カヴァーの横のほうに「運動」を意味するそれぞれのアジアの文字を添えたらどうか、と提案した。

世界を変えるというより大きな知的運動の一環としての本誌の位置づけには、我々がつねに対峙しなければならない緊張が必然的にともなった。すなわち、いかにして学術的な厳密さと知的、政治的な関心や実践との釣り合いを取ればいいのか――。これはなかなか興味深いことだが、問題はいつも「運動」の側からではなくアカデミックな制度の側から生じたのである。最初の三年間の蔡明发 Chua Beng Huat の本拠地、シンガポール国立大学を介しての国際交流基金の支援の他に、本誌を束ねる編集部の人的基盤は、二〇〇八年まで台湾国家科学委員会（台湾［以下 NSC］）によって支えられていた。国家科学委員会において人文学と社会科学の分野を任せられていた初期の二人のディレクター、黄榮村 Huang Jung-tsuen（心理学者で、後に台湾政府の教育部長、現在は中国医薬大学学長）と王汎森 Wang Fansen（中央研究院 AcademiaSinica の指導的な知識人であり歴史家、副院長）からの勇気ある支援については、これを特に記しておかねばなるまい。

世のなかにはリベラルな学者というものがいて、彼らは *IACS* のプロジェクトがまだ紙の上に書かれたアイデアに過ぎなかったときにも、リスクを背負うことを厭わず、何の見込みもないのにそれを支援してくれた。しかし後には、ナショナリスティックな政治が台頭してくる。新しい公式の規定によれば、国際的な学術誌を支援する条件は、台湾人の構成員が出版局の三分の一（かそれ以上）を占めていることであるという。こうして我々とNSCの関係は二〇〇八年をもって終わりを迎えた。

九年にわたる支援のあいだ、編集部は毎年申請書を出さねばならなかったし、常時評論家からの批判に応えなければならなかった。例年、編集部のスタッフ（蘇淑芬 Shu-fen Su、黄文俊 Mon Wong、Zheng Sheng-xun、Oiwan Lam、Grace Wu、Emma Liu）や私は「危ない橋を渡って」いるようだった。NSCに今年の支援を打ち切られたらどうなるか？　という不安な疑念がいつもあった。いつだって最終的な返事が肯定的なものであれば、みなまるで宝くじでも当たったかのように大変安堵したものだった。最初の数年のある年、この学術誌は「学内の活動家」（「注意人物」とも読める）によって編集され、まとめられているとの告発が評論家から寄せられた。また、他の者は以下のように書きたてた。

*IACS*は純粋な学術誌ではない。その編集の方向性は「インター・アジア」という構想を推し進めることに限定されている。この構想はアジアの普遍的な価値観である儒教の理想と類似している。もっとも、*IACS*は左翼的な思想から発したもので、その出発点において儒教とは異なり、またその目的においても異なるものである。（2003, record）

きちんと読めば、まるで新儒教がプロジェクトの「唯一絶対の」評価基準であるかのような、ある種のパラノイアがあり、我々がつねに評価される側にあることがわかるだろう。これで私が「危ない橋を渡る」と言ったことの意味が理解できるはずだ。学術的な信用を得るために、我々ははじめから厳格でかつ生産的な査読制度を発展させた。これは、執筆者に自らの作品を洗練させ、引き締めさせるためであった。（本誌の創刊号に載った花崎皋平の論文のような）活動家の作品もまたこのプロセスを経ている。しかし、ある土地に根ざした作品に対してもこのシステムが普遍的な妥当性をもつとは認められないだろうと思われるかもしれない。我々が南アジア特集号に取り組んだとき、インター・アジアプロジェクトの主要メンバーの一人であり、本誌編集メンバーの一人であるAshish Rajadhyakshaが、査読制度は論文執筆者と編集者への不信を仄めかしているのではないか、という大きな疑問を提起した。

部門や地域を越えた有機的な繋がり

運動のセクターとより交流をはかるために、武藤一羊のように地域に密着しながら尊敬を集めている知識人を我々の編集メンバーに加わるように招いたりもした。武藤を関わらせようとしたのは、けっして偶然ではない。本誌の主たる目的とは出版することなのであり、武藤のような活動的な思想家は実際には非常に稀なのである。武藤は思想家であり、作家であり、教師であり、翻訳者であり、雄弁な演説者であり、オルガナイザーでもある。地域の平和運動などといった目下進行中の運動と本誌がより効果的にリンクできたのは、武藤を通じてなのである。二〇〇一年の後半には、編集メンバーは議論を交わすには大きくなり過ぎ、また、何か決定を下すには手間がかかりすぎると感じたため、我々は日々の仕事に取り組み、集団的な決定を下す委員会を組織することにした。

このときにはまた、二つの側を行き来できる活動家の学者Cho Heeyeonを委員会に迎えたのだった。このときには、Cho HeeyeonがARENAと結託して聖公会大学Sun Kung Hoe UniversityのキャンパスにNGO研究のInter-Asia大学院プログラムを創設しようとは誰も予測しなかったはずである（これは正式には二〇〇七年の二月に発足した）。この学校はNGO研究のプログラムにはとどまらず、地方において活動家を生み出す温床となったのである。我々はそれから、徐々にではあるが、学者と活動家のあいだの緊張関係が生産的なものになってきていることを認めるようになった。本誌のネットワークは地域的な結束へと向かう運動と新興の労働区分の不可欠の部分となった。というのも、本誌は知の生産の水準に意を注いできたからである。つまり、本誌はひとつの知的運動となったのであり、孤立することなく、批判的な力を持つさまざまな部門と地域を越えて有機的に繋がっているのである。その他の接触やプロジェクト、グループ分けはこのネットワークから付随的に生まれてくるのだ。

新しい知識の形態

批判的な論点はいまだ残されている。活動家と学者の作品のあいだの緊張関係や相互交流から新しい知の形態を発展させることはできるだろうか？　一九九〇年代初頭、我々はこの問題を「運動を理論化する、あるいは学問を運動化する」弁証法的な試みとして定式化しようと試みた。過去一五年から二〇年のあいだ、我々は不確かさと闘ってきた。今でも同じである。しかし、今や問題は新しい光のもとにさらされている。問題をもう一度整理してみるに、活動家は、作業を組織化し流動化することを通じて社会参加しながら、社会に働いている論理を理解するために十分な知識の集合体を蓄えているようである。効果的な介入は、所与の社会形態を正確に分析することにもとづいてなされなければならない。（アカデミックなものであれ、そうでないものであれ）根拠ある社会分析とはこのようにしてなされるべきではないか？　しかし、その日その日の闘争のなかに埋没している活動家には、彼／彼女が実践を通して蓄えてきたこの知識の集積の形態について、深く考える十分な場所や時間はない。そして、蓄えられた知識の形態を十分に明らかにする必要もないのである（これは運動の前進にとっては絶対的な中心となるものなのだが）。

他方で、学者たちは、活動家の領域に関わっているにもかかわらず、制度の論理に縛られ、彼らの社会に関する知識もまた日々の教育制度、研究制度のなかでの闘争に限られてしまっている。「フィールド・ワーク」あるいは短期間の参与観察では新しい知識の形態を発展させることはできない。言い換えれば、運動と知的作業の両方において現在訪れている危機は、制度化されている知識の形態と関係がある。我々が囚われている知識の条件を突き破っていくような新しい知識の形態がなければ、未来の仕事を構想することは難しいだろう。世界を変える可能性については言わないでおくにしても。本誌がこの点に関して何らかの進歩をみせたか、私にはわからない。しかし、長い時間をかけて、我々はどのような種類の知識が確かで、より現実に近いものであるのか、あるいはどのような種類の知識が知の制度によって外から押し当てられたものであるのか、いよいよわかってきた。後者の場合、レトリックの上ではよく響いても、分析の上では虚しいものなのである。

ローカルなものへのコミット

こうして私はプロジェクトが絶えず直面している二つ目の緊張へと向かう。本誌は地域に根ざしたものであるが、国際的なプロジェクトでもある。しかし、我々のほとんどはローカルな仕事の直接性と緊迫感とに突き動かされており、またさらに、ローカルな特殊性という概念は本誌にとって第一の前提なのである。本誌は自らのアイデンティティと主体性を失わずに、いかにしてローカルなものと繋がりをもつことができるのか？　本誌はいかにしてローカルなものとその外部とのあいだを取り持つことができるのか？　二〇〇一年というとても早い段階で、北京での出版会議において、我々はローカルなものを優位に置いて活動していくことで合意に達した（これは狭い意味においてではなく、より広い意味においてであり、アジアという地域をもローカルな場所として見るのである）。

ローカルな構成の内部の問題を訴えるような作品を世に出すことが、本誌の最終的な編集方針となった。外来の抽象的な概念装置を応用させてローカルなものに当て嵌めるというのは、我々の知的課題ではない。すると理論の上では、プロジェクトは同時に地方主義であり、国際主義であり、地域主義であることが求められる。実践においては、本誌によって想像力の層が生み出された。このために、さらなる時間と労働とが費やされねばならない。行政的な構造がまかり通っている普通の大学とは非常に異なるスタイルを発展させてきたバンガロールの文化社会研究センター（CSCS）を見れば、図書館、コンピューター・システム、会計、そしてその他諸々の細々とした物事を自分たちのものにする独立した制度を設けるためにどれだけの力が注がれているかわかるだろう。インフラが機能するようにという最小限の要求を満たすために、またインドと南アジアにおける最も生産的な研究施設としての評価を維持するために、研究や執筆をしながら博士課程の学生を指導するコースを提供しているのである。

このような背景が頭に入っていれば、CSCSから来ている我々の主要メンバーに論文の校閲、執筆依頼、会議やパネルの手配、特集号の編集などの出版作業を手伝ってもらうことが、彼らに強いる負担の意味がわかるだろう。ローカルなものにコミットすることは、しばしば地域的《リージョナル》な仕事や国際的な仕事と競合することになる。だから、本誌は要求を最小限に抑え、その要求をメンバーの方針に沿うようにしていかなければならない。

忘れがたい歴史的な出遭い

二〇〇九年の七月までに、我々は一九九八年から数えて（台北、福岡、バンガロール、ソウル、上海、東京で）六つの大規模な会議を組織したことになる。そのどれもが、その土地《ローカル》に結びついた知的な関心を生み出さなければならなかった。［そのなかで］実践されてきた一つのルールは、できうる限りその土地の聴衆にも参加してもらうために、通訳を用意することであった。もちろん、通訳というものがたいへんな作業だということを、我々はよく知っていたのではあるが――。

私はまだはっきりと覚えているのだが、一九九八年の台北会議では、まだ始まったばかりで、会場を買い取ったり、借りたりする予算すら十分になかった。仕方ないので我々はゲリラ・ラジオ局に友人を連れて行き（中国語、韓国語、日本語、英語の）チャンネルを立ち上げてもらい、関係者には自分のポータブル・ラジオをもってきてくれるよう頼んで、それぞれ見合ったチャンネルに周波数を合わせてもらった。そして、通訳のできる友人は現場で交流の手助けをした。二〇〇〇年の福岡会議では通訳はなされたが、同時通訳ではなく逐次通訳だったため、予定していた発表時間は倍に延びた。二〇〇四年のバンガロール会議は、南アジアと東アジアの奇跡的な出遭いの場となった。我々の南アジアの友人は北東アジアの人の（非文法的な）英語を実際には理解することができなかった。そしてまた、後者は前者の多様なアクセントから［言葉を］推測することができなかった。しかしこれは、忘れがたい歴史的な出遭いであった。というのも、英語によるコミュニケーションで我々の体験をラディカルに相対化することができたからである。二〇〇五年のソウル会議では、我々は最終的に携帯用のレシーヴァーをいくつか購入することができ、これが通訳の作業の助けとなった。はじめての自由参加の公開討論会となった二〇〇七年の上海会議では、会の規模が大きくなってしまい、本会議以外では通訳を用意するというルールはもはや守られなかった。同時並行で行われた会議に関しては、我々はただパネリストに英語のパワーポイントを用意するよう促し、その場で通訳のできる友人に助けてもらうように勧めることしかできなかった。このプロジェクトは英語を話せる人たちだけのためのものなのか？　あるいは使用言語に関係なく、ローカルな組織のなかで活発なひとと繋がりをつくり、*IACS*プロジェクトの知的関心を共有する必要があるだろうかと、我々は最初から自問自答してきた。

このようにして我々はそれぞれのローカルな社会との関係を優先させるために、できる限りの努力を払ってきた。編集に関わるメンバーはみなそれぞれの地方的拠点にいながら、たとえば韓国や日本、中国出身の我々の大多数がおもにその地域のシステムで教育を受けてきた知識人である。我々は本誌の会員リストを作成したのだが、これは相互に翻訳しやすいように地域ごとに分けられている。二〇〇〇年の福岡会議では、我々は編集部のメンバーも一緒に大きな討論会へと連れて行った。まだ十分ではないにしろ、我々はローカルな仕事をアジア内の、そしてアジアを越えた国際的な読者層に届けるために、ある一定量の通訳はしたのである。批判的な知識が必要とされるこの仕事の性質を考えれば、我々は「愛の労働」（私がその過程で学んだ表現である）や、あるいは団結した友情に大きく頼らざるをえなかった。ミーガン・モリスはかつて私的な会話でこう言っていた。あなたはインター・アジアでそれがうまくいったのだから、他のところでも同じやり方でうまくいくだろうなどと考えてはならない。なぜならインター・アジアは損得によってではなく、団結によって動いているのだから。

過去十何年かで我々が成し遂げたこととは、それぞれの地域においてその土地を越えたネットワークを形成したことであった。限られた制度的な支援のなかで、若い研究者は自分の土地の外で研究をすることができ、またあちらこちらで集まることができた。大学院生のなかには動き回り、交流をもとに研究することができた者もいた。我々のなかの何人かにとっては、このように土地を越えた運動が、我々自身の知的な仕事を根本から変えることとなった。我々は「ローカル対西洋」という古い図式は棄て去り、それに代わる枠組をゆっくりとではあるが、創り上げつつある。しかしまたしても、この傾向がどの程度まで新しい知識の形態として通用するか、また、新しく興りつつある論理を見出すのに我々が蓄えてきた知識で足るのかといった論点が話し合われ、反省と共に議論される余地を残してもいる。

地域的《リージョナル》なものは地球的《グローバル》である

地球が世界のあらゆる地域《リージョン》からできていて、地域の道はグローバル化へと通じている。そして、地域的なネットワークのなかにあることは、つねにすでにグローバルな環のなかにあることである。地域的なプロジェクトを実行に移してきた経験からこれらのことを知り、私はもう何年も興奮させられてきた。地域的《リージョナル》なものは地球的《グローバル》である。地域や地方のない地球などたんなる空虚な想像の産物に過ぎない。もちろん、世界にはびこる不平等を隠そうとするつもりはない。世界的に認識されている「アジアの興隆」という感情の構造によって、我々は勝ち誇ったように放縦に甘んじていてはならない。二〇〇〇年に書かれた編集記事は、我々の総合的な分析を詳細に記録している。

一九八〇年以来、浸透しつつある「アジアの興隆」というレトリックが集中的な資本の流入より以上のものを意味するようになってきている。それは、アジア中の至るところで、曖昧にではあるが感じられているある感情の構造を形成するようになっている。歴史的には、この「アジアの興隆」という感情はその地域の植民地としての過去によって複雑化されている。グローバルな体制におけるアジアの政治的、文化的、経済的な立場が変動しつづけるいっぽう、「興隆」や「アジア」といった語のレトリック上の統一性を問いに付し、批判していく必要がある。富や資源は不平等に分配されており、アジアと呼ばれるこの想像の空間には何の文化的統一性も言語的統一性もない……。

十年経ったが、こうした感情の構造はなくなっていない。インドと中国が経済大国となり、ASEANに加えて三国（中国、日本、韓国）が、グローバルな政治に大変な力を及ぼすようになったため、我々はより力のない地域や、アフリカ、カリブ海、ラテンアメリカなどといった第三世界の他の地域ともっと繋がっていかねばならなくなるだろう。こうした「第三世界的」欲望は我々の何人かの心のうちにあるが、またしてもこれははっきりしない緊張を伴っているのである。

世界の他の地域と繋がるための次の一歩を踏み出す前に、我々は隣人のなかに確固とした主体性を築くことはできているだろうか？　十年のあいだに、我々は北東アジア、南東アジア、南アジアとの繋がりをより強固なものにしてきた。「いくつかの地域」では我々のネットワークの交点がおもに都心に置かれている。どの程度まで繋がりをつくれるかということに関しては、我々はもう何年もこのプロジェクトに限界を感じてきた。論文やエッセイ、あるいは報告書の執筆というものは物質的な側面に拠っているのだと気づくようになった。これは必ずしも、知識を産み出すための制度的な支援を可能にするような、物質的な豊かさだけを意味しているのではなく、学習や執筆の価値を認めてくれる物質的な歴史や伝統を意味しているのである。

あらゆる物質的な条件を加味するに、「カルチュラル・スタディーズ」が批判的に可能にしたり不可能にしたりすることの特殊性は措くにしても、我々はただ知識人や、あるいは我々と行動を共にしたいと思うひととだけ仕事をすることができる。色々なところで言ってきたように（Chen and Chua 2007）、我々は西アジアや中央アジアの仲間に手を伸ばすのにまったくやぶさかでなかった。しかし、依然きちんとした繋がりをつくれていないのが現状なので、努力をつづけていかねばならない。昨年キャロリン・クーパー Carolyn Cooper のエッセイ（2009）を出版できたことは幸いであった。これはカリブ海から出た最初の批判的な著作で、第三世界の他のところからも力作がどんどん出てくれればと思う。

制度化の二つの成功例

最後に、制度化にともなってプロジェクトが孕む緊張について触れておこう。知的な運動というものが果たしてどう制度化されうるのか、あるいはそもそもされるべきなのか？　次のような質問もおそらく訊くだけ損である。すなわち、「カルチュラル・スタディーズ」は果たして制度化されうるのか、あるいはそもそもされるべきなのか？　これは政治的には適切な問題ではない。あくまで知的な活力や誠実さ、強度をいかにして感情の上で保っていくか、という問題なのである。

我々の世代のような「生きた化石」の多くにとっては、自分たちと制度との関係は生易しいものではなかった。必ずしもいい話ばかりではないが、二つの成功例はCSCSと嶺南《リンナン》である。CSCSは昔から仲のよかった知識人たちのちいさな集まりから生まれた。彼らは大学の制度的な縛りを取っ払うために集まり、自分たちの独立した制度を設けたのであった。嶺南大学の学士から博士までのカルチュラル・スタディーズ・プログラムは、まだ当時、いまより大学がちいさかったため可能となったのである。概して、そのような大学のほうが柔軟であることが多いのである。どちらの場合にも、交渉や資金調達、インフラの整備などにたいへんな労力が費やされたことは言うまでもない。またどちらの場合にも、どんな難しい仕事でも「こなせてしまう」特別な才能や個性がつぎ込まれた。

ジャーナル発行のプロジェクトとなると、これをどう制度化していいものやら――。我々は幸運にもアジア太平洋文化研究センターCenter for Asia-Pacific/Cultural Studiesの敷地内に自由に使えるオフィスを構えている。これは大学公式の附属施設とみられたことはなかったし、だから安定した年間予算も見込めず、常勤の職員もいたことがない。台湾では、普通なら「制度的な」学術誌は学部の影響下に動くか、大学の支配下にあることが多い(たとえば、『清華学報』のように)。だが、*IACS*はそのどちらともちがう。プロジェクトの性質や、まったく制度を設けていないにもかかわらず達成されてきたこの誠実さを考えてみれば、本誌が制度化などされず、また、どこか一つのところに落ち着くなどということがないことはすぐにもわかるだろう。このような強みがあるから、あれこれ命令してくるものが現れないのだ。そして、我々は自分たちがやりたかったことだけをできる自由を満喫したのであった。

コンタクトゾーンとしてのIACS学会

二〇〇四年のバンガロール会議でIACS学会について最初の話し合いがもたれたとき、我々はそれがゆるい組織でなければならないが、物事がうまく動いていくためには十分に柔軟でなければならないということを知った。私は台湾でカルチュラル・スタディーズ協会を組織するという経験を得た。これはNGO〔団体〕として正式に登録され、資金はすべて会員がもった。そして、事務局などを移すために隔年で選挙を行う必要があった。ローカルに運営していく場合、他の場所でもだいたいこのような具合である。私はまた、国際カルチュラル・スタディーズ学会Association of Cultural Studies(ACS)の立ち上げにも参加したが、これは世界規模のものにしようという野望があった。というのも、ACSはフィンランドの仕組みを基盤に制度化されたもので、世界の一地域だけでまわしていくわけにはいかなかったのだ。さらに、会費を集めるだけでもたいへんな仕事だったし、ACSの会長を決める電子選挙は大規模になり、頭痛の種となった。官僚の邪魔が入らずともきちんと機能していくような学会を立ち上げるにはどうしたらよいのか? そのような制度化した形態でいいのだろうか? 政治の場と化した他のアカデミックな集まりとちがって、IACS学会は、まだ力のない若い世代の人たちの代わりに知と運動のイヴェントを組織する、コンタクトゾーンのようなものと考えてもらっていい。映画監督であり、フェミニストであり、また本誌の主要メンバーでもある金素栄Kim Soyoungは、ネットワークのなかの他の韓国人のメンバー(Yoo Sunyoung、Paik Wondam、Cho Heeyeon、Shin Hyunjoon、姜明求Kang Myungkoo、Cho Heajoang、金賢美Kim Hyunmeeら)の助けを借りて一肌脱いでくれ、二〇〇五年頃にソウルでIACS学会は発足するに至った。このように労働区分が構想されたからには、IACSに関連するあらゆる活動は学会の名の下に運営されていくだろうし、IACSのネットワークに属する大学院生のための最初のサマースクールが二〇〇七年に開かれた。

新たな歴史のとば口に

制度化に代わる他の形式もまた考えられてきたが、実現されはしなかった。二〇〇一年には、経済学者で中央研究院（Academy Sinica）の教授であり、社会科学研究センター（NSC）のディレクターでもある管中閔Kuan Chung mingの助けを借りて、我々はNexusプロジェクトを実行に移した。ここでは、地域的な組織の構成を思い描くために、ネットワークの布置、プログラム、そして細かな制度をひとまとめにすることが試みられた。思い描かれた計画はのちに、王暁明Wang Xiaomingの下で、中国当代文化研究中心と協力しながらIACSの施設を上海大学のキャンパスに置く段になってふたたび取り上げられた。王暁明Wang Xiaomingはネットワークの重要人物で、二〇〇七年のIACS上海会議では責任者でもあった。二〇〇六年の九月には、我々は「Globalizing Academic Production in Asia」会議を企画した。その際にはアジアと米国の主要な批判的出版社を集めて一緒に働く可能性を想像したし、アジアの諸言語による出版物をグローバルな環のなかへともたらす仕組みを考えようとした。

二〇〇九年の四月には、十周年記念に向けた非公式の反省会のなかで、先ほど記した案がふたたび持ち出され、共同学位joint degreeプログラムを設けるという新たな案が出された。二〇〇九年七月、東京大学のキャンパス内にある情報学環・福武ホールで、（IACSプロジェクトの主要メンバーである）吉見俊哉の助けを借りながら、我々は一日だけ会議をもち、そこで新しいプロジェクトのさらなる発展の調整役としてConsortium of Inter-Asia Cultural Studies Institutionsを設立する方向で先だって契約書にサインした。もちろん、こうした想像のすべてが実を結んでいるわけではない。それらはみな多くの制度的な支援や、関与した相手とのきりのない交渉を必要とするのである。また、それらはみな職業精神をもち、計画を実行に移すことのできるような先見の明のある人物の存在を必要とする。しかし、試行錯誤を重ねながらも、そのような想像のプロセスにおいて、我々は自分たちにできることの限界を知るのであり、お望みならば、歴史の限界をも知ることができるのである。言い換えれば、制度化するか否かというのは、「生きた化石」たちが好きに決められることではない。こうして思い描かれたプロジェクトがネットワークのなかの交点を結びながら有機的なかたちで実行され、また未来には他の部分が現れてくることを確信する。そのとき我々は新しい可能性の条件のなかにあり、新たな歴史のとば口に立っているのだろう。

【参照】

Chen, Kuan-Hsing and Chua, Beng Huat (2007) 'Introduction : the *Inter-Asia Cultural Studies Movements* Project'. In Kuan-Hsing Chen and Chua Beng Huat (2007) (eds.) *Inter-Asia Cultural Studies Reader*, London and New York : Routledge, 1-6.

Cooper, Corolyn (2009) '"Pedestrian Crosses" : sites of dislocation in "post-colonial" Jamaica', *Inter-Asia Cultural Studies* 10(1) : 3-11.

アジアにおける凡庸さと教育について

ミーガン・モリス（訳　橋本良一）

記憶に浮かぶいくつかの場面

「インター・アジア・カルチュラル・スタディーズ」誌（以下 *IACS*）の十周年の記念をどう書き留めておこうかと考えながら、私はいろいろな出来事を思い出していた。そうした出来事たちは、この――たった一冊の査読雑誌［を出版するという］――プロジェクトを取り巻く状況がどうして私の人生行路を変えるに至ったのかを正しく物語っている。何周年記念というのを記録するときには記憶の作業がともなうし、ひとつの大きな国際的学術誌の出版の栄誉に与るならば、学問が飛躍的に前進する目も眩むような瞬間がすぐにも心に訪れることだろう。何年も *IACS* のために読んだり書いたり、また話し合ったりするなかで、私も実際にそのような瞬間を味わってきたのだが、この十年（あるいはそれ以上）の活動に関する、個人的ではあれ全体に関わるような事柄を理解しようと努めながら、いま私は悪ノリする友たちの姿――いつも食べ物や飲み物を求めては叫んでいた――が自分の記憶にちらちらと浮かんでくるのを抑えることができない。

二〇〇〇年に開かれた福岡での *IACS* の会議で思い出すのは、街のなかのある素敵なレストランでの一夜である。日本酒がなみなみとつがれた、ちいさくてかわいらしい、箱型のものを見つけてはしゃいだ私は調子に乗って、なぜその資格があるのにあなたたちはフィルム・スタディーズで天下をとろうとしないのか、とS・V・シュリーニヴァースとマダヴ・プラサッドをなじったのだった（そのとき、私は「確かに」叫んでいた）。アジアのなかというのは狭い世界なのかもしれない。というのも、二日後、仕事のために疲れ果てて香港の嶺南《リンナン》大学に戻って、私が廊下で最初に耳にしたのは、「福岡で飲み過ぎたんだって？」、という声だったのだから。二〇〇四年のバンガロールでの集まりで思い出すのは、ブラックで頼んだのにミルクと砂糖が入っている、と、英国から来た親友がコーヒーのことで毎朝にくにくしげに文句をたれていたことだ。二〇〇五年のソウルでは、仁寺洞《インサドン》のとある露店の食堂で友たちと侃々諤々の議論を交わした夜のことが大切な思い出である。もっとも、そのときの焼酒《ソジュ》の熱さと思わず頬っぺたが落ちた炒め物を除いては、私は何も覚えていないのだが。それから、今でも顔から火が出るほど恥ずかしく思い出されるのは、一九九二年にのちの*IACS*プロジェクトの発端となる第一回目の「軌道（*Trajectories*）」会議(Chen 1998)のために私がはじめて台北を、というよりはじめてアジアを訪れたときにやってしまったひどいマナー違反である。到着して二日後、私はワインと上物のコーヒーにどっぷりと浸かってしまい（ことにも、ワインはべらぼうに高くて、なかなか手に入らない代物だった）、それから中国の美しい、伝統的な茶荘へ連れて行かれると、自分でも驚いたことに、「お茶なんていや！」と言って案内人を驚かせたのだった。

歴史的な因襲の打破

こうしたおそろしい暴挙は、*IACS*へと向かっていく個人的な軌道の最初の一歩としては、幸先の悪いものであったと思われるかもしれない。二〇〇〇年には、私はこの*IACS*のために嶺南大学のカルチュラル・スタディーズ学科の主任教授として香港に招かれることになり、今でも同じポストにあるのだが。しかしながら、実際にバンガロールでの会議の大きな転機となった場面で陳光興が提示した「方法としての『アジア』」(2005)という概念を、私は、ひとつには幸先の悪さを乗り越えるプロジェクトとして理解している。つまり、このプロジェクトには歴史的な因襲をとことん打破するという課題が含まれているからだ。この歴史的な因襲というものは、私たちの日々の生活を通じて働きかけながら、まるでそれが運命や宿命であるかのごとく「私たちに代わって」見たり、触ったり、聞いたり、味わったりするのである。方法としての「アジア」は哲学や歴史学の産物であるが、同時にそれは、互いに話し合うすべを知らないひとたちや、ともすれば話し合いを望むすべすらも知らないようなひとたちのあいだで、ふだんは一緒に論じられることのない話題や論題について話し合う機会を設ける、積極的な実践でもあるのである。

私にとってこれは*IACS*プロジェクトの方法論の必要不可欠な側面であり、共通の経験をつくりながら何年もかけて発展し、さらに、はじめは文化的な他者であったひとたち——ときには、歴史的に敵対すらしてきたひとたち——のあいだで「わずかながらも」歴史を共有してきた。それは、すくなくともふたつの点において、新自由主義時代の米国型の「国際」会議あるいは雑誌によって助長されてきたありきたりで専門家的なネットワーク（Morris 2009）とはことなるし、また、政府から資金援助を受けている地方にかんする共同研究の資金計画によってこの頃結ばれた、便宜的でいつ終わりを迎えるともわからないようなパートナーシップともことなる。第一に、*IACS* は機関誌とそれに関連する活動を長期的な現実へとつくりかえる努力を重ねてきたひとたちに、専門家としてだけでなく個人として、息の長い濃密な時間を費やすことを求めてきた。第二に、はじめから *IACS* には、国外のたくさんの「ローカルな土地」について理解するという仕事が含まれていた。私たちは当初、こうしたものについて理解しようという個人的な理由も専門家としての動機も持ち合わせていなかったことは確かだが。

ともあれ、このふたつの点で、*IACS* はその喜びや見返りだけでなく、それが孕むあらゆる緊張を抱えながらも、進歩し変化しつつある私たち自身の一部となったのである。それは、ときたま気が向いたときにやるような活動とはちがうのだ。言いかえれば、研究の対象や闘争の現場としてだけでなく、自分たちの仕事の可能性の条件でもあった学問の「グローバル化」の断絶に介入しながら、私たちは努力によってある程度の「凡庸さ banality」を追求してきた。ここにいう「凡庸さ」は、瑣末な社交に付き合うという意味での平凡さとしてだけ理解されるわけではない。もちろん、それも生きてく上では欠かせないものだ。しかしここでの「凡庸さ」は、人々が共通の体験をしたり、何かを共有したりするような機会を産み出すような平凡さとして理解されるものである（Morris 1990：40-41）。こうしたことに努めながら、エキゾチックなもの、未知なもの、恐れられているものが占めている場所に、私たちはこの共有された凡庸さを据え置くのである。

教室の中での断絶

この種の取り組みは、教育においてはどのような違いをもたらすだろうか？　私は香港のさまざまなコミュニティやある地域全体を股にかけて幅広く活動するのではなく、嶺南大学という第三次教育機関にだけ属し、その土地で働きながら、*IACS* プロジェクトのなかでの自分の居場所を探ってきた。また、そうすることで私は、この場所で二、三の基本的な論点について発言することにだけ自分を抑えることができたのである。話を具体的にするために、教室での一場面を思い浮かべてみよう。この教室の中ではある断絶が口を開いていて、社会的な通念の理解をめぐって互いに意見が噛み合っていない。学校や大学の先生たちはこの断絶が異文化間で溝を生んでいるだけでなく、ひとつの社会のなかで急速に変化しつつある複数の世代のあいだに分裂をもたらしていることを知っているはずだ。教師は、このような新しい世代の学生たちに自分が「理解されていない」ということがすぐにわかるだろう。だが、大変なのはいつだってその原因を突き止めることなのだ。とはいえ、私がここでこだわっている問題は、私にとってはとりわけ印象的なものなのである。というのも、カルチュラル・スタディーズの基本的なテクストのひとつで、一九五八年にレイモンド・ウィリアムズによって書かれた、ʻCulture is Ordinaryʼを学部生たちと読もうするとき、私は上のような場面に遭遇するからである。

このテクストは「文化政策と制度」にかんするBACSのコアカリキュラムの、三年次における指定教材であった。私はこれを陳清僑 Stephen Chan Ching-kiuと一緒に教えているのだが、これを手引書として使うことにはいつも困難がともなった。昔だったら、私にウィリアムズの思考を追う自信が無かったことを理由にできたかもしれない。誰に訊いても、ウィリアムズは難しい書き手と言うだろうし、また私にとっては「馴染みのない」思想家でもある。というのも、私は英国の文化研究よりもフランスの文化研究のほうに親しんでいるからである。炭鉱というと、家族が働いてきたということもあって、ハンター・ヴァレーの蒸気を上げる熱い平野や山々を（あるいは、実際には現在住んでいるところの近くの、雨林の鬱蒼と繁った断崖を）連想してしまう、そんな「ニュー・サウス・ウェールズ」のオーストラリア人として、私はウィリアムズがʻCulture is Ordinaryʼの冒頭で喚び起こすウェールズの炭鉱の風景にはなにも感じることができない。彼はその風景をケンブリッジの風景と並べて階級的、文化的な対立を浮かび上がらせる。彼はエッセイのなかでその対立を問いに付し、取り払うのだ。実際、私は毎年このエッセイの最初の段落で躓くのであった。文章はバス停から「大聖堂」（どこの？）へ飛び、今度はそこから「閉鎖された」（どうして？）図書館へと飛んで、そして郊外の「黒い山々」へと至るのである（Williams 2002 : 92）。例年私は広東人の学生たちと、バス旅行について書かれたこの段落を読むために文化資本をかき集めては、また忘れるのだ。

ウェールズの田舎がどんな風かイメージできるかということは、この文章を読むためには重要である。なぜなら、この田舎の「風景」とともに、ウィリアムズは彼の有名な主張を始めるからである。「文化とは日常的なものである。我々はいつもここから出発する。田舎で育つということは、文化の形成や、その変化の様式を見守るということである」（Williams 2002 : 92）。私がしつこくウィリアムズがここで取り組んでいる支配的な二分法に言及するならば、読者諸賢は、ウィリアムズが頭に描いている特定の田舎を「イメージでき」なくても問題はないとおっしゃるかもしれない。つまり、文化の形成にかんする彼の理解が抽象的にでもわかればそれでいいのだ、と。そして、（そうした方法で読むのなら）「文化の本質」にかんする議論の核となっている次の箇所に移ってしまうのだろう。

> ……文化はいつも伝統的であり創造的である。つまり、文化にはもっともありふれた一般的な意味があり、もっともすぐれて個人的な意味がある。我々は文化という語をこのようにふたつの意味で用いる。第一には、ある生き方全体を表すために――これは、一般的な意味である。第二には、芸術と学問を表すために――これは、発見と想像的な努力の特別なプロセスである。このうちのどちらかいっぽうの意味を表すためにこの［文化という］語を用いる作家もいるだろう。私はそのどちらの意味も大切にしたいし、それらの繋がりが重要であると考える。我々の文化に関するここでの問いは、我々の全体的で一般的な目的に関する問いであるのだが、また深く個人的な意味に関する問いでもあるのだ。どの社会においても、どの精神にとっても、文化とは日常的なものである。（Williams 2002 : 93）

しかし現実には、このように議論が抜粋的であることから全体の枠組みがはっきりしなかったり想像できなかったりすると、「周辺的な」細部を欠いていることが学生たちを不安にさせる。不安であって当然だと私は思うし、おそらくよくわかっているからこそ不安なのだと思う。著者はとても骨を折り、ことばを尽くして、このようにさまざまな言及に富んだ場所のイメージ、「ことにも」自分自身の場所のイメージをつくりだした。それでも、他の国で英語を外国語として読む学生たちにこの文章を教えたり読ませたりする過程では、彼らにとってとても重大に思われることをほとんどすべて「はしょらせて」しまうことになる。こうした疎外は教育の過程でいや増しに進み、テクストの上だけでなく、感情にも直接作用してダメージを与える。

自分自身の文化的な色眼鏡を「見つめなおす」道

にもかかわらず、昨年、（いろいろなことで忙殺されて）私はこの冒頭の段落を授業でとばしてしまい――「バスのことは忘れよう」――、代わりに、有名な文化の二重の定義の箇所のあとにくる、もっと簡単そうなパッセージに焦点を絞ったのだった。このパッセージはケンブリッジの大学そのものというよりは、その街に据えられ、ウェールズの大地に目に見えるかたちで刻み込まれた二千年の歴史と対照させながら、文化にさらなるふたつの意味を加える。それは、ウィリアムズにとって否定的な力をもつものである。それらの意味を「私は頭ではわかっているが、認めたくはない」、と彼は言う（Williams 2002 : 93）。そのどちらの意味も、都市空間を想起すれば説明できる（香港の学生であればなおさら簡単だろう）。一方で、文化とは社会的なエリート（「ツイードの服を着こなすような」、とオーストラリア人なら言うかもしれない）の自然の所与である、という排他的な文化の意味は、ウィリアムズによればケンブリッジの喫茶店に当て嵌まる。他方で、どぎつい俗物による（「野郎風情」、とオーストラリア人なら言うかもしれない）文化の均一化がある。これは広告や一九五八年の「市場」［訳注：ウィリアムズの"Culture is Ordinary"が書かれたのは一九五八年］から新たに出てきたものであり、この意味における文化は「酒場」に割り当てられる。「私は喫茶店も好みではないが、酒場も好かない」となる（Williams 2002 : 94）。

喫茶店のイメージをめぐって異なる文化のあいだで誤解があってはいけないと思い、私はすこし手間をかけてケンブリッジの喫茶店の紳士気取りと香港の広東茶居の平等主義的な活気のちがいをはっきりさせることを徹底した。ウィリアムズは一九五〇年代の喫茶店の世界がよそ者にもわかるように、十分に社会的なディテールを書き込んでいる。私が現代の香港でそれに等しいものはなんだろうか、と尋ねたら学生たちは、「スターバックスですね」と的を射た答えを返してくれた。コーヒーを飲むことは、マカオの出身でない多くの庶民派の学生たちからは気取った行為だとみられているし、挑戦的な英語の名前が付いた（「スキニー・ダブル・フローズン・フラッペチーノ」のような？）とても高価な、いろいろな種類のコーヒーをこれみよがしに飲んでみれば、これは間違いなく西洋かぶれのコスモポリタン願望のあらわれだ、ということになる。ウィリアムズの喫茶店型文化の記述は「ある種の特別な人々、すなわち教養人の外面的でよく目に入る特徴《しるし》」であると指摘しながら、ある学生は、自分も友人たちも本当はコーヒーなんて好きじゃないけれど、ラップトップを開いてスターバックスに座っているのは好きだよ、だってかっこよくみえるし、と茶目っ気たっぷりに告白してくれたのだ。

これを聞いて嬉しくなった私は（そして、あくる日には晴れるようにと英国式階級制度の蜘蛛の巣を払って）、乙に澄ましてうしろにもたれかかり、賞に手が届きそうなときに我々教師が用いるような、確信に満ちた調子で、「なるほどね。すると、酒場のほうはどうかしら？」と訊いてみた。リンナンに来てから十年が経っていたが、私はまだ何もわかっていなかったようだ。学生たちは頭を垂れ、顔から笑みが消え、肩はいかり、教室はあの恥と怒りの厚い沈黙に覆われた。それは、自国で暮らしていながら外国語で学ばなければならないときにはきまって、いつも結局は理解できずに終わることにたいする恥や怒りであった。これは、そのような教室での経験には付き物と言っていい。手間を省くために、私は努力を怠り、学生たちに酒場とはどんなものか、自力で考えさせてしまった。完全なる失敗だった。

教室のなかの誰一人として、酒場がどんなものか想像すらつかなかった。そして私は悟った。何年もいろいろな教室で、私にこのテクストを教えられてきた地方の学生たちは、ウィリアムズの議論のこの箇所を、実際には理解していなかったらしい、ということを。この箇所は、発展に駆られた香港の、今日の公共生活を強く規定しているヒューマニズムの価値を大きな声で、激しく軽蔑する類のことを正確に狙ったものであったのだ。「酒場」とは粗雑なパブかあるいは下層階級のバーを指し、そこではほとんどの場合男がただ酔うために酒を飲むのだ、という説明を思いつくまで、私は、「鬼佬〔訳注：広東語で外国人男性のこと。主に白人を指す〕」にとって、「紅茶」と対照的な飲み物は?」などと苦し紛れの質問をしていた。勇敢な心の持ち主から返ってきた躊躇いがちな答えは、「オレンジジュースですか?」というものだった。

私はこのささやかなエピソードを、いたましくも自己中心的に理解しようとは思っていない。たしかに、私はこのことからふたたび、自分自身の文化的な色眼鏡を「見つめなおす」道には果てがないということを学んだ。（中国大陸や台湾と較べて）香港の中国文化のある変わった特徴は、ほとんどの人が普段はまったくお酒を飲まないということである。レストラン側は「お飲み物は?」と伺うことで、その店の粋を集めた料理と一緒にコーディアルかコカコーラを「頼むことを」強く勧めているのである。しかしながら、私と同じ年代で同じ出自をもつオーストラリア人は、ウィリアムズが指摘する階級にもとづいた喫茶店と酒場の対立の、「さらに」ひどくジェンダー化されたものとともに育った。私の若い頃は、あらゆる社会階級の男性がお酒を飲んでいた。いっぽうで、女性は紅茶か「シャンディー」（レモネードとビールのカクテル）を飲んでいたものだ。だから、お酒と、女性がお酒を飲める公共の場の要求は、一九七〇年代におけるフェミニズムの関心事のひとつであった（し、一九九〇年代には公衆衛生の関心事のひとつであった）。

'Culture is Ordinary' を教える以前には、私はこのような歴史の所与というものを問いに付すことはなかったし、それゆえ、生徒が答えられないような質問はすべきでないと固く信じていた。そんなところにきて、私はウィリアムズを教えるにあたってまた次の機会に活かせる方法を学んだのだった。学生たちもまた、「西洋」の飲み物観について知ることができた。彼らがのちに社会人になったとき、それらの知識は大いに役立つことだろう。しかしながら、生徒が経験する凡庸な疎外（「私たちは文化資本を築き上げるために、こうしてここにいるのではないか？」）や、どうしても偏りがちな私たちの教育によって理解に困難が生じたり混乱を覚えたりすること（「誤読は創造的なものである、ちがうだろうか？」）を、お情けで見て見ぬふりするような態度を私はとりたくない。これらは、英語がよくわからず、英国の多用な日常文化にさほど明るくない学生たちに、英語を用いてカルチュラル・スタディーズを教えるときに生じる問題なのであり、こうした問題にこそ、私たちは取り組まねばならないのだ。

教育への政治的なアプローチ

ここから、私はアジア間の相互理解プロジェクトの積極的な性格へと立ち返るのであり、そこから、私たちの達成したことや、まだ残されている課題への批判的な検討へと向かうのである。これは、年を数えるたびに求められることである。数あるテーマのうちで、教育者として近年私が専心しているものが三つある。ひとつ目は、グローバル化しつつある制度のなかで、アカデミズムにおける労働がどのようなポリティクスのなかにあるのか、という問い（Morris 2008）であり、二つ目は、非西洋であるにもかかわらず英語を用いなければならない制度のなかで、カルチュラル・スタディーズが学問として発展していく上でどのような問題や可能性をもつのか、という問い（Morris 2010）であり、三つ目は、アジア間の理解を生むのが「学術的な」領域に限られていいのか、というよりくだけた問いである。この三つのテーマに関して若干の短いコメントをして終えたい。

まずは、アカデミズムにおける労働という論点に斜めから切り込んでみよう。この論点にかんして、遠く離れていながらも、新自由主義的な専門家によって昨今放棄されてしまった政治的な責任をいまだに共有する「生きた化石」によって*IACS*が創設されたことについて語った陳光興の雄弁な発言を読んで、私は、まだ化石にはなっていない私自身の世代のオーストラリア人のパラドックスのひとつがどんなものかわかった。私たちの政治的なヴィジョンはおもに前消費社会的な世界において形成されたのであり（比較的安く、速い、大量空輸システムがやってくる以前の一九五〇年代から一九六〇年代にかけて、オーストラリアは後進国であった）、そのような世界で、こんにちのように産業的な生産物としてではなく、偉大で普遍的な共有財産として理解されていた教育の恩恵に浴してきた。そして、たとえそうした理解が失われても、ただそのなかでの処世を身につけてきただけでなく、そうした状況を切り抜けられるだけの手腕は示してきたのである。私たちのなかにはまた、可能なところに、自分たちの信奉する政治や公共的価値の代わりとなる「空間」（私たちにとっては慣れた言葉である）をつくりだそうと努めてきた者もいる。しかし、私たちはそれを、他の社会領域と同様に、新自由主義化した大学の内側につくりださなければならないのだ。

この観点からすると、*IACS*とそれに関連するプロジェクトによる注目に値する達成のひとつは、実践における成長と、基礎教育における新たな一歩の熟考、言い換えれば、「抑圧されている者への教育」（Freire 1993）をめぐって財源や支援を求めて多様化し続ける闘いの前景化である。この「抑圧されている者への教育」ははじめ、多くの人びとに向けられたものであったが、もはやホットな話題ではない。というのも、それが論じられたのは、パウロ・フレイレの本が一九六八年にポルトガルで出版された十年後の西洋においてであったからである。私は、インドにおけるヴィノード・ライナの仕事とか、王曉明 Wang Xiaoming と上海に近い田舎の学校との共同作業とかといったような、*IACS*の集まりで耳にしたプロジェクトについてのみ考えているわけではない。それだけではなくて、会議で出会った教師たちについても考えている。彼らは大学だけでなく、小学校や中学校でも働いているのである。

私はまた、教育へのこうした政治的なアプローチを、新たな種類の制度やプログラムの創造へと拡張していく、横方向への運動についても考えている。そうした例としては、中壢にある台湾の国立中央大学に置かれ、ジョセフィン・フーJosephine Ho のもと直接行動をも辞さない態度をみせているセクシュアリティ研究センターや、趙恵貞 Cho Haejoang のハジャ［やってみよう］作業場学校（ソウル特別市青少年職業体験センター）と聖公会大学のなかに NGO 研究のためのインターアジア大学院 Inter-Asia Graduate School をつくろうとした曺ヒヨン Cho Heeyeon の働き。後者のふたつは韓国における運動である。それから、私の同僚である許寶強 Hui Po-Keung と陳清僑 Stephan Chan Ching-kiu は、香港の第二次教育においてリベラル・アーツ教育が採り入れられるよう高校や教師、官僚へと強く呼びかけた。これらはほんの一例に過ぎない。他にもたくさんあるのだ。オーストラリアなどいたるところで西洋の同僚が善意から、カルチュラル・スタディーズや教育領域の拡大など「いまや誰もかえりみない」、と嘆いているのを聞いて、私は内心穏やかでなかった。

同時に、近い将来、私はことなる宗教のあいだで、互いの差異を乗り越えた一歩がもっと踏み出されるのを見てみたい。それも、二〇〇六年一月に台湾の国立中央大学で開催された臨時のカルチュラル・スディーズ指導ワークショップの線に沿ったかたちで。その場で発表されたいくつかの論文は*IACS*誌（vol.9, no.3, 2008）に掲載されて世に出たが、私にとって一番重要だったことは、この夢見がちなイヴェントがとりわけ若くてフレッシュなカルチュラル・スタディーズの研究者に、アジアの新自由主義的な大学における研究生活の経験と、それを生き抜く知恵を共有する機会を提供できたことだった。私たちはすぐにもこうした機会を増やしていかなければならないし、また、もっと比較の作業を進めなければならない。とりわけ、年少の研究者のあいだで、高等教育における労働条件や過剰な搾取についてもっと話し合っていかなければならない――これはおもに「中流階級」や比較的恵まれた者たちに限られた問題なのかもしれないが。

　この分野は、オーストラリアやアメリカの研究者によって近年活発に議論されている政治的領域のひとつであり、当然批判的にではあるが、また同時に建設的に議論されている。たとえば、オーストラリア研究会議を通じて、グレアム・ターナーは資金的な援助を受けて「文化研究ネットワーク」を設立することに成功したが、それは何にもまして、オーストラリアの大学制度のもとにある若い研究者が直面しているさまざまな障害や不公正に取り組んだのだった。国家を超えて高いレヴェルで政策が共有されていることを考慮すれば、「常用雇用者の」臨時雇用化や不安定雇用は、アジア中の大学でもまた不確定なものではなく、構造的な問題へと変わりつつあると言えるだろう。とりわけ、いまや専門的な証明書の発行もそつなくこなさなければならない若い研究者にとってはそうだろう。私たちや、彼らの上司が若かった頃には考えられなかったはなしである。私たちは、英語での査読や出版義務といった論点をめぐって争ってきた闘いを、私たち自身の職場の労働関係という、より広い領域へと押し広げていく差し迫った必要に迫られているのではないか。

文化的に開かれた英語のテクスト

　私の「欲しいものリスト」の二つ目、そして三つ目の要点は、もっと簡単である。なぜなら、業績を通じて示せることがたくさんあるので、あらためてその概要を示す必要はないのだ。過去十年以上にわたって、私たちは出版物や活動予定表をたくさん出してきたし、容赦なく強くなっていく英語の圧力にも屈せず、*IACS*のコミュニティは、会議においてその堪能な通訳の技術を即興的に用いてきただけでなく、教育したり研究したりする際にさまざまな言語を用いることができるように道具や機会を、実際に首尾よく提供してきた。しかしながら、今度は、大学院生向けのものだけではなく、学部生向けの英語で書かれたテクストがもっと編まれればいいと思う。この望みは物議を醸しそうなので（とりわけ、多言語学術誌『トレイシーズ』の前編集委員としては）、すこし説明させてもらいたい。基礎的な指導や学習に母語で取り組むことへの私の確信が揺らいだことはない。そのとおり。私も母語によるアプローチが最高であると考える（どんな言語においても教え方が下手だったら元も子もないが）。

しかしながら、大学の教育において必修言語とされている英語は、今後当面のあいだだけ存続するのではなく、その使用はさらに拡大していくだろう。これはいたるところに現に生まれつつあるいくぶん抽象的で「文化的な」帝国主義の圧力によるのではなくて、おもに私たちの生活する地域の政府によって下された実用的な決定によるのである。そして、私たち自身、この決定に従うことを求められているのである(Morris 2010)。たとえば、勉強のために生徒をインドネシアから香港に連れてきたり、香港から生徒をブラジルへ連れていったり、という交換体制が広くいきわたっている場合、英語は必要不可欠なのである。

これを考慮したら、テクストはどうようなものになるのだろうか？　私は、「カルチュラル・スタディーズとは云々」、といったような一連の記述を望んではいないし、テクストが「アジア人」に向けて土着の精神にもとづいて書かれることも望まない。むしろ私が切望するのは、深刻で、かつ教えやすいトピックに基づいて書かれた導入的な作品である。つまり、さまざまな国からやってきて一学期をひとつの教室で過す学生たちの想像力をかきたてることのできるような作品を切望するのである。それも、まるで彼らが英国のケンブリッジ［大学］かあるいはマサチューセッツのケンブリッジ［ハーバード大学のこと］からでも来ているかのように、［こちらから］彼らにはまったく訴えかけなくても。たとえば、文化政策に関する解説的な文学作品の多くは、香港で教えるという用にはまったく向かない。「イギリス植民地時代の」行政府・官僚主導の政治にかんする基本的な想定が説明されていないだけでなく、法外な量のテクストが［カルチュラル・スタディーズの］論点やその根拠を説明するためではなく、遠い国の哲学者をくどくどと説明したり、学生たちが名前も聞いたことがなかったり、［著作を］読んだこともなかったりするような同業者の批判をしたりするために費やされているのである。

もし必要なら、年に一度の、論文のコピーやら読みづらいPDFやらでしっちゃめっちゃかになる会議にも耐えていくことができるが、私を気落ちさせるのは「オレンジジュース！」の一声である。これは、慌しい教室のなかよりも、理論のなかでよっぽど生産的に響くのである。はっきりさせておきたいが、「脱文化化された」テクストなどありえないし、そんなもの、望むべくもない。私はそのようなものをこれまで書いたことも、望んだこともない。しかし、文化的に開かれた英語のテクストをつくることは可能だろう。それは、著者の友人や同業者たちに読まれるだけではなく、第二外国語あるいは第三外国語として［英語を］読んでいる世界中の学生からも読まれるようなテクストになるだろう。

独立した著作をこそ望む

私の三つ目の将来への願いは、もっと貪欲さを表現することである。私は今後、IACSプロジェクトから査読論文だけでなく、多くの「大著」が出てくることを望んでいる。十年の活動を経て、最初の助成金による主要な著作が日の目を見つつある。それらは、著者がそれを狙ったかはわからないが、カルチュラル・スタディーズの方法論と理論にかんして国際的な重要性を持つものである。「国際的な重要性」がわかりにくいかもしれないが、たとえば以下の作品はそれを担ったものだろう。Law Wing Sang, *Collaborative Cultural Power : The Making of the Hong Kong Chinese*（2009）や、Tejaswini Niranjana, *Mobilizing India : Women, Music, and Migration between India and Trinidad*（2006）、さらにRajadhyaksha Ashish, *Indian Cinema in the Time of Celluloid*（2009）がその好例である。また陳光興の*Asia as Method : Towards De-Imperialization*（2010）も欠かせない。これらの書物は、知識を生産しながら西洋中心主義的な凝り固まった「批評」を越えて達することのできる地平を読者に示し、また、ちがった考え方をすることで私たちの時代の問題を捉えなおすことを可能にする。アジアのあいだのローカルなところから（「について」だけでなく）考えるという志《こころざし》が理解できれば、たんにレトリックの様式に限らず、もっと困難で時間を食うことにおいても、そのような思考を要求することは簡単である。IACSの十周年記念にこのようなことを言うのはまずいかもしれないが、作業環境と、こんにち研究者にのしかかっている証明書発行の手続きとによって、独立した著作を簡単にまとめたり「参照したり」するだけで満足したような雑誌論文が過剰生産されやすくなっている。しかし、大学における知のポリティクスを塗り替えたいと思うなら、そうした独立した著作をこそ産み出さなければならないと私は思うのだ。

IACSプロジェクトがあやまって国家主義的で地方主義的な組織へと陥るような閉じたものでないのなら、こうした著作もまたたくさんの読者に開かれてあるべきで、そのためには大変な努力を必要とする。二〇〇九年の東京での予備会談の集まりで、メラニー・ブディアンタは「一族再会」の雰囲気に喜び浸っていたが、彼女のおかげで、私たちの付き合いのなかに他の「集まり」を招き入れるだけでなく、私たちに立ち向かってくる者たちにもIACSプロジェクトを開いていかなければならない――そして、もっと力の弱い「ローカルな土地」や「中心」から離れた国々にも注意を向けなければならない――という思いをあらたにすることができた。そうした出会いが生まれたり、その経験から「大著」が出てきたりするための場所や時間を提供したという意味では、*IACS*誌とともに、シンガポール国立大学のアジア研究所にいる蔡明発が指揮するカルチュラル・スタディーズ・プログラムもまた重要であった。

凡庸と言えるような付き合いへ

しかしながら、メラニーが*IACS*の基本原則を思い出させ、それを実践において更新し続けていく必要を思い出させてくれたことの重要性を、私は、東京の会談に出席するすぐ前に南華早報［香港で発行されている日刊英字新聞］上で偶然読んだコラムによって、痛感させられた。「Fellow Bric Road」（Brahms 2009）というぼんやりとした題のそのコラムは、二〇〇九年六月十六日、ロシアはエカテリンブルクで催されたBRICs（ブラジル［B］、ロシア［R］、インド［I］、中国［C］）の最初の独立会議の重要性についての感懐を綴ったものであった。その会議では、「唯一の国際的な準備通貨として実用的にUSドルの代わりとなるもの」について話し合われたのだった。この会議と一九六五年の非同盟発展途上諸国によるバンドン会議のあいだのありうる影響関係を考えながら、ブラームスは、「バンドンとはちがって、BRICsはポストコロニアルの時代における広い政治的なヴィジョンにかんするものではなく、むしろ、ワシントン合意以降の時代の国際的な経済危機に取り組むものであった」、と指摘していた。初期の*IACS*にとって（より正確に言えば、おそらく、「軌道」会議にとって）、バンドンが重要な参照項だったことを、ちょっと苦笑しながら、思い出さずにはいられない。と同時に、私たちの集団的なプロジェクトにおいて、ここ数年、ラテンアメリカや旧ソ連の諸国の研究者との対話に開かれていたと言えるような運動を、私はあまり見ていない。当面は、組織としては奇抜な見通しに映るかもしれない。そして、出発点においてほとんど何も共有していない研究者のあいだで、凡庸と言えるような付き合いを築くことは、お察しのとおり、簡単ではないだろう。にもかかわらず、こうした努力はこの先数年は重要でありつづけるだろう。

【註】

http://www.uq.edu.au/crn/index.html にある the Cultural Research Network の資料を参照。

【参照】

Brahms, Laurence (2009) 'Fellow Bric Road', *South China Morning Post*, 30 June : A11.
Chen, Kuan-Hsing (ed.) (1998) *Trajectories : Inter-Asia cultural*

Studies, London and New York: Routledge.

Chen, Kuan-Hsing (2005) '"*Asia*"*as metho*', *Taiwan : A Radical Quarterly in Social Studies* 57(3) : 139-218.

Chen, Kuan-Hsing (2010) *Asia as Method : Towards De-Imperialization*, Durham : Duke University Press.

Freire, Paulo (1993) *Pedagogy of the Oppressed*, New York : Continuum. (New rev. 20th Anniversary edition)

Law, Wing Sang (2009) *Collaborative Cultural Power : The Making of the Hong Kong Chinese*, Hong Kong : Hong Kong University Press.

Morris, Meaghan (1990) 'Banality in cultural studies'. In Patricia Mellencamp (ed.) *Logics of Television : Essays in Cultural Criticism*, Bloomington and London : Indiana University Press, 14-43.

Morris, Meaghan (2008) 'Teaching versus research? Cultural studies and the new class politics in knowledge', *Inter-Asia Cultural Studies* 9(3) : 433-450.

Morris, Meaghan (2009) '"I hear motion" : skeptical notes on academic mobility in the Asia-pacific region', *Around the Globe* 5(1) : 41-47.

Morris, Meaghan (2010) 'On English as a Chinese language : implementing globalization'. In Brett de Bary (ed.) *The University in Translation*, Hong Kong : Hong Kong University Press, 177-196.

Niranjana, Tejaswini (2006) *Mobilizing India : Women, Music, and Migration between India and Trinidad*, Durham : Duke University Press.

Rajadhyaksha, Ashish (2009) *Indian Cinema in the Time of Celluloid : From Bollywood to the Emergency*, New Delhi : Tulika/Bloomington : Indiana University Press.

Williams, Raymond (2002) 'Culture is ordinary'. In Ben Highmore (ed.) *The Everyday Life Reader*, London and New York : Routledge, 91-100.

「日本」におけるカルチュラル・スタディーズの水脈と変容
——ヨーロッパ／東アジア／日本の結節点において

ファービアン・シェーファ
本橋哲也

はじめに——旅するカルチュラル・スタディーズ

本稿で私たちが引き受けようとする問いは、次のようなものだ。日本におけるカルチュラル・スタディーズは、何を模範とし、どのような過程を経てこの国に定着してきたのか？ その導入を容易にし、あるいは困難にしてきた理論的、学問的、政治的、経済的、実践的条件は何か？ 地域研究の一分野としての「日本研究」は、日本へのカルチュラル・スタディーズの導入によってどのように変化したのか？ 日本におけるカルチュラル・スタディーズと日本研究との新たな関係は、グローバルな文化研究と地域研究にどのような教訓と展望をもたらすことができるのか？

エドワード・サイードによれば、思考や理論の循環は「人から人へ、状況から状況へ、ある時代から他の時代への旅」として捉えることができる。サイードはその旅を「原点」、「他の時期と場所への通過」、「理論や思想を迎えるさいの受容や抵抗の条件」、「新たな使用による変革」という四つの局面に区分する。[1] 私たちのこの論考も、この四つの区分に従いながら、「日本のカルチュラル・スタディーズ」、あるいは「日本とカルチュラル・スタディーズ」という問題について歴史と政治的力学、および学問的価値にわたる考察を進めていきたい。

1　「原点」——イギリスのカルチュラル・スタディーズ

カルチュラル・スタディーズの地理的・歴史的な「原点」を、イギリス、それも一九六四年のバーミンガムの現代文化研究センター（ＣＣＣＳ）の創設に求める語りはひろく人口に膾炙している。しかし興味深いことは、その創設に関わり大きな影響を与えたレイモンド・ウィリアムズやリチャード・ホガートが労働者階級の出自であったこと、スチュアート・ホールがジャマイカ出身の「非白人」であったことによって、カルチュラル・スタディーズの原点に、異種混淆性、すなわち学問分野、階級、民族を横断するような知的契機が孕まれていたことである。

一九八〇年代後半からのアメリカ合州国におけるカルチュラル・スタディーズの非政治化と専門学問化を批判しながらローレンス・グロスバーグが述べるように、そのような「原点」におけるカルチュラル・スタディーズの形成過程には「複数の知的軌跡という特徴」があるがゆえに、カルチュラル・スタディーズは批評理論や文化理論というよりは、「知的実践を特定の文脈のなかで政治的に捉える方法」として発展してきた。[2] カルチュラル・スタディーズは文化や知識を政治的力関係のなかで把握しようとする点で、つねに文化や知の生産の文脈に意識的であり、それゆえカルチュラル・スタディーズが対象とするのは学問や理論そのものというよりも、理論や学問的方法を通じて明らかとされる人びとの日常的生活の内部である。さらにカルチュラル・スタディーズを実践しようとする者は、自分が研究対象とする日常生活の力学に自らも巻き込まれていることに意識的であり、研究者という主体の位置取りに敏感であろうとする。そこから政治的力関係の改変という、カルチュラル・スタディーズが本来持っているはずの社会変革への意志も生まれてくるのだ。

「原点」においてこうした根本的に政治的で社会革新を目指す性質を持っていたカルチュラル・スタディーズは、日本という異なる時空間に移入されたとき、そのような特質をどのように引き継ぎ、変容させていったのだろうか？

2 「他の時期と場所への通過」——日本におけるカルチュラル・スタディーズの受容

初期の英国産カルチュラル・スタディーズの日本における紹介は、一九六〇年代から次第に開始された。代表的な翻訳業績をあげれば、田村進による『ニュー・レフト・レヴュー』からの論文翻訳、E・P・トンプソン、レイモンド・ウィリアムズ、リチャード・ホガートらの著作の翻訳書が、一九六二年から一九七四年にかけて出版される。[3] さらには哲学者の鶴見俊輔や社会心理学者の南博らを中心に集まった『思想の科学』グループの活動においても、集中的ではないにしろカルチュラル・スタディーズの受容が試みられていたことは忘れてはならないだろう。

しかし日本語圏における広範なカルチュラル・スタディーズの普及は一九八〇年代を待たなくてはならなかった。とくにその先鞭を切ったのは、カルチュラル・スタディーズという名称をとくに使用することなく、日本におけるマス・コミュニケーション研究の分野で、スチュアート・ホール、ジョン・フィスク、イエン・アング、サイモン・フリス、ディック・ヘブディッジ、デヴィッド・モーリーらの仕事が精力的に翻訳紹介された。[4] またマス・コミュニケーション研究の分野で、佐藤毅や藤田真文らが『新聞学評論』や『放送学研究』といった雑誌をはじめとして、この時期のカルチュラル・スタディーズ受容を代表する仕事を展開した。[5] 彼らの主要目的は、コミュニケーションを一方向的な過程と捉え、メディア受容を受動的で演繹的に計量可能なものと考えるアメリカ合州国主導の機能主義的マス・コミュニケーション研究に対抗して、視聴者の日常生活の力学における、より積極的なメディア領有に注目することだった。しかしこのようなコミュニケーション研究主導のカルチュラル・スタディーズ受容は、水越伸や花田達郎、吉見俊哉らが後に批判的に回顧するように、[6] スチュアート・ホールたちが強調していた英国サッチャー保守党政権下の政治的抑圧や社会的差別状況におけるジェンダー、民族、階級、人種的なアイデンティティの構築という、カルチュラル・スタディーズの重要な契機をマス・メディア研究のなかに生かしたものとは言えなかった。

一九九〇年代になると日本語圏の代表的な思潮誌である『思想』『現代思想』『インパクション』『情況』といった雑誌がこぞって、カルチュラル・スタディーズの特集を組むようになり、そこでは人種、民族、ジェンダーといった、これまで軽視されていた主題の大幅な適用だけでなく、台湾、中国、韓国、シンガポールをはじめとした東アジアにおけるカルチュラル・スタディーズの実践者の仕事も紹介されるようになる。[7]

この主題的・地域的広がりを国際集会の形で画したのが、一九九六年三月に東京大学を会場とし、スチュアート・ホール、アンジェラ・マクロビー、デヴィッド・モーリー、コリン・スパークスといった英国の代表的なカルチュラル・スタディーズの論客を迎えて開催された「カルチュラル・スタディーズとの対話」と題された会議であった。この会議では、「ネーションとポストコロニアリズム」、「身体、空間、資本主義」、「カルチュラル・スタディーズの国際化」、「メディア、ジェンダー、セクシュアリティ」、「メディア、テクノロジー、オーディエンス」という五つの分科会が開かれ、それまで日本語圏で行なわれてきた歴史や文化、ジェンダーや植民地主義の研究をカルチュラル・スタディーズの方法論と出会わせることによって、その後の日本におけるカルチュラル・スタディーズの進展に決定的な契機となった。[8]

その後、日本語圏におけるカルチュラル・スタディーズは、翻訳書および日本語による著書出版の拡大、大学教育機関における専門化と教員採用、および大学院学生の専攻志望などに、大きな影響を及ぼしていくことになる。しかし同時に東京大学におけるこの会議では、すでに東大をはじめとする強大な権力を持った学問機構において中心的な役割をすでに果たしていた研究者たちが、カルチュラル・スタディーズを新たな「武器」として領有し、大学院生のような「下からの押し上げ」という契機が軽視され、大学間格差さえ助長するのではないかという批判も、会議運営事務を中核において担っていた当事者間で行なわれていた。このことは、次節で述べるように、はたして日本におけるカルチュラル・スタディーズの受容が、教育研究機関における政治性の重視と、現実の社会変革の意志に結びついていたのか、という問いに直結することになる。次節ではこの問題について、考察を深めていこう。

3 「理論や思想を迎えるさいの受容や抵抗の条件」——日本におけるカルチュラル・スタディーズの再翻訳における政治的・学問的力学

一九八〇年代の日本語圏におけるカルチュラル・スタディーズの受容を劇的に進展させたのは、特定の「世代的単位集団」（カール・マンハイム）の活動であると言える。[9] そのような広範で内的に統一された意識形成を可能にしたのは、日本におけるバブル経済崩壊後の経済的退潮、ネオリベラリズムに代表される政治的・経済的階級格差の再拡大、歴史修正主義をはじめとしたネオナショナリズムの興隆にたいする危機感であった。一九七〇年代後期から世界を席巻し始めたネオリベラリズムの破壊的影響がバブル経済による好況による一〇年間の「モラトリアム状態」を経て本格化し、一九七〇年代と一九八〇年代に英国の知識人たちが直面した政治的保守主義への対抗が時期的に遅れて一九九〇年代の日本における「カルチュラル・スタディーズ世代」の出現をうながしたのである。

ここでさらに振り返っておくべきは、一九八〇年代における日本の政治的・学問的状況であり、それがどのようにカルチュラル・スタディーズ受容の文脈を規定したのか、という問いだろう。そのことを、この節では、文学研究と文化研究、大学院生によるカルチュラル・スタディーズへの取り組みという二点から考察することとする。

まず、英語圏におけるカルチュラル・スタディーズの業績を日本に紹介してきた（あるいは紹介すべきであった）日本語圏における「英語・英文学研究者」の実情に即して、日本におけるカルチュラル・スタディーズの文脈を検証してみよう。現在の（すなわちカルチュラル・スタディーズ受容以降の）日本における研究や教育においていわゆる「文学研究」

が「文化研究」に傾きつつあることは否定できない事実であり、公的な場で自らの学問的アイデンティティを「文学研究者」と名乗る人の数はますます少なくなっている。もちろんそこには大学や教育機関における「文学部」の再編や数の減少も少なからず影響していることだろう。日本の文学研究は一九八〇年代以降、文学理論の介入を劇的な形でこうむってきたが、その大きな要因のひとつは、新歴史主義にしろ、フェミニズムにしろ、ポストコロニアリズムにしろ、その英米における主要な理論家たちがいずれも英文学研究から出発した者たちだったことに求められる。日本では「ポストコロニアル理論御三家」と呼ばれるエドワード・サイード、ガヤトリ・スピヴァク、ホミ・バーバを例に挙げるまでもなく、彼ら彼女らの多くは英国に起源を持つ教育機関で研鑽を積みながら、その多くがディアスポラ状況を自ら選択することによって、英文学研究から出発した自らの研究的出自を自己反省する形で、研究対象・国家・言語・歴史など何重もの脱領域的な研究を、文学研究で培った精密なテクスト分析の手法を駆使することで成し遂げていった。そこから国民国家分析、反植民地主義、ジェンダー・セクシュアリティへの注目、グローバリゼーション批判といった現代に連なる政治的・経済的課題が、カルチュラル・スタディーズだけでなく文学研究の無視できない主題としても浮上してきた。そのような海外の動向はむろん日本語圏に在住する多くの文学研究者にとっても視野の拡張をもたらす出来事であったから、そこにある意味で膨大な可能性を持つ、出版、学会、教育にまたがる領野がひらけてもきたのである。

同時に一九八〇年代は現在ますますその効果が如実に現れつつあるグローバルな政治経済的編成におけるネオリベラリズム体制が日本でも進行し始めた時代であった。どの地域においてもグローバルなかたちでネオリベラリズムがもっとも影響を及ぼすのが、経済、自然環境、教育という三つの分野であるとするなら、日本においてもそれは、規制緩和や労働形態の再編による貧富の差の拡大、資本の集約的投下による自然環境の急激な悪化、そして公教育の劣化、さらには中産階級の没落による教養や人文学の周縁化という形で進行した。とくにそれは本を読まない、読むための時間的経済的余裕のない若年労働者の急激な増加にともなって、ボディブローのようにこの国の文化生活の根幹を脅かしてきたのである。しかしそのようなネオリベラルな「改革」が大学や研究機関において大学の学部再編成や独立行政法人化といったかたちで顕在化してきたのは、二〇〇〇年以降のことである。ここでの一つの避けられない問いは、一九八〇年代以降の文学理論の介入と、二〇〇〇年代の文学研究の制度的衰退とのあいだの時間的ずれをどう考えるかということだろう。端的に言えば、日本語圏の文学研究者は理論の脱領域的可能性に歓喜し、バンドワゴンに乗り遅れまいとするあまり、足元で進行するネオリベラルな研究と教育の再編成の力学に目と耳をふさいではこなかったろうか？

こうした文脈において、日本におけるカルチュラル・スタディーズの受容と進展を再検証すると、どのようなことが考察の主題となりうるだろうか？　すでに触れたように、日本語圏におけるカルチュラル・スタディーズは、一方において英国におけるスチュアート・ホールらの研究・教育活動から学ぶことによって、他方において一九五〇年代から積み上げられてきた日本独自の民俗学・人類学・歴史学の進展、たとえば『思想の科学』によった鶴見俊輔らの活動、花崎皋平、上野英信、森崎和江らの「民衆的な」実践、鶴見良行らの東南アジア研究などによって、多くの成果を挙げてきた。一九九六年の東京大学での国際シンポジウムは、そのふたつの潮流を結ぼうとする試みでもあったわけだが、そこでは日本自身の植民地主義への反省や、排他的な民族的アイデンティティに対する批判、情報産業社会におけるコミュニケーションの力学の探求など、これまでさまざまな学問専門領域に分断されていたように見える知が「カルチュラル・スタディーズ」という批判的な方法意識によって統合され、あらたな発展の可能性を孕んだ研究として見直されることとなった。

しかしとくに英米の批評理論を「輸入」しようとした文学研究者のなかで、ホールらのカルチュラル・スタディーズの実践がサッチャリズムというネオリベラリズムの先鞭をつけたイデオロギーに対する対抗であったことを明確に理解し、それを日本における中曽根臨調や経団連の規制緩和政策につづく「新自由主義改革」の文脈で理解しようとした者がどれだけあったろうか？　そのような理解の希薄さのなかで現実は「文学研究から文化研究への移行における失われた一〇年」と呼べるほど冷厳に進行した。一九八〇年代における批評理論の輸入、一九九〇年代におけるカルチュラル・スタディーズの導入、二〇〇〇年代における大学研究機関のネオリベラルな改革。きわめて大雑把だがこのように日本における批評理論とカルチュラル・スタディーズ、およびネオリベラリズムとの関係を時間軸に沿って整理するとき、そこにはどうしてもカルチュラル・スタディーズが本来持っているはずの現状変革の可能性がいまだ展開されていないこの国の知の状況が浮かび上がってくる。

文学研究の分野では、一九八〇年代後半から批評理論の領有に熱心な者たちが、「伝統的な文学研究」に固執する者たちを「守旧派、抵抗勢力」とみなし、擬似的な世代間闘争の盛り上がりのなかで、学会や研究誌ではそれなりの成果を伴う議論の活況もあり、海外の大学で批評理論の洗礼を受けてPh.Dの学位を取得して帰ってくる日本人研究者が急増していく。しかしその一方で日本の大学における文学専攻への志望者は減りつづけ、「聖域」と見なされていたはずの大学にも経済効率に基づくネオリベラルな改革の猛威が襲ったのが二〇〇〇年以降だったのである。こうして私たち自身が急速に身に沁みて知ることになった「文学研究」の窮状がまったく改善の見通しもないまま居座ることになり、次々とさまざまな大学で文学部が廃絶・縮小されるとともに、その代替策としてカルチュラル・スタディーズも(「異文化交流」とか「英米文化論」「コミュニケーション研究」などといった名称の是非はともかく)や一見市民権を得たかのように講座や科目として設置されるようになってくる。しかしはたしてそこでのカルチュラル・スタディーズは、既存の学問専門領域の閉鎖性や、ナショナルな言語や歴史の限界、正典的権威の見直しといった様々な混交的・脱領域的な契機をすでに脱色され、批評意識の欠如によって特徴づけられる知性主義への逃避に陥ってはいないだろうか。

なぜ英米の大学におけるカルチュラル・スタディーズの動向に敏感だった文学研究者が、その根本にあったはずのネオリベラリズムに対する抵抗という契機を自らの足元で作り出すことができなかったのか? そこにもし「伝統的な文学研究」における政治性の抑圧ないしはそれに対する無関心という要因があったとするなら、現在のような大学におけるネオリベラルな改革の最盛期において、どのようなかたちで私たち研究者は世代と専門領域の枠を超えて反ネオリベラリズムの旗の下に結集できるのか? もちろんそれは保守か革新か、研究か教育か、文学か文化か、マクロな構造の探求かミクロなテクスト分析か、といった二者択一で測られるほど単純ではとうていないのだが、私たちそれぞれが何らかの意思表示を日常的な学問制度内外の教育や研究の場で迫られていることは間違いないだろう。

二番目の論点である日本におけるカルチュラル・スタディーズ受容の教育研究機関における力学については、すでに触れたように一九九六年の東京大学における国際会議の場において、事務運営を担った大学院生から鋭い問題提起がなされていた。カルチュラル・スタディーズがその「原点」において、研究者自身の主体の位置関係と社会変革への意志を重要な契機とするかぎり、教育と研究の中核的存在である大学院生のありようが問題となることは避けられない。

すでに言及したように日本の大学においては、二〇〇〇年代からのネオリベラルな「大学改革」によって、文部科学省による大学行政への介入と教育研究予算の削減、および学費の高騰が進行してきた。多くの大学では学費収入の確保を図るため、大学院生の定員を大幅に増員し、その結果として修士課程、博士課程を終えても研究職に就職できない、いわゆる「オーバードクター問題」、「大学院生のワーキングプアー化」が進行する。その一方で、とくに人文系の外国語外国文化教育においては、研究者の卵である大学院生の安価な労働力に「非常勤講師」として大幅に頼ることによって、教育水準が維持されてきた。このような状況のなかで、あくまでも政治的たろうとするカルチュラル・スタディーズの方法に触れた大学院生たちが、それを自らの生存の武器として、従来の閉ざされた学問領域を横断する形で研究対象を選考していったことは、必然的なことであった。また、多くの大学における人文・文学・語学系の専任職の縮小と統合整理にともなって、「カルチュラル・スタディーズの洗礼」を受けた若い研究者の就職が、他の伝統的な専門分野よりも比較的促進される状況になったことも事実である。そうした状況は、一九九六年の東京大学における国際会議の成果を批判的に継承する形で、おもに二つの側面で日本におけるカルチュラル・スタディーズの進化／深化を推し進めていくことになる。

ひとつめは、現在に日本の大学におけるカルチュラル・スタディーズの実践者の多くが、英国の大学でカルチュラル・スタディーズを学び、そのなかでグローバルな人的知的ネットワークを獲得することで日本の大学に就職してきたことである。たとえば一九九七年から英国のエセックス大学やロンドン・ゴールドスミス大学などで始められた「パシフィック・アジア・カルチュラル・スタディーズ・フォーラム」は、アジアからの留学生である大学院生を中心として、定期的な勉強会と毎年の国際会議によって、英国のカルチュラル・スタディーズの「多国籍化」を実質的に推し進め、そこから育った研究者たちが東アジア全域の大学研究機関で教えるようになった。それは現在、アジアを「カルチュラル・スタディーズのもっとも生産的な現場」と称して差し支えないほどの発展を生むひとつの原動力となったと言える。[10]

もうひとつは二〇〇三年から日本において場所を移して毎年行なわれている「カルチュラル・タイフーン」の試みである。東京、沖縄、大阪、仙台といった都市を舞台として毎年、多くの研究者、市民、文化実践者たちの出会いと交流の場となっている「カルチュラル・タイフーン」は、いわゆる学会の枠を大きく超えて、専門的な発表だけでなく、まさに文化批評と政治批評が遭遇する場を作りだしており、現在も継続中だ。「カルチュラル・タイフーン」の実質的企画と運営は、大学学部生・大学院生による実行員会によって毎回担われ、カルチュラル・スタディーズ独特のネットワークの形成に寄与していると言える。「カルチュラル・タイフーン」には、先に述べたアジア太平洋圏からの多くのカルチュラル・

スタディーズの実践者も毎回訪れ、他のアジアにおけるカルチュラル・スタディーズの国際的な営みの進展の重要な一部となっている。ただここでも具体的な課題は多く、学会のような組織的基盤を持たないため経済的につねに困難な状況を抱えていること、運営を中心的に担う学生たちが真に「ボトムアップ」と言えるようなカルチュラル・スタディーズの業績的成果が積み上げられてきたか検証を必要とすること、大学に籍を置く研究者とそれ以外の文化活動家とのあいだでの対話の場としてまだまだ反省と発展の余地が残されていること、などである。

以上のような試みは、日本におけるカルチュラル・スタディーズの重要な特質の反映であるとも言える。すなわち、日本の大都市における書店にはカルチュラル・スタディーズのコーナーが置かれ、さまざまな日本語による研究業績がカルチュラル・スタディーズの成果を参照しているにもかかわらず、日本では「カルチュラル・スタディーズ学会」は存在せず、「カルチュラル・スタディーズ」の名を冠した定期刊行物もなく、また大学に「カルチュラル・スタディーズ」を称した科目や課題はあっても、学部や学科名称として「カルチュラル・スタディーズ」を採用している大学は現時点では存在せず、コミュニケーション、メディア、文化といった単語を組み合わせたものがほとんどである。こうした事実を日本におけるカルチュラル・スタディーズの受容の不十分さとして捉えることもできるかもしれないが、同時にこれは日本におけるカルチュラル・スタディーズの実践が、人々と知識と場所の「ネットワーク」に依存していることのひとつの証左であり、結果ではないだろうか。それは一方において、金銭的組織的な力をカルチュラル・スタディーズがこの国において持ち得ないという「欠点」でもあるが、同時に過度な組織化や学問領域専門化によって政治的な抵抗力や批判性を失うことの危険性から一定の距離を保ちうる「利点」にもつながるものだろう。現実にすでに述べたように「カルチュラル・タイフーン」のような（「学会」ではなく）社会的にも民族的にも横断的な集合は、日本だけでなくアジア、ヨーロッパ、アメリカにも開かれた「ネットワーク」として、拡散・離散・解散・再糾合するフットワークの軽さと、人間的な信頼感をもとに機能し続けている。

このことは日本におけるカルチュラル・スタディーズの実践が、英国ともアメリカ合州国のそれとも違い、むしろドイツにおけるように社会学やメディア・コミュニケーション研究、地域研究や文学研究にたいして周縁的な位置にあって進展してきたことと類似の性格を持っていると言えよう。ドイツにおけるカルチュラル・スタディーズは、日本と同様、伝統的なドイツの文化科学の枠組みの外側でまず受容された。[11]

ドイツのカルチュラル・スタディーズが豊かな実りを産んだ場と状況は、次の四つに整理できる。

まず、*Alternative*（『オルタナティヴ』）、*Das Argument*（『論争』）、*Ästhetik und Kommunikation*（『美学とコミュニケーション』）といった周縁的で左翼的な学術雑誌が、一九七〇年代にイギリスのカルチュラル・スタディーズの、とくにサブカルチャーに関する論考やその翻訳を掲載したこと。第二に、このような学術雑誌に論考や翻訳を載せることで、イギリスやアメリカ合州国発のカルチュラル・スタディーズを普及させようとした者たちが、理論的な介入をつうじて、当時はまだ批判的側面が弱く、狭い意味での言語学の領域にとどまっていた地域研究を批判的なカルチュラル・スタディーズへとその裾野を広げようと試みたこと。

第三に、とくにドイツにおけるカルチュラル・スタディーズにおいて特徴的な現象として、前衛的な音楽ジャーナリストたちの活躍が挙げられよう。すなわち一九九〇年代に、ドイツのポピュラー・カルチャー研究者たちが、イギリスのカルチュラル・スタディーズを基にして、雑誌*Spex*（『スペックス』）に多くの論考を発表、音楽批評の立場からポピュラー・カルチャーが学問的な探求の対象となることを強力に主張した。

第四に、そしてこれが現在におけるドイツのカルチュラル・スタディーズの主流と言える動きだが、批判的なメディア研究を推し進めようとする者たちからの介入がある。一九八〇年代末以降、多くのメディア・コミュニケーション研究者たちがイギリスのカルチュラル・スタディーズに関心をいだき、メディアにおける視聴者の様態を受動的な「受け入れ」から、より能動的で日常生活の力学に基づいた「領有」として考察するようになった。しかしながら、このようにとくにメディア・コミュニケーション研究の分野でカルチュラル・スタディーズが他の分野と比較して成功裏に発展してきたにもかかわらず、ドイツにおけるカルチュラル・スタディーズはいまだに学問体系における組織的な基盤を確保していないと言える。その要因を考えるためには、一九八〇年代から九〇年代におけるドイツの政治的・経済的・学問的状況について一瞥しておく必要がある。

ドイツにおけるカルチュラル・スタディーズの受容は、一九八〇年代と九〇年代の政治経済状況による間接的な影響しか受けなかった点が、日本との比較において興味深い点だ。学問的には、とくに一九七〇年代の終わりにドイツ赤軍派の過激な活動が無残な結果をもたらしてからは、ドイツの学会において正統マルクス主義の思想は影響力を急速に減退させていた。またフランクフルト学派の選良風の知性主義とポピュラー・カルチャー軽視に対する批判も存在することで、ドイツにおいては批判理論が周縁化されるという空白状態があったと言えよう。その空白を埋めようとしたのが、レイモンド・ウィリアムズやリチャード・ホガートに代表される非正統派のマルクス主義的立場であった。一九八〇年代には他の諸国と同様、ドイツにおいてもヘルムート・コール首相が主導した保守的な政治体制への転換があり、そのことが批判的知識人をカルチュラル・スタディーズという、これまでなかった新しい文化批評のアプローチへと向かわせた点も、当然のことながら見落とすことはできない。

このようなドイツにおけるカルチュラル・スタディーズの受容の歴史的条件を考えるとき興味深いのは、日本において批判的なカルチュラル・スタディーズの普及に関してどのような抵抗があり、またカルチュラル・スタディーズを推進しようとする者たちが、それにどのように対処しようとしてきたかである。

日本におけるカルチュラル・スタディーズ受容にたいする学問的な抵抗勢力を大別すれば、それは二種類に分類できるだろう。ひとつの抵抗は保守的な学者たちからの、カルチュラル・スタディーズが西洋の知的伝統を輸入したに過ぎず、その点で従来の批評理論や思想動向と異なるような新規な特徴は認められない、よってカルチュラル・スタディーズも他の「西洋的理論」と同じように一時の流行現象としてやがて廃っていくだろう、と考えるもの。もうひとつは、より新しい理論に対して親和的な左翼的傾向のある学者たち、ポストモダン思想の洗礼を受けた批評家たちからの反応だ。彼らは、カルチュラル・スタディーズが一方で記号学やポストモダニズムといった最新の理論を適用しながら、他方でマルクス主義に代表される社会変革の展望を標榜する点で、理論と実践という二兎を追う不可能な試みであると批判する。このような批判は、とくにすでに言及した日本の大学における文学系学部の再編状況において一定の正当性を持つと言えよう。すなわち、哲学や言語、文学といった従来の分野で自らの先進性をもはや競えなくなった西洋的理論の輸入者たちが、カルチュラル・スタディーズという、一見政治的にラディカルで社会変革を目指そうとする分野に乗り換えることによって、ネオリベラルな「大学改革」における生き残りを図ろうとしているのではないか、という批判である。

こうした批判に日本におけるカルチュラル・スタディーズの実践者たちが応えたという意味で注目に値するのは、日本のカルチュラル・スタディーズにおいて、ポストコロニアリズムが果たしている重要な役割である。この「日本のカルチュラル・スタディーズのポストコロニアル・ターン」とでも言うべき展開において、日本という特殊な歴史的・政治的状況のなかで、知の言説的生産過程における植民地主義の問題を、日本のカルチュラル・スタディーズはとく東アジアという地政的文脈にそくして自覚的に取り扱おうとしてきた。このことは酒井直樹が強調するように、カルチュラル・スタディーズが「西洋」を原点とするものというよりは、ひとつの規範に規定されない複数の、時には矛盾した形成過程の連続であることと大きく関係する。このことを次節で、東アジアにおけるポストコロニアリズムという契機、そのカルチュラル・スタディーズへの介入の問題として探っていこう。

4 「新たな使用による変革」――日本のカルチュラル・スタディーズと東アジアのポストコロニアリズム

日本におけるカルチュラル・スタディーズの「変革」過程として――カルチュラル・スタディーズの方法そのものの変革であると同時に、カルチュラル・スタディーズの適用による従来の知的実践の変革として――もっとも目覚しい実績をあげてきたのは、ジェンダー研究を別にすれば、東アジアの帝国主義と植民地主義の歴史的文脈におけるポストコロニアル理論の適用と相互革新である。

日本におけるポストコロニアリズムとカルチュラル・スタディーズとの相互作用は、カルチュラル・スタディーズの日本への本格的導入以前からの「日本人論」、ないしは「日本文化論」という知的文脈のなかで準備されてきたとも言える。それは「日本人マジョリティ」の「自己オリエンタリズム」を問題にすると同時に、日本帝国主義による東アジアの植民地化と軍事的経済的侵略の結果として、日本に在住する民族的マイノリティ集団の周縁化の力学を批判してきた。そのような動きを受けて、カルチュラル・スタディーズとポストコロニアリズムの融合による民族的アイデンティティの構築を検証してきた一人に、在日朝鮮人として始めて東京大学教授となった姜尚中がいる。[12] 民族的に単一の国民的アイデンティティにたいする姜の批判は、日本のアジア太平洋戦争後の（いまだ未了の）脱植民地化プロセスにおける在日朝鮮人のアイデンティティ構築を「文化的ディアスポラ」のそれとして捉えると同時に、国家と領土と民族とが「三位一体」をなしてきた「マジョリティ日本人」のアイデンティティにも深い亀裂を生じさせるものとして大きな影響力を持ってきた。そのような「周縁からの歴史」の問いかけによる「日本人アイデンティティ」の再考は、朝鮮や台湾のような植民地だけでなく、アイヌ先住民の土地を日本国に領有してきた長い歴史を持つ北海道や、琉球民族の薩摩藩による征服からアジア太平洋戦争末期の沖縄戦、そして現在もアメリカ合州国軍隊による事実上の軍事占領がつづく沖縄、そして北方領土や満州、南太平洋の島々といった日本の近代化をおもにその軍事的経済的侵略によって支えてきた地域をも、歴史的で複雑で矛盾したアイデンティティ構築を再審する場として浮上させてきた。

ポストコロニアルな意識を孕んだカルチュラル・スタディーズによる「日本人アイデンティティ」の探求は、植民地主義の歴史的側面にとどまらず、天皇制や明治の軍人たちをあつかったテレビドラマや小説のようなマス・メディア研究にも幅広い成果を生んできた。それは日本におけるメディア研究の歴史そのものを、ポストコロニアルなカルチュラル・スタディーズの観点から検証しようとする動きにつながる。こうして日本で一九二〇年代から三〇年代にかけて起きた新たな文化批評の動きを、単に二〇世紀末の本格的なカルチュラル・スタディーズ導入の前史として捉えるのではなく、英語圏におけるカルチュラル・スタディーズの発信とはまったく異なった（しかし批評意識や方法論において重なるところのある）「カルチュラル・スタディーズのひとつの原点」を見出すきっかけが作り出されてきた。こうしてそれはマルクス主義批評家であった戸坂潤の再評価や、鶴見俊輔らの『思想の科学』グループによるマス・メディアと日常生活における文化的力学の理解の刷新をもたらしてきたのである。

結論——「日本研究」の地域限定化をめざして

ディペシュ・チャクラバルティによれば、「西洋的」近代と思想の普遍主義的位置を問い直すために「ヨーロッパの地域限定化」が必要なのは、「非西洋」の知の生産現場における外部（＝西洋）から移入された知的理論と内部（＝非西洋）の知的遺産との「不均衡」にもかかわらず、西洋的理論が非西洋社会の成り立ちを理解するのにきわめて有効だからである。しかしチャクラバルティが警告するように、この「ヨーロッパの地域限定化」は非西洋における地域的・民族的・国家的な知的伝統の特殊性を強調する「文化相対主義」によって成し遂げられるものではなく、グローバルな知の循環と交換過程という輻輳化されたプロセスによってのみ可能となる。[13]

カルチュラル・スタディーズが自ら普遍主義的な知の言説をめざそうとする動きは、それが実践される場所の政治的文脈への縛りによって防がれるとしても、それが地域特有の文化本質主義に埋没することによって、たとえば「日本人論・日本文化論」といった枠組みのなかに吸収されてしまう危険に私たちはつねに留意しなくてはならない。そのことは日本におけるカルチュラル・スタディーズの「国際化」を考えるときにも、グローバルな普遍主義とローカルな特殊主義の二項対立に陥らないような、つねに境界を開き、結末を留保し、他者とつながろうとする現在進行形のネットワークとして、あるいはハブ的な出会いの場として、その実践の場を想像／

創造していくことが肝要である。

このことは「地域研究」という専門領域の枠組みを超えたカルチュラル・スタディーズ的な「日本研究」の可能性を示唆する。まずそれは、カルチュラル・スタディーズの方法論と語彙、理論的集積にもとづく多国籍で共通の知的言語による専門領域を横断した共同研究の場を開くことを可能とするだろう。第二にそれは、すでにポストコロニアルなカルチュラル・スタディーズの介入による日本のマス・メディア研究の歴史の再編として示唆したように、日本におけるカルチュラル・スタディーズの歴史的変遷自体をカルチュラル・スタディーズの探求対象として取り上げる研究の深化を期待させる。そのことは英国におけるカルチュラル・スタディーズの発展を「地域限定化する」役割をも果たすだろう。第三に、先に日本におけるカルチュラル・スタディーズへのポストコロニアリズムによる介入に関して述べたように、日本以外の東アジアにおける歴史・社会・経済・文化の進展と日本のそれとは時空間的に切り離せない関係にあり、それを考察するときの鍵はポストコロニアル理論として、東アジアの文脈のなかですでに一定の成果をあげている。こうした動きと連動するとき、「地域限定化された日本研究」は、カルチュラル・スタディーズによる三つの契機、政治的文脈へのこだわり、領域横断性、変革への意志を体現するものとして新たな活力をもって更新されつづけることだろう。

【注】

1 Edward Said, "Traveling Theory" in *The World, the Text, and the Critic*. Harvard University Press, 1983, pp.226-227.

2 Lawrence Grossberg, "Cultural Studies: What's in a name (One More Time)", in *Bringing it all back home : Essays on Cultural Studies*, Duke University Press, 1997.

3 田村進編訳『現代革命へのアプローチ——ニュー・レフトの思想と方法〈その1〉』『文化革新のヴィジョン——ニュー・レフトの思想と方法〈その2〉』（合同出版、一九六二年）。福田歓一・河合秀和・前田康博編訳『新しい左翼——政治的無関心からの脱出』（岩波書店、一九六三年）。レイモンド・ウィリアムズ『文化と社会——1780-1950』若松繁信・長谷川光昭訳（ミネルヴァ書房、一九六八年）。レイモンド・ウィリアムズ『コミュニケーション』立原宏要訳（合同出版、一九六九年）。リチャード・ホガート『読み書き能力の効用』香内三郎訳（晶文社、一九七四年）。

4 ポール・ウィリス『ハマータウンの野郎ども——学校への反抗・労働への順応』熊沢誠・山田潤訳（筑摩書房、一九八五年）。ディック・ヘブディジ『サブカルチャー——スタイルの意味するもの』山口淑子訳（未来社、一九八六年）。サイモン・フリス『サウンドの力——若者・余暇・ロックの政治学』細川周平・武田賢一訳（晶文社、一九九一年）。ジョン・フィスク、ジョン・ハートレー『テレビを〈読む〉』池村六郎訳（未来社、一九九一年）。ジョン・フィスク『テレビジョン・カルチャー――ポピュラー文化の政治学』伊藤守・常木瑛生・小林直毅・藤田真文・吉岡至・高橋徹訳（梓出版社、一九九六年）。

5 佐藤毅「イギリスにおけるマスコミュニケーション研究」（『放送学研究』34、一九八四年）。藤田真文「カルチュラル・スタディーズ派におけるメディア論とネオマルクス主義的社会構成体論との関係」（『新聞学評論』35、一九八六年、一－一一頁）。藤田真文「「読み手」の発見――批判学派における理論展開」（『新聞学評論』37、一九八八年、六七－八二頁）。藤田真文「言説編成の権力の分析に向けて」（『新聞学評論』39、一九九〇年、一六七－一九九頁）。

6 水越伸「メディア、テクノロジー、オーディエンス」（花田達郎、吉見俊哉、コリン・スパークス編『カルチュラル・スタディーズとの対話』、新曜社、一九九九年）、四九一頁。花田達郎・吉見俊哉「序――カルチュラル・スタディーズとの対話」（花田達郎、吉見俊哉、コリン・スパークス編『カルチュラル・スタディーズとの対話』、新曜社、一九九九年）、二二頁。

7 『思想』859号、岩波書店、一九九六年一月。『現代思想』24巻3号、青土社、一九九六年三月。この『思想』の特集号には東アジアにおけるカルチュラル・スタディーズの紹介も含まれているが、『現代思想』のほうはほぼ英国のカルチュラル・スタディーズにしぼった論考が掲載されている。

8 このシンポジウムの記録がすでに言及した、花田達郎、吉見俊哉、コリン・スパークス編『カルチュラル・スタディーズとの対話』（新曜社、一九九九年）である。

9 Karl Mannheim, "Das Problem der Generationen"(The Problem of Generations), in *Wissenssoziologie* (*Sociology of Knowledge*), 1970 [1928], Neuwied.

10 アジアにおけるカルチュラル・スタディーズのネットワークの具体的な成果としては、*Inter-Asia Cultural Studies*, *Traces* のような定期刊行物、あるいは二〇一〇年六月に香港で開かれた Association of Cultural Studies による国際学会 Crossroads などが挙げられよう。

11 Andreas Hepp, *Cultural Studies und Medienanalyse* (*Cultural Studies and Media Analysis*), 2004, Verlag für Sozialwissenschaften, pp.99-108.

12 姜尚中『オリエンタリズムの彼方へ』（岩波書店、一九九六年）。姜尚中「国民の心象地理と脱国民的語り」（小森陽一・高橋哲哉編『ナショナル・ヒストリーを超えて』東京大学出版会、一九九八年、一四一－一五六頁）。姜尚中『ナショナリズム』（岩波書店、二〇〇一年）。姜尚中・吉見俊哉『グローバル化の遠近法』（岩波書店、二〇〇一年）。

13 Dipesh Chakrabarty, *Provincializing Europe : Postcolonial Thought and Historical Difference*, 2000, Princeton University Press, pp.29,43.

第二部　文化と政治の突端で

『アトミックサンシャイン』展覧会問題をどうとらえるか

毛利嘉孝

はじめに

二〇〇九年四月一一日（土）から五月一七日（日）にかけて、沖縄県立博物館・美術館で『アトミックサンシャインの中へin沖縄』と題された展覧会が開催された。

「アトミックサンシャイン」とは、敗戦直後の一九四六年二月にGHQと日本側で行われた憲法改正会議の通称である。この展覧会は、「日本国平和憲法第九条下における戦後美術」というサブタイトルを持っている。キュレーターの渡辺真也によれば、「本国憲法改正の可能性のある中、戦後の国民・国家形成の根幹を担った平和憲法と、それに反応した日本の戦後美術を検証する試み」であるという。

この展覧会は沖縄県立博物館・美術館だけのために企画されたものではない。その前年二〇〇八年一月のニューヨークのSOHOにある、パフィン・ルームにおける展覧会を皮切りに、八月に東京代官山のヒルサイドフォーラムの開催を経て沖縄へと回ってきた巡回展である。

けれども、沖縄展は、事前の二つの展覧会と大きな違いがあった。ひとつは、沖縄というロケーションにあわせて新たに八人の沖縄で活動する、あるいは沖縄出身の作家が加えられたことである。これは展示にあたって、沖縄の文脈に即した展示を作ろうとした試みとして一定の評価ができるだろう。

もうひとつは、小さな、けれども展覧会の意味自体を変えてしまうような変更である。ニューヨーク、東京では展示されていた大浦信行のコラージュ作品のシリーズ一四点「遠近を抱えて」が展示されなかったのだ。この作品は、大浦がニューヨーク滞在中に昭和天皇やキノコ雲、女体などのイメージを用いたコラージュ作品だった。

なぜ、大浦信行の作品は展覧会から除外されたのだろうか？

四月一四日付の『沖縄タイムス』によれば、東京展の後に展覧会の企画について、渡辺真也と博物館・美術館を運営している文化の杜企業共同体との間で話し合われてきたが、同館と県教育委員会がこの大浦作品を「教育的観点から」問題視し、作品を外した内容で展示することにしたのだという。

この問題が報じられるやいなや、これは「検閲」ではないかとの声があがった。県内の新聞やテレビなど主要なメディアはこの事件を大きく取り上げ、小説家の目取真俊がブログでこの件に批判的なコメントを載せるなど、博物館・美術館の決定を問題視する声が広がった。

こうした動きは、「アトミックサンシャイン」沖縄展の検閲に抗議する美術家・表現者有志による抗議声明と署名活動と繋がり、東京外国語大学で開催されたカルチュラル・タイフーンでは、大浦信行を交えた緊急シンポジウムが開催された。

さらに七月二〇日から八月一日まで茅場町のギャラリー・マキでは、「緊急アートアクション2009「アトミックサンシャイン」沖縄展の検閲に抗議する美術展」と題された展覧会が急遽組織され、二四人と一組の作家たちによる展示と今回の問題をめぐる連続トークイベントが行われた。この展覧会に先立ち、七月一八日には、大浦信行をはじめ、鵜飼哲、徐京植、白川昌生、針生一郎、太田昌国、小倉利丸、仲里効、比嘉豊光、宮田徹也らが参加するシンポジウムが日本教育会館で行われた（私自身も司会として参加した）。

本稿は、この事件をあらためて検証し、その問題点を検討しようというものである。

大浦信行の作品はなぜ除外されたのだろうか。沖縄県立美術館・博物館や館長である牧野浩隆、運営を行っていた文化の杜共同企業体、インデペンデント・キュレーターの渡辺真也、そして大浦信行がどのように話し合った結果、展示が中止になったのだろうか。

これは、単に個別の問題に留まるものではなく、現在の日本の公共施設のあり方、美術館、美術制度、そして、美術批評にいたるまで大きく関わる根本的な問題をはらんでいるように思われる。そして、さらにいえば、今日の〈公共性〉、そして日本の〈戦後〉という、より大きな射程をもった深刻な問題を提起している。

ここでは、この間〈緊急アートアクション2009〉に関わることで得られた知見をもとに私なりの考えを示したい。

展示中止にいたる経緯

まず今回の展示中止に至った経緯を見る前に簡単に、大浦信行の作品「遠近を抱えて」について触れておくべきだろう。
大浦信行は、一九四九年生まれの芸術家、映画監督である。七六年に渡米し、荒川修作の助手を務めた後八六年に帰国。その後は日本に活動の場を移した。最近ではその活動を広げ、映画製作に積極的に取り組んでおり、美術批評家、針生一郎を題材にしたドキュメンタリー映画『日本心中』（二〇〇一年）、『9・11－8・15日本心中』（二〇〇六年）を発表し話題を呼んだ。現在は作家で新右翼活動家だった見沢知廉を題材とする映画を制作中であるという。

「遠近を抱えて」は、大浦がアメリカ滞在時に作ったコラージュ作品のシリーズである。東西の名画、対象化された女性の身体イメージ、刺青、原爆のキノコ雲、そして天皇裕仁のイメージを切り取りコラージュした作品は、アメリカ滞在を通じて日本人としてのアイデンティティをあらためて見つめざるをえなかった自分自身の〈自画像〉であると大浦は言う[1]。その作品は、田中睦治が指摘するように「ニューヨーク在住の自分がいったい何者なのか？ そのアイデンティティを問う内省的な美術表現・自画像表現であって、政治的意図等をもって肖像をちゃかしたり、揶揄する類のものでは」ない[2]。

しかし、この作品が日本帰国後発表されると、大浦本人が意図しなかった反応に遭遇する。一九八六年に富山県立近代美術館で開催された展覧会「86富山の美術展開催」に、「遠近を抱えて」のうち一〇点（うち四点は美術館収蔵作品）が出品されると、展覧会後に開かれた県議会である議員が「不快」と批判したことが新聞記事になったことをきっかけに、富山には右翼の街宣車が集結し、美術館は右翼団体から攻撃されるようになる。

攻撃に耐えかねて近代美術館はその年のうちに図録の非公開を決め、一九九三年には収蔵作品も売却、残っていた四七〇部の図録を焼却処分とした。

こうした美術館の対応に対して、図録の公開を求める市民運動が起こる。一九九四年に作品の買い戻しと図録の再発行を求めて大浦を含む三五人が裁判に訴え、一九九八年には一部勝訴するも、その後二〇〇〇年に控訴審で原告は敗訴、最高裁上告も棄却されてしまう。こうしたプロセスを経て、「遠近を抱えて」は日本美術史の中で天皇を扱った数少ない作品として特異な政治的位置づけを与えられるようになった。今回の一件を考えるにあたり、「遠近を抱えて」がこれまで抱えてきた問題を考えざるをえない。

キュレーターの渡辺真也が今回の展覧会を開催するにあたり、こうした文脈は当然踏まえられていたはずである。日本国内では富山県立美術館の事件以降見ることもままならなくなった問題作をニューヨークで見せたいという、キュレーターとしてある意味まっとうな誘惑に駆られたことは想像に難くない。渡辺は沖縄の問題が起こる前のインタビューで大浦に参加を依頼した経緯について次のように答えている。

> 戦後美術というテーマで展覧会をやろうとした時に、大浦さんの作品と、あの作品が生んだ諸々の事件というのはまさに戦後日本美術の暗部やねじれのようなものをえぐり出しているように見えて、これは絶対に参加していただかないといけないな、って思ったんですよ。[3]

「アトミックサンシャイン」の展覧会そのものの評価についてはあらためて後述するが、出品作家がそれぞれの観点から、戦争や冷戦構造、そして平和について扱ってはいるものの、「遠近を抱えて」が、平和として語られる日本の〈戦後〉の枠組みが、渡辺が「戦後日本美術の暗部やねじれ」と呼ぶ、今なおしばしば暴力的な装いをもって現れる天皇制によって限界づけられているのかを具体的に示した作品として、展覧会の中で重要な役割を果たしていたことは確認しておくべきだろう。

それでは、ニューヨークと東京で展示されたこの作品が、沖縄県立博物館・美術館でなぜ展示が中止になったのだろうか。

新聞報道によれば、館長の牧野浩隆は、「(大浦作品は)県立美術館で、県の予算を使って展示するのは、総合的にみて、ふさわしくないと判断した。事前に交渉しており、先方が合意したから開催することになった」[4]と語り、今回の行為が「検閲ではない」ことを強調している。それに対して、キュレーターの渡辺真也は「県が、固執するなら開催は認められないとしたため、やむなく出品を取りやめた。本意ではなかった」と説明している。

県立博物館・美術館と渡辺の間に入って運営をしていた文化の杜共同企業体は、「わたしたちは展示のスポンサーであり、美術館に沿った展示を求めるのは当然。契約以前の交渉段階の話であり、渡辺さん自身の判断で大浦さんの作品を外しただけ」[5]と自分たちには一切の責任がないと言わんばかりである。

実際にはどうだったのだろうか。当事者や関係者からの話を総合すると次のような経緯らしい。[6]

もともとこの展覧会を沖縄で開催できないかともちかけたのは、キュレーターの渡辺真也だった。

この提案を受けて、二〇〇八年一一月に文化の杜が二〇〇八年に渡辺に、開催を打診し、その際に大浦作品について話があると伝え、一月のミーティング時に、県立博物館・美術館など主催者側は、大浦作品の展示除外を要請した。[7]この会合で、コラージュ作品の連作の代わりに同タイトルの映画作品（一九九四年製作）を上映することで、一旦は主催者側と渡辺は合意する。

渡辺がこの案を大浦に電話で伝えると、大浦はこれを拒否し、代わりにこの作品が展示拒否にあったことを明示するために作品を裏向けにして展示するプランを逆提案する。主催者側は、この案を拒否し、結果的に大浦の作品はこの展覧会からすべて除外されてしまう。この間、牧野と大浦はともかく、牧野と渡辺も直接あって話し合ったわけではない。

とにかくはっきりとしているのは、最大の当事者である大浦は今回の一件を「表現の自由に対する挑戦、行政権力からの検閲」[8]と捉えており、牧野のいう「先方の合意」とはほど遠い。「交渉」というよりも一方的な「通告」が行われただけだったと理解する方が自然だろう。

この経緯からはっきりわかるのは、県立博物館・美術館、運営会社である文化の杜、キュレーターの渡辺真也、そして作家である大浦信行の間の一方的なやりとりと、不当な権限の行使、そして、表現活動の自律性をどのように保証するのかということに対して県立博物館・美術館も文化の杜もほとんど配慮をしていないということである。

「遠近を抱えて」展示拒否の問題点

「遠近を抱えて」の展示拒否の最大の問題点は、これが憲法第二一条の規定する、表現の自由、検閲の禁止に抵触するのではないか、という点である。

一般に検閲対象となるのは、出版物、新聞や書籍、レコードや映画などの記録メディアによるパッケージ物であるが、そのほかに演劇やパフォーマンスも含まれる。美術展も例外ではない。

たとえば、米国図書館協会は、検閲を次のように定義している。

> 検閲する人は、何が正しくて適切なのか、あるいは不快で反対すべきなのかの彼らの判断を、国家権力を用いて、人々に押し付けようとする。検閲する人は、図書館などの公共機関に圧力をかけ、彼らが不適切または危険と判断する情報への公共のアクセスを抑圧し、排除する。その為、その情報を誰も読んだり見たりすることができず、結果としてそれについて考えをまとめる事ができなくなる。検閲する人は、人々より先に作品に対しての価値判断をしたいのである。……（中略）
>
> 検閲は、本、雑誌、映画やビデオ、または芸術作品などの思想・描写への公共のアクセスを排除、または遮断する形で行なわれる。個人または圧力団体が、自分達が反対するものを特定する。彼らは、学校に対しそれらの作品を使

用しないよう、図書館に対し蔵書に加えることのないよう、書店やビデオ店に対し販売しないよう、出版社に対して出版しないよう、美術館に対して展示しないよう圧力を加えて、自分たちの意志を通すこともある[9]（傍点は引用者）。

特に今回の展覧会では、「アトミックサンシャイン：日本国平和憲法第九条下における戦後美術」展という形で既にニューヨーク、東京で巡回展が行われ、その出典作家・作品を紹介したカタログまで作られていることを鑑みれば、展覧会自体が、キュレーターと作家との一種の共同制作の、完結した作品として捉えるべきだっただろう。

その中身を承知の上で、「痛んでいる果物があって、はずしたらどうか」[10]（牧野館長）、「教育的観点から配慮をお願いしたい」[11]（金武正八郎県教育委員会教育長）と言い、作品を除外しなければ企画そのものを通さないという決断を迫ったとすれば、これは事前の検閲以外の何ものでもないのではないか。そもそも、憲法（九条）をテーマとする展覧会において、憲法（二一条）に抵触するかもしれない行動を行政や主催者側の人間が取ること自体ほとんどブラックユーモアである。

いずれにしても憲法が検閲を禁じている以上、行政が「これは検閲だ」といって開き直って検閲を行うわけはない。事実上の「検閲」はたえず別の形に巧妙に姿を変えて行われる。このことに対して、表現に関わるものはすべて意識的にたえず国や行政に対してチェックをしていく必要がある。県立博物館・美術館はむしろ表現を守るべき立場なのに、その役割を放棄して、むしろ取り締まる側にまわってしまった。

百歩譲って、「教育的観点からの配慮」を考えるにしても問題がある。博物館や美術館は、小中学校のような子ども向けの教育機関ではない。[12]むしろ図書館のような公的な空間であり、興味や関心を持った人々が積極的に自ら学び、議論する場である。こうした多様な公共空間に求められているのは、できる限り多様な意見を集めて、議論を深めることを可能にすることにある。公共性を担保するのは、多様性と公開性なのだ。

美術史を学ぶことから得られる最大のレッスンの一つは、現在美術史において傑作とされている古典の少なからぬ作品が、発表当時スキャンダルとして受け取られ、しばしば世間の批判にさらされ、時には展示が拒否されてきたという事実である。ここで、マネやクールベ、ピカソやデュシャンの名前を出していちいち説明する必要はないだろう。もちろん、このことは検閲や批判の対象になった作品すべてが名作であるとか、美術史的に価値があるということを意味するわけではない。けれども、少なくとも今日的視点から見れば理解ができないような時代の政治的、宗教的タブーに対して鋭利な感受性を持ちえたものだけが芸術史を切り開いてきたことだけは確認しておきたい。そして、美術館とはそうした芸術の歴史を学ぶ場所なのだ。

公共性にとって重要なことは、市民の要請にあわせてできるだけ多様な視点を提供し、徹底的に議論を深めることである。ましてや、沖縄のように本土とは異なった固有の歴史と戦争の記憶、そして天皇制やアメリカに対する意識をもった場所においては、より一層慎重な配慮が求められたはずだ。展示拒否というのは、あまりにも沖縄県民を〈子ども扱い〉した話である。「遠近を抱えて」については、少なくとも展示をした上で、その作品について市民とともに議論を交わすべきだったのではないか。結果的に今回の除外は、県民の「知る権利」と「観る権利」を奪ってしまった。

アートをめぐる今日的状況

今回の事件の要因をそれぞれの個人の資質や政治的信条、美術に対する考え方等から説明することは難しくない。たとえば、今回の最大の責任者である館長の牧野浩隆は、もともと琉球銀行の幹部から副知事になり稲嶺県政では経済分野を主として担当していた人物だ。稲嶺知事から仲井真知事に交代したのにともなって副知事を退任し、もともとは沖縄都市モノレール株式会社の社長に天下るという話もあったが、県財界の反対にあい、県立博物館・美術館の館長に就任した。[13]その経歴は、およそ美術とは一切関係がない人物である。

牧野が展示に介入するのは今回が初めてではない。すでに副知事時代の一九九九年、沖縄平和祈念資料館が開館する際にも、負傷兵に自決を迫る衛生兵や住民を威嚇する日本兵の銃、「集団自決」の写真の差し替えなど日本の加害に関する展示の大幅な差し替えを指示し、さらに今回同時期に同館で開催されていた報道カメラマンの石川文洋の展覧会においても、バラバラになった遺体を米兵が手にしてたたずむ作品「飛び散った体」を展覧会開催初日にカメラマンの了解なしに展示から外すなど、その行動は一貫しており、いわば確信犯的な行為である。

残酷なのは、戦争であって、写真ではない。どうしても未成年者に対する教育的配慮が必要なのであれば、年齢制限を部分的に設けるなどそうした指定をかければいいだけの話である。必要以上の制限はやはり検閲と批判されても仕方がないだろう。

日本独特の天下りシステムによって、こうした人物が責任者として最終的な判断を下していることには驚かされるが、それ以上に、決定が担当キュレーターやアーティストと協議することもなく、さらに美術館内外の美術の専門家と相談することもなく、行政出身者の人間によって行われていることには恐ろしいものを感じざるをえない。

しかし、その一方で、こうした個人の資質や県立博物館・美術館の状況だけではなく、より深い美術とそれを取り巻く環境のより構造的な問題をはらんでいるように感じられる。今回「緊急アートアクション」に関わって驚いたことのひとつは、アーティスト、美術館学芸員、美術批評家、美術ジャーナリスト、ギャラリスト等々などいわゆる美術関係者――特に若い世代――がごく一般的にいって、ほとんど関心を示さないということだった。これはなぜなのか。そこには構造的な問題があるのではないか。

ひとつの理由として、美術関係者の間に存在する、検閲に対してある種の感覚の決定的な麻痺、あるいは、諦念のようなものがあるのかもしれない。

公立の美術館において自己検閲は日常化している。

性的な表現については比較的寛容な日本の公立美術館も、政治的な表現、とりわけ日本の植民地主義や第二次世界大戦、特にアジアにおける戦争、そして天皇制をめぐる表現については明らかに一定の規制がかかっており、今なおほとんどまともに扱うことができない。この自己規制は、日々の業務の会話や交渉、やりとりの中であまりにも日常化しているためにもはや検閲として意識されることはない。

「アトミックサンシャイン」がタブーに触れ（え）たのも、おそらくは当初この展覧会が海外で組織化されたからこそ起こったからだろう。日本国内の美術館では、「遠近を抱えて」は日々の自己検閲の過程で、あらかじめ排除されてきたのだった。けれども、このような自己検閲には、権力を行使する主体がはっきりとあるわけではない。時にはスタッフの中に内面化され、日常業務の中にしっかりと組み込まれている。

とりわけ二〇〇三年に地方自治法の改正によって、多くの美術館や博物館が指定管理者制度を導入したことが事態を悪化させた。今回の文化の杜共同企業体の運営もこうした動向に沿って委託された事業である。指定管理者制度は、行政の効率化、予算縮減を目的として導入された政策だが、その一方で、表向きは、これまで美術館や博物館の運営に関わることのなかった民間企業やＮＰＯ、そして、市民が参加することを通じて、より高い公共性が確保されることを期待されていた。

けれども、「アトミックサンシャイン」の一件を見ればわかるように、指定管理者制度の導入によって、自治体の行う文化事業は、よりいっそう強く行政の意向に左右されるようになった。本来対等なパートナーになりえたかもしれない指定管理者や、一緒に仕事をする学芸員やキュレーター、そしてアーティストも単なる商業的な契約に縛られた上下関係の中で仕事をすることを強いられるようになったのである。

こうした構造的な問題以上に、より深刻なのは、こうしたほとんど身体化された検閲の実践が、美術関係者の中では、しばしば審美的な価値評価と混同されて現れることである。「政治の問題としてはわかるが、これはアートの問題としてはどうなのだろうか」というのは、この議論の際に何度も美術関係者から聞かれた質問だ。それは、アートの自律性を盲目的に信じ、政治的な要素が含まれている作品を芸術的価値が低いものと見なす態度と結びついている。芸術と政治の領域がしばしば二者択一として扱われてしまうのだ。そして、それは多くの美術関係者が政治的な事柄に無関心であり続けるための口実として機能している。

この態度は二つの点で問題がある。第一に検閲はそうした審美的な評価に先立つものである。そもそもその作品が芸術作品として優れているかどうかという議論や判断をするための機会をあらかじめ奪ってしまう。芸術作品としての質――これ自体、相当怪しい概念だとは思うが――を問うことと検閲に反対することは問題の位相が異なっているのだ。

専門家は、なによりも自由に鑑賞できる環境を整備した上で、自由に発言できる場を作ることを確保すべきであって、審美的な評価はそれに先立つべきではない。とりわけ審美的評価が、専門家ではなく、権力によってあらかじめ下されている場合には、なおさらである。これは、政治の問題は、芸術の問題に優先するかどうか、という理念的な問題以前の前提をめぐる話であり、専門家の存在意義に関わる重要な問題である。

第二に、一九九〇年以降、あるいは冷戦以降と言ってもいいかもしれないが、そもそも「芸術」という領域そのものが質的な変化を遂げてしまった。芸術か政治かという単純な二項対立に還元しようとする言説は、この単純な事実を無視してしまっている。冷戦構造の終焉に始まったグローバル化は、これまで西側の欧米中心だった芸術の世界を大きく変えた。これまで、美術史の中から周縁化されてきた社会主義圏やアジア、アフリカなど非西洋諸国をその構造の中に組み込んだのである。

こうしたアートにおける多文化主義は、これまでの西洋美術の枠組みをそのままにして、それ以外の美術を組み入れただけではない。同時に、それまで現代美術の実践とはみなされなかったものに焦点をあてることで、既存の西洋現代美術の枠組みを相対化した。これまで私たちが当然だと思っていた美術の枠組みが、ローカルのものにすぎないことを顕わにしたのである。

その一方で、芸術と他の文化表現、生活や社会、そして政治との関係は、芸術が位置するその文脈や歴史や地理的な情況に応じて異なるという認識がアートの形式にも影響を与え始めた。芸術と政治が密接に結びついている状態は、今なお結びついているような状況は、非西洋諸国ではごく一般的に見られる風景である。

こうした観点から、一九九〇年代になると絵画や彫刻やインスタレーションなど物質的な作品だけではなく、コミュニケーションや空間、制度といった非物質的な作品の制作がアートシーンの中に入り始めた。[14]

芸術の実践が、美術館やギャラリーなどのホワイトキューブを離れ、廃屋や工場、商店街やストリート、そして自然の中へと広がっていたことは、こうした新しい形式への対応でもある。それとともに、グローバリズムや貧困、民族紛争や戦争、そして帝国主義や植民地主義などの歴史など政治的なテーマが、アートの文脈に全面的に導入された。

「アトミックサンシャイン」はその企画段階において、おそらくこうしたアートの変化に影響を受けたものだったことは容易に推察できる。政治を扱うことは今ではいわば〈トレンド〉の一つになっていたのだ。この是非や問題点については、また稿をあらためて議論したい。むしろ問題は、「アトミックサンシャイン」は、こうした新しい動向を古い美術館の展示枠組みの中に留めようとしたことである。

今回のテーマであれば、キュレーターは単に「遠近を抱えて」という作品の排除を受け入れるだけではなく、これをきっかけに、より美術館の外側につなぐような役割を積極的に果たすこともできたはずだ。

たとえば、せっかく沖縄の作家をいれるのであれば、そもそも「巡回展」という文脈を無視した展覧会の代わりに、より積極的な対話型の展覧会を構想することも可能だったのではないか。そして、その過程の中で、もっと豊かな議論を交わすこともできたのではないか。けれども、残念なことに展覧会の形式に固執したためにこうした機会も失われてしまった。

日本戦後美術史の不可能性と沖縄というロケーション

最後に、今回の「緊急アートアクション」を通じてあらためて感じたことを二点だけ記したい。ひとつは、日本の戦後美術史の問題であり、もうひとつはそれを沖縄との関係で考えることの困難である。

日本の〈戦後〉を美術の問題で考える際に、私たちが思い起こすべき断片的な歴史の流れが存在する。それは、ある種のリアリズム——単なる写実主義というだけではなく、歴史画や社会主義リアリズム、シュルレアリスムや魔術的レアリスム、あるいはドキュメンタリー写真までも含みうるような広義のリアリズム——の流れである。

たとえば、ギャラリー・マキの「緊急アートアクション」

に出品、参加した作家の多くはこのリアリズムの流れの中に属している。山下菊二、桂川寛、池田龍雄、富山妙子、嶋田美子の作品に加え、金城実、石川文洋、比嘉豊光といった沖縄の作家たちは、単に政治的であるというだけではなく、そこで描かれている出来事と作品における表象の関係において、固有のリアリズムの形式を保っている。

皮肉なことにこのリアリズムの形式は、日本美術史と照らし合わせるともうひとつの政治的な絵画群との連続性の中で捉えることができる。それは、戦争画である。第二次世界大戦期に、軍部指導の下でその当時日本を代表する画家の多くが、戦意高揚を目的とした絵画を描いた。鶴田吾郎や小磯良平、宮本三郎、そして藤田嗣治らが代表的な画家だ。

戦争画の多くは、第二次世界大戦が終わるとGHQが接収し、しばらくアメリカに保管された後一九七〇年に日本に返還されるが、今なお部分的には公開されていない。芸術化の戦争責任をどのように考えるのかという問題もあり、その当時最重要作家が多く戦争画を描いているにも関わらず、日本美術史の中に落ち着く場所を与えられることのない、いわば隠蔽された美術史である。

もちろん、「緊急アートアクション」の出品作家と戦争画の作家たちが描こうとしたメッセージは、政治的には全く逆を向いている。けれども、どちらも史実とその表象との関係において一つの固有のリアリズムの形式を持っていること、そして独特の政治的文法を持っているという点では驚くほど共通している。そして、なによりも、それゆえに、日本の主流の戦後美術史――しばしば「具体」から「もの派」へという流れで語られる――からは周縁化され、さらには近年グローバリズムがアート市場に導入されてからはますます忘れ去られつつあるという点で、奇妙な相似性を共有している。この二つは、合わせ鏡に映った逆しまの像のような存在なのかもしれない。

それは、芸術の自律性を無邪気に主張するモダニズムの真ん中にあいた巨大な穴、もうひとつのモダニズムである。そして、日本の〈戦後〉美術史は、戦争のためにぽっかりとあいたこの巨大な穴を埋めることなく、その周りをぐるぐると頼りなく回ることによってのみ成立したのだ。

このように考えると、今回「アトミックサンシャイン」展が、沖縄で問題になったことは二重に複雑な意味を持つだろう。もちろん、ニューヨークで企画された展覧会が、東京を経由して、沖縄へと巡回する時に、その展覧会が持っている意味がそもそも反転するということが最大の問題点として存在する。

憲法九条によって平和が守られてきたなどと考えているのは、日本の内部の言説にすぎない。それは、沖縄に戦争の継続を〈戦後〉も押し付けることを通じて可能になったものである。とすると、「アトミックサンシャイン」展は、何を伝えようとしたのだろうか。そもそも何かを伝えたいという一方的な欲望を充足させる前に、沖縄に耳を傾けることをなすべきではなかったか。

けれども、返す刀で、この問いは「緊急アートアクション」にも突き付けられる。〈戦後〉の責任であれ天皇制の問題であれ、問題構成が露呈したのは、今回沖縄という場所だが、本来はこれ自体きわめて日本的＝本土的な問題である。これに対して、日本的＝本土的な対抗軸を考えることは最低限必要ではあるが、それだけでは十分ではない。「緊急アートアクション」は十分に沖縄からの声を聞いただろうか。この点については、今なお自問自答し続ける必要があるだろう。

まとめにかえて

「アトミックサンシャイン」展の後に民主党政権が誕生し、普天間基地問題がにわかに浮上した。それまで主流メディアではほとんど問題にならなかった沖縄基地問題を国民的関心事にしたという点では一歩前進なのかもしれないが、菅政権になってからは、むしろ政策としては後退してしまった。

尖閣諸島事件を契機に高まりつつある中国脅威論や、延坪島砲撃事件によってさらに強まる北朝鮮バッシングを背景に、憲法を批判し、声高に再軍備を主張する声がますます強まってきている。そうした中で、排外的ナショナリズムと異なる声を上げることがこの二年の間にいっそう困難になり始めている。

政治家の発言だけをとっても、仙石由人官房長官が用いた政治学の学術用語である「暴力装置」という発言が〈失言〉として攻撃され、中井洽の議会開設一二〇周年の際の秋篠宮・紀子夫妻に対するつぶやきが「不敬発言」として問題化した。それぞれ問題の位相は異なるが、かつての森喜朗首相の「神の国」発言が問題化した二〇〇〇年当時と比べて批判の方向性が変わってしまっていることには注意を払う必要がある。

表現活動においてもこの間の規制強化は、急激に進んでいる。すでに「アトミックサンシャイン」展の前に、広島市現代美術館では、作品制作のためにジェット機で空に「ピカッ」という文字を描いて、市民に不快な気分を与えたということで、若手のアーティストユニットの Chim ↑ Pom の展覧会が中止になっている。写真家の篠山紀信は、青山墓地でヌード撮影をしたとして、公然わいせつと礼拝所不敬の罪で起訴され、罰金刑を受けた。東京都は、二〇一〇年末に「東京青少年健全育成条例」を改正し、漫画やコミックにおける性表現の規制強化を進めようとしている。

こうした表現規制の方向性はそれぞれ一見異なるように見えるかもしれない。けれども、どれもメディアや美術館など公的な空間に対して、〈教育〉や〈道徳〉、そして〈市民〉を持ちだして行政や警察権力が介入を進めようという点では共通している。

表現の自由の確保は、民主主義を貫くための基本的な条件である。表現の善し悪しを決めるのは、私たちであって、国家や自治体、警察ではない。戦前のファシズムさえも想起させるような、現在じわじわと浸透しつつある言論・表現規制に対して粘り強く抗していく必要があるだろう。

【注】

1 「天皇と9条から見る日本戦後美術～大浦信行インタビュー」『Cinra Net』インタビュー・構成：杉浦太一 二〇〇八年八月五日。
http://www.cinra.net/interview/2008/08/05/215300.php

2 『琉球新報』二〇〇九年六月一〇日付「美術月評」欄。

3 「天皇と九条から見る日本戦後美術～大浦信行インタビュー」同上。

4 『沖縄タイムス』二〇〇九年四月一四日付。

5 『琉球新報』二〇〇九年四月一四日付。

6 この経緯については、「緊急アートアクション２００９」の中心的メンバーによる編集本が社会評論社から出版されるので、興味のある方はそちらも参照してほしい。

7 高良由香利『琉球新報』「追跡 2009「表現の自由」めぐり波紋」二〇〇九年四月一六日。

8 『沖縄タイムス』二〇〇九年四月一五日付。

9 全米図書館協会「知的自由と検閲」在日アメリカ大使館ＨＰ内。
http://aboutusa.japan.usembassy.gov/j/jusaj-japanese-intellectualfreedom.html
原文は、http://www.ala.org/ala/oif/basics/intellectual.htm

10 高良、同上。

11 『沖縄タイムス』二〇〇九年四月一四日。

12 牧野浩隆は、今回の事件について、『沖縄タイムス』で三回にわたり、展示拒否を正当化する論考を発表している。とりわけ、「教育的配慮と自由裁量」と題された第三回目の連載では、教育基本法の精神に沿って「教育的配慮」の正当性を持ちだしているが、そもそも義務教育の枠組みを広く一般に開放された美術館の展示に当てはめること自体根本的にまちがっており、館長の博物館・美術館の理解そのものが問われる。この件については、社会評論社から刊行予定の論集に所収の小倉利丸の論考に詳しい。

13 目取真俊「大浦信行氏の作品を排除」ブログ『海鳴りの島から』。
http://blog.goo.ne.jp/awamori777/e/bf018e61a5e50b55e97ff68d3ffb512
この議論は、あらためて次の論考でも展開されている。目取真俊「天皇コラージュ作品排除 危険な「事なかれ主義」」『琉球新報』二〇〇九年五月二日付。

14 ニコラ・ブリオのいう「関係性の美学」などもこうした動向の一つの典型的な現れとして理解できるだろう。

現代日本における排外ナショナリズムと植民地主義の否認

――批判のために

柏崎正憲

はじめに

本稿では、ここ数年の日本における草の根排外主義の動向と、それに関連する日本ナショナリズムの現状とを考察する。おもに取り上げるのは、「在日特権を許さない市民の会」(以下、在特会)やそれに関係する諸団体が二〇〇九年ごろから活発におこなっている、在日朝鮮人・韓国人をはじめとする外国籍者への排斥運動である。ただし、あらかじめ断っておくが、わたしは在特会らの活動だけを切り取って分析するつもりはない。かれらの排斥運動はなるほどセンセーショナルではあるとしても、本質的には日本のナショナリズムがもつ排外性のひとつの表出にすぎず、その意味ではなんら目新しい現象ではないからである。わたしはこの草の根排外主義を、現代日本における排外ナショナリズムという問題圏のなかで考察していきたい。

1　「行動する保守」?――歴史修正主義から排外主義へ

ここ一、二年に日本で活発化してきている外国籍者への排斥運動を中心的に担っているのは、「行動する保守」を自称する「在日特権を許さない市民の会」なる団体である。この在特会は、ウェブニュース記者の村上力によれば、二〇〇七年はじめに発足し、はじめはおもに講演会を活動内容としていたが、次第に街頭行動へと重心を移していった(村上「外国人排斥に狂奔する日本の草の根保守運動」)。また規模としても、二〇一〇年九月現在で全国に二五の支部を置くほどに拡大している。かれらの街頭行動は、二〇〇八年二月の民団(在日本大韓民国民団)への抗議街宣にはじまり、二〇〇九年四月のデモでは埼玉県蕨市在住のフィリピン人一家に「犯罪外国人を叩き出せ」という罵声をあびせ、同年一二月には京都朝鮮第一初級学校への抗議と称して拡声器による脅迫をおこなっている。[1]

とはいえ、この在特会の基本性格は、その過激さを別とすれば、約二〇年前から現在までつづいている日本社会の右傾化あるいはネオ・ナショナリズムの隆盛の延長線上にあると見るべきだろう。一九九〇年代に入って、日帝期の戦時性暴力・性奴隷制の実態と日本の国家責任が、韓国の女性運動諸団体および被害当事者からの日本政府への告発や、それに呼応する日本の女性団体やアカデミズムによる追及や調査をつうじて、しだいにあきらかにされていった。だがこの戦時性暴力への責任追及にたいして、右派からの強い反動がわきおこる。このバックラッシュは、「新しい歴史教科書をつくる会」(以下、つくる会)に代表されるような、国民の歴史という名目のもとに「慰安婦」や南京大虐殺といった戦時の罪を否定する、日本型の歴史修正主義へと結実していった(以下、わたしは「歴史修正主義」を、アカデミズム内の反動的潮流のみならず、一九九〇年代以降の日本社会における保守的言説全般の傾向を指す語としてもちいる)。

この流れにおいて高められていった反動的なナショナリズムの心性を、在特会は明確に引き継いでいるといえよう。「慰安婦」問題関連のイベントへの妨害において、かれらがとりわけ勢いづくということが、それをよく物語っている。特筆すべきは、二〇〇九年八月に三鷹市で催された「慰安婦」展への、在特会とその協力団体による妨害行動である。[2] かれらは期間中ずっと会場を包囲しつづけ、来場者の入場を妨害した。そして「慰安婦」は「売春婦」であり「反日極左」は三鷹市の子供に「セックス」「売春」「強姦」を教え込もうとしているなどという、戦時性暴力被害者の尊厳をふみにじる悪罵を、大音量のスピーカーでえんえんと撒き散らしつづけたのだった。

またそもそも、在特会はその結成までの経緯からしても、歴史修正主義の流れにおいて生まれたほかの市民団体とよく似ている。先の村上は、上野陽子と小熊英二の『〈癒し〉のナショナリズム』を参照しつつ、在特会の前身団体である「日韓歴史問題研究会」が、つくる会の支援団体「史の会」とよく似た性格をもっていたと指摘する。村上によれば両者は、「サヨク」「反日」などといった「仮想敵の上に意識の統一を図」り、メンバー間のコミュニケーションを深めようとするという点では同じであるという(村上「外国人排斥に狂奔する日本の草の根保守運動」)。実際、ある主旨や理念に賛同する個人の集まりという市民運動の形態をとっている点についても、両者は共通する。

だがもちろん、他面で両者が決定的に異なることもたしかだ。史の会のようなつくる会支援の市民団体が屋内集会という活動形態に留まりつづけたのにたいして、いまや在特会はそうした団体を「きれいごと保守」と非難し、街頭で露骨なレイシズムと排外主義を扇動している。在特会が街頭化したきっかけは、西村修平や瀬戸弘幸といった、極右政治団体「維新政党・新風」(一九九五年発足)の流れをくむ右翼活動家が、在特会に協力するようになったことだったという(村上、前掲)。とはいえ、かれら新風系の活動家もまた、活動を活発化させてきたのは一九九〇年代からの歴史修正主義の流れにおいてであった。したがって、新風系の右翼活動家と在特会ら草の根市民右翼との合流も、見かたを変えれば、歴史修正主義という大きな流れのなかでいくつかの傾向が結びついただけのことにすぎない。

在特会らの排外主義と従来の歴史修正主義とのより決定的な相違は、朝鮮半島や中国の人びとにたいする、そしてとりわけ在日朝鮮人・韓国人にたいする、強烈な排外感情の有無である。史の会について、先にふれた上野の調査を受けて小熊はこうコメントしていたという。当時(二〇〇一年四月から二〇〇二年二月)の史の会メンバーは、かれらが異常だと考える「サヨク」「人権」「謝罪外交」などにたいする反感をつうじて「普通の日本国民」という自分たちのアイデンティティを確認しようとするだけであり、在日朝鮮人・韓国人への反感は希薄であった。しかしそれは「外国人労働者や在日コリアンが、(いまのところ)かれらの〈眼中〉に入っていないため」にすぎず、状況次第で今後そうなる可能性は否定できない(上野/小熊『〈癒し〉のナショナリズム』一九六頁)。はたしてその後、まさしく在日朝鮮人・韓国人への強烈な反感を軸に、在特会なる団体が組織されたのであった。

その団体名にも使われている「在日特権」(一九九一年に施行されたいわゆる特別永住資格を指す)や、いわゆる「嫌韓」といった用語は、当初の歴史修正主義の語彙にはなかった(いずれも二〇〇〇年代にインターネット上で作り出されていったものである)。こうした語の発生は、侵略戦争や植民地支配への責任の否認が、その責任をとるべき相手への明確な拒否や敵意にまで肥大したことのあらわれとして捉えるべきだろう。つまり、「普通の日本国民」としてのアイデンティティを保つためには、もはや過去から目をそらすだけでは不十分なのであって、韓国人は「劣等」民族であるとか、在日朝鮮人は日本に「寄生」しているとか、そういった蔑視によって他者を真っ向から否定しなければならないのである。そして実際、在特会会長であり同会をその前身団体の時代から主導してきた桜井誠は、インターネット上で「嫌韓」や「在日特権」といった語を普及させてきた中心人物のひとりでもある(なお、山野車輪の『マンガ嫌韓流』第一巻出版の翌年である二〇〇六年には、桜井も同じ晋遊舎から『反日韓国人撃退マニュアル』なる便乗本を出している)。この強い朝鮮人蔑視において、在特会ら「行動する保守」は、それ以前に生まれた歴史修正主義的な市民団体とは、たしかに一線を画してはいる。

それではいかにして、戦争・植民地支配責任の否認という歴史修正主義の初発の欲望は、その責任を(潜在的に、または実際に)告発する主体そのものの否定にまで行き着いたのだろうか。もちろん、歴史修正主義は最初の段階においてすでに「慰安婦」被害者にたいする否認とバッシングをふくんでいたし、そもそも近代日本社会は一貫して、朝鮮や中国をはじめとするアジア近隣地域の人びとへの蔑視を醸成してきた。だが、「嫌韓」や「在日特権」といった語に象徴されるような、(特に在日)朝鮮人・韓国人という民族性そのものへのタガの外れた敵意と蔑視の噴出は、あきらかに、二〇〇二年九月一七日以降における日本社会の反動以来の傾向である。日朝首脳会談での日本人拉致の認定以降、あたかも日本全体が朝鮮民主主義人民共和国による「犯罪」の「被害者」であるかのような風潮が煽り立てられていった。同年一一月における、家族会(北朝鮮による拉致被害者家族連絡会)の増本照明による「ようやく日本は「過去の植民地支配の贖罪」という呪縛から放たれ」という発言は、まことに象徴的である(太田昌国『「拉致」異論』一三四－一三五頁より引用)。そうして煽られた被害意識と朝鮮への反感は在日朝鮮人にも向かっていったが、それに比して、在日朝鮮人への迫害に対抗する言論はあまりに微弱であった(リベラルあるいは左派のメディアの多くは、バッシングを恐れて萎縮するばかりだった)。また、朝鮮戦争以来一貫して米韓に協力し、朝鮮にたいする戦争状態(朝鮮戦争は実際に終戦していないのだから)の維持に加担しつづけてきた日本政府の責任を問う声も、ほとんどあがることはなかった(高嶋伸欣『拉致問題で歪む日本の民主主義』三一－三四頁、一八一－八四頁も参照)[3]。

こうして、日本社会における植民地主義の否認の言説は、レイシズムとないまぜになった端的な被害者意識にまで発展する。この風潮のなかで、在特会に象徴されるような排外主義が醸成されてきたのである。

2 なにが問題なのか

さて、在特会ら自称「行動する保守」に代表される今日の排外主義の基本性格としては、以上に説明した、一九九〇年代の歴史修正主義との連続および断絶を問題としておさえておけば、それで十分だとわたしは考える。なるほどその過激さや活動形態などにおいて、在特会らが従来の日本の保守や右翼団体には見られないタイプの集団であることはたしかだ。しかしそういった特徴は、実のところさして重要な要素ではない。また、そうした点にばかり目をとらわれていては、問題の核心を見失ってしまうだろう。

在特会の「新しさ」の根拠としてよくとりあげられるのは、それが市民運動型の組織で「普通の」人びとから構成されている点や、活動を広めるうえでインターネットを積極的に利用している点である。典型的な例としては、朝日新聞名古屋版に掲載された西本秀記者の連載記事「ルポ・新「保守」」がそうだ。この記事は、在特会のメンバーが会社員、事務職員、大学生などのありふれた社会的身分であることを取り上げ、「黒塗りの街宣車や特攻服に象徴される従来の右翼」との差異を指摘し、ウェブ上での動画の中継配信といったかれらの宣伝戦略の目新しさに注目している。

だが実際には、そうした点はさして重要な点でもないし、ましてや在特会に独特の要素でもない。ウェブでの動画公開サービスなど、すでに一部の社会運動や労働運動では当たり前に利用されてきた手段であり、在特会の専売特許などではない。在特会がたんにそれを積極的に利用しているだけであるし、また日本語のウェブ空間そのものが、そうした露骨なレイシスト的表象を喜んで受け入れるものとなっているだけだ。それに、在特会のメンバーが「普通の市民」であることを確認したところでたいした意味はない。前節で確認したように、都市型・市民型のナショナリズムという要素は、初発の歴史修正主義からの特徴であって、在特会の場合はそれが街頭行動化しただけにすぎない。そもそもどこの資本主義国でも、移民排斥などの排外主義運動を担っているのは「普通の市民」だ。

在特会らの「普通さ」をことさらに強調することは、その「普通の」「市民」があのような過激な排斥運動に加わるのはなぜか、といった問いにシフトしがちである。しかしそうした問いからは、紋切り型であまり意味のない見解しか引き出すことはできない。もっとも安易な説明は、社会の経済状況の不安定化が排外主義の蔓延の要因であるといった、粗雑な経済決定論である。在特会をとりあげた二〇〇九年一二月一八日の東京新聞記事（朝刊二四面）における「不況によって民族差別が活発化している」という見出しなどが、わかりやすい例だ。経済状況の悪化と社会の不安定化との関係ということであれば、一般論としては指摘できるだろう。しかしそれは、排外主義という特定の社会的風潮が活性化する理由の説明にはならない。

よりたちが悪いのは、「普通の市民」を先入観から「普通の若者」にひきつけて理解しようとする傾向である。典型的なのは太田昌国だ。二〇〇九年八月一五日における靖国神社抗議デモを包囲し罵った在特会メンバーら数百人の群集について、かれは「ごくふつうの、若い男女」「大半が若者」だったと報告している。そのうえで「その多くが〈普通の市民〉なのではないか」というごく当たり前のことをわざわざ指摘し、自分は「〈普通で〉ありたい心情がもつ危険性に自覚的であるつもり」だとまえおきしながらも「向こう側に追いやってしまうほど縁遠い人とも思えない」などとコメントして、排外主義につき動かされる「若者」に理解があるふうを装っている（太田「改憲潮流と右翼イデオロギーの現在」）。別なところでは『インパクション』誌の排外主義特集での座談会における鵜飼哲も、在特会を一貫して「若者」の運動として語っており、そうした「若者」のことを「想像する努力をもって対峙する」のが「非常に大事なポイント」だとしている（鵜飼ほか「座談会」一三三頁）。

まず事実として、在特会らが若者ばかりということはない。在特会などの保守・右翼団体を取材している村上力は、同じ『インパクション』の誌面で、在特会メンバーは特定の年齢層が集中しているわけでもなく、かれらが社会不安に駆り立てられた若年層を中心とする集団だとは決めつけられないと指摘している（村上「日本ナショナリズムの現在」六一頁）。だが不思議なことに、かれのこの指摘を鵜飼自身も引用しているのだが（鵜飼「雑色のペスト」二〇頁）、それにもかかわらず鵜飼は在特会を「若者」運動としてあつかいつづけているのである。この在特会＝若者という強固な先入観がどんな発想にもとづいているかは、推測するよりほかにはない。だが、太田も鵜飼も在特会を若者化することで理解可能な対象として引き受けているところをみると、その「若者性」を在特会を過激な活動に駆り立てる要因として見ているということはいえそうだ。かれらが若さという表象から連想しているのが、直情性や活力・行動力といったものなのか（たんなるエイジズム）、フリーター化や就職難といった若年労働者層全体への経済的圧迫といった要因か（すでに批判した粗雑な経済決定論）、あるいはもっと別のことなのかはわからない。いずれにせよ事実として、在特会のメンバー構成は若者中心でもなければ都市下層中心でもない。先に言及した連載記事でも、取材対象として紹介されていたのは、正規雇用の会社員や事務職といったホワイトカラー、学生、行政書士や社会保険労務士といった専門職であり、年齢層も二〇代から五〇代まで分散していた（西本「ルポ・新「保守」」）。むしろ同記事から判断するならば、階層的には中流が多いといえる。したがって、在特会が特段に若者的な運動だということもなければ、今日の排外主義について、不安定な経済状況にある若者などといった着眼点から意味のある見解を引き出すこともできない。

けっきょくのところ以上のような問題は、在特会のような街頭化・過激化した排外主義だけを切り取って分析しようとするせいであるといえよう。つくる会の支援者であろうが、朝鮮学校に匿名でカミソリの刃を送りつける者であろうが、在特会デモの参加者であろうが、それが「普通の市民」であることにちがいはない。あくまで問題なのは、こうした異なる行動をとる人びとが、行動様式や考えかたの相違にもかかわらず共有しているものである。そしてさらに踏み込んでいえば、かれらが共有しているそれは、一定の意味において、そうした排外主義や歴史修正主義を表立っては支持しない日本社会の人びとにもまた、共有されているはずだ。

3　体制順応的抵抗——草の根の排外主義と体制内の排外主義

そもそも、「行動する保守」のような草の根の排外主義や移民排斥の運動は、日本ではまだそれほど強くはないし、また今後いちじるしく勢力を高めていくような見込みも、いまのところあまりなさそうだ。在特会の会員数は公称で約一万人（二〇一〇年九月現在）とはいえ、[4]街頭運動での動員規模は多いときで五〇〇人以上といったところであり、さほど大きな規模ではない。また、フランスの国民戦線など、ヨーロッパでは比較的新興の（一九八〇年代以降に結成された）極右政党の多くが議会政治に食い込んでいるのにたいして、日本ではそれに相当する政党はまだないといえる（いちおう維新政党・新風は議会進出を目指しているが、それが達成される見込みはまったくない）。ただしもちろん、だから日本はヨーロッパよりましだということにはならない。というのも日本の場合、旧来の議会政党や派閥、巨大政治団体、労組のナショナルセンターといった体制内組織の多くが、もとより強い排外性をそなえているからである（現在では日本会議、旧民社党の流れをくむ諸政党や民社協会、日本労働組合総連合会内の旧全日本労働総同盟系やUIゼンセン同盟、等々）。そして、いまや体制外においても、在特会のように街頭に出て行動をおこさずとも、救う会（北朝鮮に拉致された日本人を救出するための全国協議会）や家族会（北朝鮮による拉致被害者家族連絡会）が、朝鮮民主主義人民共和国や在日朝鮮人にたいする下からの敵意と蔑視を動員するうえで、在特会などよりもはるかに強力なネットワークとして機能している（もっとも救う会はタカ派の政治家にも強いパイプをもっているが）。したがって、現代日本におけるこのような保守・右派勢力全体の編成のなかで、在特会のような草の根排外主義の位置や役割を捉える必要がある。

在特会ら「行動する保守」が日本の保守・右翼全体のなかできわだっているのは、特定の外国人家族や朝鮮初級学校（小学校）といった、日本社会においてあきらかに弱い立場にある人びとに街頭で公然と脅しをかけながらも、みずからを反体制活動として位置づけている点にある。かれらは民主党打倒を掲げてデモ行進をおこなう（いわく民主党は「左翼」「社会主義」であるとのことだ）。在特会会長の桜井は「左翼全盛の時代だからこそ、国民一人ひとりが立ち上がり声を上げていくことが求められる」と、かれらの街頭行動への合流を呼びかけている。[5] さらには、「議会制民主主義なる「劇場」「興行」に終止符を打て！」と反議会制を訴える向きすらいる。[6] そして、端的な弱者迫害と反体制の身振りとのこうした同居は、かれらの世界観においては矛盾していない。かれらにとっては、日本はそのすみずみまで「左翼と朝鮮人と中国人」に乗っ取られようとしており、かつ「日本国民」の多くはそれにいまだ気づいていない。そして、かれら自身は目覚めた少数派である。かれらが外国人家族や朝鮮学校にあびせる罵声も、民族的マイノリティにたいするマジョリティの暴力ではなく、意識ある少数派による真実の訴えなのである。

これは、いわゆる右傾化について中西新太郎が指摘した構図と基本的には同じである。中西によれば、近年の日本社会においては「ナショナルな感情の発露」が「実際には広く流通し商業化もされている」にもかかわらず、個々人にとってはそれが「あたかも「地下文学」……の世界を生きるかのように感じられ」る。そしてこの構図においては、ナショナルで体制順応的な価値観の扇動を、あたかも少数派の抵抗であるかのように演出することが可能となる。たとえば二〇〇五年の小泉純一郎は、実際には弱者切捨てをつうじた権力システムの再編成にほかならない新自由主義改革を進めようとしていたにもかかわらず、官僚の巨大な既得権益システムに果敢に立ち向かう少数派としてふるまうことにより、大きな支持を集めたのだった（中西『右傾化する現代日本の若者たち?』二六二頁以下）。このように、抵抗する少数派を自己演出しながらも、実際には体制側の利益や価値観のためにふるまうことを、体制順応的抵抗と呼ぶことにしよう。

在特会らの「抵抗」は、かれらが「在日特権」と呼ぶ在日朝鮮人・韓国人の法的資格の解消という目標に向かっている。特別永住資格という、実際には日本で暮らすうえでの権利ですらないものを廃絶しようというのだから、かれらの「抵抗」がどれほど排外的で体制的なものであるかは説明するまでもない。しかし郵政選挙における小泉と同様、在特会の場合にもやはり一種の自己演出がともなっている点については、指摘するに値しよう。在特会がいうところの「不当」な「特権」を廃棄できないという意味で、かれらにとって日本国民は無力である。そしてかれらは、その「弱い」日本国民に同一化する。だがかれらは、その「弱い」国民大衆の代弁者を演じることで、同時に体制に抗う勇敢な少数派としてもふるまえるのである。在特会や「ネット右翼」が、「反日左翼」や「在日特権」について知らない者を「情報弱者」と呼ぶのは、そのことをよく表していよう。

そして、在特会が以上のような意味での「抵抗する少数派」に今後もとどまりつづけるとしても、それでかれらはじゅうぶんに役割を果たしている。社会的レベルにおける（在日）朝鮮人への蔑視を大きな政治力として組織するための受け皿は、すでに救う会などとしてできあがっており、また体制内においても旧来の排外主義勢力たちがしっかりと地歩を占めているのであって、在特会ような運動が議会制に食い込むような政治力になる必要はまったくないのである。在特会は政治的なものを志向することなく、ただただ社会的レベルで朝鮮人蔑視をますます扇動してさえいれば、それで十分なのだ。在特会会長の桜井は、在特会はたとえ活動の過激さで反感を買おうとも、世間の注目を集めることが重要なのだとしばしば主張しているが、かれはある意味で自分たちの立ち位置をよく理解しているといえよう。

4　否認としての憂慮——「過激な」ナショナリズムと「穏健な」ナショナリズム

昨今、排外主義とより「穏健」なナショナリズムとを切断しようとする議論が、いくつか見受けられる。たとえば前出の連載記事では、鈴木謙介が「これまで市民運動と言えば「左」で、「右」の受け皿が育って」おらず、「保守的なものを求めると、過激な団体に流れるほかない不幸がある」と、在特会よりも穏健な「右」の「受け皿」がないことを憂いている（西本「ルポ・新「保守」」三月一七日）。また萱野稔人は、在特会についてではないものの「外国人労働者との過酷な競争にさらされた人たちが排外的なナショナリズムを激化させていくのを防ぐためにも、もうちょっと穏やかなナショナリズムを使って国内の労働市場を保護するという方法」を追求すべきなどと呼びかけている（萱野／高橋「ナショナリズムが答えなのか」一一八頁）。しかしその「もうちょっと穏やかなナショナリズム」が、むきだしのレイシズムや排外主義と本質的には同じものを共有しているとすれば、どうなるだろうか。

オーストラリアの白人ナショナリズムを分析したガッサン・ハージによれば、排外主義は、人種的または民族的な差異にかんする信念そのものから発生するものではない。ある民族や人種がほかのそれを「排除」しようという発想の背後には、ある主体がみずからの民族性と「自分が特権的に存在していると考える領域」との関係への「憂慮」がある。この憂慮をつうじて、民族的他者にかんする信念は「人種的動機というよりはるかにナショナルな動機」に支配されるようになる（ハージ『ホワイト・ネイション』六八頁、強調原文）。つまりナショナリズムの排外性は、民族的または人種的な差異の認識そのものから出てくるのではない。問題は、権利の不平等な分配をともなったひとつの政治空間のなかで、ナショナルな「わたしたち」をその空間の管理主体として、そして他者を管理されるべき客体として設定することにある。それゆえにハージにとって、むきだしのレイシズムをともなう不寛容なナショナリズムと、多文化主義をともなう寛容なナショナリズムとのあいだに、本質的な差異はない。あからさまな不寛容がナショナルな主体の支配力の確認であることは明白だが、実のところ寛容もまた「被支配者たちが支配にたいして抵抗し挑戦する能力を示したために、支配者たちがみずからの支配能力について再検証した結果」にすぎないのである（一九五頁）。現在の日本の文脈では「過激な」ナショナリズムか「穏健な」ナショナリズムかという誤った問いが立てられているが、これもまた同じことで、日本人の日本という政治的空間にたいする支配能力を憂いているという意味では、どちらも変わりがない。

最近の日本におけるもっとも分かりやすい例は、出入国管理政策にかんする移民政策研究所の坂中英徳らの提言であろう。かれらは、今後五〇年間における一〇〇〇万人の移民労働力受け入れや、在日「コリアン」が民族的アイデンティティを保障されたうえで日本国籍を取得できる「コリア系日本人」化といった政策を提言している。これは一見してリベラルなようであり、また排外的なナショナリストたちの神経を逆なですることも容易に予想できよう。しかしながら山本興正が指摘するように、ここにはたらいている強い「国益」という観念を見逃すことはできない。まず一〇〇〇万人移民計画は、日本人という主体だけに関連づけられている「国益」という観点を基準とした、歓迎すべき移民と排除すべき移民との選別という原理に貫かれている。そして「コリア系日本人」という提言もまた、祖国志向か日本定住志向かで在日朝鮮人・韓国人を分断し、日本にとって都合の悪い在日朝鮮人・韓国人の存在を消し去ろうとする意図から引き出されたものである（山本「日本社会から消去、排除される人々」一五九－六二頁）。したがって、あくまで坂中らの提言は、ハージのいうように「支配者たちがみずからの支配能力について再検証した結果」にすぎない。在日朝鮮人・韓国人も、ほかの外国人も、そこでは管理されるべき客体としてしか存在を認められていないのである。

したがって、過激なナショナリズムと穏健なナショナリズムとの関係は、たんなる分業として捉えたほうがいいだろう。ハージは、九〇年代後半に急速な発展と衰退を遂げた極右政党ワン・ネイション党のポーリン・ハンソンをめぐる、「白人オーストラリア人のなかで尊敬されている側にいる人々」の態度をこう評している。「体面のとれた地位を気取るすべての白人多文化主義者の背後に……もうひとりの、上機嫌でニヤっと笑いながらこんなことを言う白人がいるのである。「よくぞやった、言ってくれたな、ポーリン」。あるいは、別のひとりが言う。「彼女はちょっとわんぱくなんだよ」と、まるで誰かが自分の子供が間違いをしでかしたときのように」(ハージ『ホワイト・ネイション』三四五―四六頁)。いいかえれば、穏健なナショナリズムと過激なナショナリズムとの関係は、その社会的体面をたもつためにみずからの価値観を表立っては口にしない「大人」と、その価値観を正直に他人に告げてしまう「子供」との関係によく似ているのである。そしていずれの場合にも共通するのは、実のところ「子供」=過激なナショナリストの露骨なレイシスト的言動から「大人」=穏健なナショナリストは利益を得ているということだ。在特会やワン・ネイション党といったなりふりかまわぬ排外主義者のおかげで、「体面のとれた地位を気取る」ナショナリストたちは、みずからの体面を損なうことなく、管理されるべき客体としての民族的・人種的他者の地位を、そしてみずからの管理する主体としての地位を、再確認することができるのである。

こうして、過激なナショナリズムと穏健なナショナリズムが、ナショナルな主体の民族的・人種的他者にたいする管理能力への「憂慮」という点で同質であることが明らかになった。しかしながら、さらにふみこんで分析をおこなう必要がある。この民族的・人種的他者への「憂慮」は、ナショナリズム全般の根幹にかかわることがらであるかどうかは速断できないとしても、少なくとも植民地主義をつうじて成立あるいは確立された国民国家においては、そのナショナリズムの根底に埋め込まれていると見るべきではなかろうか。

比較のために、オーストラリアのナショナリズムにかんするハージの別の指摘を参照しよう。かれは、オーストラリアが先住民の土地の植民地主義的な収奪によって成立したことが、ネイションの自己管理能力への憂慮の根幹にあると捉える。「わたしたちは、移民や難民がわたしたちのもっているものを盗むのではないかと恐れているのではなかろうか。なぜなら、わたしたちがもっているものが盗まれることがありうるのは、疑いようがないのだから。……そして、わたしたちが自分自身の植民地的な盗みの帰結と向き合って、それに対処することを選ぶときがくるまで、……わたしたちはいつだって「ネイションについて憂慮」し、思いやることの喜びをほんとうに知ることは決してないだろう」(ハージ『希望の分配メカニズム』一一六七頁)。ほかならぬ「わたしたち」自身が先住民の土地を奪ったことを知っているからこそ、今度は(非白人系の)移民に「わたしたち」の土地が奪われるかもしれないという恐れをいだく。このパラノイア的な疑念は、みずからの「植民地的な盗みの帰結」と向き合うことなくしては解決しない。そうするまでは「ネイションへの憂慮」が、そのような歴史的責任の否認として反復されるであろう。それは、ナショナルな空間を管理する支配力の確認であるのみならず、いわば植民地主義の否認としての憂慮でもあるのだ。

この否認としての憂慮は、日本についてもいえることである。「日本が朝鮮人や中国人に乗っ取られる」式のパラノイア的な排外主義であれ、それよりは穏健な「国民のための」式の言説であれ、外国籍者を排除するものである点に変わりはない（意図的に排除を扇動するか、あらかじめ議論のテーマから除外しておくかのちがいである）。この強力な排外性もまた、日本人特殊性論のような擬似文化論からではなく、近代日本の植民地主義の帰結として捉えるべきであろう。ただし、あらかじめ予想される反論に答えておくならば、オーストラリアのように、かつて「盗んだ」土地に植民者の子孫が現在も居座っているかどうかが問題なのではない（とはいえ日本も、北海道＝アイヌモシリや沖縄＝琉球という「盗んだ土地」にいまだに居座っているのだが）。あくまで問題は、「植民地的な盗みの帰結」に向き合い、その責任を引き受けようとする姿勢の欠如と、その欠如を埋める「ネイションへの憂慮」である。

日本の場合、（たんなるnationの訳語に留まらない）「国民」という概念そのものに反映されている排外性に注目することが有益であろう。大日本帝国の民は国民ではなく「臣民」であったから、国民とは厳密にいえば戦後日本ではじめて採用された概念である。ではこの「国民」の範囲は、いかにして定義されただろうか。旧帝国臣民のうち「外地」人を強制的に排除することをつうじてである。この排除は、法律のうえでは、一九四七年の「最後の勅令」外国人登録令における、台湾人の一部および朝鮮人を外国人としてあつかうよう定めた「みなし規定」にはじまり、一九五二年の「講和」条約（正確には侵略や植民地支配の被害当事者であった中国や南北朝鮮を含まない片面講和）をもって完成された。またこれを補完するものとして、朝鮮戦争が勃発した一九五〇年には出入国管理庁が置かれ、朝鮮半島での戦火から避難しようとする人びとを徹底排除した。同庁は二年後に入国管理局へと改編されるが、その後は一貫して、当局が厄介あるいは危険と見なした在日朝鮮人・韓国人や中国人を国外に物理的に排除し、かれらを日本社会の管理されるべき客体として抑圧する機能をはたしてきた（文京洙『在日朝鮮人問題の起源』二七－三五頁、一〇五－三〇頁、および入管問題調査会編『密室の人権侵害』八二－九五頁を参照）。そして一九八一年には、日本はいわゆる難民条約を批准したが、それを反映する国内法を出入国管理法の改編として制定したことにより（出入国管理及び難民認定法）、国際条約にもとづく難民申請者にたいする門戸をも極度に狭めたのであった（日本の難民認定率は、ほかの難民条約締結国とは比較にならないほど低い)。そして排除の強化は、二〇〇九年における改悪入管法の国会通過と、それにたいする反対運動の弱さというかたちで、今日においても継続的に進んでいる。[7]

戦後日本のナショナリズムが「国民」中心主義として表出するのは、それがこのような植民地出身者の一方的排除、すなわち「国民」にとって不都合な他者への否認という過程と無関係ではありえない。そのかぎりで、国民という概念そのものが「植民地的な盗み」の否認の産物なのである。このような歴史的・政治的経緯をふまえれば、在特会が「日本人」でも「民族」でもなく「国民」という語を多用するのも必然的なことなのだと納得がいく。国民という語は、その「国民」を不断に維持している前述のような排除の権力に同一化するうえで、日本人や民族といった語よりもはるかにふさわしいのである。そして、在特会の多用する「国民」と、より穏健なナショナリズムを提唱する手合いのいう「国民」とは、この語そのものに凝縮されている排外性において、なんら変わるところがない。

5　結論——植民地主義の否認と継続としての排外ナショナリズム

本稿でわたしは、在特会の登場に代表されるような日本における草の根排外主義の最新の動向を、一九九〇年代の歴史修正主義から二〇〇二年以降の「拉致」問題をテコとした日本社会の排外化へという流れのなかで捉えるべきだと論じた。しかし、この流れのなかから在特会ら「行動する保守」の運動だけを切り取ることが、さまざまな問題をもたらすことをも指摘した。そういう突出したレイシズム・排外主義への批判を、日本の国家と社会に深く根をはる排外性の批判へと拡げていくために、わたしは「体制順応的抵抗」と「否認としての憂慮」という、現代日本の排外ナショナリズムに特徴的な二つのふるまいかたに注目した。そしてそれらの考察をつうじて、草の根の排外主義と体制内の排外主義やより「穏健な」ナショナリズムとの関係が、同一の排外的・国民主義的体制における分業にすぎないことをあきらかにした。

第四節の末尾で指摘したように、戦後日本の「国民」概念は、植民地支配責任の否認の産物であって、国民ならざる者にたいするきわめて強力な排除をともなうものである。鈴木裕子は戦後日本の天皇免責をとりあげて「天皇制こそ「歴史修正主義」の最たるもの」と評しているが（鈴木『天皇制・「慰安婦」・フェミニズム』七八頁）、それにならって、戦後日本が作り出した「国民」という概念こそ「排外主義」の最たるものだといえるのではなかろうか。

テッサ・モーリス＝スズキと吉見俊哉は、オバマの米国大統領就任や日本における民主党政権の成立を、日本と東アジアが「未来志向」の関係をつくるためのまたとない機会として評価し、日本が共和制に移行したらどうなるかとか、あす天皇制がなくなったらどうなるかといった思考実験をしている。かれらによれば、現代の日本人が象徴天皇制にいまだ縛られているのは、想像力の問題であるという。つまり、天皇制を「廃止したことがない」から、積極的に支持しているわけでもないのに廃止には「不安を感じる」とのことだ（モーリス＝スズキ／吉見『天皇とアメリカ』二〇九－一一頁、二一六－二〇頁）。しかし、たとえ現在の日本国民が天皇を強く意識してはいないとしても、その「国民」も「象徴」天皇制も、アジアの人びとを「万世一系」の「国家元首」天皇の臣民として支配していった、侵略と植民地支配という過去の否認のうえに成り立っていることに変わりはない。そしてこの否認は、在日朝鮮人・韓国人やほかのアジア諸地域出身の人びとを排除し周縁化している、具体的な諸制度をつうじて維持されてつづけているのである。だとすれば、むしろそこにこそ、日本人の「想像力」がおよばねばなるまい。

この論文の初稿を書きあげたのは二〇〇九年末だったが、本論で提示した見解の正しさは、二〇一〇年の展開が（残念ながら）おのずと証明したように思う――二〇一〇年夏以降、在特会ら「行動する保守」の活動が収縮していった一方で、民主党政権下の日本の政治・社会体制はその排外性をますます露骨にしているからだ。外国人の人権を無視した無期限収容をふくむ入国管理体制は、先にふれた二〇〇九年の入管法改悪によってさらに厳重になりこそすれ、改善される兆しはまったく見えてこない。「拉致」をテコにした反「北朝鮮」排外主義はいぜんとして強力であり、ついには、朝鮮民主主義人民共和国を出入りする船舶を自衛隊が海上で検査することを可能とする、いわゆる「臨検特措法」が議会を通過するまでにいたっている（二〇一〇年五月二八日）。そして、二〇一〇年四月に施行された「高校無償化」法（外国人学校をふくむ専修学校もその適用対象とされた）から、朝鮮学校が排除されるという、在日朝鮮人への新たな弾圧を挙げねばなるまい。在日朝鮮人および日本の市民・労働者からの反対もあって、同年一一月にようやく文科省は朝鮮学校への適用の審査基準が「正式決定」され、ようやく適用への手続きがはじまったのもつかの間、同月二四日、その前日におきた大韓民国と朝鮮民主主義人民共和国との砲撃戦を受けて、菅首相、仙谷官房長官（当時）、高木文科相は、朝鮮学校への適用にむけた手続きを「一時停止」した。すると、都道府県や市町村までもがこの動きに足並みをそろえ、従来から支給されている（わずかな）補助金すら支給を停止するという事態さえ起きている。くわえて、二〇一〇年一〇月の尖閣／釣魚台における中国籍漁船と日本の海上保安庁船舶との衝突への日本の反応も、挙げておくべきだろう。

排外ナショナリズムの分業は、いわゆる「論壇」においても顕著である。近年の日本の左派・リベラル論壇の迷走を批判する金光翔は、左派・リベラル全般に「右派勢力を封じ込めるという名目で、それを部分的に取り込む、あるいは妥協する」風潮が広まっていると指摘している。このことは、「左右対立を超えた」論調を前面に出そうとする新たなオピニオン誌の相次ぐ創刊（と廃刊）や、昨今の政権交代ムードに親和的なしかたで自身の社会的・政治的プレゼンスを高めようとする言論人の増加といった傾向において確認できよう。だが金によれば、実際に進行しているのは逆のこと、すなわち「右派勢力を包含した、あるいは毒抜きしたつもりでいて、左派は逆に、右派勢力に包含され」るという事態である（金「日本は右傾化しているのか、しているとすれば誰が進めているのか」）。この結論にいたるまでのかれの鋭い分析を紹介している余裕はもうないが、現代日本の排外主義に反対する者は、この指摘を他人事として聞き流すべきではないとだけ付言しておく。

日本のナショナリズムや排外主義の核心は、はじめからナショナルな枠組に限定された視座のなかで語られたり、左右がともに注目したりするような諸問題ではなく、往々にして良識派や左派までもが軽視あるいは無視しているような諸問題にこそ、ふくまれていることであろう。

【注】

1　この脅迫については、その後に朝鮮学校側からの告発などもあって、翌二〇一〇年八月に在特会の実行メンバー数名が京都府警に逮捕されている。ただし府警は同時に、当該朝鮮初級学校の前校長を「都市公園法違反」（公園の「占用」の容疑）で書類送検し、また検察もそれを受けて略式起訴している。当該朝鮮学校の授業における公園の利用に在特会や京都府警が介入したことの問題については、たとえば以下を参照。ウェブサイト『ヘイトスピーチに反対する会』内「朝鮮学校前校長が書類送検されたという報道についての声明」二〇一〇年八月三〇日掲載（http://livingtogether.blog91.fc2.com/blog-entry-58.html）。

2　フィリピン元「慰安婦」支援ネット・三多摩（ロラネット）主催「夏休み・親子で平和を考える　アジアで何があったの？　みて・きいて！　お話しと「慰安婦」展」二〇一〇年八月一日〜三日、三鷹市市民協働センター。

3　ところで太田昌国は、拉致問題を利用した右派の言論攻勢にはやくから異論をとなえてきた。太田の拉致問題批判は、おおまかにいえば、どんな国家も本質的には抑圧と戦争の装置であるから、日本がおこなった植民地支配と朝鮮民主主義人民共和国がおこなった拉致は、それぞれに別個の国家犯罪として糾弾しなければならない、という前提にもとづいている。だがこの論理のなかには、本文で指摘した、戦後日本が現在にいたるまで朝鮮を敵国視し、東アジアでの緊張を維持しつづけてきたこと（二〇〇二年以降の流れは、その敵視政策に大規模な下からの動員がつけ加わったにすぎないともいえる）への認識が、まったく欠けている。「国家の本質が露わになったのだ」と題されたかれの論稿にも、戦後日本が米韓とともに、朝鮮にたいする臨戦状態を作りつづけてきたという「国家の本質」についての言及はまったくない（太田『「拉致」異論』一四六－五三頁）。また、国際レベルにおける諸国家間の力関係・対立関係の歴史的文脈を捨象して、ただ一般的な「国家の抑圧的本質」だけを焦点化することは、日本のナショナリズムにたいしては一定の批判効果があるかもしれないが、しかし他方で、そのナショナリズムの脅威にさらされている在日朝鮮人への迫害を正当化する論理にもなる（現になっている）。以上の理由で、太田の拉致問題批判の論理が問題をふくんでいることを、ここで言い添えておきたい。

4　「在日特権を許さない市民の会」ウェブページを参照（http://www.zaitokukai.info）。

5　桜井誠「左翼という存在の異常性」、『Ｄｏｒｏｎｐａの独り言』二〇〇九年一一月八日掲載（http://ameblo.jp/doronpa01/entry-10383739282.html）。

6　有門大輔「参政権のみならず「反日の温床」たる戦後政治を覆せ！」、『新・極右評論』二〇〇九年一一月九日掲載（http://blog.livedoor.jp/samuraiari/archives/51418360.html）。

7　二〇〇九年七月、外国人登録法を廃し、入管法、入管特例法、住民基本台帳法などに改編する改訂案が国会で可決された。一連の改訂法は、外国人を住民基本台帳とＩＣカードで一元的により強力に管理するものである。「「在留カードに異議あり！」ＮＧＯ実行委員会」がこの流れに反対してきたが、批判や反対の声は高まっていない。同実行委ウェブページ「管理ではなく「共生」のための制度を！」参照（http://repacp.org/aacp/index.php）。

8　「高校無償化」からの朝鮮学校排除に反対する連絡会の「7月28日決議提出行動・報告」を参照。たとえば以下に転載。『ヘイトスピーチに反対する会』、「【転載】「高校無償化」からの朝鮮学校排除に反対する連絡会・報告」二〇一〇年八月一日掲載（http://livingtogether.blog91.fc2.com/blog-entry-51.html）。

【参考文献】

上野陽子／小熊英二『〈癒し〉のナショナリズム　草の根保守運動の実証研究』慶應義塾大学出版会、二〇〇三年

鵜飼哲「雑色のペスト　現代排外主義批判の思想＝運動的課題」、インパクト出版会『インパクション』第一七四号、二〇一〇年所収

鵜飼哲ほか「座談会　外国人差別制度・「在特会」・ファシズム」、前掲『インパクション』第一七四号所収

太田昌国『「拉致」異論　日朝関係をどう考えるか』河出書房新社、二〇〇八年

太田昌国「改憲潮流と右翼イデオロギーの現在」、ウェブサイト『現代企画室』内「状況二〇～二一」二〇〇九年九月一五日掲載　http://www.jca.apc.org/gendai/20-21/2009/kaiken.html

萱野稔人／高橋哲哉「ナショナリズムが答えなのか　承認と暴

力のポリティクス」、『POSSE』第二号、二〇〇八年一二月、NPO法人POSSE、二二―三九頁
金光翔「日本は右傾化しているのか、しているとすれば誰が進めているのか」、ウェブサイト『私にも話させて』内「資料庫」二〇〇九年八月一〇日掲載 http://gskim.blog102.fc2.com/blog-entry-21.html
鈴木裕子『天皇制・「慰安婦」・フェミニズム』インパクト出版会、二〇〇二年
高嶋伸欣『拉致問題で歪む日本の民主主義 石を投げるなら私に投げよ』スペース伽耶、二〇〇六年
中西新太郎「右傾化する現代日本の若者たち?」、『ポリティーク 労働法律旬報別冊』第一一号、旬報社、二〇〇六年所収
西本秀「ルポ・新「保守」」上・中・下、『朝日新聞』名古屋版、二〇一〇年三月一五―一七日掲載
入管問題調査会編『密室の人権侵害 入国管理局収容施設の実態』現代人文社、一九九六年
ハージ、ガッサン『ホワイト・ネイション ネオ・ナショナリズム批判』保苅実・塩原良和訳、平凡社、二〇〇三年(Ghassan Hage, *White Nation: Fantasies of White Supremacy in a Multicultural Society*, Annandale: Pluto Press, 1998) ※原文を参照のうえ、訳語を変更した場合もある。
ハージ、ガッサン『希望の分配メカニズム パラノイア・ナショナリズム批判』塩原良和訳、御茶の水書房、二〇〇八年(Ghassan Hage, *Against Paranoid Nationalism: Searching for Hope in a Shrinking Society*, Annandale: Pluto Press, 2003)
村上力「外国人排斥に狂奔する日本の草の根保守運動「在日特権を許さない市民の会」の足取りを探る」、ウェブサイト『日刊ベリタ』二〇〇九年六月八日掲載 http://www.nikkanberita.com/read.cgi?id=200906081418001
村上力「日本ナショナリズムの現在 現在進行形の植民地主義」、前掲『インパクション』第一七四号所収
文京洙『在日朝鮮人問題の起源』クレイン、二〇〇七年
モーリス=スズキ、テッサ/吉見俊哉『天皇とアメリカ』集英社、二〇一〇年
山本興生「日本社会から消去、排除される人々 最近の在日外国人管理政策の変化をめぐって」、情況出版『情況』二〇〇九年六月号所収

日本人「慰安婦」被害者と出会うために

木下直子

1 はじめに

「慰安婦」とは、一五年戦争の間に日本軍が設置した「慰安所」で将兵たちの性的行為の相手を強要された、性暴力被害者の女性たちのことである。高齢の「慰安婦」被害者が亡くなっていく中で、彼女たちの生き抜いた生を感じ取り、忘却に抗う言葉を紡いでいくことが切実な課題となっている。しかしながら、こと日本人「慰安婦」被害者に関しては、一九九〇年代以降の「名乗り出」のなさゆえに、私たちは生存者の元を訪れることも適わず、焦り逡巡している。

日本人「慰安婦」の徴集について調査結果をまとめた西野瑠美子は、第一に芸者や遊郭からの鞍替え、第二に女衒や業者に集められた貧しい農山村の娘の身売り、第三に騙されて「慰安婦」にされたケースがあったことを報告している。第一のケースが最も多いと考えられ、「強制ではない」「商売の女性が多かった」という概念形成に影響してきた。日本人「慰安婦」の場合は「『忠国《ママ》愛国』の精神が巧みに利用されたこと」が特徴であるという（西野 2000 : 66-70）。

日本社会で「慰安婦」の存在は元兵士たちを中心に公然と知られていたが、一九七〇年代からは、従軍経験もなく、問題意識を持って日本軍「慰安婦」制度を調査する千田夏光などの著述家が現れた。日本人「慰安婦」も調査対象だった。後述するように、自らの痛みを語り、世に投げかけた日本人「慰安婦」被害者もあった。

しかし〈「慰安婦」問題〉の出現以降、日本人「慰安婦」の存在はあまり語られなくなった。〈「慰安婦」問題〉とは、ここでは「日本軍が戦争遂行のために女性の身体を性的に利用していた性暴力体制の過去が、一九九〇年代初期に政治・

外交問題となって浮上し、国民国家の記憶をめぐる論争に発展した社会問題」と定義したい。それは道義的・倫理的、また法的な観点から「問題」であるという性質だけに集約されるものではなく、人々に衝撃を与え、数々の象徴的な出来事を引き起こした現象として捉えようとするものである。つまり、人々の主体的な行動は、翻っては日本人「慰安婦」被害者への支援運動の不在すらも[1]、〈「慰安婦」問題〉を形づくる要素となっている。

　韓国で被害者支援運動に長年携わり、日韓双方の運動の現場を行き来してきた歴史学者の山下英愛は、日本人「慰安婦」に対する運動体の取り組みは二〇〇一年の「女性国際戦犯法廷」[2]を通して一時的に議論がもたれた程度であり、彼女たちが支援運動の枠外に置かれてきたと振り返る（山下英愛 2008, 2009）。ここ最近はわずかに状況が変わりつつあり、山下の問いかけに共鳴する運動体もあり、日本人「慰安婦」被害者にあらためて向き合おうとする動きがみられるのではあるが[3]。

〈「慰安婦」問題〉が起こったとき、それは〈朝鮮人「慰安婦」問題〉であった。韓国、日本以外の被害諸国についてはまだ実態解明が進んでおらず、被害者への言及が乏しかった時期である。日本で社会問題化する突破口を切り開いたのは韓国側からのはたらきかけであったため、〈「慰安婦」問題〉は日本の植民地支配による暴虐の告発という性質を帯びた。なにより民族上のヒエラルキーがあり、日本人「慰安婦」は朝鮮人「慰安婦」より高待遇を受け、将校専用とされる場合もあり、朝鮮人「慰安婦」を蔑視していたともいわれる。他方、朝鮮人「慰安婦」は下等な立場とされ、兵専用として圧倒的多数の相手を強要され、肉体的にも精神的にも深刻な被害を受けた。韓国側が朝鮮人女性の複合的な被害を民族被害として訴え日本に戦後補償を迫るのは、民主化を果たし、冷戦終焉を迎えた時代であればこそ、当然の流れであった。

　しかし日本社会で日本人「慰安婦」が被害者としての位置から外されていった経緯については、自然なことと考えず、あえてそこに立ち返り考察する必要があるように思われる。大部分の日本人「慰安婦」が元々「公娼」であったといわれるが、西野が整理するように、そうではない人々もいた。被差別部落出身者が「慰安婦」にされたケースも報告されている（平尾 2004）。

　本稿では、現在まで日本人「慰安婦」被害者を疎外してきた日本社会を再考するために、〈「慰安婦」問題〉が起こるまでに生産され、〈「慰安婦」問題〉出現時に被害者像の基礎となったと考えられる主要ルポルタージュ類、雑誌記事、新聞記事を中心的な資料として分析を進める。「慰安婦」をめぐる言説の歴史が、ナショナルな属性ごとに被害者性を規定してきた様を明らかにしてみたい。そして日本人「慰安婦」にまつわる言説空間と、彼女たちが置かれてきた状況を再確認したい。このような作業を通じ、私たちは日本人「慰安婦」被害者に想いを馳せることができるのではないか。

ルポルタージュ類は〈「慰安婦」問題〉出現後まもなく専門家、証人として扱われたことが新聞記事から確認できる人物、すなわち千田夏光、吉田清治らの著作を主に扱う。[4]また重複するが、韓国で日本軍「慰安婦」制度が問題となるきっかけとなった、尹貞玉がハンギョレ新聞に連載した論考「挺身隊（怨念の足跡）取材記」（尹 1990=1992）で参照されており、かつ日本人「慰安婦」を扱った論者である千田、金一勉にも注目する。

雑誌記事は一九七〇年から一九九〇年までのものを「大宅壮一文庫」雑誌記事索引所収の「慰安婦」関連記事を対象に報告する。[5]一九七〇年から始めるのは、その年に千田の初の論考が確認できるため、「慰安婦」調査結果が発表され始める時期の起点として位置づけることができるからである。新聞記事は報道面を先導した朝日新聞記事を対象とする。

なお、一九九〇年代以前のジャーナリストたちの個別の調査では実態把握に限界があるが、ここでは歴史的事実とされる記述の妥当性は問わず、あくまでどう語られたかを捉えることとする。

2・1　「お国のため」――千田夏光による理解

一九七〇年『週刊新潮』「特別レポート　日本陸軍慰安婦」を発表した時点で千田はすでに、朝鮮人「慰安婦」と日本人「慰安婦」を根本的に違う存在として明確に区分していた。朝鮮人の元「慰安婦」に取材に行き、彼女にいまだ宿る怒りと憎しみに直面し、日本人の元「慰安婦」にも取材していた彼は、両者の差を感じたようだ。千田はその結果「けっきょく慰安婦には、原則として、狩り出されていった朝鮮女性と、もとめて行った日本女性とあった。そのちがいが、今日の傷痕の大きな差になっているのだろう、私にはそう理解するしかなかった」（千田 1970：84）（傍点原文）と述べる。

とはいえ、千田の一方的な「理解」であることも窺える。以下は、日本人「慰安婦」だった女性への取材の一場面である。

――あなたは、それをお国のためだと思ったの？

という私に、

「そんな大それたこと考えなかったわよ。私たち皆おなじだけど、子供のときからご飯もまともに食べれなかったし、女になると芸妓へ売られたし、兵隊さんも嫌だと思っても連れられて来られた人でしょ。何か似ているじゃない」

つまり肩を寄せ傷口をなめあう荒野の動物同士であった

というのだった。（千田 1970：83）

日本人「慰安婦」だった当事者が、必ずしも「もとめて」行ったわけではないことは、千田自身の調査に表れているのではないだろうか。

一九七二年の『サンデー毎日』記事「特集 国家・戦争・人間 国が奪った青春の残酷(1)「御国のために」自決した慰安婦」で千田は、日本人「慰安婦」について取り上げている。千田は「慰安婦」への「前借金千円、これを体でかせぎ返済したら自由にしてやる」（千田 1972：136）という条件が当時内地で酌婦をしていた彼女たちからすると好条件だったとし、そして「社会の最下層へひそむ売春婦である自分たち、その自分たちが『お国のために』働けるという喜びのほうが大きかった」（千田 1972：136）と結論づけている。

『従軍慰安婦』（正 1973・続 1974）は千田の代表的著作であり、正・続合わせて五〇万部売れたと千田自身も語っている（千田 1997：52）[6]。先に挙げた論考とも共通するが、千田が「慰安婦」を説明する際、「商売女」、「売春」をする女、「体を売りつづける」女という叙述が散見される。つまり、「慰安婦」にされた女性たちは、強姦[7]された女性ではなく、売春婦にされた女性たちなのである。そこでおこなわれていた性行為は、双方あるいは一方の願望に対し一方が承諾することで成り立つセックスとして考えられている。「商売」にも「売春」にも「体を売りつづける」ことにも、主体性が確保されてしまい、テクストの中で性行為を承認する主体が立ち上がる危うさがある。ただし、千田の基本的な姿勢としては「慰安婦」にされた女性たちを哀れんでいるのであり、彼が新聞記者を務めた者ならではの取材力を発揮し、初めて本格的な「慰安婦」調査に取り組んだ第一人者であることは間違いない。

では「売春婦」にされた女性たちの意識はどう描かれているか。「慰安婦」は、「日本人」「朝鮮人」というように、国への帰属性や民族性により差異化され、分断されている。そして日本人「慰安婦」はやはり、将兵たちの性行為の相手をすることが「お国のために」忠義を尽くすことになると考えていたと描かれる。たとえば、「日本人慰安婦は朝鮮人慰安婦を玉砕を前に投降させている。彼女らの底にあったのは、同じドン底の生活でも自分たちは曲がりなりにも志願してきた、だが朝鮮人組は、前に書いたごとく、騙されて連れて来られた」（千田 1973a：132-133）といった説明がなされる。さらに、その他の地域出身の「現地人女性」を含めると、以下ように分類される。

日本人慰安婦には〝お国のため〟意識、〝兵隊さんのため〟意識があり、自己の行為を愛国心という砂糖で飾る何かがあった。朝鮮人の場合は初期は欺かれた女性たちであり、中期以降はそれぞれの故郷の田舎から強制連行され、慰安婦に仕立てられた女性であった。結果において金銭を受けとっての行為であっても、現地人女性のそれは自由売春であり、拒否権もまたあったし自由意志もはたらいている。（千田 1973a：189）（傍点原文）

なお、千田のいう「現地人女性」とは、中国人、マレー人、タイ人、ビルマ人、インド人女性たちのことである。

2・2 賛美される女性性

前節に引き続き、まずは千田夏光のテクストに関して、「日本人女性」であることが千田にとってどのような意味を持つのか検討してみたい。日本人「慰安婦」アイ子はA少尉と恋仲にあり、中国軍の攻撃が激化した際「殺して」とA少尉に頼み、銃殺により死を遂げる（千田 1974：26-28）。千田はそれを、「敵兵にはずかしめを受けずに」「女として美しく死ぬことを、彼女は考えたらしい」（千田 1974：27）と解釈している。また、「私たちのために、お国のために闘ってくれたのね」と「負傷兵を抱いてやった」（千田 1973a：209）「慰安婦」が当時「戦場の天使、兵隊の本当の天使であったことは事実だろう」（千田 1973a：209）と述べる。これらは男性が美化する献身的な女性像なのではないか。

千田のテクストではさらに、「慰安婦」の「貞操」が強調される。元軍医から彼女らが帰国するとき兵士たちへの貞操を守ることを誓ったと聞かされ、「これに感動しなかったら男でない」（千田 1973a：197）と高揚をみせる。また戦後、元兵士と元「慰安婦」たちが集う「同窓会」が開かれていた地域があるが、そこでは「不倫な肉体関係を持たない」「彼女たちと結婚したいと思ったら戦友に承認を得る」「彼女らが戦友以外と結婚するときは、彼女らの前歴をかばい、嫁入道具を拠金で贈る」などの不文律ができたというエピソードに対し、「これほど感動というより感銘をうけた男と女の関係を私は知らないのであった」（千田 1973a：198）と綴る。

千田にとって貞操とは、女性としての誇りであると考えられていたようである。元兵士が朝鮮人「慰安婦」について、彼女たちが死に直面するような逃避行のなかで重い荷物をはじめチリ紙まで捨てたことを、「女としての誇りを持って」いた日赤従軍看護婦とは違い「だらしがなかった」とみなすことに対し、千田は「だが彼女らから、女として誇りを奪ったのは誰だったのか。女としての誇りが、愛した男にしか体を開かぬことから生まれるとしたら、誇りを奪い去ったのは誰だったのか」（千田 1974：132-133）と批判する。

以上より、千田にとって日本人女性とは、日本社会という共同体に属するものとして運命をともにする女性であり、貞操によって忠義を尽くす存在であることがわかる。彼女たちは共同体の方針に背くことを許されていない。

作家の伊藤桂一は、一九七一年に「大陸をさまよう慰安婦たち　戦火の中で戦う兵隊達にとって、戦場慰安婦の存在価値は」と題する論考を発表している。伊藤は南京近くの部隊本部の糧秣班に所属し、日本人、朝鮮人、中国人の「慰安婦」を身近に見てきた様子である。彼は「慰安婦という表現には、国のために戦っている兵隊を慰安する使命感を持つ女――というニュアンスがあるとみなければならない」（伊藤 1971：76）と主張した。それは、「一般の娼婦とは違う」（伊藤 1971：76）ことと、「戦場慰安婦というものの存在価値とその功績」（伊藤 1971：82）を伝えるためである。

「慰安婦」を「女として最低の賤業をしてきた」（伊藤 1971：82）としながらも「素肌の天使」（伊藤 1971：81）と賛美するあたり、女性を分断しその性を搾取する家父長制が、娼婦にスティグマを付与しつつ娼婦を必要とし、女性側の自発性を措定することで家父長制の暴力を免罪する構図そのものである。

2・3　「玄人」「水商売」の強調

ここでは後に扱うポルノグラフィとしての表象と必ずしも区分されるものではないが、朝鮮人「慰安婦」との差異において「玄人」「水商売」といった点が強調されるものを扱う。

金一勉『天皇の軍隊と朝鮮人慰安婦』では、朝鮮人女性の「慰安婦」被害はすなわち朝鮮民族の被害として捉えられている。そのために冒頭から、逸失されたものとしての朝鮮人女性旧来の「純潔性」と「高貴性」が高らかに謳われる。千田の叙述以上に小説調の形態をとっているため、日本軍、将兵、「慰安所」関係者の言動が非常に意地汚いものとして描かれ、憎悪を掻き立てる要素が存分にあるといえる。

金一勉による「軍隊慰安婦」の説明は、「地上のあらゆるエロ小説よりも奇怪にしてスリルに富み、残酷かつ野蛮なセックス処理の女たち……」（金 1976：17-18）となっている。これでは、彼女たちの痛みに共感的であるとはいえない。彼は、朝鮮人「慰安婦」を「植民地の娘なるが故に惨めな詐術のワナにかけられた女たち」（金 1976：156）と述べるのに対し、日本人「慰安婦」の特徴を「女郎や芸者の転身であるだけに、〈あばずれ型〉が多くて〈内地で食いつめた女〉という評判」（金 1976：153-154）、「もともとクロウトであるだけに、床での演技はおしなべて技巧的である」（金 1976：154）と綴る。

「慰安婦」の総数について「『推定二十万』と挙げるむきもある」（金 1976：18）と述べられるうち、「八割から九割まで」（金 1976：277）が朝鮮人女性であったとされ、民族被害の強調のあまり、被害者数の誇張や少女の純潔さといった記述が目立つ。

2・4　「戦争と性」がテーマの読み物として

一九八一年に出版された千田夏光の『従軍慰安婦・慶子』は、日本人「慰安婦」であった「慶子」に聴き取りをし、彼女を主人公にその経験を丹念に再構成することで、一人の「慰安婦」の生きたリアリティに迫ろうとした作品のようだ。遊郭の私娼であった慶子は、女集めに苦労している軍の御用商人を不憫に思い、相手をするのは想いを寄せていた男性が入隊した聯隊だと聞き、中国行きを承諾した。慶子は、騙されて連れてこられた朝鮮人「慰安婦」の面倒をよくみた。長距離の移動中に鉢合わせた分隊に性の相手を迫られた際も、慶子は同情的に引き受けており、そこには「慰安婦」という役目を甘んじて受け入れる女の姿が描かれている（千田 1981）。一人の女性が辿った一連の経緯は読者に理解可能な文脈として提示され、悲話として完結している。

次に、雑誌記事を扱う。一九七〇年の『週刊大衆』記事「戦争と性　性の奴隷として生きた戦場の女たち」は、元陸海軍の関係者たちが語る言葉で構成されている。「朝鮮女性がウブな女性がほとんどだったのに比べ、日本女性は病気持ちのかなり荒んだ女性ばかりだったといわれている」（『週刊大衆』1970：29）（傍点原文）という前置きや、当時慰安婦の監督にあたった人物の「慰安婦のどれにきいても『私たちはお国のために働くのだ。ほんのわずかでも兵隊さんの助けになれば……』と、いっていましたが、内心で彼女たちを支えていたのはお金……いやそれらでもなく、ほとんどあきらめに近かったのかな」（『週刊大衆』1970：31）という言葉などで日本人「慰安婦」が語られる。

同記事には、「暴行略奪を尽すソ連兵」の記述や、敗戦後引き揚げの資金を工面している間に「人種の違う子を持つ母」になった女性の話などもみられる。〈「慰安婦」問題〉が現れる以前なので、「戦争と性」というテーマから「慰安婦」のみならず隣接した性暴力や苦労話が連続的に語られている。

『アサヒ芸能』一九七一年記事「戦場の芸者・菊丸が26年目に明かす波乱の人生　太平洋の前線基地トラック島で捧げた19歳の青春」（『アサヒ芸能』1971）[8]には、顔写真入りで日本人「慰安婦」だった女性が登場している。「菊丸」は後に広田和子が取材し『証言記録　従軍慰安婦・看護婦――戦場に生きた女の慟哭』に著した「菊丸さん」で、源氏名である。芸者であった彼女は四千円近い借金ができ、南洋で働くことを決意し、トラック島へ送られた。日本人で士官用「慰安婦」として、一日一人の相手をすればよかった菊丸さんは、将校との恋もあり、美貌もあり、食事にめぐまれ、不自由のない暮らしぶりだった。しかし、引き揚げてきてからの生活はみじめなものに一変した（『アサヒ芸能』1971）。

　次に菊丸さんが登場する記事は、一九七三年の「告白！戦争慰安婦が生きた忍従の28年　いまだ〝後遺症〟を背負い報われることのない戦争犠牲者たち」（『アサヒ芸能』1973）である。しかし、彼女は前年自殺しており、遺書の一部が紹介されている程度で、同じくトラック島に送られ「慰安婦」とされた鈴木文さん[9]について誌面の大部分が割かれている。鈴木さんは一般兵用の日本人「慰安婦」だった。戦後、過去をひた隠しに生きてきたという苦労話となっている。

　その後は、一九七五年記事「イラスト＋フォト　昭和50景⒃見捨てられた戦争慰安婦、その後の性生活　戦争中、SEX処理班として前線へやられた慰安婦たち」（『アサヒ芸能』1975）も書かれた。「慰安婦」制度の概要が解説され、菊丸さんや鈴木さんの苦境を淡々と綴る構成となっており、菊丸さんに関しては自殺があったため不幸な最期について強調されている。しかし、タイトルといい、「慰安婦」が性的な対象とされている性行為のイラストといい、煽情的な作りはポルノグラフィの様相を醸し出す。

　一九七二年の『現代』記事「まだ終わっていない太平洋戦争　いまも続く〝慰安婦戦友会〟の悲しみの秘録」は、元兵士と元「慰安婦」が集まる「戦友会」が開かれていると「福岡市で産婦人科医院を開業されている麻生徹男氏と親しいS氏」から聞いたという『現代』誌記者が、S氏の「教示」を頼りに筑豊を歩いてつきとめた「嶋田美子さん」に話を聞いたとされ、嶋田美子名で記事が出されたものである（嶋田1972）。彼女の語る内容は千田夏光のテクストに極めて似通っている。

　一九七四年『現代』四月号に掲載の「連載　玉の井娼婦伝従軍慰安婦第一号順子の場合」は、翌五月の「従軍慰安婦順子の上海慕情」と続く「慰安婦」を題材にした小説である。「玉の井銘酒屋組合長国井茂」が陸軍省の内命を受け、「接待婦」を集めて戦地で「慰安施設」を開くことになり、売れ筋の「順子」が戦地行きに承諾し、上海周辺地区の南市で「慰安婦」となるストーリーである（大林清 1974a, 1974b）。

　一九八〇年の『週刊新潮』記事「特集　終戦35年の神話　東京で一番辛い命令『女の調達』」は、RAAすなわち特殊慰安施設協会をめぐる一部始終についての記事である（『週刊新潮』1980）。戦時中の「慰安婦」に全く言及しない記事となっているのは、書き手が慰安所とRAAが同質あるいは連続的であることに思い至らなかったからだろうか。

2・5　ポルノグラフィとしての表象

　一九七〇年代の雑誌記事には、ポルノグラフィとしての特徴の強い記事が三件みられる。なお、ここでは、「慰安婦」としての女性を「性的客体化《sexual objectification》（モノ化）」（MacKinnon 1989：124）することに力点が置かれていること、被害者という観点から捉えられていないことを基準にポルノグラフィとして類型化する。

一九七四年の『アサヒ芸能』記事「我がぐうたら戦記『女と兵隊』アッパレ！　軍旗はためく下で強制和姦、ほか」では、作家や俳優など数人の男性のエピソードが証言形式で紹介され、各人の顔写真が添えられた構成となっている。イラストレーターの小田亜紀夫が「P屋」すなわち慰安所に兵隊たちが殺到する状況で、女がトイレに立ったすきに「タックルして抱え込み」、トイレで用を足させた後、また抱きかかえ部屋に駆けていくという「共同便所の女を共同便所からかっさらう」（『アサヒ芸能』1974：128）体験が紹介されている。「慰安婦」の国籍は不明である。

一九七四年『週刊大衆』記事「特集　誰にも語らなかった戦いの中での俺の体験！　最前線で女体突撃に終始！　兵隊失格だった男」では、強姦の限りを尽くす兵隊のエピソードが綴られている。オランダ人「慰安婦」が日本人などの「慰安婦」よりも親切で、「芝居じゃなく、本当に彼女も気をやるんだから、これは男にとってはウレシイですよ」（『週刊大衆』1974：92）（傍点原文）というK・Tなる人物の言葉が紹介され、具体的な性的行為の詳細にまで及ぶ。

一九七五年の『週刊ポスト』記事「対談　小沢昭一・4畳半むしゃぶり昭和史(25)兵隊1円・将校2円だった　心やさしき『戦場の天使たち』」は、「従軍慰安所所長」であった須川昭という人物をゲストに迎え、シリーズ記事の進行役とみられる小沢昭一との対談形式がとられている。ここでは両者の顔写真が出ており、笑いながら雑談している雰囲気を醸し出す。「慰安婦」が描かれたコミカルなイラストも散りばめられているため、そこに深刻さはない。内容としては、コンドームなしで性行為がなされていたこと、「慰安婦」は生理のときでも休めなかったこと、女性器の炎症や外傷、レズビアンのカップルがあったこと、異常な性行為をする将校の話、須川自身も「慰安婦」たちと関係を持ったことなどが、読者の性的な好奇心を掻き立てるべく語られている（『週刊ポスト』1975）。小沢の「ウワーッ！（笑い）」というリアクションにみられるように、編集上「（笑い）」が多用され、卑猥さや、常軌を逸した性行動であることが強調される文脈となっている。

これら男性誌の記事に共通なのは、あくまで男性本位の視点によるエロティシズムで煽情的に記事が構成されている点である。『週刊ポスト』の対談記事などは、戦争中という状況にあっても性的に能動的であることに対し嘲りつつも、その過剰さに訣別しようとするものではない。「（笑い）」がホモソーシャルな男性集団への参与表明として読み取れる。

千田のテクストにも若干危うい記述がみられる。たとえば取材時に、「慰安婦」を続けると「不感症」になるが、「『三ヶ月に一度くらい兵隊に抱かれながら猛烈に燃えることがあった』」（千田 1973a : 83）という、「慰安婦」であった女性の言葉が極めて興味本位に引き出されている場面が確認できる。

これらのポルノグラフィとしてのまなざしは、〈「慰安婦」問題〉出現以降は不謹慎なものとして鳴りを潜めたようである。本節以外で紹介する記事も含め、広告欄には性産業の広告が多数掲載されており、「慰安婦」は卑猥で性的な好奇心を喚起させる文脈上に置かれている。

2・6　侵略者、加害者という側面——ウーマン・リブによる言及

一九七〇年頃に芽吹いた日本のウーマン・リブ（以下「リブ」）は、女性の抑圧された「性」を語り、女性をめぐる状況を変えていこうとする女性解放運動であった。性暴力の起こる社会で女性は「性支配」されていると告発したリブは、性暴力を根絶していこうとするフェミニズム運動の先駆けである。リブの活動家が各種解放闘争の過程で「慰安婦」を想起していたことは、資料に残っている。[10] 本来であれば「慰安婦」被害者にいちばん共感的な集団でありえたリブグループは、しかし、「慰安婦」被害者支援運動を形成した形跡はない。彼女たちにとって、「慰安婦」とはどのような存在だったのであろうか。

「ぐるーぷ・斗うおんな」による「斗う女から三里塚の農民へ」と題された文面には以下のように「慰安婦」が登場する。

貞女は〈日本の母〉として銃後の支えをなしてきたのだ。そして前線では、従軍慰安婦が貞女の夫の排泄行為の相手＝〈便所〉を勤め、性管理を通じて男を軍隊の秩序に従順で、人殺しに有能な〈天皇陛下の赤子〉として育てていったのだった。（中略）貞女と従軍慰安婦は、私有財産制下に於ける性否定社会の両極に位置する女であり、対になって侵略を支えてきたと言えるが、しかし両者を同一線上で語ることは我々にはできない。支配民族としての日本の女はその資格を持っていない。なぜなら、皇軍慰安婦の大部分は、狩り立てられてきた朝鮮の人妻や娘たちであったのだから!!（「ぐるーぷ・斗うおんな」1970=1992 : 219）

このテクストでは日本人「慰安婦」は、「貞女」からは外されても、侵略者として、戦争に加担した者としてとどまる

ことになる。

他にも、入管体制紛争闘争を通じ自己解放が模索される際に、自己の抑圧性、排外主義と向き合う過程で「慰安婦」が想起されている。以下は一九七一年のビラ「全学連第30回定期全国大会での性の差別＝排外主義と戦う決意表明」の一部分である。

日本陸軍慰安婦の90％は朝鮮女性だった。日本女性は、自分が何のために慰安婦になるのかを知りうる力が残されていた。〝国のため〟というフレイズが彼女を辛うじて狂うことからすくった。（中略）日本女性と朝鮮女性は、慰安婦という、女の引き裂かれた性を本質的に共有している。だがしかし、日本女性慰安婦は、自分たちを同じ慰安婦である朝鮮女性に対し、抑圧者日本人として対し、自分を彼女等と区別している。（中略）ここに私は、女として引き裂かれ、女と女の最も引き裂かれた関係をみる。女の性に押しつけられた普遍的本質制＝慰安婦としての存在が、抑圧民族の女に、抑圧することの痛みを、自分の存在をかけた痛みにする。（溝口ほか編 1992：123）

抑圧された他者とつながっていこうとする試みとして、リブの真髄を感じ取ることのできる文面である。しかし、「日本女性慰安婦」と「慰安婦」ではない日本女性も「女として引き裂かれ」ていた。そして、引き裂かれたまま、声を聴き届けてくれる者の現れぬまま、元「慰安婦」は「沈黙」していたかもしれない。

2・7　日本人「慰安婦」被害者の語り

◎城田すず子『マリヤの讃歌』（1971）、ＴＢＳラジオ「石の叫び」（1986）

城田すず子さんは、〈「慰安婦」問題〉以前に自らの「慰安婦」被害を開示していた数少ない当事者のうちの一人である。[11] 城田さんの自叙伝『マリヤの讃歌』[12]は、日本人であってもそれが被害であり、堪え難い出来事であったことを物語る。

「名実ともに奴隷の生活」（城田 1971：34）だったということや、「ほんとうに人肉の市で、人情とか感情とかはまったくなく、欲望の力に圧し流されて、一人の女に一〇人も十五人もたかるありさまは、まるで獣と獣との闘いでした」（城田 1971：35）という凄絶な過去が語られる。「どうせ男の人は私を利用してはお金を儲けたり遊んだりしてるんだ、女だもの、体一つ張りゃという捨て鉢な気持ちでした」（城田 1971：87）という荒んだ気持ちに至らしめた環境など、彼女が多くの含みとともに世に発信したことは、決して受け止められたとはいえないだろう。

城田さんを取り上げた雑誌記事は一九七〇年代、一九八〇年代には見当たらないが、一九八五年から数件、朝日新聞に記事が掲載されるようになる。それは、一九六五年より身を寄せていた千葉県館山市の婦人保護長期収容施設「かにた婦人の村」の敷地に城田さんの要望で「慰安婦」の碑が建てられたことの報道から始まる。それまで、『マリヤの讃歌』が出版されていたとはいえ、城田さん自身は「元慰安婦」と明言して施設で暮らしていたわけではなかった。彼女が「慰安婦」被害者であることが、かにた婦人の村で正式に確認されたのはこのときであった。[13]

かにた婦人の村　「噫従軍慰安婦」と刻まれた石碑（筆者撮影 2010年８月）

「鎮魂之碑」と書かれた木の柱が立てられた鎮魂の集いは、「従軍慰安婦」と題され朝日新聞「天声人語」の記事となった（朝日新聞 1985.8.19 朝刊）。翌年、城田さんはＴＢＳラジオ番組に出演して戦時中の凄まじい体験を語った。そこで石碑の建立を訴えると募金が集まり、木の柱は石の鎮魂碑へと建て替えられた。朝日新聞は「噫従軍慰安婦[14]」と刻まれた石碑（写真㊤参照）の建立と除幕式の様子、そして城田さんについて実名で報じている（朝日新聞 1986.8.16 朝刊）。

その一九八六年放送のラジオ番組「石の叫び[15]」では、城田さんは「慰安婦」被害の過酷さ、やり切れなさ、いらだちなど思いの丈をぶつけている。「慰安婦だとか、性の提供者だとか、そんな人たちが大勢死んでるということは、一片の慰めもないし、今、40年たって今ね、ばかやろうって言いたくなっちゃう、本当に」（特定非営利活動法人 安房文化遺産フォーラム 2009）という発言は、聴き書きにより文章化された『マリヤの讃歌』の控えめな調子とは異なり、城田さんの怒りが露に伝わるものである。

最初に送られた台湾の馬公の慰安所については、「砂糖に蟻がたかるみたいに、兵隊さんがむしゃぶりつくとは思わなかったの。（中略）30分刻み、1時間刻み、それでもって体の空く暇もないの。私、もう、びっくり仰天してね、毎日泣いてたのよ」（特定非営利活動法人 安房文化遺産フォーラム 2009）と語っている。その後、一旦帰国するが、借金のため南洋のパラオの慰安所に行くことになった。パラオ行きの話がきたときのことを、このように語る。

また、内地も空襲受けるっていう噂も出てきたのね。本土襲撃だなんていう噂も出てきたでしょう。どうせ死ぬんならね、兵隊さんのために役立ってね、死んだほうがお国のためになるというような馬鹿な気持ちを起こしちゃったの。それでね、今度はね、南洋群島にパラオからね、トクヨウ隊だってね、女の子を募集しにきてたの。それを耳にしたのよ、私が。食うに食われないでね。（特定非営利活動法人 安房文化遺産フォーラム 2009）

「お国のため」になる、という気持ちを起こしたという。しかしそれは「馬鹿な気持ち」を起こしたのだ、と振り返られる。

「お国のため」と言い聞かせることについては、そのように仕向けてくる圧力を問題にしなければならない。どのみち選択肢がない中で、理不尽な性的搾取を受けることは尊厳を持つ人間ゆえに認められないからこそ、「お国のため」という観念でその場を凌ぐということが、最低限のところで自尊心を保つ術となりえたかもしれない。「馬鹿な気持ち」と突き放し、先回りして、美化や悲話としての消費といった反応を防御する自嘲気味の言葉は、おぞましい体験を強いられた、それは暴力であった、という告発へと通じている。

ところで、朝日新聞の城田さんあるいは石碑に関係のある記事からは、徐々に城田さんという個人の存在が見えなくなっていく。一九八八年の記事は、城田さんの半生が紹介されているが、仮名も実名も記されていない（朝日新聞 1988）。主語がない文面なのだ。一九九一年の記事は、石碑の前での慰霊祭だと思われる「鎮魂の祈り」が行われると言及しているが、城田さんのことには一切ふれていない（朝日新聞 1991.8.10 夕刊）。施設のパイプオルガンに関する記事なので、「慰安婦」被害者の生きた姿には迫れなかったかもしれない。しかし韓国で初めて「慰安婦」被害者であることを明かした金学順さんの名乗り出を四日後に控え、すでにその頃は〈「慰安婦」問題〉が浮上していた時期であったことを考えると、城田さんは被害者として報道する対象とはみなされていなかったのではないかという思いがよぎる。

一九九二年の記事からは城田さんが朝日新聞社に葉書を寄せた様子がわかる。残暑見舞いに、「慰安婦の新聞記事やテレビ、うれしく見てます」のメッセージが添えられていた（朝日新聞 1992.9.2 夕刊）。ただし、記事内容から城田さんだと特定できるものの、「元慰安婦」としか紹介されていない。韓国で名乗り出た「元慰安婦と遺族らが100人を超えた」ことについて、「房総の海辺で、そのニュースをひっそりと喜んでいる日本の仲間が1人いる」と結ばれたその記事は、城田さんが韓国を初めとする諸外国の被害者と同様、日本政府の謝罪と補償の対象でありうるとは想定していないかのような印象を与えてくる。

◎菊丸さん　広田和子著『証言記録 従軍慰安婦・看護婦』(1975)

広田和子『証言記録 従軍慰安婦・看護婦――戦場に生きた女の慟哭』(1975)の特徴は、『アサヒ芸能』で三件の記事となった二名の日本人の元「慰安婦」、「菊丸さん」「鈴本さん」へのインタビュー取材がなされている点と、菊丸さんの手記／遺書が掲載されている点である。自殺した菊丸さんは、「あのころの私達は愛国心に燃えて、若さもあり、日本の為また陛下のためと頑張りました。今日の若き人が聞いたら笑うことと思います。また女性が話し合うことでしょう。きたない、不潔と」(広田 1975：26-27)と書き残した。それに対し広田は「『お国に身を捧げた』慰安婦」(広田 1975：74)へは恩給もなく、「彼女らには、肉体を売ったという〝屈辱感〟だけが残った」(広田 1975：74)と、元「慰安婦」の苦悩を推察している。

この「お国のため」という思考は、当事者の言葉とはいえ、日本人「慰安婦」一般のものとして読まれてはならないだろう。後述する雑誌記事にはそのような意思を否定する日本人の元「慰安婦」の訴えが確認できる。

美貌があり、士官用として高待遇を受けていた菊丸さんは、「慰安婦」時代を美化している。それが、戦後、世間の哀れみと蔑みの目をはね返す防衛であったかもしれない。しかし、「慰安婦」時代に持っていたであろう自尊心は、劣悪な環境に置かれていた朝鮮人「慰安婦」やその他の地域の女性たちを踏み躙ることで保たれていたと考えられる。そういったことから、また亡くなってしまったこともあり、彼女は被害者としてみなされにくかった可能性がある。

ちなみに、『朝日ジャーナル』の書評は、広田の書を過度の感情移入を避け「甘えや思わせぶりなポーズを徹底して排除」した戦後世代の書き手によるものだと評している(『朝日ジャーナル』1975：68)。

◎山本さんの体験と「慰安婦」を強要された女性たち

一九七四年の『週刊新潮』記事「撃沈された女子軍属たちが、集団慰安婦に堕ちるまでの戦争体験」には、一九七〇年の千田の記事「特別レポート 日本陸軍慰安婦」や『従軍慰安婦』(正・続)への反響が綴られており、情報提供を受けた千田がさらなる取材へ向かったことが報告されている。

千田の元に手紙を寄せた日本人女性「山本さん」は、軍属の募集に応募した結果、悲惨な目に遭ったという。日本を発つと乗船した船が撃沈され、救助されたものの軍属の話は立ち消え、軍からは「慰安婦」になるなら面倒をみてやるといわれたのであった。彼女と六名の女性たちは拒絶し死を覚悟するが、その他の二十三人の女性は諦めて「慰安婦」となった。その後山本さんたちは逃避行の末、二十三人の女性たちに再会するが、彼女たちの話を聞くと許しがたいものだったという。

このような体験を通じ、山本さんは「私のほか、みんな田舎出身の純情な娘さんばかりだったことは事実です。それだけに軍隊をうらめしく思います。国会議員などにおさまり、選挙の票集めに名刺を配る、あの厚かましき元軍人ども、平和な日本と酔いしびれる現在、私は何か恐ろしいのです」（『週刊新潮』1974：33-34）と手紙に書いたのだった。

さらに、以下にみるように二十三人のうちの生存者の一人の言葉が紹介されているが、「慰安婦」を強要された彼女が決して「お国のために」と納得していたわけではないことがわかる。[16]

「私たちは、すすんで偕行社の女になったわけではありません。山本さんたちが出ていかれたあと、その副官が来られ、〝断るのはもちろん自由であるが、偕行社は栄誉ある帝国陸軍将校のクラブであり、そこで働くのはジャワで働くのと同じくお国のためになる。そこのところを考えるのだ〟といわれたのです。体は弱っていましたし、もう、どうでもいいと思い始めてました……」（『週刊新潮』1974：36）

他にも「まず全員が生娘でしたから……」（『週刊新潮』1974：36）という言葉や、妊娠に関する知識がなかった彼女たちに将校たちが避妊せず接してきたことに対し「ずいぶんひどい人たちだったと思います」（『週刊新潮』1974：36）と憤りの言葉が続く。

この他にも「慰安婦」であった過去を開示した日本人女性のテクストが、わずかながらも存在していた。[17]

2・8　朝鮮人「慰安婦」へのまなざし

ここまで日本人「慰安婦」へ言及したテクストを中心に扱ってきたが、これらは「慰安婦」をめぐる言説全般の中では一部分にすぎない。千田夏光は、朝鮮人女性の「慰安婦」被害が日本人「慰安婦」とは質の異なるものであることに意識的であった。植民地支配や民族差別の構造的問題を問い質したかったに違いない。『従軍慰安婦』（正・続）における朝鮮人「慰安婦」の悲劇については、多くの頁が割かれている。雑誌記事にも、朝鮮人「慰安婦」だけに焦点を当てたものがある。「極限からのレポート　ラバウルの従軍慰安婦『私は兵隊3万人の欲望を処理した』」は、朝鮮人「慰安婦」被害者への取材を元に構成された（千田 1973b）。「極限からのレポート　4万人の慰安婦を供給したソウルの美都波収容所豆カスを主食にコンクリートの中で飢えていった女たち」は、『従軍慰安婦』（正）第四章で述べられる「美都波百貨店」への朝鮮人女性の収容、「慰安婦」として送り込まれた実態が詳述されている（千田 1973c）。

次に、〈「慰安婦」問題〉において影響力をもった人物、吉田清治のテクストを取り上げる。吉田は、著書『朝鮮人慰安婦と日本人』（1977）で、「山口県労務報国会下関支部」在職時に朝鮮人女性を「慰安婦狩り」したと告白した。これは、朝鮮人「慰安婦」の被害に焦点を当てる傾向の始まりともいえる。「あとがき」には「朝鮮民族に、私の非人間的な心と行為を恥じて、謹んで謝罪いたします」（吉田 1977：198）とある。

吉田の「慰安婦狩り」の語りは、『私の戦争犯罪――朝鮮人強制連行』（1983）において暴力性を増す。「隊員に反抗してはげしくもみあい、服が裂け、胸もとが裸になった娘が泣き叫んで、塩かますにしがみつくと、隊員に腰を蹴られて床に転がった。この島の娘は、足は素肌で、ばたつかせて暴れたが、隊員は足くびをつかんで、笑いながら引きずり出した」（吉田 1983：125）といった暴力の描写が読む者に衝撃を与えたことは想像に難くない。

ただし、吉田の証言には曖昧なところがあり、日本では〈「慰安婦」問題〉に取り組む歴史家たちからも史料としては採用されていない。[18] しかし、〈「慰安婦」問題〉出現時、吉田は朝日新聞に証言者として扱われ、世論形成にも影響を与えたと思われる。[19] なにより韓国で社会問題化の契機となった尹貞玉の論考「挺身隊（怨念の足跡）取材記」においても、吉田が多いに参照されている。

一九七九年の『週刊読売』記事「WIDE NEWS 大特集体験告白『私は元陸軍の慰安婦だった』」と一九七九年の山谷哲夫執筆の『中央公論』記事「『沖縄のハルモニ』前口上戦時中、沖縄の日本軍陣地に連れてこられた『朝鮮人従軍慰安婦』の生き残りの〝女の一生〟」は、記録映画監督の山谷哲夫がドキュメンタリーフィルム『沖縄のハルモニ』を公開する際に組まれた記事である。両記事ともに、二〇万人近い朝鮮人女性が「慰安婦」として連行されたという見方を提示している（『週刊読売』1979，山谷 1979b）。千田が「六万五千人」（千田 1974：5）とみていた朝鮮人「慰安婦」は、一九七〇年代後期になると、「二〇万人」という圧倒的な被害を象徴するものとして語られるようになっている。同時に日本人「慰安婦」は光を当てられない存在となっていく。

山谷は、「ハルモニを取材しながら、彼女の体の上を通りすぎたぼくらの父や祖父たち、『日本の近代』に対して腹がたってならなかった」（山谷 1979b：47-48）という。日本というナショナルな共同体に帰属する山谷自身と、「ハルモニ」という朝鮮語に投影される被害国朝鮮という構図は、加害国日本を均質的な共同体として措定し、日本人被害者という存在を認めないものとなる。熱く語られる正義の裏には、共同体の女の性を意のままに管理し被害者の口を封じてきた家父長制的思考が潜んでいるといえはしまいか。

山谷はインタビュー中に「どうして逃げなかったの。びっくりしたんじゃないかね」（山谷 1979a：102）、「パクさんその男たちと寝て、気持ちがいいということあんまりなかった」（山谷 1979a：103）、「シュミズ一つでずっと待ってるわけ。パクさんたちは涼しくていいね（笑い）」（山谷 1979a：104）など発言しているが、これらは性暴力被害者に慎重に接する態度とはほど遠い。同じ被害者へ取材を重ねた川田文子が著した『赤瓦の家』にみられる細やかさとは極めて対照的である。

一九八〇年代は後半になるまで直接的に「慰安婦」を扱う雑誌記事はみられず、一九八八年にようやく二件の記事が確認される。ともに一人の被害者に焦点を当て、その苦難を描いている。「シリーズ人間1012回『あれから45年　生きて故郷へ帰りたい！』」は、初の女性誌記事であり、朝鮮人「慰安婦」被害者「朴順信さん（仮名）」が取材されている（『女性自身』1988）。また、『朝日ジャーナル』記事「女たちが撃つ天皇制証言　元従軍慰安婦の南方戦線　テニアン、ラバウル、そしてサイパン」は、川田文子が「日本人だったが慰安婦だったという経歴から朝鮮人と見做された」（川田 1993：87）のではないかと推測した「たま子さん」[20]が朝鮮人として紹介されている（高橋 1988）。

一九九〇年には「この情報はこう読め　アワとゴミ　夢のジパング」という『創』誌記事が一件であり、日本の「戦後健忘症」に対する皮肉が述べられている（岡庭 1990）。女性史研究者の鈴木裕子の文章から情報を得た岡庭が、「二十万人の慰安婦」の「ほとんどが朝鮮人少女だった」という実態に忸怩たる思いに駆られている様子が伝わる。一九九一年の記事は七件となっており、「朝鮮人従軍慰安婦」に関心が集中している。

朝日新聞では一九八〇年代後半より「慰安婦」関連記事が増えるが、圧倒的多数が朝鮮人「慰安婦」の被害実態を解明しようとするものである。当時「朝鮮人強制連行」の過去が徐々に明らかになり、強制連行され炭鉱や工場などで労働を強いられた人々の名簿調査が政治的な問題となっていたので、強制連行という大枠のなかでの一つの被害として「慰安婦」が語られる傾向もあった。そして一九九一年には金学順さんの名乗り出と提訴があり、〈「慰安婦」問題〉は激動の時期を迎える。

3　おわりに

一九七〇年代、一九八〇年代の「慰安婦」表象が、様々な方向に分岐しつつも〈朝鮮人「慰安婦」問題〉の土壌を形成してきた様子が概観できた。〈「慰安婦」問題〉以降、日本人「慰安婦」が「被害者」として身を置くことのできる言説空間は縮減された。

セクシュアリティに関しては、男性本位の解釈に基づく記述も目立った。千田のテクストにみられるように、女性の「貞操」は集団としての将兵・軍から、ジェンダー化した国家へ飛躍し捧げられるものとして設定されている。そのような解釈が千田一個人の家父長制的思考とともに節合され、「お国のために」日本人「慰安婦」が「慰安婦」稼業に耐えるという構図が現れる。

「慰安婦」という婉曲語は戦時中、「慰安」する女を遡及的に措定する行為遂行的なはたらきをなしたと思われる。その意味で、女性を「慰安婦」として把握する態度は、女性の主体性をアリバイ的に論拠とすることで、「慰安婦」制度を立案・施行した軍や、直接的に彼女たちの身体を侵蝕した将兵個人の暴力や犯罪性を免責する。それはさらに、戦後「お国のため」「玄人」などと理解可能な枠組みに彼女たちを押し込めてきた者や、こうしたテクストを受容してきた者に受け継がれていたといえよう。これらは一定の女性たちを「慰安婦」に割り当てた共同体の暴力の責任をかわし、彼女たちを他者化し、距離をとる身振りである。

あらためて、上野千鶴子が日本人被害者を支援できていないのはフェミニズムの非力であり、「フェミニズムは国境を超えるべき」（上野 1998：198）と主張したことを捉え返したい。[21]それは、国境がない世界を思い描くのではなく、ナショナルなものに起因する他者への様々な抑圧に自覚的になることであり、「内部」とされる場における差異を明らかにすることであり、ひとえに日本人「慰安婦」被害者といっても、「国境」内に包括された沖縄出身者の「慰安婦」被害者が、「日本人」であることでふるわれた暴力という重層性への想像力を持つようなものでなければならない。[22]

同時に、日本人「慰安婦」被害者がずっと、あくまで「日本人」として観念され、実体化されてきたことについて考えたい。「国民」であることや国家への帰属性が不動の実体のように人々の思考や行動に体現されているのは、イデオロギー作用によると考えられる。L・アルチュセールによると、「あらゆるイデオロギーは、主体というカテゴリーの機能によって、具体的な諸主体としての具体的な諸個人に呼びかける」（Althusser [1969]1995=2005：365-366）（傍点原文）。諸主体は「呼びかけ」に「振り向く」からこそ主体であれるのだ（Althusser [1969]1995=2005：366）。「慰安婦」を語るテクストの産出者たちは、国民国家イデオロギーに振り向く国民的‐諸主体として、国民国家への帰属性ごとに被害者を識別し、結果的に被害を査定した。

イデオロギー作用の中にあっては、ウーマン・リブすら性暴力被害への想像力を閉ざしてしまったといえる。当時は入管闘争やベトナム反戦運動が過熱する時代であったため、侵略者、加害者としての日本人という側面に真摯に向き合うことこそが現実的な課題に据えられた。山下明子は、リブが「慰安婦」の問題に具体的には取り組めなかったことを振り返り、リブは「観念的にことばを叫んでいた」（山下明子 2000：278）と論じた。おそらく当時、「慰安婦」被害が継続しているという観点には思い至らなかったのではないか。ただし日本人「慰安婦」も「女として」抑圧された存在であったことを捉えていた点で、本来痛みに寄り添う感性を秘めていたとも思われる。[23]「慰安婦」被害者との出会いさえあれば、リブが違う経緯をたどった可能性もある。

歴史学者の藤目ゆきは、「公娼からの税収を国家の財源として富国強兵策に利用した」（藤目 2001：96）ため、「公娼制度自身がある種の軍国主義的性暴力制度であり、戦時下の軍隊『慰安婦』制度はそれが非常に徹底された、戦時性暴力制度なのである」（藤目 2001：96）と論じた。多くが公娼制度の被害者であったと考えられる日本人「慰安婦」被害者を、そうではない日本人「慰安婦」被害者のことも、私たちは、日本人「慰安婦」を被害者として明確に位置づけていくための言葉を持ちたい。それは、日本の加害性を曖昧にする態度とは違うものとして、また「日本」を均質的に一括りするのではないものとして。

【注】

1　組織的な支援運動の形成こそ起こらなかったが、個人的に日本人「慰安婦」被害者と接していた人々もいる。川田文子は『皇軍慰安所の女たち』でラバウルやサイパンの慰安所に入れられた石川たま子さん（仮名）と国内の慰安所に入れられた田中タミさん（仮名）を訪ね聴き取りした様子を報告している。石川たま子さんは日本人か朝鮮人か正確にはわからない（川田 1993）。

2　女性国際戦犯法廷は、女性のNGOの国際的な連帯により二〇〇〇年に東京で開催された、日本軍性奴隷制を裁く民衆法廷である。各国から「慰安婦」被害者が来日し、被害証言をおこなった。二〇〇一年に最終判決が出され、天皇ほか戦争指導者が有罪とされた。

3　「女たちの戦争と平和資料館」（wam）主催のシンポジウム「『慰安婦』にされた日本の女性たち――沖縄、そして城田すず子さんを語る」が二〇〇八年三月二二日に開催。大阪では二〇〇八年一一月二九日に「高槻ジェンダー研究ネットワーク」「女性・戦争・人権」学会共催シンポジウム「『慰安婦』決議に応え、今こそ真の解決を！」の山下英愛氏の講演で日本人「慰安婦」の問題が「今後の課題」に挙げられた。福岡の「早よつくろう！『慰安婦』問題解決法・ネットふくおか」では二〇〇八年一二月五日に山下英愛氏を囲む会を開催、日本人「慰安婦」問題への取り組みの必要性についても議論した。京都の「ハーグの会」では「平和のための京都の戦争展 文化企画」において、二〇〇九年八月九日に山下英愛氏、二〇一〇年八月八日には筆者が日本人「慰安婦」被害者について議論した。また、京都の「旧日本軍性奴隷問題の解決を求める全国同時企画・京都実行委員会」は二〇〇九年一〇月三一日に学習会「語られなかった日本人『慰安婦』問題」を開催した。二〇一〇年には韓国「ナヌムの家」主催ワークショップ「ピースロード」（夏）で、八月六日に日本人「慰安婦」被害者の城田すず子さんが暮らした「かにた婦人の村」を訪問するプログラムが組まれた。

4　朝日新聞で千田夏光の名が上がっている「慰安婦」関連記事は一九八五年を初めとして全一六件確認できる。一九九二年を中心に市民向けの講演を複数回請け負っていた模様である。吉田清治の名が上がっている「慰安婦」関連記事は一九八六年を初めとして全一〇件。吉田が「慰安婦」を強制連行したと証言した人物として参照され、証言の求めに積極的応じる姿勢を見せていたことがわかる。

5　一九八七年までは『大宅壮一文庫雑誌記事索引総目録』の「戦争と性、慰安婦」の項目に所収の「慰安婦」関連記事を対象に、一九八八年以降は『大宅壮一文庫雑誌記事索引 CD-ROM版』より「慰安婦」で検索した記事を対象に取り扱い、報告する。なお、『大宅壮一文庫雑誌記事索引総目録』は部分的に記事タイトル表記の間違いがみられるため、実際の記事タイトルの漢字が目録で平仮名表記になっている部分に限り、実際のものに合わせ修正する。

6　ただし、購読者は「中国大陸や東南アジア戦線へ送られ、現地で彼女らを買った元兵隊が主で、読み終えると深い溜め息とともに書架の奥へ」」（千田 1997：52）しまってしまったということで、『従軍慰安婦』の出版で積極的な世論が形成されることはなかった。

7　「強姦」は加害者の視点で概念化された用語であるとして、特に問題となる「姦」の字を平仮名に「強かん」と表記することがフェミニズムの運動でしばしば行われる。本稿ではそのような実践の意義を認めつつ、歴史的に形成された女性蔑視や女性を貶めてきた風土そのものを逆照射し、性暴力被害者の悲しみの歴史を捉える意味を込めて、あえて「強姦」の語を使う。

8　『大宅壮一文庫雑誌記事索引総目録』「戦争と娯楽」に所収のタイトルである。

9　広田和子『証言記録 従軍慰安婦・看護婦』では「鈴本文さん（仮名）」とされている。また、『アサヒ芸能』（1975.5.1）では「鈴木文さん（五一）＝仮名＝」となっている。

10　本論では割愛したが、リブが韓国の女性運動に呼応するかたちで「キーセン観光」反対運動を展開したこともリブの歴史を語る上では重要である。文脈上、関連テクストには「慰安婦」が登場しているが、過去の出来事として捉えており、「慰安婦」被害者の生存者には関心が寄せられていなかった印象である。溝口明代・佐伯洋子・三木草子編『資料 日本ウーマン・リブ史Ⅱ』（1994）関連項目を参照のこと。

11　「城田すず子」はペンネームである。

12　初版は一九六二年に『愛と肉の告白』として桜桃社より出版されている。内容は若干異なる。

13　一九八五年に朝日新聞記者が記事を書くにあたり、城田さん自身が「慰安婦」であったのかどうかの確認を求めた。医務を務め城田さんと日常をともにしていた職員の桜庭歌子氏は、城田さんに非常に聞きにくい質問をすることになった。城田さんは「特要隊」すなわち「慰安婦」であったことを認め、「本当は苦しくて、そこを先に言いたかったのだけど」と語ったという（二〇一〇年一〇月七日、かにた婦人の村施設長の天羽道子氏と桜庭歌子氏への筆者インタビューより）。

14　当該記事には「噫従軍慰安婦」とあるが、実際には「噫々（ああ）従軍慰安婦」と刻まれている。

15　ＴＢＳラジオ番組「ニューススペシャル」で、「石の叫び～ある従軍慰安婦の記録」と題して放送された（特定非営利活動法人 安房文化遺産フォーラム 2009）。実名での出演であるが、ここでは城田さんと記す。

16　「二十三人組の生存者の一人の話」（週刊新潮 1974：36）として紹介されているが、千田が取材に行ったのかは明記されておらず、どのように証言をとったかは確認できない。

17　富田邦彦編『戦場慰安婦 五人の集団女学生秘録』（1953）は、日本人「慰安婦」であった味坂ミワ子の手記となっている。また、高橋やえ「女のラバウル小唄――従軍慰安婦たちの空しい死」が『続・戦中派の遺言 雲母《きらら》のしずく』（1979）に収められている。その他、沖縄出身者である上原栄子『辻の華 戦後編 上』（1989）など。

18　吉田は「慰安婦」の動員だけでなく労務者としての朝鮮人男性の徴用にも当たったと公言していた関係で、「謝罪の旅」を遂げるべく筑豊の炭鉱跡地を訪れている。しかし地元で歴史と向き合おうとする人々の誠実な取り組みを裏切る形で、地元では遺骨が放置されているなど事実に反することをマスコミに放言し、自分が慰霊をすると世間にアピールしたため反感を買った。詳しくは、強制連行を考える会（1988）「『強制連行を考える会』のあゆみ」『部落解放史・ふくおか』（51・52）：43-63を参照されたい。

19　一九九〇年代までの朝日新聞で「吉田清治」と「慰安婦」の語がともに確認される記事は、一九八六年に一件、一九九〇年から一九九二年の間に七件、一九九七年に一件の計九件である。

20　雑誌記事では「タミ子さん（仮名）」とされている。

21　上野の主張は一九九七年に日本の戦争責任資料センター主催のシンポジウムでも提示されたが、日本人「慰安婦」に関する議論に行き着く前の段階が争点となった。事後的に寄せられた論考も加わった成果物『ナショナリズムと「慰安婦」問題』（日本の戦争責任資料センター編 1998）にて金富子や岡真理らによる批判など一連の議論を確認することができる。

22　本論で設定した類型に収まらなかったため記事の紹介は割愛したが、『潮』の「特別企画　娼婦にされた日本人の体験ルポルタージュ　娼婦たちの天皇陛下」は、作家の佐木隆三が沖縄の娼婦の窮状に迫る中で「慰安婦」に言及する、異色のルポルタージュとなっている。そこでは調査対象である娼婦たちが「被差別者の最底辺」（佐木 1972：189）に位置付けられていると捉えられている。

23　丸山友岐子はウーマン・リブの流れを汲む運動誌『女・エロス』に千田夏光、金一勉、吉田清治らのテクストにおける家父長制的思考を批判した（丸山 1977）。

【文献】

Althusser, Louis, 1995, *Sur la reproduction : idéologie et appareils idéologiques d'État*, Presses Universitaires de France.（=2005　西川長夫ほか訳『再生産について――イデオロギーと国家のイデオロギー諸装置』平凡社）。

藤目ゆき 2001「日本人『慰安婦』を不可視にするもの」VAWW-NETジャパン編『裁かれた戦時性暴力――「日本軍性奴隷制を裁く女性国際戦犯法廷」とは何であったか』白澤社、88-108.

ぐるーぷ・斗うおんな 1970「斗う女から三里塚の農民へ」溝口ほか編 1992『資料　日本ウーマン・リブ史Ⅰ』松香堂書店 218-220.

平尾弘子 2004「封印された過去――元日本軍兵士が語った日本人慰安婦」『部落解放』（539）：84-95.

広田和子 1975『証言記録　従軍慰安婦・看護婦――戦場に生きた女の慟哭』新人物往来社。

伊藤桂一 1971「大陸をさまよう慰安婦たち　戦火の中で戦う兵隊達にとって、戦場慰安婦の存在価値は」『新評』（8）：76-82.

川田文子 1987『赤瓦の家――朝鮮から来た従軍慰安婦』筑摩書房。

―――― 1993『皇軍慰安所の女たち』筑摩書房。

金一勉 1976『天皇の軍隊と朝鮮人慰安婦』三一書房。

MacKinnon, Catharine A., 1989, *Toward a Feminist Theory of the State*: Harvard University Press.

丸山友岐子 1977「男性ライターの書いた『従軍慰安婦』を斬る」『女・エロス』（9）：63-88.

溝口明代・佐伯洋子・三木草子編 1992『資料　日本ウーマン・リブ史Ⅰ』松香堂書店。

日本の戦争責任資料センター編 1988『ナショナリズムと「慰安婦」問題』青木書店。

西野瑠美子 2000「日本人『慰安婦』――誰がどのように徴集されたか」VAWW-NET Japan 編『「慰安婦」・戦時性暴力の実態Ⅰ――日本・台湾・朝鮮編――日本軍性奴隷制を裁く――2000年女性国際戦犯法廷の記録　第3巻』緑風出版、66-91.

大林清 1974a「連載　玉の井娼婦伝　従軍慰安婦第一号順子の場合」『現代』（4）：340-349.

―――― 1974b「連載　玉の井娼婦伝　従軍慰安婦順子の上海慕情」『現代』（5）：340-349.

岡庭昇 1990「この情報はこう読め　アワとゴミ　夢のジパング」『創』（10）：102-105.

佐木隆三 1972「特別企画　娼婦にされた日本人の体験　ルポルタージュ　娼婦たちの天皇陛下」『潮』（154）：184-189.

千田夏光 1970「特別レポート　日本陸軍慰安婦」『週刊新潮』（6.27）：74-86.

―――― 1972「特集　国家・戦争・人間　国が奪った青春の残酷⑴「御国のために」自決した慰安婦」『サンデー毎日』（11.12）：135-137.

―――― 1973a『従軍慰安婦――〝声なき女〟八万人の告発』双葉社。

―――― 1973b「極限からのレポート　ラバウルの従軍慰安婦『私は兵隊3万人の欲望を処理した』」『週刊大衆』（11.22）：

42-46.
——1973c「極限からのレポート　4万人の慰安婦を供給したソウルの美都波収容所　豆カスを主食にコンクリートの中で飢えていった女たち」『週刊大衆』(12.27)：42-46.
——1974『続・従軍慰安婦——償われざる女八万人の慟哭』双葉社。
——1981『従軍慰安婦・慶子——中国，ガ島，ビルマ…死線をさまよった女の証言』光文社。
——1997「『従軍慰安婦』の真実——私はなぜ、そう名付けたか」『月刊論座』3（8）：52-59.
嶋田美子 1972「まだ終わっていない太平洋戦争 いまも続く〝慰安婦戦友会〟の悲しみの秘録」『現代』（4）：120-126.
城田すず子 1971『マリヤの讃歌』日本基督教団出版局。
高橋伸児 1988「女たちが撃つ天皇制 証言 元従軍慰安婦の南方戦線 テニアン、ラバウル、そしてサイパン」『朝日ジャーナル』（12.9）：21-22.
特定非営利活動法人 安房文化遺産フォーラム 2009「『石の叫び』ＴＢＳラジオ」（http://bunka-isan.awa.jp/About/item.htm?iid=413, 2010.8.25）。
上野千鶴子 1998『ナショナリズムとジェンダー』青土社。
山下明子 2000「戦後日本のフェミニズムと『慰安婦』問題——メジャーとマイナーの結節点」VAWW-NET Japan 編『加害の精神構造と戦後責任——日本軍性奴隷制を裁く——２０００年女性国際戦犯法廷の記録 第2巻』緑風出版、264-288.
山下英愛 2008『ナショナリズムの狭間から——「慰安婦」問題へのもう一つの視座』明石書店。
——2009「日本人『慰安婦』をめぐる記憶と言説——沈黙が意味するもの」加藤千香子・細谷実編『暴力と戦争』明石書店、266-287.
山谷哲夫 1979a『沖縄のハルモニ——大日本売春史』晩声社。
——1979b「『沖縄のハルモニ』前口上 戦時中、沖縄の日本軍陣地に連れてこられた『朝鮮人従軍慰安婦』の生き残りの〝女の一生〟」『中央公論』（9）：46-48.
吉田清治 1977『朝鮮人慰安婦と日本人——元下関労報動員部長の手記』新人物往来社。
——1983『私の戦争犯罪——朝鮮人強制連行』三一書房。
尹貞玉 1990「挺身隊（怨念の足跡）取材記」『ハンギョレ新聞』（=1992 尹貞玉ほか「挺身隊取材記」『朝鮮人女性がみた「慰安婦」問題——明日をともに創るために』）三一書房。

【雑誌記事】

『アサヒ芸能』1971. 8.12「戦場の芸者・菊丸が26年目に明かす波乱の人生 太平洋の前線基地トラック島で捧げた19歳の青春」：35-39.
——1973.8.2「告白！ 戦争慰安婦が生きた忍従の28年 いまだ〝後遺症〟を背負い報われることのない戦争犠牲者たち」：21-23.
——1974. 4.25「我がぐうたら戦記『女と兵隊』アッパレ！ 軍旗はためく下で強制和姦、ほか」：128-137.
——1975. 5.1「イラスト＋フォト 昭和50景⑯見捨てられた戦争慰安婦、その後の性生活 戦争中、ＳＥＸ処理班として前線へやられた慰安婦たち」：54-59.
『朝日ジャーナル』1975. 11.28「甘えを排除したある『証言記録』

広田和子著『証言記録 従軍慰安婦・看護婦 戦場に生きた女の慟哭』」：68.
『女性自身』1988. 10.4「シリーズ人間1012回『あれから45年 生きて故郷へ帰りたい！』」：82-88.
『週刊ポスト』1975. 7.4「対談 小沢昭一・4畳半むしゃぶり昭和史(25) 兵隊1円・将校2円だった 心やさしき『戦場の天使たち』」：82-86.
『週刊新潮』1974. 8.22「撃沈された女子軍属たちが、集団慰安婦に堕ちるまでの戦争体験」：32-37.
――1980. 8.21「特集 終戦35年の神話 東京で一番辛い命令『女の調達』」：125-127.
『週刊大衆』1970. 8.20「戦争と性 性の奴隷として生きた戦場の女たち」：28-34.
――1974. 8.22「特集 誰にも語らなかった戦いの中での俺の体験！ 最前線で女体突撃に終始！ 兵隊失格だった男」：92-93.
『週刊読売』1979. 6.17「WIDE NEWS 大特集 体験告白『私は元陸軍の慰安婦だった』」：27-29.

【新聞記事】

『朝日新聞』1985.8.19「従軍慰安婦（天声人語）」（朝刊）
――1986.8.16「従軍慰安婦に鎮魂碑 募金実り館山の『かにた』村に」（朝刊）
――1988.8.10「従軍慰安婦 鎮魂碑に心の重荷解く（証言私の戦争：1）」（朝刊、千葉）
――1991.8.10「出番待つ『天使の声』千葉・かにた婦人の村のパイプオルガン（街）」（夕刊）
――1992.9.2「元慰安婦から（窓・論説委員室から）」（夕刊）

「経済開発」への抵抗としての文化実践
——施政権返還後の沖縄における金武湾闘争

上原こずえ

はじめに

戦後米軍占領下に置かれ、一九七二年の施政権返還後の今も巨大な米軍基地の駐留が続いている沖縄では、常に基地依存経済からの「自立」の必要性が叫ばれ、振興策が推し進められてきた。政府からの莫大な予算が投入された沖縄の各市町村には巨大な建物が立ち並び、「雇用機会の拡大」を目的とした企業誘致、公共事業がなされてきた。しかしインフラの整備や企業進出に伴い、海は埋め立てられ、森は切り崩されてきた。施政権返還を前に、「米軍基地に依存する経済からの脱却」という課題を掲げてはじまった「平和産業」としての経済開発は、多くの矛盾をかかえ、それに対し人々は「豊かさとは何か」を問いながら抵抗してきた。

一九六〇年代後半以降の沖縄における石油産業の開発も、基地依存経済から脱却するための「平和産業」として位置づけられ、導入された。一九四九年、米国が沖縄の長期保有を決定すると、米軍の長期的な駐留を目的とした本格的な対沖縄政策が実施されるようになる。これにより戦後の沖縄における基地依存型経済構造が形成され、一九六〇年代の沖縄における産業収入はその約七割が米軍への商品・サービス供給が占めるほどになっていた。しかし、一九六九年に佐藤首相とニクソン大統領による共同声明で、沖縄の施政権が米国から日本に返還されることが決まると、沖縄では基地労働者の解雇、ドルから円への通貨交換に伴う混乱が生じた[1]。さらに、米軍占領下の沖縄では離島各地のインフラが整備されていなかったために、急患の移送や配給の輸送を米軍ヘリに頼らざるをえないという状況があった。したがって石油産業の開発は、沖縄各地のインフラを整備し、さらに基地に依存する不安定な経済状況を改善する手段として考えられていたのである。[2]

このような状況のなか、琉球政府は「基地経済からの脱却」と「日本本土と沖縄との間にある経済格差の縮小」をめざした経済開発の展望を提示する。琉球大学経済研究所が『沖縄経済開発の基本と展望』(1968)において石油産業の開発を起爆剤とする工業、観光産業、畜産業の発展、そして離島各地のインフラ整備の可能性について提起すると、琉球経済開発審議会はそれに基づき『琉球政府長期経済開発計画』(1971)を発表、沖縄島東海岸の金武湾や中城湾の埋め立てと石油産業開発の必要性を提示した。

沖縄の本土「復帰」という日本への政治的統合を前にはじまった、沖縄島東海岸の中城湾、金武湾における埋め立てと石油産業開発は、戦後の日本における国土開発の延長にあった。「国土総合開発法」(1950)の制定以後、『全国総合開発計画』(1962)をもとに過疎・過密などの地域間格差を解消するための国土全体の開発が推し進められるが、結果として列島が公害化することとなる。その後、『新全国総合開発計画』(1969)が一部改訂され、新たに加えられた「沖縄開発の基本構想」により、国家課題としての石油備蓄量の拡大を目的とした石油備蓄基地建設の必要性が提示された。さらに同時期、日本工業立地センターより『金武湾(与那城)地区開発構想』(1970)が発表され、金武湾の埋め立てと石油備蓄基地(CTS=Central Terminal Station)、石油精製工場、石油化学工業の立地に関する見通しが提示された。これにより、日本の戦後開発に遅れて組み込まれた沖縄へ石油産業が進出を決めることとなった。

以上の動きと呼応しながら、ガルフやカイザー、エッソ、カルテックスなどの国際石油資本は、日本市場への参入をもくろみ沖縄進出を狙っていた。しかし日本政府は国内企業保護の観点からこれに介入し、結果的には西原町に南西石油、中城村に東洋石油、与那城村にガルフ、三菱石油が進出することとなった。

これらの開発の動きに対し、沖縄各地では反開発の抵抗運動が起こっていた。一九六九年九月、中城村では東洋石油基地建設反対闘争が組織された。一九七二年五月、石川市ではアルミ誘致反対市民協議会が結成され、本土のアルミ五社の進出を阻止した。一九七三年九月に組織された金武湾闘争は、沖縄三菱開発を事業主とする金武湾の埋め立てと石油備蓄基地・石油精製工場の建設に抵抗した。

戦後の沖縄における社会運動のなかで、金武湾闘争は、海を汚染する石油産業の開発とそれを推進した革新県政に抵抗した、政党や労組の指導によらない住民運動であったこと、さらに沖縄における反開発・反軍事基地の抵抗運動に新たな方向性を示した運動であったと位置づけられている（新崎 2005）。この金武湾闘争の中心にあった「金武湾を守る会」は、次のように組織されていった。復帰前より平安座島に進出していたガルフの石油備蓄基地からの原油の流出、平安座島－沖縄島与那城村屋慶名を結ぶ海中道路の建設に伴う潮流の停滞、さらに沖縄三菱開発の平安座島－宮城島間の埋め立てによる金武湾の汚染が、金武湾の周辺に暮らす住民の生活や漁業に悪影響を及ぼしていた。当時の石川市の高校教員らは、金武湾の汚染に対する関心を住民の間で高めるため、自治会公民館などの施設を利用し土本典昭監督の映画『水俣－患者さんとその世界』（1971）を上映するなど、日本における環境汚染についての勉強会を地域の女性たちとはじめていた。さらに一九六〇年代後半から沖縄における反開発の運動に注目してきた自主講座・公害原論の関係者が屋慶名に常駐、その後自主講座・公害原論の取り組みのなかで組織された「沖縄CTS問題を考える会」の関係者やその他の支援者が続いて来訪し、金武湾を守る会との交流が続いた[3]。

一九七三年九月二二日、屋慶名農協に一五〇人の住民が集まり、金武湾を守る会が結成された。金武湾を守る会は、金武湾開発を推し進める屋良朝苗知事への公開質問状や集会、座り込み、大衆団交などを試み、金武湾の埋め立てと石油備蓄基地の建設反対を訴えるが、ガルフの石油備蓄基地・石油精製工場の操業や、沖縄三菱開発の埋め立て工事の継続により金武湾の汚染が進んでいた。金武湾を守る会は一九七四年九月以降、開発に伴う漁業権・生存権の侵害を訴える裁判闘争を組織するが、その訴えは、「国益」のための開発はやむをえないとする司法に退けられた。行政や司法への訴えが退けられるなか、一九七八年一二月の西銘順治の県知事への就任に伴い県政は革新から保守に移行し、金武湾を守る会の抵抗運動はさらに困難な状況を迎える。そのような状況のなかで、金武湾を守る会は与那城村現地での行動において土着文化を復興させ、共同体の自治を試み、さらに琉球弧の島々やパラオ、グアムにおける反開発、反核、反軍事基地の抵抗運動との交流をはじめるなど、運動の新たな方向性を模索していた。

金武湾闘争については、これまで、金武湾を守る会関係者が記事や論文、座談会記録などを新聞や雑誌、機関誌などに残してきた。たとえば、金武湾を守る会の崎原盛秀（1978）は、日米の対沖縄政策がつくりだした不安定な経済状況を背景に革新県政が石油産業を誘致したことを指摘し、さらに金武湾を守る会の結成から、石油備蓄基地建設工事の差止めを求める仮処分申請までの経過をまとめた。また新崎盛暉（2005）は、沖縄の戦後史において金武湾闘争は、開発が推進されるなかで「豊かさとは何か」を問い、価値観の転換を社会に迫る住民運動であったと指摘している。

丹治三夢（2003; 2006）はこれらの先行研究をもとに、沖縄の社会運動史への金武湾闘争の位置づけを行っている。丹治によれば、石油産業に依存せずに地域の自然と共存する生活のあり方を模索してきた金武湾闘争は、同時代の琉球弧の島々における開発に抵抗する住民運動と交流し、一九七九年以降の石垣市白保の空港建設反対運動や一九九七年以降の名護市辺野古における米軍基地建設反対運動に引き継がれてきた。

社会運動史に着目した丹治の研究とは対照的に、関礼子（2004）は、一九六〇年代後半にガルフの石油備蓄基地・石油精製工場を誘致した平安座島における伝統・民俗行事に関する分析を行っている。関は石油企業からの地代収入が伝統・民俗行事を維持する上で不可欠であったことを指摘し、石油企業の誘致による社会変動を経験した平安座島において伝統・民俗行事がいかに重視され、またそれらの位置づけがどのように変化してきたのかを詳しく論じている。さらに関は金武湾闘争の中心であった屋慶名における伝統・民俗行事が反対運動を維持し強化した点についても触れている。

これらの先行研究を踏まえ、本稿では、金武湾を守る会がどのような形で文化実践を行っていたのか、文化実践をつうじて金武湾闘争がどのように展開したのかについて検討していきたい。金武湾闘争でくりひろげられた文化実践について、具体的には以下の問いについて明らかにする。金武湾闘争における文化実践がいかなる状況のなかではじまり、住民はそれにどのようにかかわっていたのか。金武湾を守る会が地域共同体の「自治」を確立しようとする闘いのなかで、そして琉球弧の島々やミクロネシアのグアムやパラオにおける反核・反開発の抵抗運動と交流するなかで、文化実践はどのような意味をもっていたのか。これらの問いについて、金武湾を守る会の機関誌『東海岸』、琉球弧各地の住民運動を結びつけた「ＣＴＳ阻止闘争を拡げる会」（「琉球弧の住民運動を拡げる会」）の機関誌『琉球弧の住民運動』を分析対象として考えていきたい。[4]

金武湾闘争における文化実践

ワッターヤ　ウミンチュダマシーニ　カキティ　クヌウミ　マモイヌタミ　ドウドウト　ハーリークージュン
（我々は漁民魂にかけて、海を守るために船を漕ぐ）
（『東海岸』第二四－二五号、一九八〇年九月）

一九八〇年八月三日午前一〇時、ある漁民の宣誓により、「第一回 金武湾ハーリー」が与那城村照間の浜ではじまった。

金武湾闘争では、開発への抵抗を示す行為として住民による自発的な文化実践があったが、そのひとつは豊漁を祈願するハーリーであった。Albert Melucci（1995）によれば、社会運動における文化は社会の支配的価値観に介入する可能性をもつ。したがって社会運動組織は、文化的表現を用いることで敵対する価値観や考えに対して異議を申し立てることができる。金武湾を守る会は、経済開発のための海の汚染はやむをえないという考えに反対し、金武湾と直にかかわりながら生きる人々の生活のあり方を否定した金武湾開発に抗議するため、豊漁を祈願するハーリーによって海の豊かさを認識しようとした。金武湾を守る会の『東海岸』は、金武湾ハーリーの開催について次のように伝えている。

> 大きな盛り上がりを見せた金武湾ハーリーは照間と具志川の漁民達の間から発生した。海とのつながりの深さゆえ、それとのアシビ[5]を強く望んでいたのだろう。自ら考え出し、提唱した金武湾ハーリーには漁民らのめざましい取り組みがあった。（『東海岸』第二四－二五号、一九八〇年九月）

金武湾闘争においては海に精通する漁民の存在が不可欠であった。金武湾ハーリーが漁民を中心にはじまった行動であったように、運動にかかわる「一人ひとりが代表」という考えに貫かれていた金武湾闘争において、漁民らはみずから海を守る行動をとったのである。

金武湾を守る会は、さらにチクラマチ（棒術）や村芝居、ハーリー、綱引きを闘争のなかで復興させた。金武湾闘争においては、自然環境を汚染し生活を破壊する金武湾開発が資本主義と植民地主義の具現化であると捉えられ、また沖縄戦の延長にある問題であると認識されていた。金武湾を守る会は、土着文化の実践こそが、住民による開発への抵抗、権利の主張を可能にすると認識していた。金武湾を守る会の崎原盛秀が「これまで戦後途絶えていた文化を復興させることで、地域の人間的な結びつきを強くした」[6]と振り返っているように、文化実践は沖縄の地域共同体にとって重要な意味をもっていた。戦後、米国民政府は沖縄占領を正当化するという政治的な意図をもって伝統工芸の復興を奨励し、伝承者を育成する機会を沖縄人に与えていたが（平良 1982：43-45）、一方で米軍基地の拡大に伴う土地接収により地域共同体は分断され、住民が土地から切り離されると同時に基地労働者として米軍に雇用され、共同体の結びつきも弱まっていったのである。

金武湾を守る会の住民が開発への抵抗を表現するものとして、海や土地とのみずからの存在との結びつきを確認し、主張する手段となっていた文化実践は重要なものとなった。金武湾を守る会は文化実践をつうじて、農業や漁業を生業としてきた住民の生活のあり方に改めて価値を見出すと同時に、金武湾周辺の「未開発」地域を石油産業の誘致によって振興させるという言説に抵抗した。たとえば、金武湾闘争のなかで行われた「クシュッキー」は、「骨折り仕事の後に腰を休める（クシユックイ）」を意味し、農作業後の祝祭の集いにおいて豊作を祝い、そして祈る行為である。金武湾闘争においてそれは住民の石油産業への抵抗を意味し、また農業による共同体の「自立」への期待を反映していたのである。

さらに金武湾を守る会は、県庁行動や裁判傍聴のため那覇に出向く屋慶名や照間の農民を支援し、さらに農作業における相互扶助、労農連帯を促す目的で、中部地区労働組合に援農を申し入れた。一九八〇年二月以降、積極的にこれを組織した中部地区労働組合員は、教職員組合員や他の支援者とともに金武湾を守る会に割り当てられた畑に入り、キビ刈りの作業を手伝っていた。[7]

金武湾を守る会は、労働者と農民との交流を促し、闘争に参加する農民を支えた援農を「結ぶ」という意味をもつ「ユイ」の概念で表現していた。「ユイ」は、地域共同体の結束とそれによって可能となる共同作業を意味する。安良城盛昭(1977)によれば、一八世紀以降の沖縄におけるユイの慣行は「個々の農家が、一農家だけでは孤立して生産と生活を維持できない、そういう生産力の段階に現れる、労働・生産のあり方」(43)であり、「農耕労働のうち一家族では賄いきれない部分を補充しあう」もの、消滅の過程にある習慣である(44)。人々は「ユイ組」または「エー組」を作り、共に農作業に励んだ(41-42)。このユイ、あるいはユイマールという概念は、「一軒の農家をこえた複数の農家が、共同で農作業もしくは家づくりなどの労働をする」という意味を持っていた(43)。安良城は沖縄におけるユイの習慣について、これと同様の習慣が前近代における世界各地の諸民族の間でも確認できること、しかし工業化や資本主義の発展により生産手段が変化することで消滅していくものであると説明した。

金武湾闘争においてなされた文化実践には、共同体の「繁栄」や「自治」を願う住民の思いが反映されていた。金武湾開発計画が浮上して以来、与那城村屋慶名では金武湾開発に対する賛成・反対意見で住民が対立し、年中行事である屋慶名綱引きが中止となっていたが、開発に反対する住民を中心に、屋慶名区では「屋慶名自治運動」がはじまり、豊作や共同体の繁栄を意味する綱引きが再開された。『東海岸』第一三号（一九七九年八月一日）では屋慶名大綱引きの写真が表紙をかざり、綱を引く男性たちと東西に分かれて掛け合い歌をうたった女性たちの様子が描かれている。金武湾開発の誘致派であった区長に対して、反対派の住民が区長に選ばれてからは、文化実践による住民どうしの交流が改めて重視され、さらにそれをつうじて共同体の自治のあり方が模索されたのである。

琉球弧、ミクロネシアの島々との連帯

海を汚染する石油備蓄基地の建設に抵抗した金武湾闘争は、琉球弧の島々やミクロネシアのパラオやグアムとの連帯をはじめた。

石油備蓄タンクの建設が完了し油入れがはじまっていた一九八〇年八月以降、金武湾を守る会は年中行事として金武湾ハーリーを開催するようになる。これを『東海岸』が「海をとりもどし、珊瑚や海藻、魚類の棲める海に浄化する闘いとして位置づけ、闘う祭典として伝統的行事としてつくりだそうとの力強い決意と住民・労働者への連帯を呼びかけた」と伝えているように、金武湾を守る会は海の浄化に関心を寄せる個人や団体との連帯を模索していた(『東海岸』第三一号、一九八一年一〇月)。

金武湾を守る会の漁民たちは、汚染された海で伝統漁船のサバニを漕ぐことで、参加する人々に海の汚染の実態を伝えようとした。儀礼としてのハーリーは豊漁を祈る行為であるが、金武湾を守る会の漁民たちはこれを海を浄化するための行動として位置付け、「合成洗剤を追放する会」など、参加団体との連帯を築いていった。

金武湾闘争の連帯のネットワークは、北は奄美、南は八重山にいたる琉球弧の島々に拡がり、さらにはミクロネシアのパラオやグアムなどの島々にまでおよんだ。金武湾闘争は、琉球弧やミクロネシアの島々における反開発・反核の抵抗運動との交流をつうじて経済開発の問題を再定義し、また抵抗の表現を豊かにしたことで、連帯の意義を認識した闘争であったといえる。抵抗運動の拡がりのなかでつながったこれらの島の人々は、エネルギー開発や観光開発にともなう環境汚染や、開発の是非をめぐって共同体が分断されるといった問題に直面していた。

島尾敏雄が提起した「ヤポネシア」論、特に「琉球弧の視点」は、施政権返還前後の沖縄において、日本への政治的統合にともなう文化の画一化の問題や、沖縄の「中央志向」に危惧をいだいていた人々を触発し、これらの人々が拠って立つところの思想となっていた。岡本恵徳(1981)は、「琉球弧」と「ヤポネシア」の思想が「政治と文化の硬直と画一を拒否し、人々がみずからの生きる場で、みずからの価値を見出すことによって、その存在の根拠を確かなものにする思想として」読まれ、さらに「琉球弧」という概念が、「(琉球弧の島々に生きる)人々のになう文化の同質性の自覚を呼びおこし、その島々の人々を結びつける力を持っている」と指摘した(182)。その岡本がかかわっていた運動のひとつに「琉

球弧の住民運動」がある。金武湾を守る会が一九七四年九月に裁判を提訴すると同時に、裁判を支援する研究者やジャーナリストによって結成された「CTS阻止闘争を拡げる会」(後に「琉球弧の住民運動を拡げる会」に改称)は、一九七六年一月の海洋博の閉会を前に、開発やそれに伴う公害に抵抗してきた琉球弧各地の住民運動を結びつける目的で、懇談会「琉球弧の住民運動」と自主講座「反公害と住民運動」を開催した。「拡げる会」の新崎盛暉(1992)によれば、それまで各地域における個別具体的な開発の問題に取り組む住民運動が互いの経験に学ぶことが少なく、同時代の開発の問題にある普遍性を認識できずにいた。「拡げる会」は、琉球弧の島々における、観光開発や工業開発、米軍による環境汚染等に抗議するさまざまな住民運動団体によびかけ、「各地の住民運動や反公害運動がその経験を交流し合いながらそれぞれの運動の内容を豊かにし、同時にこれらの運動に対する一般民衆の認識を深めることができるような場」をつくりだそうとしていたのである(84-86)。

この「琉球弧の住民運動を拡げる会」が中心となって開催した「琉球弧住民運動交流合宿」は、一九七九年八月二四日から二六日まで金武湾で、一九八〇年七月二六日から二七日まで奄美・枝手久島で、一九八一年七月二五日から二六日まで西表島で開催された。奄美の枝手久島では東亜燃料工業による石油備蓄基地開発への抵抗運動、西表島では観光開発や核燃料再生処理工場の建設への抵抗運動が組織されていた。これらの合宿には琉球弧の島々から参加者が集い、現地報告や視察、討論会では各地の状況について学び、文化交流の場では民謡や踊りをつうじて交流した。西表島合宿において、地元住民によって開催された豊年祭では、人々は稲藁を頭に巻き、綱引きをして踊った。金武湾を守る会からの参加者が『東海岸』に寄せた報告には、開発と同時に過疎化が進行するなかで共同体を守ろうとしていた西表島の住民運動においても、文化実践が重要な意味をもっていたことが示されている(『東海岸』第三一号、一九八一年一〇月)。

この琉球弧の住民運動合同合宿は、「国家にとって、琉球弧は昔も今も侵略基地であり、捨石と位置づけられて」いるとの問題意識を背景に、「へだての海から結びの海へ」[8]という呼びかけとともにはじまった(『東海岸』第一二号、一九七九年七月)。琉球弧の島々が結びつくなかで、開発に抗う人々は、「日本」という政治的統合ではなく「琉球弧」という島々のつながりのなかでみずからの島を再認識し、さらにみずからの島を、国家への従属から解放するかたちで位置づけるための認識枠組みを模索していた。島々の自治の必要性を強く意識していた琉球弧の住民運動は、ミクロネシアのパラオやグアムにまでそのネットワークを拡げていった。

ミクロネシアでは一九五二年から一九七五年の間、米・英・仏による大気、水中、地下核実験が繰り返され、一九七〇年代半ばには日商岩井によるパラオへの石油備蓄基地建設計画、一九八〇年以降は日本政府による北緯一三〇度、東経一四七度地点への放射性核廃棄物の海洋投棄計画が浮上していた。これを阻止しようと、投棄地点周辺のパラオやグアム、テニアンなどの島々から非核運動団体だけでなく弁護士や市民、市長らが来日し、日本の平和・反核運動団体や、自主講座・公害原論関係者らをつうじて各地での交流会、街頭アピール、国会請願などを行った。その結果、日本の太平洋投棄計画を阻止しただけでなく、「中央」ではみえにくい「地方」の原発開発の問題を日本国内で可視化させたのである。[9]

一九八〇年一〇月、グアム先住民チャモロの反核グループ「太平洋への核廃棄物投棄に反対するマリアナ同盟」の代表デーヴィッド・ロサリオは、日本政府による核廃棄物投棄に反対する国際的な連携を構築することを目的とし、広島県と長崎県を訪れ、金武湾にもやってきた。[10]

そしてパラオとの交流もはじまる。一九八一年、パラオで自治政府が発足し、非核条項を含む新憲法草案が作成されている間、米国による核兵器の持ち込みに抵抗した人々が日本を訪れ、日本の反核運動団体と交流した。一九八一年一月二二日から二月二日まで、金武湾を守る会の安里清信や弁護士の照屋寛徳、奄美・枝手久島への石油備蓄・精製工場の建設に抵抗した「宇検村民会議」青年部の新元博文、三里塚から前田俊彦、そして自主講座・公害原論関係者の荒川俊児と大川宝作が通訳・案内役に加わり、パラオ、グアムを訪問し、パラオの自治政府の設立の祝典に参加、日本政府・企業による核廃棄物投棄に抵抗する人々と交流した。[11] この旅には、琉球弧の住民運動がパラオやグアムの人々との交流をつうじて学び、海洋投棄を阻止するために連携し闘うという目的があった。『土の声・民の声』や『月報公害を逃すな』[12]などがパラオにおける非核憲法の制定について報告していたように、日本国内で高まる核に抵抗する動きと太平洋における反核運動が連動し、太平洋の島々が直面する問題が琉球弧の島々に伝えられ、また金武湾においても、太平洋の島々における反核や自治を求める動きへの関心が高まっていたのである。[13]

最後に、金武湾を守る会は一九八一年六月から七月にかけて、パラオから女性代表団を迎えた。六月一七日から一九日まで開催されていた「被爆三六周年原水禁沖縄大会」に参加したパラオの女性代表団が、六月二〇日から七月二日の間「沖縄・水俣の旅」に参加し、琉球弧の住民運動を拡げる会や金武湾を守る会と交流した。[14] 安里清信は「歓迎アシビ」を振り返り、二一日の夜に開かれた「歓迎アシビ」を振り返り、安里清信は次のように述べている。

沖縄の歌、踊り、三味線文化は、戦前抑圧され、戦時中に消滅し、戦後焦土の中から六斤缶三味線から甦った。文化は平和の証、不滅なもの。戦争や開発に抗する武器。それを歓迎アシビとした。(『東海岸』第三〇号、一九八一年七月)

安里は、その聞き書きである『海はひとの母である』(1981)において、戦時期に抑圧され戦後溢れるように表出した人間の「文化的な力」が、金武湾闘争においても、住民による歌や踊りなどの創造的な抵抗の表現としてあらわれたのだとした[15](117)。こうして金武湾を守る会の人々は、弾圧のなかでも文化が生きながらえてきたことをパラオの女性たちに伝えた。

抵抗運動をつなぐ連帯の言葉

ここで、連帯行動にかかわった人々の語りをつうじて、金武湾と琉球弧の島々、ミクロネシアの島々がつながったことの意義について考えていく。一九八〇年に来沖したマリアナ同盟と金武湾守る会による「放射性廃棄物の海洋投棄に反対する共同声明」を一部抜粋する。

私たちの様に海とともに生きている者には海は生存の母です。とりわけ太平洋は、私たちマリアナの住民・漁民にとっては、また沖縄及び琉球弧の島々の住民・漁民にとっては、子供たち、そのまた子供たち、子々孫々、永遠の生存場であり、生活の場であります。そのことは、多くの日本の民衆、太平洋をとりまく多くの国々の民衆にとってもそうなのです。(中略)いうまでもなく私たちは、日本の民衆に犠牲を強いる国内処理を勧めるものではありません。私たちの真意は、日本政府の行為によって、太平洋と、私たち民衆がモルモットの様に危険な実験台にされ、犠牲を強要されることをきっぱり拒否するということです。誰にとっても危険極まりなく、処理しようにも不可能な大量の毒物を吐き出し続ける原発推進政策を中止すべきことを申し上げることです。太平洋は日本政府のものではありません。世界のどの国のものでもありません。太平洋を核のゴミ捨て場にすることは、いかなる国、いかなる政府といえども許されません。(『東海岸』第二六号、一九八〇年一一月)

先に述べたように、琉球弧の住民運動の交流には、それぞれの島が直面していた開発の問題の「普遍性」をあきらかにし、そうすることで世論に訴えるという目的もあった。金武湾を守る会とマリアナ同盟との交流においても、ここに引用した声明が示しているように、海で結ばれた島の人々が、生存のためにひとしく海を必要としているのだと表明された。[16]当時、核廃棄物の海洋投棄に対しては、投棄地点周辺の島々から「日本のゴミは日本で始末しろ」というような批判ももちろん挙がっていた。[17]一見すると、原発の問題そのものの危険性を不問に付すともいえるこのような主張も、日本政府による国境を越えた国益追求の動きに対する抗議を表現するものとして存在していたことを忘れてはならないだろう。こういったさまざまな声が交錯するなか、連帯の契機にあったマリアナ同盟と金武湾を守る会は、みずからの島の安全を確保するために投棄地点を移動すればよいという論理によってではなく、大量の核廃棄物の処理を不断に必要とし、全ての民衆を危険にさらす原子力発電所の開発そのものを阻止すべきであるという立場を選びとったのである。

すべての民衆にとって、海が普遍的に生存の基盤としてあるのだという立場から、パラオ女性代表団の「沖縄・水俣の旅」の実現にとりくんだ、金武湾を守る会の前川美千代が次の記述を残している。

ベラウの婦人を招くというこころみは、この闘いの海から出てきたと思う。この海をベラウの教訓として生かしてほしいということと、小さな島が独立に向おうという気概というか、それに対する共感、やっぱり、島同士、他人じゃないという――海のもっている意味というのは大きいと思うな。人と人と、見知らぬ人間たちを、そういう近づけ方をさせるという力をもっているから。金武湾の場合、水俣が大きな教訓になっていて、そこから始まったといってもいい。（中略）金武湾をベラウとか、太平洋とか世界に向う海のトバ口にしていこうという世界性、闘いの新らしさ、思想的営み、これはCTSの既成事実との格闘の中で生れたものだから、一個の人間の思想に限定されるはずはなく、このたたかいを闘ってきたみんなのものなんだ。安里さんがベラウに行こうと思い立つのは、彼の個人的な動きじゃなくて、みんなの中に生れた旅への発心だったと思う。その発心というのは、今の沖縄の一つの節目を表している。旅をすること、学ぶこと、闘いにはこれがないと「発見」がなく面白くない。（前川美千代「旅をすること、学ぶこと、そして発見：ベラウの婦人達の沖縄・水俣来訪印象記」『琉球弧の住民運動』第一七号、一九八一年九月、一六－一七頁）

崎原盛秀とともに金武湾を守る会の「世話人」であった安里は、屋慶名の住民をはじめとする金武湾闘争にかかわる多くの人々に慕われ、また尊敬される存在であった。だがここで前川が指摘しているように、安里みずからが強調していたのが、彼の発した言葉が決して彼一人の考えではなく、戦後の沖縄を生き抜いてきた人々とかかわり活動するなかで生まれてきた言葉であるということだ（安里 1981）。金武湾闘争はそのはじまりから「住民一人ひとりが代表」であるという主張を掲げてきたが、ここでも前川は、海を媒介にパラオの人々とつながろうという意志が、金武湾闘争にかかわるすべての人々の思想として生まれてきたのだとしている。この「沖縄・水俣の旅」でよまれた「ベラウ・オキナワ・アマミ・ミナマタ・アピール」を一部引用する。

ベラウ、それは西欧諸国と日本帝国主義の侵入により、隷属を強要され、抑圧と搾取に苦しみ、さらに今日、ベラウはアメリカの核軍事基地が展開されようとする島であり、新しい植民地主義による収奪と破壊の脅威に直面している島である。（中略）オキナワ・アマミ（琉球弧）……それも島である。かつて海洋民族の一員として、太平洋の諸民族と壮大な交流を果し、独自の文化を築いた島嶼民の島である。だがこの島も、たびかさなる侵入で隷属と収奪を強要され、帝国主義戦争と米軍基地建設で破壊され、今日なお、米軍の核基地、日本の軍事、CTS基地、核再処理工事計画としてひどい重苦を強いられた島である。ミナマタ……それも島を抱え込んでいる。日本帝国主義の底辺で苦しみ、戦後日本の産業優先の政策で痛々しく傷つき病んでいる。ミナマタ、それは日本重工業の害毒により心身がむしばまれる日々にあって、人間と海の復権を痛切に呼びかけている。ところで、ベラウ、オキナワ、みなまた、それはすでに単なる島ではない。分断と孤立を排し、島々の歴史と風土に依拠し、太平洋を一つの共同体として、そこに生きるすべての人民の明日を指し示すよび声が発する島である。ベラウ、オキナワ、アマミ、ミナマタ……それをつなぐのは海である。人々は海で出会い交流し、島と島を結びつけてきた。（『東海岸』第三〇号、一九八一年七月）

このアピールに示されているように、抵抗運動における連帯という具体的な行動をつうじてつながった人々は、「ベラウ・オキナワ・アマミ・ミナマタ」がそれぞれ日米の軍事的、経済的戦略の拠点とされてきたことを認識した。これらの人々は、グローバルな軍事・経済戦略を構造的に理解することで、日米という国家の枠組みから島々を解放し、「国益」や「国防」という言説に抵抗する可能性を見出していたといえる。

だが、このように金武湾闘争の拡がりに可能性を見出す人々がいた一方で、その限界を指摘する声もあった。

三人の旅は、パラオの独立への好奇心的旅ではない。又思いつきの旅でもないはずである。住民運動の強化と守る会運動の理論形成の上に何かを模索するための旅のような気がする。（中略）守る会運動は今どういう方向に進もうとしているのか、今までの運動で何がつくられていったのか、ちょっと立ち止まって考えてみる時期に来ていると思う。パラオとの連帯を機に身近なキセンバル[18]の住民との真の連帯も忘れてはならない課題である。闘いの原点に立ち帰り、沖縄CTSのかかえている重大な意味を身近な沖縄人（ウチナーンチュ）に再び幅広く語り歩く運動をやらねばならぬだろう。（中略）金武湾の闘いは世界的課題を担っているが、一歩一歩住民と語り合う闘いのなかから、その課題も達成できる、と考えている今日このごろである。（天願尚吉「金武湾で今、何が起り何が再生されているか」『琉球弧の住民運動』第一五号、一九八一年三月一三日）

ここでは、パラオへの旅が金武湾闘争を切り開くための契機であるとしながらも、金武湾闘争を沖縄でどう切り開いていくべきか、金武湾の汚染という問題を身近な人々にどう訴えていくべきかという課題が示唆されている。先に述べたように、一九七八年の保守県政への移行に伴い石油タンクの増設が進められ、一九八〇年からはタンクへの油入れがはじまっていた。金武湾闘争はさまざまな抵抗運動とつながり、そうすることで新たな方向性を模索していたが、一方で保守県政が誕生した沖縄で、すでに操業が進んでいた石油備蓄基地の問題をどのように訴えていくべきかという問題は残っていたのである。

運動の再定義

金武湾闘争は、地域共同体の文化実践をつうじて、戦後の沖縄における社会運動に新たな方向性を示した。『東海岸』では、一九八二年の安里清信の死を追悼するなかで、彼の次のような言葉を引用している。「住民運動というのは、そこに住んで生活文化行事などを営む中においてその地で生きていかなければならない人々がいかに物事の価値判断をし、いかに自己のもつ力を出して戦うかにある」（『東海岸』第三二号、一九八二年一二月）。安里は一九三〇年代半ばに朝鮮に渡り、教員生活を送るなかで三度徴兵されたが、その時沖縄にいた妻子は自決して亡くなっている（花崎 2010：186）。戦後沖縄に戻り、悩んだ末に再び教員の職に就いた安里が残した言葉に繰り返しあらわれているのは、一部の代表者による決定によって戦争が起こり、そして自然を破壊する開発が推し進められてきたということであり、一人ひとりがみずからの生存をかけて抵抗することで二度とそうさせてはならないという思いである。金武湾闘争においては、政府や県ではなく、その地域に生きる人々こそが、共同体の自然を守りそして治める当事者であると認識されていたのだ。

金武湾闘争において、金武湾を守る会は、自然環境と共生しうる「自立」経済を再定義し、試みていたが、その影響は琉球弧の島々における住民運動にまでおよんだ。一九七八年、石油備蓄基地開発計画が宮古諸島の多良間島に持ち込まれた際、在沖郷友会を中心に、金武湾を含む石油備蓄基地の既設地域の事例から、石油産業の雇用効果の低さや村財政への不利益、自然破壊などの問題が指摘され、反対運動が組織された（多良間を守る会 1978）。金武湾闘争はさらに、石垣市白保における空港建設反対運動や名護市辺野古における米軍基地建設反対運動に引き継がれてきた。金武湾を守る会の人々は白保を訪れ、環境破壊を伴う「開発」では「豊かさ」は得られないと訴え、また白保の漁民は金武湾を訪れた際に海の汚染の実態や魚介類の減少といった開発の悪影響を目の当たりにした（安里ほか 2004：32-33）。白保においても、戦後の住民の生活が海によって支えられてきたことが表明された。辺野古の基地建設反対運動では沖縄戦を経験した世代が活躍し、戦後の荒廃のなかで、人々が海の豊かさによって生かされてきたことが語り継がれてきた（Tanji, 2003：295）。

さらに一九九六年のＳＡＣＯ合意により決定され、二〇〇七年より工事が強行されている北部訓練場の再編に伴う東村高江の米軍ヘリパッド拡張計画に反対する人々も、米軍の存在により汚染されてきた水源地をこれ以上の汚染から守り、また生物が多く生息する豊かな森を守るための座り込みを続けてきた。二〇〇九年の政権交代後に浮上したうるま市与勝半島沖海上基地建設計画においても、一九七〇年代の金武湾開発による海の汚染が思い起こされ、再生した海の珊瑚やモズクの豊かさを知るダイバーや漁民とともに、市民団体による反対運動が組織された（崎原 2010）。このように、「豊かさとは何か」を問うことが基地建設や開発への抵抗となり、地域の「自立」の可能性を模索する動きとなってきたのである。

おわりに

法廷での訴えにもかかわらず埋め立てやタンク工事が進み、県政が革新から保守に移行するなかで、運動の方向転換を迫られていた金武湾を守る会は、開発への抵抗を文化実践によって表現した。地域でどう生きていくかをみずから決定できないという事態に直面した住民たちにとって、土着文化の実践をつうじて開発の対象とされた海や土地と直接的にかかわることが新たな闘争の形となっていたのである。

さらに文化実践は、農業や漁業を基盤とする生活のあり方や、地域共同体の自治を否定する国や県に対する抵抗を意味し、琉球弧の島々やミクロネシアとの連帯を可能にした。この連帯をつうじて、金武湾開発の阻止を目的に組織された金武湾闘争は、沖縄島東海岸の金武湾という一地域における金武湾開発の問題を太平洋全体の問題として提起し、他の島々の運動と共鳴し合いながら海を守る運動となっていった。

金武湾闘争において、人々は文化実践をつうじてみずからの生活の豊かさを表明し、住民一人ひとりが闘争のなかで「代表」となる可能性を示した。地域共同体の祭祀や儀礼などを行い、また他の島々と結びつくことによって、人々は施政権返還にともなって進行していた「経済開発」という新たな抑圧に対する抵抗を象徴的に表していたのである。

【注】

1　一九四八年時点では法定通貨はB円（軍票）、一九五八年以降は米ドルが使われていた。一九七一年、「ニクソンショック」によりドルの固定相場制から変動相場制へ移行する。当時輸入の七割強を本土からの物資が占め、その輸入額が輸出額の四・五倍を上回る「輸入超過状態」にあった沖縄では、翌年一九七二年の施政権返還に伴うドルから円への通貨交換により、対外収支の危機と物価騰貴による経済混乱が生じることとなった。（琉球銀行調査部 1984）

2　沖縄島東海岸に隣接する平安座島では、一九六〇年代初期から平安座島と沖縄島東海岸を結ぶ海上の道路の建設を試みてきたが、台風で失敗に終わっていた（平安座石油産業用地等地主会 1993）。

3　この点については、二〇一〇年九月に崎原盛秀氏から口頭で教示を得た。

4　本稿で引用したこれらの機関誌からの文章は原文のままであるが、明らかに誤字や脱字がある場合は訂正した。また表記や送り仮名についても原文のままであるが、文章のなかで不統一があった場合はどちらか一方に統一した。さらに、引用文の原文が旧漢字・旧仮名づかいである場合は新漢字・新仮名づかいにした。

5　豊作・豊漁を祈願する祭り（当間 1976：33）。

6　崎原盛秀氏からの聞き取りは、二〇〇六年一一月に行った。

7　この点については、二〇一〇年九月に崎原盛秀氏から口頭で教示を得た。

8　平良良昭氏によれば、この「へだての海を結びの海へ」という言葉は、もともと七〇〇〇以上の島々からなるフィリピンの反公害運動において言われていたものである。自主講座・公害原論の取り組みからこれを知った平良氏が、琉球弧の住民運動を表すのにふさわしいということで提起したという。この点については、二〇一〇年八月に平良氏から口頭で教示を得た。

9　世界学生キリスト教連盟（World Student Christian Federation, WSCF）は機関誌 *Praxis* において、一九八〇年一〇月の北マリアナ諸島テニアンのフィリペ・メンディオラ市長と「太平洋への核廃棄物投棄に反対するマリアナ同盟」のデーヴィッド・ロサリオの来日についての記事を掲載している。「日本列島の沿岸部に隔離されて立ち並ぶ原発の危険性に対し地元の人々は抵抗してきた。しかし、原発から離れて暮らす大多数の人々は直接的な危険を感じることもなければ、また真剣に考えることもない。なぜならこれらの原発は都市の日常生活からは目に見えないからだ。しかし太平洋の人々の声は多くの日本人の心を打った。核廃棄物投棄に抵抗する運動はまだ小さいが、それは日本で新たな局面を開いた」（Yamaka, 1981 より一部引用、訳は筆者）。

10 「太平洋への核廃棄物投棄に反対するマリアナ同盟」来沖時の行程（一九八〇年一〇月一〇日～一五日）
一〇日 東京から那覇へ 夜、CTS阻止闘争を拡げる会他約三〇名と交流会
一一日 ひめゆりの塔、平和祈念資料館他南部戦跡見学 夜、屋慶名自治会館にて金武湾を守る会主催の集会、三〇数名参加
一二日 安里清信との対談（沖縄タイムス取材）、照間の漁民他約一〇名と交流会
一四日 金武湾CTS見学
一五日 安里清信と共に記者会見、金武湾を守る会とマリアナ同盟の共同声明発表
一六日 大分へ（その後、二九日まで日本各地を回り社会党、原水禁などと交流）
（『東海岸』第二六号、一九八〇年一一月一六日：『土の声・民の声』〈号外 署名運動ニュース④〉一九八〇年一一月一〇日を参照）

11 「奄美・沖縄・三里塚とパラオ・グァムを結ぶ旅」の行程（一九八一年一月二二日～二月二日）
一月二三～三〇日 パラオ、コロール島で交流
三〇日 グァムで米軍基地施設を見学、マリアナ同盟との交流
二月二日 記者会見、地元テレビ局二社・『パシフィック・デイリー・ニューズ』紙取材
（『土の声、民の声』〈号外 署名運動ニュース⑥〉一九八一年二月一〇日を参照）

12 「富山化学の公害輸出をやめさせる実行委員会」が一九七四年に創刊。同委員会は一九七六年より「反公害輸出通報センター」、一九八六年より「反核パシフィックセンター東京」に改称。八六年には雑誌名もそれまでの『月報公害を逃すな』から『反核太平洋パシフィカ』に改題。これらの団体の活動やその雑誌・機関誌については、二〇一〇年七月に荒川俊児氏から口頭で教示を得た。

13 『土の声・民の声』（一九七八年創刊、一九八三年終刊）は一八の号外を刊行し太平洋における核問題への取り組みを伝えた。

14 パラオ女性代表団の「沖縄・水俣の旅」の行程（一九八一年六月～七月）
二〇日 住民懇談会（屋慶名自治会館）
二一日 CTS・海上案内、歓迎アシビ（屋慶名自治会館）
二二日 読谷村訪問・基地めぐり・伊芸区訪問、懇談会と米軍演習被害調査
二三日 那覇懇談会（月の海、ベラウから婦人をむかえて：八汐荘）
二四日 南部戦跡めぐり、ひめゆりの塔・平和祈念資料館
二五日 水俣へ
（『琉球弧の住民運動』第一六号、一九八一年六月一三日を参

照）

15　安里（1981）は闘争にかかわる女性や漁民たちが抵抗運動の現場において即興で歌をつくり歌いはじめたことなどをきっかけに、「皆が自然に歌、踊りというものを内面に持っている」ことに気づき、闘争のなかで文化が重視されはじめたのだと思い起こしている（170）。金武湾闘争のなかでよまれた歌には、たとえば次のようなものがある。

銭金《じんがに》に迷て
誰《た》がしちゃがＣＴＳ
世間《しきん》お万人《うまんちゅ》
苦ちしやしみて

〈金ばかりに目がくらんで／誰がしたのかＣＴＳに／多くの人々に／辛い思いをさせて〉

（『東海岸』第二号一九七六年五月九日を参照）

16　しかし島々が直面する開発や軍事の問題の「普遍性」を見出し、抵抗する主体としてつながることを意識しすぎるあまり、たとえばパラオが日本にとっての旧植民地・南洋群島のひとつであり、その政策のもとで「移住」した沖縄の人々がパラオでは「植民者」としての歴史をもつことについては、連帯の語りのなかでほとんど言及されなかった。本稿では議論することができなかったが、連帯しようとする「他者」との間に共有しえない記憶や経験があることについて、金武湾を守る会の人々はどれほど意識的であったのか、そしてその上で、どのような連帯のあり方が模索されていたのかについてはさらなる分析が必要であろう。一九八〇年代初期の金武湾そして琉球弧と、パラオ、グアムの抵抗運動の連帯は、それ以降「持続した闘いまで発展しなかった」（金武湾を守る会、未出版文書、二〇〇九年八月取得）というが、一九八〇年代初期の連帯における課題は何であったのか、そして今日に至るまでどのような連帯の試みがなされてきたのか。これらの問いについて、近年の米軍再編問題をめぐって発せられる在沖米軍基地の「グアム移転」を要求する声と、一方の、グアムの反基地運動と連帯する動きも合わせて見ていきながら、沖縄の反基地・反開発の抵抗運動における「他者」との連帯の可能性や、その実践において生じる問題などをさらに議論していかなければならないだろう。

17　『土の声・民の声』〈号外　署名運動ニュース〉一九八〇年九月一〇日などを参照）。

18　恩納村字喜瀬武原。内陸部の恩納岳周辺のほとんどを占める米軍基地にとり囲まれるように位置している。米軍は一九七三年以降、喜瀬武原区を通る県道一〇四号線を封鎖し、県道越えに実弾射撃演習を行っており、これに抵抗する人々が演習をやめさせるために着弾地近くに潜入するなどの抗議行動をとってきた。

【引用・参考文献】

安里悦治・崎原盛秀・平良良昭・照屋房子・天願尚吉「座談会：『金武湾を守る会』の闘争を振り返って」『けーし風』第四四号、二〇〇四年九月、二四－三三頁
安里清信『海はひとの母である』晶文社、一九八一年
安良城盛昭「共同体と共同労働：ユイの歴史的性格とその現代的意義」『新沖縄文学』第三四号、一九七七年、四一－四九頁
新崎盛暉「琉球弧の住民運動」『毎日新聞』一九七六年一月二一日、新崎（1992）所収

――『沖縄同時代史第一巻　世替わりの渦のなかで：1973-1977』凱風社、一九九二年
――『沖縄現代史』岩波書店、二〇〇五年
石川高校公害研究研「沖縄アルミ進出と市民運動」『自主講座』第一八号、一九七二年、五一―一七頁
大城昌夫「東洋石油基地反対闘争」『自主講座』第二三号、一九七三年、一〇―一六頁
岡本恵徳「『琉球弧』の視点」（原題「私にとっての琉球弧」）『カイエ』一九七八年一二月〈総特集・島尾敏雄号〉、岡本（1981）所収
――『沖縄文学の地平』三一書房、一九八一年
――『「ヤポネシア論」の輪郭：島尾敏雄のまなざし』沖縄タイムス社、一九九〇年
沖縄経済開発研究所『沖縄金武湾地区開発基本構想』沖縄経済開発研究所、一九七二年
崎原盛秀「沖縄は拒否する：反CTS金武湾住民闘争の経過」『季刊労働運動』第一七号、一九七八年四月、一二四―一三六頁
――「新たな沖縄闘争の地平：沖縄民衆の自決権の獲得をめざして」『別冊 飛礫』第一号、二〇一〇年七月、六一―一九頁
関礼子「開発による伝統の再編と民俗行事の力学：共同性とアイデンティティをめぐるポリティックス」松井健編『沖縄列島：シマの自然と伝統のゆくえ』東京大学出版会、二〇〇四年、一六九―一九四頁
平良研一「占領初期の沖縄における社会教育政策：『文化部』の政策と活動を中心に」『沖縄大学紀要』第二号、一九八二年、三一―六三頁
多良間世を守る会『CTSを拒否する：伝統ある多良間世の発展のために』多良間世を守る会、一九七八年
当間一郎『沖縄の祭りと芸能：日本民族と芸能の原点』雄山閣、一九七六年
日本工業立地センター『金武湾（与那城）地区開発構想』日本工業立地センター、一九七〇年
花崎皐平『田中正造と民衆思想の継承』七つ森書館、二〇一〇年
平安座石油産業用地等地主会『創立20周年記念誌』平安座石油産業用地等地主会、一九九三年
琉球銀行調査部『戦後沖縄経済史』琉球銀行、一九八四年
琉球経済開発審議会『琉球政府長期経済開発計画』沖縄経済開発研究所、一九七一年
琉球大学経済研究所『沖縄経済開発の基本と展望』琉球大学経済研究所、一九六八年

Melucci, Alberto. (1995). The process of collective identity. In Hank Johnston and Bert Klandermans (Eds.), *Social movement and culture: Social movements, protest and contention*, pp. 41-63. Minneapolis : University of Minnesota Press.
Tanji, Miyume. (2003) The dynamic trajectory of the post-reversion 'Okinawa Struggle': Constitution, environment and gender. In Glenn D. Hook and Richard Siddle. *Japan and Okinawa : Structure and subjectivity*, pp. 167-187. New York : Routledge Curzon.
――. (2006). *Myth, protest and struggle in Okinawa*. London : Routledge Curzon.
Yamaka, Junko. (1981). Pacific Islanders oppose Japan's nuclear

imperialism. In World Student Christian Federation, *Praxis*, Nos. 2-4, Retrieved from WSCF-AP Publications Archive. [http://www.ibiblio.org/ahkitj/wscfap/arms1974/PRAXIS/1981/number%202-4/a.htm] (August 14, 2010).

【附記】

・金武湾を守る会関連資料の利用にあたっては、金武湾を守る会の崎原盛秀氏にご高配をいただいた。ここに記して感謝を表したい。

・本稿は平成二二年度科学研究費補助金（特別研究員奨励費、研究題目「開発と住民運動：一九七〇－八〇年代の沖縄における金武湾闘争をめぐって」）による成果の一部である。

第三部　アイデンティティと可視化の問い

在日フィリピン女性の不可視性
――日本社会のグローバル化とジェンダー・セクシュアリティ

菊地夏野

1　はじめに

二〇〇七年に日本公開され話題になった映画「バベル」のなかで最も印象的なシーンのひとつは、アメリカ合衆国カリフォルニアでメイドとして働くメキシコ人女性アメリアが砂漠をさまよう場面である。彼女はアメリカ人の雇用主夫婦の子どもたちの母親代わりとなって愛情を注ぎながら、故国で待つ自分の家族を想う。故国では家族を養うだけの給料を得られないから、彼女は「不法」移民として大国アメリカで働かなければならない。これはアメリアひとりのものではない。グローバル化する現在の世界の至る所で見られる姿だ。

この映画で、グローバル化する世界のひずみを描こうとした監督アレハンドロ・ゴンサレス・イニャリトゥが彼女を取り上げたのは、目新しい考えではない。第三世界出身の移民女性が先進国でメイドとして働く姿は、グローバリゼーションを語る格好のイコンとしてもはや見慣れた感さえある。雇用主の子どもたちに慕われながら、その顔に自分の実子の面影を重ねて辛い思いに駆られる彼女たちの姿に、華やかなグローバリゼーションの裏側にあるものについてふと考えさせられる。

一方、日本ではどうだろうか。欧米等の先進国で、移民メイドたちの姿がグローバル化を表象しているのに対して、日本ではそのような女性たちの姿が描かれることはない。じっさい、日本では欧米のような形で働く移民メイドはほとんどいない。日本で外国人問題や移民問題が論じられるさいにはたいてい男性についてである。

しかし、移民女性が存在しないわけではない。一九八〇年代後半から始まる外国人の流入現象において端緒を開いたのは東南アジアからの女性たちであった。彼女たちは「じゃぱゆき」さんと呼ばれ週刊誌等でさかんに取り上げられた時期もあったが、現在はあまり省みられることもない。

いま、彼女たちはどうしているのだろうか。彼女たちの存在は日本社会にとって何を意味しているのだろうか。それらの問いが本稿の出発点である。

「じゃぱゆき」さんとは、主に興行資格（エンターティナービザ）で来日・就労する女性たちへの蔑称である。フィリピンやタイなどの東南アジア諸国出身が多く、フィリピン・パブ等でダンサー兼ホステスとして働く。一九八〇年代後半から九〇年代にかけて大規模に流入し、現在では後述する政策的変化もあり人数は激減した。だが来日中に日本人男性と結婚し、子どもをもうけてそのまま定住しているケースも多い。二〇〇八年現在、全国の外国人登録者中フィリピン人は二一万〇六一七人で九・五％を占め、出身国として四番目に多い[1]。

そのように定住化が進んでいるにもかかわらず、多くの日本人は彼女たちと接することがない。彼女たちは日本人にとって見えない、「不可視」の存在なのである。

本稿では、日本におけるフィリピン女性の思いを捉え、彼女たちの社会的位置がジェンダー・セクシュアリティ・エスニシティとどのように関わっているのか明らかにしたい。

2 先行研究

2-1 移民研究とジェンダー

日本社会において彼女たちが不可視であるのと似て、学問研究においても彼女たちが注目されることは多くはなかった。梶田（1994）は、日本政府の移民対応を整理して、三つのパターンに分けて説明している。

原則として日本政府は外国人労働者に対して、ごく一部の専門的職業を例外として門戸を閉じている。だが現実には日本には多数の外国人労働者が存在しており、とりわけバブルの好況期には中小建設業等では欠かせない労働力だった。梶田はこの実態を、裏口から外国人労働者を受け入れているという意味で「バック・ドア政策」と呼んでいる。合法的な滞在資格を持たずに入国しながら、日本経済の現場で働く外国人たちを日本政府は黙認している。ここに滞在資格のない「じゃぱゆき」が位置づけられている。

次に梶田が指摘するのは一定の条件付で就労を認める「サイド・ドア政策」である。代表的には近年問題になった研修生・実習生が上げられる。本来就労目的として設置された制度ではないにもかかわらず、人手不足の解消として中小企業の現場で低い待遇で働かされている。

そして、ごくわずかのスペースに「フロント・ドア」があり、正式な滞在資格を持って入国する方法である。ここにエンターティナーが位置づけられている。

「じゃぱゆき」とエンターティナーはバック・ドアとフロント・ドアのそれぞれに位置づけられているわけだが、それ以上深くは論じられていない。

一九九〇年代後半から、ジェンダー視点を取り入れた移民研究が始まり、伊藤ら（2004）は、全国各地の移民女性の状況を調査し、知見を報告している。

また、英語圏の移民とジェンダー研究を概観すれば、上述した移民メイド研究が主である。例えばHondagneu-Sotelo(2007)は、アメリカ合衆国におけるメキシコ人メイドに注目し、受け入れ社会におけるドメスティックレイバーの私化（privatization）と、送り出し国の実子との距離を問題化している。またParrenas(2008)は、フィリピン人メイドと雇い主のアメリカ人エリート女性との距離をフェミニズムがどのように語れるのかという問いを提出している。

本稿が疑問に思うのは、英語圏・日本語圏いずれにしても性産業で働く移民女性の姿がなかなか見えてこないことである。[2]本稿は、現在も日本で暮らしているフィリピン人女性を対象とし、「ジャパゆき」と表象された彼女たちのリアリティを探りたい。

2-2 「ジャパゆき」の背景

日本における女性の国際移動を特徴づけるのは、性産業に従事する外国人女性の多さである。

「ジャパゆき」の源流として一九七〇年代東南アジア諸国での観光ツアー売買春がある。東南アジア諸国は開発政策のひとつとして観光産業を強化し、航空会社・宿泊施設等の大規模投資を行い、パッケージ旅行のなかのエンタテイメントとして性的サービス産業を発展させた。これを日本人男性観光客が多数利用し、「買春観光」として問題になった。そして現地世論や日本の女性運動による「買春観光」反対運動が展開され、ツアーが実施しにくくなったところで、一九八〇年代初頭から「ジャパゆき」の流入が生じた。

これが戦後の最も早い時期の移民の大量移入層だが、彼女たちは「在日外国人」としてではなくあくまでも「ジャパゆき」として認識されたことは前述したとおりである。

伊藤（1992）によれば、一九八〇年代初頭から八七年まで外国人「不法」労働者の摘発件数の過半数が女性だった。一九八七年、女性の絶対数がピークに達する。この時期はフィリピンとタイで全体の九割前後を占めた。活動内容はホステス・売春婦・ストリッパーが圧倒的に多く、八七年までは全体の九割強を占め、それ以降も七割程度である。

実数として「ジャパゆき」から「外国人労働者」への転換が起こるのは一九八八年頃である。「不法」就労者摘発件数について一九八七年に女性七〇一八人・男性四二八九人だったのが、一九八八年には女性五三八五人・男性八九二九人へ逆転している。

その後一九九〇年代は、エンターティナー送り出し国が多様化し、現在は中南米やロシア、東欧などに広がっている。また中国、韓国、台湾なども少なくない。

2-3 フィリピン女性の位置

以上のような背景をもつ「ジャパゆき」は、日本社会においてどのような位置にあるのだろうか。

リサ・ゴウ（1999）は、フィリピン女性として日本で暮らす中から、日本社会に対してふたつの問題を提起している。まず第一に、フィリピン女性に対する日本社会の差別性である。

> 日本のメディアがフィリピン女性に無理矢理あてはめようとするふたつのステレオタイプ、――家族を支えるために身を売るかわいそうな娘さんといった被害者像、そして、金のためにセックスを利用して発情するセックス・マニアック――（七八頁）

日本社会は、フィリピン女性に対して、「かわいそうな娘」と「性を売り物にする女」というふたつのイメージをあてはめようとするというゴウの指摘は、いみじくもこれまでリブやフェミニズムが批判してきた女性イメージと重なっている。男性中心社会が女性に求める「女らしさ」は、ときには良妻賢母として家庭のために尽くす存在であり、またときには性的に男性を挑発する危険な存在である。

ゴウは、そのようなステレオタイプを克服するために、フィリピン女性が自分の口で自分の物語を話す必要を強調する。

第二に日本人フェミニストのレイシズムである。ゴウたちが、フィリピン女性を差別的に描写したTVドラマについて、TV局に抗議行動を行ったとき、日本人フェミニストはほとんど支援しなかった。鄭暎惠（1999：171）はこの批判に応えて「日本の女性学／フェミニズムがはらむ中心－周辺構造」を指摘している。日本の女性学・フェミニズムは、ジェンダー以外の権力関係を見落としがちなため、一部の女性に関心のある課題を中心化し、それ以外の女性たちにとって重要な問題を周辺化してしまう。フェミニズムにおけるこの「中心－周辺構造」は、日本でのみ指摘されたものではない。

グローバル化とは、race／エスニシティとジェンダーの交錯がより一層複雑化する過程である。日本社会に根深い性差別やレイシズムは、マイノリティである移民女性の存在から照らしてみるときどのように立ち現れてくるのだろうか。また、それらの課題をフェミニズムはどのようにすくい上げ得るのだろうか。

それを考えるために本稿では、フィリピン女性へのインタビュー調査を行い、そのなかからとくにふたつの経験について注目する。第一に彼女たちの仕事、パブ等でエンターティナーとして働いた経験についてである。エンターティナーは彼女たちが唯一合法的に就くことのできる仕事である。だがそれは「水商売」として社会的には蔑まれる仕事であり、実質的には「売春」だと一般的に思われてもいる。イメージが先行しがちなこの点についてリアリティを考察したい。第二に日本の家族との関係である。先述したようにエンターティナーとして来日した後、日本人男性と結婚して定住の道を開いた場合、どのような家族関係を築いているのか、その内実を探りたい。

3　インタビュー調査の概要

本稿は、筆者が二〇〇九年二月から三月にかけて行ったインタビュー調査の結果から考察する。対象は、愛知県内に住むフィリピン女性二三人であり、年齢は二一～四五歳にわたった。一人につき約一～二時間程度インタビューを行い、使用言語は日本語が主で、場合によってタガログ語通訳の協力を得た。

内容は対象者のライフヒストリーや現在の生活状況・家族関係・日本での経験等について尋ねた。なお文中の名前は全て仮名であり、内容については主意が損なわれない程度に改変を加えた。

インタビュー内容を見る前に、対象者の基本的な像を説明しておこう。概要を表に示した（最終ページ）。

まず初来日時のビザは二三人中一五人がエンターティナー、結婚ビザは五人、家族ビザは二人、観光ビザは一人だった。日本を訪れた時期が下るにしたがって、エンターティナービザから結婚ビザへと推移していることが分かる。

フィリピン・パブで働いた経験のある者は一七人だった。現在の滞在資格は、永住許可が四人、配偶者ビザが一一人、オーバーステイが四人、不明が四人である。不明というのは、あえてはっきり尋ねなかったものである。滞在資格を問うことは、状況によってはその者の存在の合法性・違法性を明らかにすることにもなり非常にプレッシャーが高い。そのため場合によって質問すること自体を避けた。

4　フィリピン・パブで働くこと

本節では在日フィリピン女性の来日方法の主要な形態であるエンターティナーという仕事について、彼女たちの語りから明らかにしたい。そのさいに焦点とするのが、否定的に見られることの多い労働形態だが、じっさいに彼女たちはどう感じたのかということである。

4-1　エンターティナーのシステム

まず彼女たちの語りから見えてきた、エンターティナーのシステムについて説明する。

最初にフィリピンでプロモーターと契約する。出発手続き等の費用は前もって給料から引かれる。エンターティナービザは六ヶ月（最初は三ヶ月で、延長されるともう三ヶ月）である。店がエンターティナー一人に対して六ヶ月分払う金額のうち、ほぼ半額が中間搾取され、最終的に本人に支払われるのは二〇〜四〇万円である。観光ビザや偽造パスポートにより入国し、そのまま非合法に滞在して働く場合は本人が受け取る割合がこれより低くなる。来日前に言われていた金額はもらえていない場合が多い。逃げられないように、帰国前に空港で給料をもらう。指名代やドリンクバック等は別で、女性自身の直接の収入になる。

彼女たちは、来日してじっさいに働き出すまで、ホステスの仕事だとは知らないことが多い。ある女性は仕事が始まってからもずっと「どうして踊らないの？」と疑問に思っていたと笑いながら語った。エンターティナーとして日本で働くためにフィリピンでダンスや歌の練習をしてきたのに、来日してみるとダンスも踊らず歌も歌わずに、お酒の相手をするだけで不思議だったたという。

以上のシステムの概略は、これまでの調査報告（JNATIP・F-GENS 2005 他）と共通している。ただ、他の地域と違い、名古屋では事前に二あるいは三年間の契約を結ぶことがあるという。エンターティナービザは三ヶ月で、延長は一回までだから、ビザが何度も継続して発行されることを前提にしているのか、あるいはそもそも「不法」滞在で働くことを前提にして設定された雇用形態である。

このシステムについて聞いたなかから分かったのは、彼女たちに与えられる情報の圧倒的な不足と、途中に介在する関係者の多さである。彼女たちは正確な情報が与えられないまま指示に従って送り出され、また中間搾取に対しても異議を申し立てない存在としてシステムに組み込まれている。偽造パスポートによる入国が多いことからも、このシステムは、彼女たちの立場の弱さを前提として成立しているのではないだろうか。

4-2　パブでの経験

より詳しくパブでの経験を見ていくと、厳しい労働実態が浮き彫りになってくる。

フィリピン・パブで働いた経験者の多くは、それについて「大変だった」「辛かった」等否定的な言葉で語ることが多かった。具体的に何が大変だったたか尋ねると、「ドーハン」「ペナルティ」「シメイ」という言葉が返ってきた。

ドーハンとは、夕方店に出勤するさいに、客を伴って来ることで、ドーハンしないとペナルティとして給料から罰金が引かれる制度である。またシメイとは客に指名された回数で待遇に差が付けられるものである。

ほかには、住居がせまいというものもあった。エンターティナーは、マンションの一室に五～一〇人程度の人数が共同で住まわされ、自由に外出もできないことが多い。

（部屋は）六人で　ランナウェイしないために外から鍵をかけられちゃう　ベランダもないよ　火事になったらわたしたちどうなるのかなあって　初めてだからこういうものかなあって（他の子たちも）みんな初めてだった

住居が狭いだけでなく、ほとんど監禁に近い状態であるが、知識も社会資源もない中で「こういうものかなあって」納得させられてしまう様子が見て取れる。

また、セクシュアル・ハラスメントについて語る者も多くいた。

お店でロボットのように働かされる　仕事の出来ない日にも仕事しなさい　仕事しないと罰金　お客さんの隣に座らされ、無理矢理日本語をしゃべらせられる　日本語をまだできないのに　ドーハンとか　お客さんと一緒にドーハンしないとだめだって　一ヶ月に二回ドーハンしないと罰金　ミニスカートを着ると（客から）触られる　たまにおっぱいとか

さらに、店に気に入られないと数百万円で転売されることもある。

「ロボットのように」主体性なく働かされ、セクハラにも甘んじなければならない。システム全体に前提された彼女たちの立場の「弱さ」は、仕事の現場でも通底している。

しかし、以上のような厳しい労働実態の中で、彼女たちはただ我慢して働くだけでなく、抵抗することがある。それが「ランナウェイ（逃亡）」である。

エンターティナービザで来日した一五人中（少なくとも）六人がランナウェイしたことがある。その多くがある店で何ヶ月か働いた後、ランナウェイして場所を変え働き続けた。そのうち二人は最終的に客であった日本人男性に連れられて逃亡し、その男性と結婚した。

インタビュー時現在もフィリピン・パブで働いている女性が四人いた。一人は週六日一九時から深夜一・二時まで働いて月一六～一七万円得ている。三人は週末に客が多いときだけ呼ばれる形であり、そのため収入はごく少なく、食料に不自由するほど生活に困っている。

4-3　「人身売買」問題との関連

ここで、彼女たちの就労経験を、「人身売買」問題との関

連で考察してみたい。

「人身売買」問題とは、詐欺的な手法で日本に連れてこられ、風俗店で監禁され強制売春させられることである。これは一九八〇年代後半から、東南アジア出身の女性が流入するにしたがって散発的に問題化されたが、それはあくまでも市民運動レベルに止まっていた。

状況が一変したのは、二〇〇四年に米国務省が第四回人身売買報告書を発表してからである。この報告書において日本は「監視対象国」とされたことをマスコミが大きく取り上げた。同年に日本政府は「人身売買取引対策行動計画」を発表し、興行ビザの要件を厳格化した。その結果フィリピン人の興行ビザによる来日者数が激減し、二〇〇四年約八五〇〇〇人・二〇〇五年約四七〇〇〇人・二〇〇六年約八〇〇〇人・二〇〇七年約五〇〇〇人と減少の途を辿っている。

さてここで考えたいのは、エンターティナーはみな人身売買被害者なのかということである。というのは、アメリカ政府の圧力によって「人身売買（英語ではtrafficking）」という問題が構築され、それを受けた政策的対応によりエンターティナーによる来日方法は閉ざされていっている状況があるが、そもそも「人身売買」の定義は難しい。「人身売買」と定義されれば「売買」された女性は「被害者」として扱われるため、保護の対象となり、本国送還あるいは在留特別許可のどちらかとして処遇され、その仕事からは当然離れねばならない。だがフィリピン・パブで働くことを望む女性は全くいないのだろうか。それがここでの疑問である。

それを考えるためにふたつの対照的な語りを紹介する。メリッサは一三歳から何回かエンターティナーとして来日したが、一九九九年に来日したお店がヤクザの経営だった。

私はラッキーでフロントだけだったの　裏で売春してるの隠すために　売春させられそうになったけど逃げたの　お風呂入れとか　日本語分からないから全然分からなかったの（経営者が）ヤクザだったの（ある日）家の下に入管が一杯だったの　オーバーステイたちはつかまっちゃったんだけどわたしたちも疑われるでしょ　やってるでしょって　後から逃げたの　入管でインタビュー終わってうちに帰らされたの　そのとき夜に（友だちと）二人だけで逃げたの　それから一三年間オーバーステイしたの　逃げなきゃ今ごろ死んでたと思う　売春の場合一週間二回くらい必ずチェック（検査）するの　これはうそじゃなくほんとの経験ね　もし逃げなかったらドラッグされてね　同じ部屋で住んでたんだけど違う世界なのね　一三人くらい売春させられてた　一人の子がバージンだったのにパパが売ったの　ショートタイムされて一万円でしょ　お店は半分取

る　言うこと聞かないとドラッグされるのね　ほんとのヤクザはやらないでしょ　若い衆だけじゃないですかね　見るとさ泣くしかないの　マリワナとかさ　その子たちは逃げられない　死んだ子が一人おった

ここで語られているのは明白な暴力が行使されており、明らかに「人身売買」の典型的なケースである。

このケース以外に、インタビューの中で強制売春と思われるような例はなかった。逆に客とのデート・外出を禁じている店があった。

しかし同時に、「楽しかった」「また働きたい」という声もあった。一九九七年にエンターティナーで来日したマリアは、二回目の来日時に現在の夫に連れられて店を逃亡した。彼女はまたパブで働きたいと言う。

自分で稼ぎたい　夜の仕事楽だから　日本だと汚い現場の仕事だけ　前名鉄[3]の野菜の仕事やったから（冷凍だから）すごい寒かった　きつい　やだ　パブとかスナックが一番　会話もできるしメイクもできるし　わたしおしゃれしたいわけ　ＯＬの制服着たい　たった半年だけやったからもっとやりたいの　楽しいというか簡単　座ったりしゃべったりするだけだから（最初のお店は）韓国人のお店で厳しかったの　デートとかなかった　お客さんが「この子面白いな」って　たぶんお店はお客さんエリートだから弁護士とか　可哀想みたいな　「フィリピン人可哀想ね」って　先輩たちが「はいはいと言え」って　今考えたらわたし売り上げ大きかったかもしれない（店から逃げたのは）よく考えてばかみたいだなーもったいなかったなーってマネージャーたちが稼がないと帰らせるからねって

マリアは上記のようにパブで働く希望をもっているが、日本人夫から仕事に就くのを禁じられている。マリアのようにパブで働きたいという声は例外なのだろうか。もちろん前に述べたように、マリアのケース以外のほとんどの店でドーハンや指名の強要があり、ほとんどの者がそれについて否定的に語っていた。だが、彼女たちが否定的に捉えていたのは、パブで働くこと自体ではない。パブで働くさいの条件や環境や待遇である。なかにはセクハラなどの辛い経験について触れた後、「でも仕事だから仕方ないね」とさらりと語る女性もいた。

本節ではエンターティナー送り出しシステムにおける女性たちの立場の「弱さ」を指摘してきた。だが、わたしがここで強調したいのは、フィリピン・パブで働く中で暴力や搾取等否定的な経験があるということと、働くこと全体を「人身売買」として否定してしまうことの違いである。

確かにパブで働くということに対して社会的な差別意識が存在するし、彼女たちの語りから過酷な生活・労働実態が見えてくる。だが、それ全体を「被害」として禁止してしまえば、なぜ彼女たちがランナウェイしてもなおパブで働き続けたのか、また今でも働いているのか分からなくなる。そもそも来日した彼女たちの意志すら疑わなくてはいけなくなる。

もしパブやクラブなどの産業全体を「強制」と捉えるならエンターティナーは全てその被害者となるかもしれないが、彼女たちの語りからすればそれは現実にそぐわない。

長く定住してコミュニティ活動にも関わっているエレンは「エンターティナーのビザはあるけど他の仕事のビザがない」ことが問題だと語り、「生き延びるためにはホステスのビザでもいいから（日本政府は）出すべきだ」と主張した。

エンターティナーはすべて「人身売買」被害者ではない。問題は、外国籍の女性が日本で権利を尊重されて働くことが難しいこと、そもそも日本に渡航できる資格が限られていることである。

例えビザを取得して定住できても、パブ以外の仕事としては、インタビューで出てきたのは自動車工場・弁当製造販売・自動車部品検査・小売り等の非正規雇用で収入の低い不安定な仕事ばかりだった。昨今の景気悪化で、それも短期間で解雇されるケースが多い。

逆に言えば、「人身売買」の考え方が成立するのは排他的な入管政策と社会経済を前提とするときのみではないだろうか。排他的な入管政策および社会経済が彼女たちの立場の脆弱性を生み、そこに暴力が忍び込むのである。

そして同時に、「脆弱性」の裏側には彼女たちの生き延びるための意志と努力が存在していることを忘れることはできない。

5　家庭とDV

本節では、彼女たちが日本で現在同居したり、過去に同居していた家族との関係について考察する。

現在の家族関係についてインタビュー対象者を四つに整理できる。第一に、日本人と正式に結婚手続きをしている者は一〇人である。第二に、結婚手続きはしていないが、同居している者は四人である。第三に、日本人と離婚したケースが五人、離婚を迷っているケースが二人である。第四に、本人に滞在資格がなく、夫が子どもを認知していないため、認知による国籍取得を求めて交渉しているケースが三人である。

結婚している者のうち、正式に結婚手続きをしていて夫との関係が安定しているのは五人だった。関係が安定している例の中でも、仕事を希望しても夫に禁じられている者やコミュニケーションに問題を感じている者がいた。

例えばスーザンは、おおむね現在の結婚生活に満足しているものの以下のようにも語っていた。

日本人は冷たい　女性に対して結婚しても最初だけ「好きだよー」とか　でもだんだん何もない　誕生日でも記念日でも何にもない　フィリピンではこうだよとか教えても「日本人だから」「男だから」とか　プレゼントはあるけど心がない　お金は出すけど「買えば」とか「映画見たいな」「行きたいな」と言っても「行けば」　でも子どもがお父さん好きだから我慢　わたしはほんとは別れたい　だんながあきらめない　五時に帰らないと電話来る　愛情はあるけど見せたくないみたい　なんで恥ずかしいか分からないけど

彼女は、上記のように不満を語りながらも、「でも暴力はないから幸せかもしれない」とも語った。

夫との関係が不安定なケースではその理由として、Aは一〇年前に結婚したが関係がうまくいかないため、婚姻は継続したまま近所に別居している。Bは正式には結婚せず、一年前から同居を開始したが関係がうまくいかずに離婚を迷っている。Cはフィリピンで日本人と結婚した後に来日したが、関係がうまくいかないことと借金などの経済的な問題から離婚した。Dはフィリピンで結婚したが、来日後、既婚者だと分かった。Eは日本で結婚・出産したが夫の浮気で別居した。以上のように様々である。

例えば、前述のメリッサは、現在夫・子どもと同居しているが、離婚すべきか迷っている。夫に対する不満はいくつかある。

ご飯作ったら「何これ　まずいじゃん」「食べられるか要らないよ」と捨てられた　だんながジャケット買ってきて子どもがその色好きじゃなくて、そしたらだんなが子どもを引っ張って蹴飛ばしたりしてるんだよ　二歳のときですよ　もう二度と子どもに触るなよと言ったんですよ　だから（だんなは）普通じゃない　フィリピンのスタイルは子どもの前でケンカ見せちゃだめ　「お前ら出てけや」と何回も言われましたよ　毎日そういう風にされたらどうですか　パニックですよ　子どもかわいそうですよ　フィリピンにも帰せないし　わたしフィリピン人だからそういうこと言うのと言ったら暴力なるだけね　首をつかまれて後ろのお風呂のドアこわれたたね

ほかにも事実婚で同居しているローリーは、夫の浮気を

疑っており、同じように離婚を迷っている。なかでもとくに以下のエピソードを強調して言う。

> 日本人の男性はわがままが多いね　そういう印象　自分の言うこと聞けとか（フィリピン人の男性は?という筆者の質問に対して）フィリピン人なら同じだから　言葉も気持ちも立場も同じだから（日本人男性には）伝えたいんだけど伝わらないから　こないだもケンカしたんだけどね　永住権のことで　永住権取りたいなら日本の文化勉強しろとか同化しろとか　フィリピンの文化を捨てなさいとか　難しいね　子どもがいるから　ファミリーがいて育てた方がいいかなとか　失礼かもしれないけど移民に対する日本人の考え方が冷たいね　あんたたちが日本に来ているのはお金が目的とか　さみしいよね

以上のように、夫との関係がうまくいっていないケースが多く、うまくいっていない理由は明確に断定できるわけではないが、根底のところに彼女たちの立場の不安定さがあるように思える。

不安定さを最大に抱えているのが子どもの認知を求めて交渉しているケースである。三人は、エンターティナーで来日後、オーバーステイになり、出産したが正式な結婚ができないまま滞在資格のない状態でいる。一人は子どもの父親と同居して結婚同然の生活をしているが、男性側の日本人女性との離婚が成立していない。二人は出産前後に男性に逃げられ、一人で出産して途方に暮れたが、友人の支援を得て現在は裁判や入管に申請するなどの手続きを行っている。男性が認知を拒否するなど手続きがうまくいかなければ、彼女本人のビザも取得できないので帰国（強制退去）しなければならない。ビザを得た後も、離婚すれば更新できないので日本にいられない。日本にいたいのであれば、離婚の事態に至らないように、夫との関係を良好に保つように努力しなければいけない。このように不均衡な関係性からはＤＶなどの暴力・支配関係が容易に発生しやすい。

一方で離婚しても、日本人の実子を養育していれば、母親としてビザを取得できる可能性が高い。しかしそれは彼女自身の日本での生活の権利が認められたということではなく、あくまでも子である日本人の養育を行う人間として、日本人の存在を中心に彼女の滞在が一時的に許可されたに過ぎない。

ここで許されているのは、まさに「母親」としての女性のあり方のみである。

6　フィリピン女性を支えるもの

以上のように、彼女たちの日本での生活は不安定で、悩みはつきない。それではなぜ彼女たちはそれでも日本に留まり続けるのだろうか。

インタビューのさい「日本をどう思うか」「日本を好きか」という問いを必ず投げかけたが、日本に対して批判的な回答をしたのは七名、肯定的なのは一〇名だった。

批判的な回答は、「日本人は冷たい」というものが複数あったがそれは主に日本人の夫を念頭においたものだった。またパブでの厳しい働かされ方について、公共空間で英語が通じないことについて、工場等の職場で差別されたことについてなどであった。だが、批判的な回答も含めて全ての人が、老いるまではこのまま日本で住み続けることを希望していた。

肯定的な理由は、「日本では仕事がある」という経済的な理由がほとんどだった。エレンは来日前の日本のイメージは「日本に行けばお金持ちになる」だったという。皆が異口同音に言うのは「フィリピンでは仕事がない、働いても一日食べられるだけのお金をもらえない」ということである。

多くがフィリピンで親兄弟姉妹等の家族はもちろん、自分の子どもも待っている。彼（女）らに仕送りをしなくてはいけない。何名かは日本で数百万円を稼いで故郷に土地を買い、家を建てたと言っていた。

印象的なのは子どもの認知を求めてオーバーステイのまま知人宅に滞在しているジョリーが言った、「フィリピンの子どもには no future でしょ」という言葉だった。ビザを得られるかどうか分からない、また定住できてもひとりで子どもを育てていかなくてはいけない生活でもフィリピンよりは良いのである。

彼女らの移住への意志を支えているのは、祖国の圧倒的な貧困である。

7　結婚・家族が彼女たちにとってもっている意味

Parrenas は、アメリカやイタリアで働くフィリピン人メイドの位置を「placelessness」と表現している。彼女たちはメイドとして働いている家で自分の場所を持てるわけではない。にもかかわらず長い出稼ぎから一時帰国してもまたすぐに出発するのが常である。出身社会と移動先の社会両方の家父長制の間で揺れ動いているという。

しかし日本におけるフィリピン女性の位置は、placelessness というよりも、逆に家に縛り付けられているように見える。彼女たちの滞在資格は基本的に、エンターテイナーか日本人の配偶者・母親かどちらかの役割から発生するものしかない。どちらのポジションも男性を中心に根拠づけられたものであり、客や夫の暴力には、日本人のフィリピン人に対する差別意識に根差しているものも多い。しかし結婚生活の失敗は滞在の基盤の消失に直結し、「不法滞在」になってしまう。それは生存の権利が失われることを意味しているため、DVにも容易には抵抗しがたい。

本稿の初めで紹介した、ゴウの指摘したフィリピン女性へのステレオタイプについてインタビュー調査から照らして考えれば、彼女たちはそもそも性産業で働いているし、また日本で結婚・育児をしながらフィリピンの家族に送金をしている例がほとんどだ。「オミセ（クラブやバーのこと）」で男性客を相手に不満を隠しながら接客をし、日本人の夫や子どもとの関係に苦慮しながら故国の家族・親戚の面倒も見続けている。現実に、彼女たちは、日本社会が与えるステレオタイプを生きている、生きざるを得ないのである。

しかし、彼女たちの語りから分かるのは、そのようにステレオタイプを生きながらも彼女たちは常に不満を感じ、悩み、ときに抵抗しているということだ。そのような軌跡の結果、彼女たちはまぎれもなく日本社会に根付き出している。

ジェンダー秩序が再編されている現在においては、マジョリティである日本人女性は一見多様な人生の選択肢を許されているように見える。まるでジェンダー規範は消失したかのようである。その陰で、女性の中でもマイノリティであるフィリピン女性たちが、女性に与えられる規範や圧力をとりわけ身に負っているように見える。

端的に言えば、日本で生きる権利を認められていない彼女たちの身体に許されるあり方は、「娼婦」か「聖母」のどちらかのみである。

そしてさらに興味深いのが、彼女たち自身の生の中で、「聖母」と「娼婦」の双方の像が往来されていることである。「娼婦」として蔑まれる性産業労働者として来日した後、日本人の「妻」か「母」となって定住に成功する。それが彼女たちにとってある意味での「成功のパターン」である。このダイナミズムは、彼女たちにしか経験できない。

8　可視化のために

ホールは、「ディアスポラ的経験は、本質や純粋性によってではなく、ある必然的な異質性と多様性の認識によって、つまり差異と矛盾することなく、差異とともに、差異を通じて生きる『アイデンティティ』という概念によって、雑種混淆性によって定義される」（1998 : 101）と書いた。

この「雑種混淆性」とは、日本社会の過剰に構造化されたジェンダー秩序のなかでナショナリズムやポストコロニアリズムの権力作用とともに生きるフィリピン女性たちの生がまさに身に負っているものではないだろうか。

そしてこの権力作用を解剖する際には、差別・暴力および政治化する以前の「可傷性（vulnerability）」から出発する必要性があるように思える。

ジェンダーの権力作用からエージェンシーの可能性を探ってきたジュディス・バトラー（2007）は、近年「可傷性」について思索を始めている。

公共圏における社会的現象のひとつとして構築された私の身体は、私のものであって、同時に私のものでない。最初から他者の世界に差し出されたものとしてのわたしの身体は、他者の痕跡を刻まれ、社会生活のるつぼの中で形成されている。（五八－五九頁）

バトラーが目指しているのは、可傷性を連帯の構築の始まりにできる理論である。

今回の調査では現在日本に定住している、あるいは少なくとも定住を目指す過程上にある事例が対象となった。定住の失敗例、つまり何らかの暴力によって生存が失われた人々には当然ながら直接アクセスはできない。

ゴウは「もし、傷がとても深いままで痛みがおさまらないとしたら、いつかアンタは爆発してしまう。そう、出口を求めて爆発するエネルギーが、自分自身への攻撃と向かってしまうフィリピン女性たちがいるのです。自殺したり、シャブ漬け、アルコール中毒とかでじわじわと死んでいく女性たちが」（九六－九七頁）と記している。

フィリピン女性たちと接して見えてくるのは、「人身売買」から「国際結婚」までのダイナミズムである。あまりに大きな幅、暴力と幸福の振幅がそこにはある。それは背景にある出身国の貧困の重みと、存在することが深くジェンダー化されていることから生じる、「もろさ（fragile/fragility）」[4]といってもいい。個の生の中で「聖母」と「娼婦」を往来した彼女たちは、常に「もろさ」にさらされている。

しかし同時に彼女たちはそのもろい基盤の上で、「娼婦」や「母」という姿に自らを当てはめながらも、確実に生きている。その生の中では暴力が経験され記憶されている。

Parrenas は「家事労働者とその雇用者（女性）の間の不平等にもかかわらず、グローバルな新自由主義的政策に対する共通の抵抗はもしかするとこれらの女性たちを国家を超えて統一させるかもしれない」（六一頁、引用者訳）という。彼女は、先進国におけるエリート女性とマイノリティ女性の連帯の途を見出そうとする。

しかし本稿からは、そのような世界はいまだ遠くにあるように感じられる。少なくとも私たちにできることは、彼女たちの生がはらむ「もろさ」と、また「もろさ」を生き延びる強さから何かを学ぶことだろう。

「複合差別」という概念では認識しきれない、とりわけマイノリティ女性にのしかかる性化されたジェンダー秩序は、既に狭義のジェンダー平等だけでは変革できない。「もろさ」から生まれる連帯を紡げる理論と実践が求められているのではないだろうか。

【注】

1 入国管理局ホームページより。
2 青山薫［2007］は、タイ在住で日本で働いた経験のある女性たちについて考察している。
3 名鉄とはここでは、名古屋市や周辺にある大規模なデパートのこと。
4 ポール・ギルロイ［1998］。

【文献】

青山薫 2007『セックスワーカーとは誰か』大月書店
ジュディス・バトラー 2007『生のあやうさ』以文社
ポール・ギルロイ 1998「英国のカルチュラル・スタディーズとアイデンティティの落とし穴」『スチュアート・ホール』現代思想三月臨時増刊 vol26-4.
ゴウ・リサ、鄭暎惠 1999『私という旅』青土社
Hondagneu-Sotelo, Pierrette. "Domestica" University of California Press, 2007.
伊藤るり代表 2004『現代日本社会における国際移民とジェンダー関係の再編に関する研究』科学研究費補助金研究成果報告書
伊藤るり 1992「「ジャパゆきさん」現象再考」伊豫谷登士翁・梶田孝道編『外国人労働者論』弘文堂
同上 1996「もう一つの国際労働力移動」伊豫谷登士翁・杉原達編『講座外国人定住問題　日本社会と移民』明石書店
人身売買禁止ネットワーク（JNATIP）・お茶の水女子大学21世紀COEプログラム 2005「ジェンダー研究のフロンティア」（F-GENS）『日本における人身売買の被害に関する調査研究』報告書
梶田孝道 1994『外国人労働者と日本』日本放送出版協会
久場嬉子 1994「移民と女性労働」森田桐郎編『国際労働移動と外国人労働者』同文館
宮島喬・梶田孝道編 2002『マイノリティと社会構造』東京大学出版会
Parrenas, Rhacel. S. "The Force of Domesticity" NY University Press. 2008.
スチュアート・ホール 1998「文化的アイデンティティとディアスポラ」『スチュアート・ホール』現代思想三月臨時増刊 vol26-4
同上 2001「誰がアイデンティティを必要とするのか?」ホール＋ポール・ドゥ・ゲイ編『カルチュラル・アイデンティティの諸問題』大村書店
高畑幸 2003「国際結婚と家族　在日フィリピン人による出産と子育ての相互扶助」石井由香編『移民の居住と生活』明石書店
山谷哲夫 2005『じゃぱゆきさん』岩波現代文庫

表　インタビュー対象者の基本情報

年齢	初来日年	初来日のビザ	現在の滞在形式	現在の同居者
51	1979	結婚ビザ	永住許可	恋人
39	1983	エンターティナー	結婚ビザ	夫、息子
45	1988	エンターティナー	配偶者ビザ	娘2人、（夫）
37	1991	エンターティナー	結婚ビザ	夫
48	1992	エンターティナー	配偶者ビザ?	夫
34	1993	エンターティナー		恋人
35	1996	エンターティナー	永住許可	夫、娘
45	1999	エンターティナー	永住許可	3番目の息子（夫とは別居中）、他の息子は親戚宅
29	2000	エンターティナー	永住許可	子ども、恋人
32	2001	エンターティナー	?	娘
27	2003	エンターティナー		息子、夫
32	2003	エンターティナー	結婚ビザ	
32	2003	結婚ビザ		
32	2003	エンターティナー	結婚ビザ	夫、娘
33	2003	家族ビザ		
23	2004	観光ビザ		夫、息子
31	2004	エンターティナー	結婚ビザ	夫、子ども
35	2004	家族ビザ	結婚ビザ	子ども
27	2005	結婚ビザ	結婚ビザ	夫
28	2005	エンターティナー		息子
43	2005	結婚ビザ	結婚ビザ	娘、息子、（夫とは別居）
28	2006	エンターティナー		友人宅に同居
21	2007?	結婚ビザ	結婚ビザ	夫

不可視化される〝不法〟移民労働者第二世代

――トランスナショナルなつながりとエンパワーメント

鄭嘉英《チョンガヨン》（訳　遠見里子）

はじめに

グローバリゼーションの波は、資本と人の移動を加速させている。フレキシブルな変化は労働市場や消費パターン、文化的コードにまで及び、平坦になった時間と場所は通信と輸送を発達させた（Harvey 1989）。国民国家に保護されていた近代の個人に替わり、領土の境界に規定されない国民国家の概念のもとに（Appadurai 1996）、国境を越えた存在としての個人が誕生した。長期間にわたる居住や継続的な移住は、以前のような閉じられた国民国家の概念を崩壊させている。韓国もその例外ではない。〝単一文化的な国家〟は次第に崩れ去り、国際移民に対してより開かれた国家が立ち現れている。

近年韓国政府は、国際移民に関する規制および管理の新たな方針を発表した。これによれば、結婚して〝韓国人〟の子供を生む移民の女性とその子供は、国家の法のもとに保護される。しかし一方で、通常の移民労働者とその子供たちは、短期滞在の後に帰国しなければならないよそ者と見なされて、あらゆる国家の支援から排除されるのである。不安定で劣悪な社会状況に追いやられた不法就労者とその子供たちは、いまや韓国の移民労働者における検討課題の中心的な問題である。しかしながら、彼ら移民労働者の地位に関する議論は隅に追いやられてしまっている（Kyung-seok Oh 2007）。

本研究は、韓国国内における不法就労移民の二世たちについて、彼らを〝見えざる子供たち〟として注目していくものである。彼らは第一に、社会保険と医療サービスから排除されている〝ゴースト〟であり、第二に韓国社会において活発な議論の対象とされにくいという意味で〝見えない〟存在である。構造的に制限された環境で生活することを迫られる彼らは、〝不幸〟で〝不安定〟な子供というレッテルを貼られて軽視されてきた。彼らを、差別環境に受動的で犯罪性をもった〝危険な子供たち〟というイメージで描き出すこのような議論は、その偏見があたかも現実であるかのように受け取られかねないというリスクを伴っている。

　この研究の調査は移民労働者二世、とりわけ韓国ソウルに住むモンゴル人移民の子供たちを対象に行った。その理由は第一に、就学中の移民労働者の子供の七〇%をモンゴル人移民の子供が占めているためであり、第二に同様の民族的特徴を共有する人々に研究対象を絞り込む必要があったためである。

理論的考察

韓国における移民政策のカテゴリー

　カースルズとミラー(Castles and Miller 1993)は移民政策を、多様性排除モデル、同化主義モデル、多文化モデルの三つに分類している。一般に多様性排除モデルの社会では、人々は血縁関係を基本に結びついていると信じられているため、移民が国の一員として受け入れることは忌避される。移民に対するこのような敵対心は、入国に関する移民政策の排他性や厳しい市民権取得の手続き、さらには様々なイデオロギーのなかに見ることができる。これは、国が移民に対して包括的な社会であることを拒むものである。多様性排除モデルの国は、移民に対して労働市場など社会の一部分に参加することを許可しているに過ぎず、市民としての社会保障制度や政治参加などの権利を認めているわけではない。移民たちは一見すると市民社会の構成員であるようで、実際は経済・社会・文化・政治活動から排除されており、必然的に立場の弱い少数のエスニック・グループとなる。これは一九九〇年代当時、外国人労働者を呼び込んでいたドイツやオーストラリアに当てはまるモデルである。

　次に同化主義モデルは、順応という方法によって移民の統合を目的としたものである。このモデルの国が移民に望むのは、彼らが出身国の言葉や文化、社会的親密性を消し去って、受入国のネイティブ同様の質を身につけることである。移民たちは受入国で働くために言葉を学ぶ支援を受け、その子供たちには就学が認められる。急速に進められる同化政策は、そのプロセスの中で統合政策に取って代わられる。もし移民たちが自ら居住地を形成し、特定の職業に就くことでエスニック・コミュニティを形成していくならば、同化政策はその妥当性を失ってしまう。統合論者は、集団間のまとまりを基礎にした順応モデルのプロセスに賛成している。しかしその最終的な目標は、移民を社会の主たる文化に吸収することであり、したがって、統合モデルは同化主義モデルの一種なのである。このモデルを代表する国としてフランスを挙げることができる。

最後に多文化モデルでは、移住者は民族の多様性を保持することが認められており、主要な社会活動の権利を与えられている。オーストラリアやカナダ、合衆国に代表される多くの移民受入国は、文化的に多様な移民の集団を自分たち受入側の社会にいち早く統合するには、この方法が最も適していると信じている。多文化主義を追求する国々においてその構成員たる権利は、移民に対してその広大な土地に徹底的に貢献するよう要求する。政策遂行は国によって様々に異なり、たとえば合衆国は、移民の文化的差異とエスニック・コミュニティを承認することで自由競争主義的な政策を取っている。またカナダやオーストラリア、スウェーデンはより積極的に移民集団の統合過程に取り組んでいる。

短期雇用外国人に関する政策を進めることで移民労働者の定住を回避しようとしている韓国は、多様性排除モデルに当てはまる。移民労働者は家族を連れてくることが許可されていないばかりか、人権侵害にあたるような規制を受けて本国へと送還されることもある(Oh 2007)。受入国が自国の正当性を守るために利用する社会の構成員という概念は、支援を必要としている移民労働者について考慮する場合、労働傾向の世界的な変化にしたがって再構成されなければならない(Kim 2005)。今求められているのは、社会的マイノリティや異なる文化をもつ人々を包括的に受け入れる新しいアプローチである。この研究では、移民政策と、不法就労移民の子供たちがアイデンティティを構築していく過程とに注目し、生まれながらにして韓国で暮らす移民たちが真に韓国社会の中で共存していくための、制度的かつ文化的なフレームワークを検証する。

移民二世の順応

人種・民族の差別を受けて育った移民二世たちは、生まれながらにして下等で怠惰であり、犯罪性を潜在的に持ち合わせているというような偏見を内面化しているようでもある。両文化の間で揺れ動く二世たちは、どちらの文化においても完全なメンバーシップを獲得することはできない。しかし皮肉にも、このように国境から自由になった彼らは、文化的な仲介者となりえる。幼少期を韓国で過ごし、その言語と文化のなかで成長してきたモンゴル人移民の子供たちは、外見が韓国人と似通っているために、移民としてのラベルを容易に隠すことができる。しかしまさにこの理由によって、彼らは外国人に向けられる差別や排除に対してより敏感になるのである。この調査では、移民二世たちがどのように自らの体験を解釈していくのかを分析し、彼らの交渉の経験と他の人々とのかかわり合いについて考察を進めていく。

近年研究者たちは、移民第二世代が、日々の生活の中で二つないしはそれ以上の国民国家との関係を通じて、フレキシブルなアイデンティティを形成していくことに注目している。この概念は一九八〇年代後半に現れた〝トランスナショナルな移民〟というコンセプトと関わっている。ここでの主張は、母国を去った移民たちは豊かな国に一方的に統合され、吸収されるということであった。しかし実際の移民たちは、政治的にも文化的にも出身国との関係を継続的に保持していた。そこで研究者たちは、移民労働者の子供たちがトランスナショナルなアイデンティティを構築することに注目して、彼らが出身国の国民としての自負を保持しながらコミュニティと関わり、自分自身を仲介者あるいはトランスナショナルなエージェントとして確立していくことを明らかにしたのである（Levitt and Waters 2002）。若い世代の移民たちには、移民は出身国のルーツを離れて受入国の新たな一員になるのだ、というかつての考え方はもはや通用しない。この理論は韓国に住む移民労働者の子供たちにも当てはまる。この若者たちは国際的なコミュニティを通じて受入国に順応し、自立の方法を獲得しながら、同時にマスメディアを通じて母国との関係を保つことで、自らをあるひとつの国に限定されない〝中間的な〟〝継続的な〟移民だと考えるのである。トランスナショナルなアプローチは、移民二世を孤立した集団として分類するのではなく、出身国と受入国の間に彼らの居場所を作り出すのである。

この研究では移民二世の順応スタイルの特徴を分析するために、彼らのエンパワーメントの状況と効果について注目していく。この〝エンパワーメント〟という概念は、周縁化され抑圧された集団が自らの生活向上と自治権を要求したことに始まった（Cox&Gutierrez&Persons 1998）。〝エンパワーメント〟は、ヒエラルキー構造における下位階級を通じて、権力関係を変革する過程として定義される（Presser and Sen 2000）。さらにこの概念は、最近では集合的行動のみならず個々人のレベルにまで拡大されており（Kilby 2002）、個人としての環境の理解、責任ある決定をする努力、生活の質向上のイニシアティブといった積極的行動を指し示す用語として用いられている（Gutierrez 1990）。〝エンパワーメント〟は移民労働者に関する議論でも広く使われており、本研究では支援コミュニティと韓国在住の移民二世との間における〝強化〟のプロセスを明らかにするためにこの概念を用いる。

モンゴル人移民労働者とその子供たちの流入

ソ連との緊密な政治・経済的関係から、一九二〇年代以降約七〇年の間、モンゴルは〝小さなソビエト〟と呼ばれてきた（Hong-Jin Kim 2007）。一九八〇年代後半にソ連と東欧諸国において改革と門戸解放の政策が本格化したのを受け、モンゴルでも一九八八年一二月に「シンチレル」（刷新改革）を求める独自のペレストロイカが起こった。続く一九九二年一月一三日、モンゴル民主党が新憲法を成立させたことで、モンゴルは政治的にも社会的にも民主主義の国となり、市場経済へと転換していった。

モンゴル全土にわたる急速な改革は物価上昇や失業率の上昇を引き起こし、GDPを低下させた。安定した生活を営むことが困難になったモンゴル人たちは、より良い機会を求めて外国へと目を向けたのである。フォーセットは国家間の労働力移動を結びつけるカテゴリーとして、国家間の関係、マス・カルチャーの関連、家族や友人のネットワーク、労働に関する需要を挙げている（Fawcett 1989）。モンゴル人が韓国へと流出していった動きのなかにも、この四つのカテゴリーを観察することができる。移民労働者の収入がもたらす経済的貢献と市場の動きに注目したモンゴル政府と、一方で資源外交の重要性を認識した韓国政府の間に利益の衝突が生じると、二〇〇六年モンゴル政府は「外国人雇用許可に関する覚え書き」を改正し、調印した。一九九〇年代以降のいわゆる「韓流」といわれる韓国ブームが、韓国の友好的イメージを高める起爆装置となり、その影響で移民たちは家族や親類を韓国へと呼び寄せ始めた。この韓流ブームによって、移民労働者たちはモンゴルと韓国の間にネットワークを形成していった。モンゴル政府による労働のアウトソーシング促進というプッシュ要因に加え、韓国は3D業種（訳者注：いわゆる3K＝きつい、汚い、危険）における慢性的な労働力不足というプル要因を抱えていた。その解決策として韓国政府は移民労働者政策を受け入れ、〝見習い労働者〟を企業に供給した。国内での労働力確保が難しい状況にあった企業側は、二〇〇七年七月に施行された政府お墨付きの雇用許可制のもとに、見習い労働者として労働基準法が適用されない外国人労働者たちを合法的に雇い入れた。このシステムでは社会保険など一部の権利は保障されているものの、職業選択の自由や団体交渉権などは未だ制限されている。

雇用許可制導入後も不法就労者の数は着実に増え続け、彼らを取り巻く問題は山積みになっている。移民労働者の家族、とりわけ移民の子供たちが直面する問題を解決することは重要な鍵となる。韓国の法律は移民労働者がその家族を連れて来ることを禁止しているが、現状では移民の子供たちの韓国流入が絶えない。違法に入国した彼らは、教育の機会や医療・社会サービスから閉め出されている。民間の組織がこのような子供たちの権利を守ろうと取り組みを行う一方で、韓国法務省や教育・人的資源を担当する政府機関は、政府の方針としてこれをやめるように勧告している。政府が移民の若者たちの権利を保障することに興味を示さないなか、彼らは韓国で不安定な生活を送らざるを得ない状況にいる。

調査方法

調査は、多くのモンゴル人移民労働者の子供が通う「モンゴル人移民の子供のためのモンゴル語学校」（以下ＭＳＭＣ）で行った。ここでは就学年齢の子供たちに教育を施すだけでなく、モンゴル人移民労働者と既婚の移民女性たちに向けた社会福祉活動も行われている。授業はモンゴル人教師と韓国人教師の両者が受け持ち、移民たちが必要とする一般的なニーズに応えるためのスタッフも常駐している。校内には移民たちのためのコミュニティホールが用意され、韓国国内有数のモンゴル民族コミュニティの役割を果たしている。その規模は多くのモンゴル系飲食店が立ち並び、彼らのビジネスの拠点となっている「モンゴル人街」に次ぐものであり、さらには在韓モンゴル大使や訪韓中のモンゴル大統領が訪れるなど、教育上のみならず外交上の〝飛び地〟としても重要な場所となっている。

二〇〇七年一〇月からの一〇ヶ月間、週二回のボランティア活動を通して一〇代のモンゴル人移民を対象にした調査を行った。調査期間中の二〇〇八年一月〜二月にはＭＳＭＣで韓国語の教師として勤務し、その際モンゴル人移民女性たちを観察する機会を得ることができた。子供たちの普段の生活実態を把握するための参与観察と、彼らの仲良しグループ、講師、ＮＧＯスタッフへの綿密なインタビューを行った。同時に移民支援機関を訪問したり、ＭＳＭＣやエスニック・コミュニティが主催するさまざまなイベントにも積極的に参加した。

インタビューは移民労働者の子供たち、講師、アシスタントを含めた計五七名を対象に行った。子供たちといっても、ここには小・中学校の生徒をはじめ、若年労働者も含まれている。この調査では特にＭＳＭＣに通う一〇代の移民たちに焦点を当てて、一〇ヶ月にわたって週に一度定期的に面会し、必要に応じた一〜二時間の綿密なインタビューを行った。また彼らをより理解するために、両親や学校の先生たちにも聞き取り調査を実施した。この際、私は韓国人の姉であり、韓国語の教師であり、指導者であり、ＭＳＭＣのボランティアであり、さらには子供たちの両親に教育上のアドバイスをするカウンセラーであった。この調査によって集められたエスノグラフィーは、被験者と私の間に確立された信頼関係の上に成り立つものである。

二世の順応とエンパワーメント

順応戦略と文化理解

韓国で暮らす一〇代の移民たちは、友人や教師、近所の人々と関わっていくなかで韓国社会を解釈し、自らのパースペクティブを用いてモンゴル社会における新しいスタンスを形成していく。彼らにとってそれぞれの社会との関係は、韓国での滞在期間と支援グループとの関わりの強さによって異なっている。たとえば滞在が短く支援団体との交流が浅い場合、彼らはモンゴル人としてのアイデンティティを否定的にとらえ、韓国社会にとけ込もうとする傾向が強くなる。

ビルゲン：僕が初めて韓国に来たのは一九九〇年代の終わりで、ＭＳＭＣが設立される前だったんだ。当時、韓国の学校の入学許可を得るのとはとても難しかった。クラスメートにいじめられたのを覚えている。彼らは、モンゴル人は汚い、貧しい、怠け者だと言っていた。僕は嘘をついて、モンゴル人や移民労働者を非難したよ。そうまでして韓国人のクラスメートと友達になりたかったんだ。

ビルゲンが語ったことは、移民労働者の子供がほとんどいなかった一九九〇年代後半の韓国社会の状況をよく表している。その後一〇代の移民たちが長期滞在するようになり、さまざまな支援を受けるようになるにつれて、彼ら自身の見解には変化が生じている。

エルカ：私は最初、韓国は先進国でモンゴルは後れた国だと思っていたの。自分がモンゴルから来たことは誰にも知られたくなかった。でもＭＳＭＣの先生が、それは恥じることではなく誇りに思うことだと言ったの。韓国も昔は途上国だったって。モンゴル人は、モンゴルの労働市場の状況が悪かったから韓国に来たのよ。別に韓国を頼ってきたわけではないし、ただお金を稼ぐために来たの。それにモンゴル人は韓国人の仕事を奪ってなんかいないわ。彼らのほとんどは韓国人が嫌う３Ｄの仕事（訳者注：きつい、汚い、危険）をしているんだもの。韓国人だって、昔はアメリカや日本に渡って同じようなことをしていたと聞いたわ。

韓国が歩んできた経済発展について学び、隣国との関係からモンゴル人の状況を見ることによって、エルカは韓国とモンゴルを単純に〝先進国〟対〝後進国〟という二項対立で理解することから解放されている。彼女は、移民労働者は受入国の需要を満たして消費を促進しているのだという主張によって、彼らを「受入国の経済的利益を刈取って母国に帰る集団」だとする見方に反論している。移民労働者である自分の両親と周りの人々の実際の姿を見ながら、同時に支援センターの教師から学ぶことによって、彼女が二つの社会を比較して理解していることは明らかである。

移民の若者たちをより理解するためには、〝抵抗の日常的姿〟を当然考慮しなければならない。ジェームス・C・スコット(1985)は抵抗という行為を、革命的な集団にではなく、抵抗する権力を持たない農民にこそふさわしいものだと説明する。抵抗は必ずしも組織化された闘争、あるいは権力に対する直接的な戦いである必要はない。革命や組織化された闘争は対立的で体系的ではあるが、抵抗の日常の姿はむしろより個人的でインフォーマルなやり方なのである。一〇代の移民たちは日々の環境を自身の言語で語ることで経験を〝解釈〟し、対策を探している。重要なのは、移民労働者二世が〝抵抗の日常的姿〟を実践しているということだ。移民の子供たちは、移民労働者に向けられる否定的な見解を理解しながら、同時にこのような偏見を避けようとさまざまな努力をしている。

ナイジエア：MSMC周辺の住人たちは、私たちがモンゴル人であることを知っているの。制服を着ているからね。私と友達は常に礼儀正しくすることを心がけているし、道端に何かを投げ捨てることなんて絶対にしないわ。学校では上級生が下級生に、クラスの外でどう振る舞うのかを教えるのよ。私たちは韓国人の認識を変えて、モンゴル人や他の外国人労働者に対する偏見をなくしたいの。

ゲル：はじめは韓国人の生徒にからかわれても何も言わなかった。韓国語を理解できなかったし、どう反応していいのかもわからなかったから。でも今は違う。誰かが「君はゲル（モンゴルの伝統的なテント）に住んでいるの？」とか「学校へは馬に乗っていくの？」と言ってきたら、「もし君がアメリカに行って、アメリカ人が韓国の文化や伝統を馬鹿にしたらどう思う？」と言い返してやるさ。

一〇代の移民たちはモンゴル・韓国両国の文化の違いを理解しながら、自分たちの外国人としての痕跡を隠して〝韓国人〟であるかのように振る舞おうとする。これによって彼らは差別から解放されるのだ。モンゴル人の肌の色・体格といった身体的特徴が韓国人と似ているために、もし彼らが流暢な韓国語を話すならば、外見上〝韓国人〟に見られることは簡単なことであり、一〇代の移民たちはこの意味を十分知っているのである。

ナイジエア：最初のアルバイト先で、ある同僚が私に向かって外国人かと聞いてきたわ。おそらく私の韓国語が十分でなかったんでしょうね。私は彼に、自分は朝鮮族だと言ったの。すると彼は「君は僕らの一人だ」と言ってくれたの。この経験をしたことで、私は今の職場でも自分は朝鮮族だと言っているの。仕事仲間たちは「モンゴル人と中国人は最悪な労働者だよ。でもユミ（ナイジェアの韓国名）は素敵だよ。君には韓国の血が流れているに違いない」と言うの。

移民たちは疎外された状況に妥協しなければならず、不安定な状況で侮辱的な扱いをされていることに抵抗できないでいる。しかし一〇代の移民たちは、このような壁を乗り越える術を学び、受入国の社会的抑圧の犠牲者になることから逃れている。

モンゴル人移民二世は幼少期から思春期を韓国で過ごし、自然と韓国語を身につけながら文化や日常習慣に親しんできた。身体的にも韓国人と似通った特徴をもつ彼らは、韓国に同化され得る質を備えている。とはいえこのような状況は、移民たちを容易に〝韓国人〟として振る舞うよう説き伏せるわけではない。すなわち、彼らは一方的に韓国社会に包摂されたりあるいは排除されたりするのではなく、彼ら独自の順応行動を示すのである。MSMCをはじめとするさまざまな支援機構やコミュニティの例にみるように、社会文化的順応は移民集団のおかれた環境によって異なる仕方で展開されうる。二世たちは一方的な順応の対象として見られることを拒み、むしろ積極的に韓国での経験を分析して、彼らが不当に差別を受ける時には抵抗を試みるのである。

モンゴルとのトランスナショナルなつながり

移民二世の韓国での生活は、学校や支援機構、モンゴル人コミュニティ、インターネットなどのネットワークや、インターアクティブなプラットフォームによってつながっている。特に移民たちの〝飛び地〟と呼ばれるモンゴル人街や、インターネットを通じて形成されるトランスナショナルな関係は、一〇代の移民たちが韓国社会に一方的に同化させられたり、あるいは排除されたりしないように、いわば彼らをつなぎ止める機能をもっている。

東大門近くの光熙洞 Gwanghui-dong というモンゴル人街は、モンゴル人主導のビジネス街〝新クムホ・ビルディング〟地域の中心に位置する。毎週日曜日になると約二〇〇人のモンゴル人移民が集まり、故郷の食べ物や音楽を楽しむ〝週末の飛び地〟がつくられる。時間と空間の圧縮によってコミュニティが発達し、移民たちはインターネットや衛星放送を使って容易に母国とアクセスできるようになった。モンゴル人街を訪れて故郷の料理を味わったり、情報を共有したりすることは孤独感の解消にもつながっている。このような活動は、大人たちだけでなく一〇代の移民たちにとっても重要なものである。

ナヤムバト：僕はモンゴル人街が好きだよ。自分のホームだと感じる。行くたびに友達ができるし、知らない人とも絆ができる。だって僕たちは同じ国から来たんだもの。ここではもう外国人じゃないんだ。街にはモンゴルの料理も新聞もある。両親はここで僕の学校を見つけたんだ。学校に通い始めるまで、僕は家に六ヶ月も拘束されていた。〝不法入国者〟だったから。もし母さんがモンゴル人学校のことを聞いていなかったら、僕はゴーストのように家に閉じこもっていただろうな。モンゴル人街のない生活なんて、想像できないよ。

ナヤムバトにとってモンゴル人街は、故郷の安らぎを感じる場所である。移民の若者たちは誕生日のお祝いにモンゴル人街に行って料理を食べたり、貯めたお金で本を買ったりする。モンゴルのセレブの写真や雑誌はマストアイテムだ。一〇代のモンゴル人たちは母国の文化と継続的な関わりを持つことで、モンゴルとの結びつきを強めていくのである。

モンゴルの伝統的な祝祭や集会もこのような影響力をもっている。代表的なものには、例年ＭＳＭＣが主催する移民労働者祭やナーダム祭がある。最も盛大で伝統のあるナーダム祭は〝韓国スタイル〟でお祝いされる。この祭りには在韓モンゴル大使やモンゴルの放送局などが訪れるほか、もちろん韓国の一般市民たちも自由に参加出来る。伝統的なモンゴルのパフォーマンス、相撲や弓矢の大会、伝統料理や民族衣装の催し物は祭りの目玉だ。この祭りの目的は、ソウルに住む三万五千人のモンゴル人を元気づけてホームシックを解消すること、またモンゴルの友好的イメージと伝統的な遊牧文化を韓国の人々に紹介することである。

バヤルチチゴ：僕はソウルのナーダム祭が大好きだよ。この祭りは単にモンゴル人が集結するというだけでなく、韓国にモンゴルを紹介することでもあるんだ。ＭＳＭＣの生徒と先生方はこの祭りにとても熱心で、積極的にボランティアとして参加するんだ。僕たちにとっては最も重要なイベントの一つさ。去年のナーダム祭の時期に、僕は先生とクラスメートを招待したんだ（彼はＭＳＭＣ卒業後、韓国の高校に進学した）。実際に先生が来てくれたときは本当にうれしかった。うれしくて、ＭＳＭＣ時代の先生に報告したよ。韓国人の先生と僕らの国の文化を共有できたことは、本当にすばらしいことだと思っているよ。

バヤルチチゴは移民労働者祭とナーダム祭に熱心に参加し、そのことをとても誇りにしている。彼はこれらの祭りが韓国に住むモンゴル人移民のネットワークを形成し、また韓国人にモンゴルを紹介する絶好の機会だと信じている。また彼自身は、自分は祝祭の消費者ではなく〝主要なエージェント〟であらなければならないと考えている。バヤルチチから祭りの招待を受けた韓国人の高校教師は、次のような印象を述べた。

キム・ユンソク先生（教師）：バヤルチチゴは本当に彼らの文化を誇りに思っているのです。彼はとても熱心に、そのお祭りに来るよう私を説得しました。私は何人かの生徒と一緒に行ったのですが、実際非常によく展示されたモンゴル文化の遺産に感動したものです。ＭＳＭＣのような機関は、国の文化を保存するすばらしい役割を果たしているのだと信じています。移民労働者や不法滞在者は危機的状況で暮らしています。彼らを救い出すために、支援機構があらゆる努力をしているのです。

インタビュー調査を行っている際、〝Cyworld〟というブログに参加しないかと誘いを受けた。これはいわば韓国バージョンの〝Facebook〟で、一〇代の移民たちが運営しているサイトである。一〇代の移民の多くがここに写真やモンゴルに関するニュースをアップロードしており、彼らの日々の生活や感情の状態を観察するのに大いに役立った。最も印象的だったのは投稿された数多くのビデオで、彼らがこのブログをいかに活用しているのかを伺い知ることができた。

スボタイ：Youtube からどんなビデオも直接ダウンロードできるよ。僕はいつも Yahoo! Messenger を使ってモンゴルにいる友達と話したり、写真の交換をするんだ。最新のミュージックビデオも重要なニュースもすべて、Youtube から集めている。これでモンゴルと常につながっていられるし、韓国人の友達にモンゴルの文化を教えることもできる。インターネットを使えば、世界のどこにいたって最新のモンゴル映画を見ることができるよ。それにメッセンジャーで友達と連絡が取れるから、モンゴルの流行の話題もすぐにわかるんだ。

これまで見てきたようにモンゴル人街やモンゴル人コミュニティ、インターネットは、移民の若者たちと彼らの母国との関係をより緊密なものにしている。二つ以上の国民国家の中で暮らす移民二世たちは、そこで新しいアイデンティティを形成しているように思われる（Glick-Schiler&Basch&Blanc-Szanton 1995）。移民受入国で形成されたトランスナショナルな社会的領地は、移民たちが出身国と政治的かつ文化的に相互関係を保つことを可能にする。母国の文化を学び国民としての自負を内面化し、民族のコミュニティとつながることで、移民労働者の子供たちは受入国と出身国との間の仲介者となって、自身をトランスナショナルなエージェントとして確立していく（Levitt and Waters 2002）。これらの行為は順応プロセスを妨げるわけではないし、新しいナショナリズムの形だと見なされる必要もない。なぜなら彼らのトランスナショナルな活動は、定住と移住の繰り返しの結果のようなものだからである。在韓モンゴル人移民二世は、在留資格を保障されていないためにトランスナショナルな領域と結びつきを強めるのであり、彼らは故郷に帰ることを念頭においているのである。トランスナショナルな結びつきは、移民二世が彼らの人生を設計していく際の、動的な相互作用の過程なのである。

エスニック・コミュニティを通じたエンパワーメント

学校や支援機構、モンゴル人コミュニティのような集団は、移民二世たちにエンパワーメントを与えている。新しい文化のもと、移住は〝経験の地図〟によって子供たちを守る親の役割を無効にしてしまう（Hoffman 1989）。移民労働者たちは日々の残業に拘束され、子供たちとの時間を十分に取ることができない。また彼らは、入国管理局に捕まって国外追放になるかもしれないという不安に常にさらされているために、子供たちを精神的にサポートしきれないのだ。支援団体は親たちの手が行き届かない多様なニーズに関心を向け、モンゴルと韓国の仲介者となっている。ＭＳＭＣの重要な役割は、ここでのバザーによく表れている。韓国国内のさまざまな中学校に通うＭＳＭＣの卒業生は、それぞれの制服を着てバザーを手伝っていた。

イイムバヤル：僕はいつも恒例バザーに来るんだ。ここを卒業したんだから当然だよ。遠く離れたところで働く卒業生も、バザーの日はカレンダーに印をつけて心待ちにしているのさ。僕も含めモンゴル人の若者たちが一〇代で教育を受けることができたのは、ＭＳＭＣのおかげさ。僕たちは入国管理局に見つからないよう、家の中に隠れていなければならなかった。ＭＳＭＣはそんな僕たちの希望なんだ。

在校生たちがステージ発表をしている間、卒業生たちは韓国とモンゴルについての情報交換をするために集まっていた。移民労働者の子供たちに対する理解の深まりや移民たちのための政策によって、彼らが小中学校に入学することは比較的容易になった。しかし高校の入学許可を得て授業料を支払い、実際に学校に通うことは未だ困難だと思われている。

これまで見てきたように、ＭＳＭＣの卒業生は自分たちと同じような状況にある移民二世たちに対して、その個人的経験を包み隠さず共有しアドバイスする。

これはもともとＭＳＭＣ卒業生たちの間で〝内輪の支援〟だった自立とイニシアティブのための活動が、〝外への支援〟に拡大していることを示しており、それはさらにＭＳＭＣと関わりのない移民の若者たちにもつながっている。このような例として、最近のアリゴンの日課が挙げられる。彼は現在、韓国に来たばかりの男子生徒に韓国語を教えている。

アリゴン：僕は普段、朝の自習時間に宿題をしていた。でも今は彼に韓国語を教えているから、自分の宿題が終わらないんだ。先生からちゃんと教えるように言いつけられているし、もしそうしなかったら叱られるのは僕なのに、彼は一生懸命やらないんだよね（笑）。先生がどんなに大変かわかるよ。僕が教えている生徒はまだまだ幼いんだ。友達を作るためにも、授業を理解するためにも、韓国語を早急に学ばなければいけないのに。僕はＭＳＭＣで韓国語を勉強したからやり易かったよ。彼は韓国語を学ぶことがどれほど大切なのか、まだわかっていないんだな。

調査者：毎朝教えるのは大変じゃない？

アリゴン：もちろん大変さ。すごく難しいしね。でもこの学校でモンゴル語が話せるのは僕一人だからね。本当は学校が彼のサポートプログラムを用意すべきなんだけど。彼をサポートするのは素晴らしいことだし、本当の弟みたいに思っている。毎朝職員室で韓国語を教えているんだけど、先生たちはそれを見て喜んでくれている。「私たちのモンゴル人の先生が来たよ」とか「（その生徒に）あなたは、アリゴンが教えてくれることに感謝しなくちゃだめよ」ってね。以前先生が「モンゴル人がお互いに助け合っているのは良いことだわ」と言っていたけど、これは僕一人だけの話じゃなくて、すべてのモンゴル人について言っていたのだと思う。こういう話を聞くのは本当に素敵だよ。

アリゴンは〝先輩の〟若い移民として、最近モンゴルからやって来た生徒の面倒をみている。彼は韓国語を学ぶことについて、それがクラスメートとの良い関係を作ること、授業を理解する上で必要不可欠であることを十分に理解している。アリゴンは年下の生徒たちの世話をすることで、周りの教師たちから信頼を得ているのである。

これまで見てきたように、移民二世たちはＭＳＭＣの仲間たちとの内輪の関係と、他の移民たちとの外側のネットワークの確立によって、自立とエンパワーメントを実行している。彼らは文化的対応の領域の中で経験した自らの過去に浸りながら、新しい移民たちに対して〝仲介者〟〝媒介者〟としての役割を担っている。ニューカマーの順応プロセスに積極的に取り組むこのような行為は、二つの効果を持っている。一つにはニューカマーを定住させること、もう一つには移民の存在のエンパワーメントを拡大することである。移民であることの特別なエンパワーメントは、他人に対する共感感情を生みだすことにある。〝人はすべて誰かとつながって〟いて、個人は相互の関わりを通じて〝他の人〟と出会う。だからこそこのプロセスによって、移民たちは拡大した自己を形成できるのである（Kim 2005）。移民二世の自立とエンパワーメントの方法は、多文化環境においてどのように感情を発達させていくのか、そしていかにして他の人々と関わっていくのかを示している。

議論と結論

本研究では韓国に住むモンゴル人移民二世の生活実態を調査し、社会的地位を制限された環境で生活する彼らが、仲介者としての役割を担っていることを明らかにしてきた。モンゴルから韓国へと移民の受入れを進める両国の政治的・経済的政策を分析しながら、韓国に住む移民の若者たちの日々の姿を記録することで〝見えざる子供たち〟の姿を可視化させた。またエスニック・コミュニティと移民の出身国との間のトランスナショナルな相互作用が、移民の順応とアイデンティティ形成にどのような影響を与えるのかについて分析を試みた。

調査の結果から、二つ以上の国民国家にまたがって存在する一〇代のモンゴル人たちが、モンゴル人街を訪れてコミュニティに参加したり、インターネットを通じて継続的にモンゴルとの関係を保持したりすることで、彼ら独自の新しいアイデンティティを形成していく様子が明らかになった。受入国の中に埋め込まれたトランスナショナルな社会的フィールドを通じて、彼らは自らを受入国と出身国との仲介者、あるいはトランスナショナルなエージェントとして位置づけている。そしてこのようなトランスナショナルな行為は、定住と移民の繰り返しの結果として表れるものである。

ＭＳＭＣの例に見るように、移民二世たちは自立とエンパワーメントを内部と外部の両方において強化している。彼らは自らが経験した異文化における葛藤から〝仲介者〟〝媒介者〟としての役割を担い、積極的にニューカマーたちの面倒を見る。これはニューカマーの定住を支援することであり、同時に移民同士の共感感情を高めてエンパワーメント効果を作り出すことにもつながる。

〝若い文化的仲介者〟であり、トランスナショナルなアイデンティティを持つ〝ボーダー・ライダー〟という潜在能力を備えたＭＳＭＣの卒業生たちは、エスニック・コミュニティや支援機構、インターネットを通じて、若い移民たちの成長のために母国とのトランスナショナルな関係を構築するという重要な役割を果たしている。エスニック・コミュニティを通じてもたらされる自立とエンパワーメントは、社会的に排除され困窮した状態にある移民が、積極的なエージェントになることを可能にするのである。

　二〇〇七年以降、韓国に住む一〇〇万人の移民たちの生活改善を求めて多くの声が寄せられている。私たちは移民たちを保護しようという議論において、流布している推測に疑問を投げかけ、多くの韓国人がもつ人種やエスニシティに対するバイアスのかかった見方を変えていかなければならない。この論文の最も重要な目的の一つは、〝見えざる〟ものを〝見える〟ようにすることである。移民二世に関する政策について議論していくだけではなく、韓国人が自分たち以外のエスニック・グループに対して持つ差別的な見方を問い直すことが求められている。

【参考文献】

Appadurai, Arjun, 1996, *Modernity at Large: Cultural Dimension of Globalization*, Minneapolis : University of Minnesota Press

Castles, S. & Miller, M.J., 2003, *The Age of Migration: International Population Movements in the Modern World*, 3rd ed., Guilford Press

Glick-Schiller, N., Basch, L., Blanc-Szanton, C., 1995, "From Immigrant to Transmigrant : Theorizing Transnational Migration", *Anthropological Quarterly* 68 (1) p48-62

Harvey, David, 1989, *The Urban Experience*, The Johns Hopkins University Press

Hoffman, Eva, 1989, *Lost in Translation : A Life in a New Language*, Penguin Group

Kilby, P., 2002, "Ngos and Civil Society : The Indian Case", Paper presented at the Annual Conference of the Australian Studies Association, University of Queensland

Levitt, P. & Waters, MC., 2002, *The Changing Face of Home : the Transnational Lives of the Second Generation*, New York : Russell Sage Foundation

Piper, Nicola, 2004, "Gender and Migration Policies in Southeast and East Asia : Legal Protection and Sociocultural Empowerment of Unskilled Migration Women", *Singapore Journal of Tropical Geography* 25 (2) p216-231

Presser, H. B. & Sen, G., 2000, *Women's Empowerment and Demographic Processes : Moving Beyond Cairo*, Oxford University Press

Scott, James C., 1985, *Weapons of the Weak : Everyday Forms of Peasant Resistance*, Yale University Press

Stonequist, E. V., 1937, *The Marginal Man : A Study in Personality and Cultural Conflict*, New York : Scribners

「多文化共生イベント」におけるアイデンティティ・ポリティクスの現在

――「マダン（마당）」の変容にみる〈ナショナルなまなざし〉の反転可能性

稲津秀樹

1　はじめに――在日コリアンによる文化祭を通じた〈抵抗〉とその変化

二〇〇二年一〇月二七日。大阪市生野区のある中学校のグランドで、ひとつの「民族祭り」が幕を閉じた。一九八三年から同地で開催されてきたその祭りは、「生野民族文化祭」と呼ばれた。「ひとつになって育てよう民族の文化を！　こころを！」を目標に掲げ、二〇年の歳月を積み重ねてきた在日コリアンによる祭りの最後の日であった。

祭りが開催された当初、日本の公共空間において「朝鮮」の文化を「祭り」の形で提示することは、政治的に大きな意味合いを持っていた。第一に、それは文化祭を通じて、南北の民族団体による既存の政治運動で分断されていた「仲間」の再獲得が目指された点。[1]第二に、祭りを通じた「エスニック・アイデンティティの高揚」（江口 1994）による日本社会への対抗性が示されていた点である。開始当時の実行委員長は、こうした祭りの目的を、「祖国の統一を心から願いつつ、日本社会の厳しい差別と抑圧によって奪われてきた民族性、人間性を回復していくための心からの闘い」（金徳煥 1985：29）であるとしていた。

この意味で、まさに「生野民族文化祭」という「民族のマダン（広場）」（金徳煥 1985）は、在日コリアンによる「文化＝政治運動」（毛利 2003）の形態を取ったアイデンティティ・ポリティクスの実践であった。最終日には、例年の如く、マダンを囲むように観客が集まり、その中央で、プンムル（農楽）、プチェチュム（扇舞）、マダン劇等のプログラムが展開された。この日は加えて、チョゴリを着た女性たちによるコサ（告祀）の儀礼でもって、二〇年分の趣旨文と文化祭旗が炎の中に焼べられ、二〇年間の記憶を「天へ昇華」するための時間が設けられた。こうして生野民族文化祭は、文字通り、マダンの中心で「民族」的に幕を閉じたのだった。

この出来事を、祭りの形態をとったエスニック・マイノリティの抵抗、それ自体の終焉と捉えてもいいのだろうか。例えば、次の二つの新聞記事は、「生野」の実践から、その場所と担い手が大きく変容したマダンの現在を伝えてくれている。

二〇〇七年三月二七日の『神戸新聞』は、兵庫県の阪神地域で開催されている、ある「マダン」（本稿では仮に「Aマダン」とする）を取り上げて次のように報じる。[2]「踊り、歌、衣装、食べ物…多様な文化を体感…マダンにぎわう」とした見出し。「多様な文化」としつつも、その写真には、「男女の愛を示す舞踊『マリネラ』を上演する在日ペルー人ら」とのキャプションで、ペルー北部のものとされる衣装を身にまとった男女がステージ上で舞っている様子が写されており、そのペアの後ろには、日本語とハングル文字の横断幕が掛けられている（図1）。

踊り、歌、衣装、食べ物…
多様な文化を体感
マダンにぎわう

図1　『神戸新聞』（二〇〇七年三月二七日付）

二〇〇九年七月一一日、在日するラティーノたちのエスニック・メディアの一つである「International Press」[3]（ポルトガル語版）は、同祭りを「コリアンフェスタの多文化イベント化（Festa coreana vira evento multicultural）」と報じた。そこでは、「コリアンと日本人と南米アメリカ人が今年のフェスティバルで一緒にいるところ（coreanos,japoneses,e sul-americanos juntos em festival deste ano）」として、ステージ上のポンチョを着飾った南米系ダンサーと、その前には、よさこい用の半纏を着た若者の姿やスタッフと思しき揃いのジャケットを着た人々の踊る姿が大写しになった写真が掲載されている（図2）。

Sul-americanos mudam estereótipos de professores japoneses
Festa coreana vira evento multicultural

図2　『International Press（ポルトガル語版）』（二〇〇九年七月一一日付）

このように、参加するエスニック・マイノ

リティの枠を拡げ、「多文化（共生）イベント」化する「マダン」が物語るものとは一体何だろうか。これらが示すのは、単に在日コリアン二世世代のアイデンティティ・ポリティクスが限界を迎えたことと同時に、マダンにおいて象徴的に取り上げられる「主役」が在日コリアンから、一九九〇年前後から流入しはじめたラティーノへと交代したという点に留まらないだろう。むしろ、そうした「主役」の交代劇がどのようなアクターの動きによって生じたのか。さらに言えば、朝鮮半島との繋がりを模索した在日コリアンたちの生野でのアイデンティティ・ポリティクスの実践が、日本社会に埋め込まれていく中で生じた変化とは一体何であり、また、その現在における課題と可能性はいかなるものか。本稿では、二〇〇四年から随時行ってきた各地のマダンへの参加を踏まえつつ、特に、記事で取り上げられた「Aマダン」の参与観察調査から、これらの問いかけについて考えてみたい。

2 「在日」のアイデンティティ・ポリティクスの現在を問う

アイデンティティ・ポリティクスとは、「支配文化から押し付けられた否定的イメージから被抑圧者自らが語り直す肯定的イメージへと政治的に是正しようという運動」のことを指す（金 1999：47）。だが、この概念が日本で議論されはじめた当時から、その限界は指摘されてきた。金は、大阪の教育現場における在日二世世代と三世世代の子どもたちのアイデンティティ認識の違いをまとめた上で、「マイノリティの位置にその身をおく人々は、社会の支配文化からあたえられ内面化するようになった自己のマイナスイメージから、自らを解放するための手段としてアイデンティティ・ポリティクスを利用してきた。しかしそれはしだいに、〈他者〉を、あるいは内部の多様な存在を抑圧する効果を生むようになっていった」と述べる（金 1999：196）。

こうした問題は、在日コリアンのみで「マダン」を運営してきたことの「反省」を示す、元参加者の語りにも表れている。例えば、生野民族文化祭に農楽演奏で参加していたある男性のＷＥＢ上の日記には、「回数を重ね、主体の世代交代が進むなかで、参加者数の伸び悩み」があったと記されている。他にも、生野と同じく在日コリアンを中心に開催していた神戸の長田マダン（一九九〇年開始〜二〇〇三年終了）の元主催者は、各地マダンの交流会において「……（長田には）それぞれが民族性を大事にされながら、あるいはしながら育っているとか、全くそういった土壌がない。……そのような中で十何回続いていっても、実際その中心メンバーは第一回目からほとんど変わりなく、その世代が四〇、五〇代になりながらも担ってきた。若い世代がなかなか育たないという現状が最終的に終焉に向かう決定的な原因になった」と述べる。こうして後続する「若い世代」との「民族性」を巡る認識上の違いが、祭りが「終焉」した原因として語られる。これはアイデンティティの本質性に依拠したエスニック・マイノリティの抵抗が、その内に抱えこまざるを得ない問題としてよく指摘されるものである。

しかし、この点以外にマダンが特徴を有している部分もある。それは、在日コリアンによって始められたマダンが、一九九〇年代以降、日本の各地に広まった点にある（飯田 2006）。そうした動きの先がけはどんなアクターに求められるのか。生野民族文化祭に参加していたマダン劇作家の梁民基によると、「昨年の『祭』の波及効果が真っ先にあらわれたのは、民族教育の実践現場であったことが確認された。あちこちの学校から、日本人教師が朝鮮人生徒を引率して参加しただけではなく、学校単位のプログラム参加があったこと、農楽隊に昨年の倍の子どもたちが参加したことなどによくあらわれている」という（梁 1985：48）。

つまり、日本の公立学校で在日コリアンの子どもたちと身近に接し、彼ら彼女らのアイデンティティ葛藤の問題に接していた日本人教師たちが、民族教育のプログラムを実践するために生野民族文化祭を重要な参照先としていたのだった。後述するように、Aマダンも、そのように日本人教師を中心に展開されたマダンの一つであった。[4]

こうした在日コリアンのアイデンティティ・ポリティクス実践を巡る変化は、次の二つの課題を示唆する。第一に、既存のアイデンティティ・ポリティクスとは異なり、エスニック・マイノリティのアイデンティティを巡って生じるエスニック集団内の抑圧の問題のみならず、その行為者を支援、あるいは教育する立場のマジョリティ（日本人教師）が、当事者の能動的な選択にいかに関与しているのか、ひいては、両者の関係性の中に位置するようになったアイデンティティ・ポリティクスが、どういった形で生きられているのかという課題である。

そうした中、祭りによるアイデンティティ・ポリティクスにとって致命的なのは、「それぞれの国を観光的に表象」するまなざしによって人びとを国民国家単位に分別した上で、観客が「世界旅行した気分」を味わうという実践に留まり、肝心のマイノリティが抱える「問題」は隠蔽されることだ（能勢 2009）。そこには、マジョリティが想定する「マイノリティらしさ」を押し付け、単にそれを「消費」するような実践へと転ずる恐れが常に潜んでいる（岡田 2005）。

先の地方紙の見出しのように、現在のAマダンに対する見方として、こうしたまなざしも存在していることは確かである。だが、今回の事例の場合、エスニック・マイノリティを観光的にまなざし、かつ、消費させるような空間を成り立たせしめる背景には、国民的・民族的とされる文化を公共空間で披露するように促すことが彼ら彼女らの積極的な支援に繋がる、という信念を持つ人びとの働きでもって、祭りが開催されていることを忘れてはならない。ここで問われるのは、そのような人びとたちからの、ナショナルなまなざしに他ならない。このまなざしは、祭りに参加する個人の国籍＝ナショナリティを参照することで、個人をその国の代表として集合的に編成し、そこの「民族文化」を表象させる働きを持つ。それは祭りの現場において、観客が対象を観光的にまなざし消費することとも親和性を持つが、ここで主に取り上げるのは、当事者にとってのアイデンティティ問題を意識した者が、その「解決」のための教育支援を実践する際に、対象をナショナルなアイデンティティを持つ（べき）主体としてみなす見方である。

これを踏まえると、第二の論点として、こうしたナショナルなまなざしの介入に対して、エスニック・マイノリティによるアイデンティティ・ポリティクスはその可能性をいかにして取り戻すことができるのか、という課題が浮上する。アイデンティティ・ポリティクスを実践する中で、エスニック・マイノリティ自身が本質主義の陥穽にはまり込み、そこにマジョリティによる教育支援を通じて、ナショナル・ポリティクスのまなざしを受ける状況の中で、アイデンティティ・ポリティクスの実践はどのように展開される余地が残されているのか。それを示すためには、ナショナルなまなざしに対する、マイノリティ側の対処の方法をみていくことが重要となろう。以下、冒頭に述べたAマダンの変容を記述しつつ、この問題の現在について考えてみたい。

3　日本人教師の「引き受け」とそれを支えるもの

一九九一年の開始時から現在まで、Aマダンのほとんどの回の代表を務めてきた久本英雄さん（一九四八年生）[5]も、在日コリアン生徒の教育を考える中で、生野民族文化祭の興隆を耳にし、実際に足を運んだ一人だった。彼は、二〇〇五年に開かれた他地域とのマダン交流会において、開始当時を次のように回想していた。

「……なぜはじめたか。……僕の正面に小学校の下山先生が座っておりますが、それまでに彼女にはうちの学校の朝文研（朝鮮文化研究会）の子どもたちと出会ってもらいながら、『大阪でこんなんあるよ。生野民族文化祭にいかない？』と誘っていました。……『とにかくAでもこのような祭りをやろうよ！　学校の朝文研だけでは寂しいから地域でやろう』という思いがありました」。

ここからAマダンでは、在日コリアンの文化政治実践のスタイルを日本人教師が参照した上で、自身の学校が位置する地域で実践する、という方法がとられていたと分かる。マダンの開始は、定時制夜間高校で朝文研の活動に参加した現役生や卒業生を動員しつつ行われた。第一回メンバーは、日本人は久本さんを含む公立学校教師の他、大学院生、会社員、高校生など一〇名。在日コリアンは民族学校教師や地方公務員、看護師、ケーキ職人、自営業者、大学生など一一名が参加していた。

その場で、「在日」であること、あるいは「朝鮮人」であることのアイデンティティ認識には、日本人教師との関わりが強く影響していた。実際に、高校卒業後バスケットボール指導員をしていた李一義さん（一九六五年生）は、自身が「朝鮮人」であることを、日本人教師から教育を受けたことをきっかけに考えだしたと述べる。彼は数年ぶりに教師と会い「いろいろ話をしているうちに、これではいけない、朝鮮人は強く生きていかなくてはいけないんだと思うようになり、そのためにはいろんな勉強をしないといけないと自分のこと、在日朝鮮人の現状を深く考えるようになりました。……そんな時に……Aミニミニ文化祭がありました」と述べる。

このように「（在日）朝鮮人」としての「民族性、人間性」を、マダンの空間で自らの「闘い」によって回復しようとした生野の実践とは異なり、Aマダンでは、「（在日）朝鮮人」であることを語ること／回復すること、は、日本人教師のリーダーシップの下で促されていた。これは当時の新聞記事にも見て取れる。一九九一年三月二三日付の『毎日新聞』には、「伝統を若者たちに――韓国・朝鮮文化とふれあう」との見出しで、チマチョゴリを着た女の子二人が、扇を広げている写真が掲載されている（図3）。そして日本人教師たちを中心とした実行委員会は、このマダンの目的を「日本に生まれ育ち、朝鮮文化になじみの薄い在日の若者に伝統文化を伝え」ることを第一に置き、「日本人にも隣国への理解をより深めてもら」うことは、あくまでも二番目に置く形で設定していた（同記事）。

伝統を若者たちに

韓国・朝鮮文化とふれあう

市内の在日韓国・朝鮮人の若者たちが母国の民族舞踊などを披露し伝統文化を伝える「　韓国・朝鮮とのふれあい゛分」が、二十一日、同市　町の市民センターで開かれた＝写真。

日本に生まれ育ち、朝鮮文化になじみの薄い在日の若者に伝統文化を伝え、日本人にも隣国への理解をより深めてもらおう、と県立　高校の　教諭（　）ら市内の教諭と在日の青年十三人が実行委員会を結成。昨年十一月ごろから準備を進めてきた。

会場には約百五十人の在日韓国・朝鮮、日本の若者が集まり、同市内の公立小学校に通う女児二人がお年寄りに習った民族舞踊を披露した。また、全員で韓国・朝鮮伝統の遊びペンイ（こままわし）などで楽しんだ。

図3 『毎日新聞』（一九九一年三月二三日付）

こうした在日コリアンのアイデンティティ形成への介入を支えるものを、教師たちはどのように語るのか。三〇歳代の教師は、「外国人」の人たちとのつながりが得られることや自分が受け持つ学級での教育実践のため、という理由を挙げる。一方、若手より積極的にその介入を行うのみならず、祭り運営上の中核を担う五〇代教師たちからは、自らの教育歴における在日コリアン生徒に対する「悔恨」が聞かれた。久本さんと同じく、一回目のマダンから関わる下山徳子さん（一九五七年生）は、阪神地域のある高校で「在日」の男子生徒が自殺した事件に触れつつ、当時をこう振り返る。

下山：ね、久本先生から聞いてるでしょ。あの時……在日の子が自殺して、「誰のせいや！　私らがやって、引き受けていかなあかん問題ちゃうのか！」って。うん。みんな、涙流して、決心したもん。私らがやっていいかないかんねや、って。

ここで強調されているのは、「私ら」＝「教師」が、「在日」という存在に積極的にコミットし、「在日の子」どもたちから「問題」を「引き受け」ていくのだ、という信念というべきものである。こうしてAマダンでは、日本人教師の教育に対する信念を介在させつつ、在日コリアンを対象にしたアイデンティティ・ポリティクスを「引き受け」るという役割が遂行されていったのだった。

こうして、「在日」を巡る「問題」は、それを「引き受け」た日本人教師から「勉強」すべき対象として、一義さんのような在日コリアンたちの前に提示されるようになった。上の記事のように、マダンの場において、それは「伝統」的な「朝鮮文化」を披露することを促されることで行われていった。それにより、Aマダンの開始直後から、その空間は、日本人教師から在日コリアンへのナショナルなまなざしを介すことで展開されていたといえるだろう。では、そうした日本人教師からのまなざしを、在日コリアン参加者はどのように受け止めていたのだろうか。

4　「ケンカ」しつつも「乗っかるしかない」存在
――〈見返し〉のポリティクス

在日コリアンの文化政治実践だったマダンは、こうして日本人教師の教育活動と合流していく。だが、上の「引き受け」役割が教師たちから強調される一方で、当の在日コリアンは、一九九五年の阪神淡路大震災以後、徐々に、Aマダン実行委員会から足を遠のけていった。このため、祭り当日までの企画、構成、会場確保、広告、そして苦情対処などの準備の大半は、現在、主に日本人教師が担当している。その過程で「コリアンはなぜいなくなったのか」と、ニューカマーの参加者から囁く声が出ても、日本人教師たちは答えを濁し、大震災の生活への影響を述べるものの、会議の場での明瞭な答えは語られない。

用務員として公立学校に勤務する在日二世の金恵子(一九六五年生)さんは、かつて生野民族文化祭にも参加し、Aマダンの実行委員長も務めたこともある人物である。彼女によれば、日本人教師が「日本人」としてではなく、「教師」としてしか自分たちと向かいあってくれなかったことが、マダンから在日コリアンが離れていく原因であったと語る。

金:私はそうなるやろなと思ってた。なんでかって言うたら、Aマダンの二回目の実行委員やって、三回目ぐらいからすごく教師が増えてきて。で、そんときに教師と言い合ったのは、……あんたら、教師って仮面をとった上で、ここにきてんの? それやったらアタシ、言い合うけど、教師として来てるんやったら、議論するに値しないよ、って。あたしらは昼仕事してると。それはそれやと。ここへきてるのは韓国・朝鮮のことをやりたい私らや、と。やりたい日本人としてきてんのか?と。答えられへん。……いつでも、「この時期は、教師忙しいねん。だから止めて」、とかっていうねん……ちょっと待って。教師忙しいって、何?って。私ら、この時この仕事で忙しいからっていうた人間おるか⁉っていうて。いっつもそういうケンカ。そういうケンカをしてきた。

彼女は、祭りから自分たちが離れた背景には、日本人教師たちの「仮面」のような役割があり、それは「ケンカ」を経ても変わらなかったことだと述べる。「韓国・朝鮮のことをやりたい私ら」としての意識を持つ彼女は、教師たちに「日本人として」の向き合い方を望んでいた。だが、日本人教師たちは「在日の子」どもたちの「問題」を「引き受け」たものの、そこでは「日本人」としてというよりも、「教師」としての役割が強調されることがしばしばだった。このことに彼女が「ケンカ」をしかけても、教師たちとの関係性を変化させるまでには至らなかったのだった。

一方、彼女は「自分たちの文化に誇れるもんがもてたから、みんな大人になって、こう……今は(舞踊を)踊ってなくても、なんか、心の中で支えになってる」として、Aマダンの実践を通じて得たものも大きいと述べる。同時に、この「自文化への誇り」/「心の中の支え」を得るためには、祭りの「ハード」を固める意味での、日本人教師の存在が重要だったとも語る。

稲津:「ハードですか?」

金:「ハードやん! だっていうたら(教師たちは)、ほんとの社会人やから、ここ突いたら会場借りられるなとか、……みんな見えてるやん⁉　私たちはそういうことは、やりたいって気持ちはあったけど、ハードを固める術を知らなかったから、乗っかるしかないねん」

稲津：「あー、乗っかる」

金：「うん。気持ちを乗せるところがなかったから。生徒らもそうやし……」

彼女の語りから、Aマダンに参加していた在日コリアン参加者たちは、教師との関係ではなく、朝鮮人／日本人としての民族的な関係を築き上げたいと考えていたことがわかるだろう。にもかかわらず、自分たちの「韓国・朝鮮のことをやりたい」という「気持ちを乗せる」上では、教師という「ハード」に依存せざるを得なかったのだった。

こうした矛盾が、上の「ケンカ」となって噴出したのだった。教師の介在がある故にAマダンの「ハード」は維持され、かつ、恵子さんのような参加者は、自文化への誇り／心の中の支えを獲得し得たが、一方で「日本人」という主体が見過ごされてしまっていた。その中で、日本人教師に対して「日本人」としての主体意識を求めた「ケンカ」とは、在日コリアン側が同じナショナルなまなざしでもって〈見返そう〉と試みた出来事であったととれるだろう。

だが、皮肉にもこのケンカを通じて提起されたのは、そうしたナショナルなまなざしの一方向性に他ならなかった。なぜなら、ナショナルなまなざしは、彼女たち在日コリアンたちに対して、日本人教師たちを通じて直接向けられ、彼女たちはそれへの答えを求められることがあっても、日本人教師は、逆に自分たちが「日本人」としてまなざされることには、「答えられへん」でいたからだ。このようにAマダンにおける教師の「引き受け」は、祭りを通じて在日コリアンのアイデンティティ形成に深く関わっていた。だが、あくまでも民族的に対等な関係であることを目指した在日コリアンたちの主張は、ナショナルなまなざしの一方向性からして叶わず、それは「ケンカ」の後、マダンから身を引くという事態へと繋がった。

その後、この祭りは、外部向けのパンフレット等においては「多文化共生社会」実現のための祭りとしての「マダン」を名乗りつつ、その運営の中心には、日本人教師たちが存在するという状態が一〇年近く維持されることとなった。

5　「普通人間」になりたい
――ラティーノたちによる〈転用〉のポリティクス

二〇〇七年一月二七日。Aマダン実行委員会の風景は、大きく様変わりしていた。この日、地域の小学校の一室で開催された会議に参加したのは、数名の日本人教師と、大震災以降、同地域の団地で生活し始めた、ローサさん（一九五五年生。ペルー国籍の女性。一九九一年来日）、マルガリータさん（一九五九年生。ペルー国籍の女性。一九九一年来日）、パオラさん（一九七二年生。ペルー国籍の日系三世の女性。二〇〇二年来日）のようなラティーノ女性たち三名、さらに二〇〇四年度より「多文化共生」の実践を実地で学ぶ目的で来た大学生ボランティア（筆者も含む）など、計一〇名程であった。

会議では、漢字にルビを打った一枚のレジュメが配られ、実行委員長の久本さんから昨年度のプログラムが紹介された。そうして彼女らは「ペルー」に関するものを、何かしらの形で披露してもらうことを求められていた。

久本：どうする？ ローサとか。ペルー人で何か売らないかな？……踊りもする？ お店もする？……えーあと、ここ（レジュメには）、今ぬり絵とか、折り紙とか、コリアンの遊びとか。スタンプラリーとか。ま、去年の通りあります。ここでペルーの遊びがあれば、誰か教えてあげてくれたらいいんだけどな。ペ、い、い、か、ペルーの何か。ペルーだけの遊び。何かある？

このように日本人教師のナショナルなまなざしは、在日コリアンの実行委員会からの撤退を経た後は、ラティーノたちを対象に向けられるようになっていた。この会議を通じて、この年の出し物の中身――ペルー出身者による踊りや、雑貨・食糧品店の出店、さらに民族衣装を披露するなど――が調整されていった。

Aマダンの実行委員会へのペルー出身者の参加は、Aマダンを知るニューカマーコリアンの女性を通じて、マルガリータさんが「偶然に」参加するようになったという二〇〇五年頃から始まる。彼女の参加によって、それまで教師たちに「引き受け」られていたアイデンティティ・ポリティクスの実践は、徐々に変化を見せ始める。それは、マルガリータさんの働きかけにより、マダンのプレイベントとして地域で「外国人会議」を招集した際に（二〇〇六年六月）、彼女は同地区に住むラティーノたちを数名集めた上で、日本語をはじめ、「ゴミのスタイル」なども学べるような「日本語教室」の開設を日本人教師たちにお願いしたことから始まる。

マルガリータ：私は思てる。……日本に住んで、ちょっと色んな日本人のしてることは、勉強。それも一緒しないとね。……だから時間とか、いろんな例えばゴミのスタイルとか、一緒に時間決まったら、ね。……一緒に、ね。それ勉強。ね。ドンドン勉強、私それ思ってるね……ここの小学校の先生にお話したね。もうチョット日本語教えて。私日本語しゃべるけど、まだへたくそね。ちゃんと上手ないね。

この時、パオラさんたち数名のラティーノ女性からも「日本語教室の開校はいつになりそうか」と、教師たちに念押しされたこともあって、公立学校の教師とボランティアを中心とした日本語教室が、二〇〇六年一〇月より地域の小学校の一室で開かれることとなった。これは、ラテンアメリカからの移住者の第一世代が経験せざるを得ない生活習慣や言語上の問題への対処を、Aマダンへの参加を通じた日本人との関係性を活かすことで解決を図ろうとしたものだった。そして、口コミを通じて、語学教室に来るラティーノとのつながりは、上の会議風景にあるように、年明けに開催されるAマダンの準備に向けても還流されていった。

よってこの時期、日本人教師とボランティアで構成されていたAマダンのスタッフたちには、ラティーノという存在との新たな「出会い」がもたらされた。それは、この年の祭り終了後の打ち上げ（二〇〇七年三月）において、饒舌に語られていた。例えば、祭り本番中、（冒頭の地方紙の写真にある）ペルー出身者たちが舞踊を披露した後、「ブラジル人が来てな、ペルーがあるのに、ブラジルがない言うてなぁ！　もう、すぐ彼の電話（番号）も聞いたんや！」といった具合に、実行委員長の久本さんが語っていたことに加え、祭りに初参加した大学生ボランティアたちも、一様に（「外国人」と）「短い間にこんなに仲良くなった」り、「こんなに大きく、深く関われた」ことへの「嬉しさ」や「楽しさ」を次々と語っていたことに顕著であった。

前述のように、祭りを通じて「マイノリティらしさ」を日本人が「消費」しているような側面こそが問題であるという指摘もある（岡田 2005：302）。だが、しばしば批判されるような「マイノリティらしさ」を、ここでのラティーノ参加者たちは一定程度、受け入れていたと言える。むしろ彼女たちは、Aマダンに参加することで、自国の文化を表出させつつ、一体感を得ることの喜びを次々に語っていたのだった。

パオラ：（泣きながら）すごい驚いた。マダンにはじめて参加したけど、他の祭りでもない、Integración みたいなものがあった。すごく、日本人と何かやってる感じがした。今日、私も「普通人間」みたいな感じあった。

ローサ：今、日本でこんなに……（パオラに続いて泣き出すローサ）私もわかるね。日本人には分からないかもしれないけど、私たちの国の文化、服、こんなに美しいね。それがこんなに日本に来て、こんなに喜んだ夫の顔もはじめてみた。

マルガリータ：私はとてもこのグループ好きです。私たちの国の文化、やってくれる。もっと人を増やして、グループの仲間増やしていきたい。

こうした語りを踏まえるならば、彼女たちは、阪神地域というラティーノにとっての「非集住地」に住むが故の困難を解消するため――いわば「普通」になるため――の手段として、Aマダンの空間を活用していたことが窺える。彼女たちの困難とは、ひとつには日常生活での言語問題であり、もうひとつは、エスニック性を表現することの自由の問題である。これらは、どちらもラティーノにとっての生活基盤が未整備であるA地域のような非集住地であるからこその困難であろう[6]。よって、マダンで〝Integración〟を得るのみならず、それへの参加を通じて、自分たちの問題をマジョリティへと伝え、日本語教室という地域生活における一基盤を開室させることへと向かわせたラティーノたちによるマダンの活用は、集住地とは異なる地域独特の条件を乗り越えるために実践されていたと考えられる。

よって、こうしたイベントの実践は、エスニック・マイノリティが抱える問題を隠蔽する（能勢 2009）といった指摘に必ずしも還元されない。ラティーノ女性たちが、祭りの最中に享受／表出していたものは、あくまでもマジョリティから望まれた民族文化であった点で、彼女たちは、教師たちからのナショナルなまなざしを内面化していたかもしれないが、だからこそ、教師たちの「引き受け」役割に働きかけることも可能となったといえる。彼女たちにとっては、生活次元への実利的な転用――祭りの場とは別の「ハード」を整備させること――の足がかりをつくることがまず重要だったのである。その傾向は、二〇〇九年一〇月に、日本語教室活動を経たラティーノたちが、日本人教師やボランティアを介さずに自分たち自身が運営する別の組織（Asociación）を、新たに立ち上げる動きを見せたことに、より強くあらわれていった。さらに、彼ら彼女らの子どもたち（第二世代）がAマダンに参加する過程において、第一世代による、ナショナルなまなざしの生活面への転用という方向性とはまた違った実践がみられるようになってくる。

6 「ただ、その場におるだけでええねん」――第二世代による〈反転〉のポリティクス

「はっきり言うと、スカウトされたいんですよ」。二〇〇四年に来日し、その後、WANDSやTWINZER等の一九九〇

年代初期のJ-rockに魅せられたササキ（一九八四年生。ブラジル国籍の男性）は、聞き取りの際に二〇〇九年のAマダンのステージに立った理由を語った。彼は日本語教室を通じて、Aマダンを主催する教師と知り合い、そこで出場のお願いをしたという。上述のようにラティーノとの出会いは、実行委員の中心を占める日本人教師／ボランティアの中で、基本的には歓迎されるべきものとしてある。だが、事前の「手伝い」をせずにステージを利用する者たちを、教師たちは余り歓迎しない。二〇〇九年度のブラジルとペルーの若者の参加について、久本さんは次のように振り返った。

久本：ササキはなぁ……出るだけやなしに、メンバーとして手伝いなんかもやってくれいうことで「いいですよ」というから、それでOKしたんやけれども、手伝いもせずに（帰って）。まぁ、悪う言うたら、自分の〈出世〉のためいうかなぁ。サンドラ姉弟（後述）のところもいうたら、ササキのところと似てて。最初、「先生だしてくれー」いうて連絡あったんや。そしたら日本語の歌を歌ういうから、そんなん「カラオケ」やないんやから、何か、ペルーやスペイン語の歌を歌ったらOKしたるいうて。後は手伝いやな。それを言うたんや。「やります」いうてたんやけど、あかんわなぁ。……まぁ、やから、こっちも言うたら〈出世〉のためやわな。

ラティーノの若者たちに対するこうした見方は、ナショナルなまなざしのみならず、集住地での生活習慣（団地のゴミだし等）を巡っても展開されている「フリーライダー」批判とも重なっていくものだ。だが、本当に彼女たちは、ここで教師が思い悩むような、祭りを「出世」のために利用するだけのフリーライダーと言えるのだろうか。

ここでは、サンドラ姉弟ら（サンドラ：一九九三年生。ペルー国籍の姉。ダニエル：一九九五年生。ペルー国籍の弟）の二人に着目してみたい。サンドラ姉弟らは、兵庫県内の公立高校と中学に通っており、自身のブログに、二人とも「歌手になりたい」と将来の夢を述べる。彼女らのマダン当日についての以下の語りからは、ステージ利用に対する対価を祭りへの「手伝い」によってではなく、また別の手段で提示していたことが窺える。

姉：準備とか手伝え！　とかめっちゃ言われた。……（出番が）終わって、サンドラ誕生日やったから帰ってからも、道で（教師と）たまたま会って、車の窓から顔出してきてどなられたし。「何で手伝わへんねん！」って……。

稲津：二人から歌いたいって言い出したんやろ？

弟：でも、俺らは俺らで歌ったしなぁ。すっごいあのおっちゃん、めちゃくちゃ言うてくるねんで？　日本語とスペイン語と英語が三つ混ざって交代交代で歌えるような歌ないか？って。何やそれ？　そんな歌唄ったら変やし、何より歌がしようもなくなる。
稲津：あっ、そう！　そんなこと言われたんや？
姉：そうやで。まぁ普通に断ったけどね。歌いたい歌は歌えてすっきりしたし。

彼女たちにとっては、いわば「めちゃくちゃ」な要求を教師より受けつつ、結果、彼女らはスペイン語のポップスを一曲、残り二曲は日米のポップスを歌った。[7] 要求を「普通に断った」と言いつつも、スペイン語の歌を含めているのは、日本語だけで歌うと、自分たちが祭りから外される可能性が高いからである。そして、歌うのみならず、「手伝い」も要求する教師に対して、弟が述べる「俺らは俺らで歌った」という意味については、彼女らのステージにコーラス参加した日本語教室の女性ボランティアに触れつつ、さらにこう語る。

姉：（その女性が）なんか、入れてーって？って言ってきたから……そしたらコーラスだけ（参加）したよ。……ま、いいんちゃう？　それこそ、あのおっちゃんが望む「こくさいこうりゅう」やろ？
稲津：そうかぁ。来年はどないするん？
姉：うーん、ないな。
弟：俺はマダンでるで。
姉：え？　マジ？　そんなんしたら手伝わされるやん？
弟：俺、手伝わんよ。サンドラ、ああいうところは自分たちの時間になったら行けばいいねん。そんでただ、その場におるだけでええねん。それで「こくさいこうりゅう」になってんねんから。
姉：そっか。そうやんな。じゃあ、来年はさっき言ってた歌、ハモろうや！[8]

これらの語りから、サンドラ姉弟が、教師からのナショナルなまなざしを拒否しつつも、一方では、それにあえて自覚的となることで、巧妙なパフォーマンスを行っていることが分かる。特に、弟が発言した「ただ、その場におるだけでええねん」という語りが教えてくれるのは、彼女たちは、「マダン」という「こくさいこうりゅう」の空間を構成する上での不可欠の存在として「俺ら」自身の存在を差し出すことで、日本人教師からのステージ利用に対する批判を回避しようとしていることだ。ここから、先に恵子さんが語った、教師の作り出す「ハード」に乗るという意識ではなく、むしろ「こくさいこうりゅう」を支える「ハード」そのものとして、自分たちの存在が在ることを、彼女たちが強く意識できていることが分かるだろう。

こうして日本人教師たちからのナショナルなまなざしを利用することで、フリーライダー批判を回避するのみならず、彼女たちは、上のようにポップスを複数言語で歌うことを通じて、自分たちを枠づける近代的国民像の境界を部分的にズラすことも同時に試みている。つまり、彼女たちは、この空間に張り巡らされたナショナルなまなざし（「こくさいこうりゅう」）に依りつつも、パフォーマティブには近代的国民像から「ズレ」をもった自分たち自身の存在を、そのまなざしの中に潜り込ませているのである。よって、ここでの彼女らの実践は、その「ハード」に食い込むのみならず、「自己表象」を、支配者側が作り出す「他者表象」へと侵入させ、場合によっては、それを作り変えてしまうような「他者」（東 2006）としても立ちあらわれることになるのである。

こうして「ペルー人でも日本人でもない」姉弟の位置＝「俺ら」の立場から発せられる歌は、ナショナルなまなざしで編成されているAマダン[9]の空間に対し、そのハードとパフォーマンスの両面の次元からの変容を迫っていく。「俺ら」へのナショナルなまなざしを利用することにより、マダンの空間に根本的な揺さぶりをかけ、「俺ら」がまなざされることの前提と意味を問いなおし、それらを、まなざしを向ける者たちへと〈反転〉させていく契機がそこには確実に存在しているのである。

まとめにかえて

生野の在日コリアンたちが始めたマダンの展開事例を取り上げつつ、アイデンティティ・ポリティクスの現在と課題を素描することが本稿の目的だった。最後に、本稿の議論を振り返りつつ、今後の課題を記しておきたい。

本稿で問うてきた課題とは、第一に、アイデンティティ・ポリティクスは、エスニック・マイノリティの運動としてはじまり、マジョリティへと影響力を強める中で、今や、双方の関係性のあいだにおいて構築されるようになっていること。第二に、文化祭を通じたアイデンティティ・ポリティクスでは、マジョリティからの教育支援を通じたナショナルなまなざしがエスニック・マイノリティに対して向けられていたことだった。これらから、現在的なアイデンティティ・ポリティクスの一端を明らかにするために、本論では、Aマダンの変容過程の記述を通して、ナショナルなまなざしを向ける者と同時に、そのまなざしを向けられる側の戦術にとりわけ焦点をあててきたのだった。

まず、Aマダンの開始当初に起きたのは、日本人教師たちと在日コリアンの参加者との間の「ケンカ」であった。そこからナショナルなまなざしは、エスニック・マイノリティに対して一方向的にまなざされるものとして存在していることが示された。このとき、在日コリアンの参加者たちは、「韓国・朝鮮」のことを求め、促される自分たちの立場から、教育支援に徹する日本人教師たちに対し、「日本人」たる主体を求めるように「ケンカ」をしかけることで、ナショナルなまなざしを向ける日本人教師たちを〈見返す〉方法をとった。だが、日本人教師たちは「日本人」としての応答を見せることはできないままに、結果、在日コリアンたちは祭りから撤退していったのだった。

この両者の隙間に滑り込んできたのが、ラティーノたちであった。彼女たちは、日本人教師たちからのナショナルなまなざしを受けつつも、それを日本人教師たちに向けて直接的に投げ返すことをせず、あくまでも自らの生活上の問題へと〈転用〉させる方法を展開した。そして、その第二世代の子どもたちは、マダンで支配的となったナショナルなまなざしを向けられるということ、その根拠となる近代的な国民文化像自体に懐疑を迫り、その意味自体を根本から〈反転〉させるような可能性を祭りの現場から問いかけていたのだった。

これらのエピソードからは、多文化共生イベントにおけるナショナルなまなざしに対する、複数のアクターによる微視的で、かつ、多様な戦術が示唆されている。のみならず、アクターが抱える問題意識ごとに、その立ち位置や政治的志向が違いを見せていたのも確かだ。本稿では十分に明らかにできなかったが、生野も含んだ在日コリアンにとってのマダンと、ラティーノにとってのマダンの違いについてはもちろん、特に、日本人教師たちからのナショナルなまなざしを受け止めた上での〈見返し〉も〈転用〉も行わず、その文脈をズラし込むことで、まなざしを受け止めることなく〈反転〉させようとする子どもたちとの差は大きいだろう。

なぜなら、そこでは他とは違い、確固たる「エスニック・アイデンティティ」に基づいた位置に立つことや、それに基づく関係作りや組織作りが目指されているわけではないからだ。彼女たちは、あくまでも「俺ら」の立場から自由に歌える場所を望んでおり、そこで「ペルー」や「日系」といったアイデンティティは、あくまでも「こくさいこうりゅう」の空間に滑り込む手段として二次的に位置づけられているに過ぎない。

では、「俺ら」という立ち位置からの「歌」というものは、エスニック・マイノリティ特有のアイデンティティ・ポリティクスと言えるのか。むしろ、ここから示唆されるのは、生野民族文化祭のような実践以降、日本社会で広まってきたエスニック・アイデンティティを涵養させるための教育支援／ナショナルなまなざしに孕んでいた問題への抵抗として、必ずしも「民族文化」には依らない形でのアイデンティティ・ポリティクスの戦術が執られているのではないか、という問いである。それは、エスニック・マイノリティの文化を通じたアイデンティティ・ポリティクスが、日本社会に「多文化共生」という形で、一定程度埋め込まれた後だからこそ生じ得る、大きな質的変化を示しているように思える。

一方、生野型の問題意識を「引き受け」た者からすれば、この子どもたちの実践は、「問題」として理解せざるを得ないところもあろう。だが、それが皮肉にも、マジョリティが望んでいたはずの当事者の主体性を見過ごすことに繋がってしまう意味での危険性があると指摘しておくのは、決して言い過ぎではないはずだ。なぜなら、子どもたちの実践は、教育支援の過程で生じてきたナショナルなまなざしによって焦点化された理想のマイノリティ像ともいうべきイメージとの間の、「ズレ」に対する重要な問題提起であったからに他ならない。

よって、エスニック・マイノリティはこうあるべきだ（なぜそうならないのか）、というような理想を思い悩む方向性のみならず、当事者の現実的なレスポンスを受け止めた上での、理想の内実やその是非こそを問い直していく方向性も積極的に模索してもよいはずだ。それこそが、このマダンの中で展開してきた多様なアイデンティティ・ポリティクスの実践が問いかけている、「多文化共生」をめぐる現在的な課題ではないだろうか。

【注】

1　ここでの「仲間」とは、第二〇回「生野民族文化祭」報告集冒頭に掲載された趣旨文の次の行から。「……民族楽器を多くの仲間とともにたたく楽しさ／民族舞踊の優雅な中に込められた力強さ／そして何物にも代え難い仲間とひとつになることの喜び／ひとつになることがどれほど勇気を、そして力を与えてくれるかを感じたとき、その一歩を踏みとどまっていた自分から、その一歩を戸惑っている仲間の背中をそっと押してあげられる人になれる。そんな仲間とともに二〇年間このまつりを、そしてここに集う多くの人々を愛で育んできた……」。

2　以下、図として掲載する新聞資料においては、地名・固有名・個人名等を伏せている。

3　インターナショナルプレス社（東京都）は、在日ラティーノ向けのエスニック・メディアを発行する会社の一つである。「International Press」は、ポルトガル語版とスペイン語版があり、発行部数は、週刊でそれぞれ五五〇〇〇部、二〇〇〇〇部となっている。詳しくは、ホームページ、http://www.ipcjapan.com/index_jp.html（二〇〇八年一〇月四日閲覧）を参照。なお、本稿で取りあげた記事には筆者への取材も含まれている。

4　飯田が述べるように、マダンの広がりは教育現場に限定されるものではない（飯田 2006）。ここでは、兵庫県南部を中心に点在する在日朝鮮人教育／多文化共生教育の中のマダンの一事例として、最も早く開始されたAマダンを取り上げる。
5　本稿で取り上げた人物名はすべて仮名にしている。
6　目安上の数値であるが、兵庫県のペルー国籍の外国人登録者数は九二四名（二〇〇八年）であり、このマダンの行われるA地域では数十名の規模である。五〇〇〇人以上が集まる神奈川県等と比べた場合、一部コミュニティ活動もみられるものの（吉富 2008）、彼ら彼女らのアイデンティティのあらわれ方は、集住地域の教会を中心とした宗教儀式（Paerregaard 2008：166）、あるいは、学校における子どもの過度な性的表現や消費行動事例（山ノ内 1999）などとは同列に議論できない部分がある。
7　当日彼女たちが披露したのは、綾香×コブクロ『Winding Road』、Erreway『sera de dios』、Carrie Underwood『God blessed the broken road』であった。
8　この時、彼女らが歌っていたのはSpontania feat. JUJUの『君のすべてに』だった。
9　日本人教師が作成した当日のパンフレットで、姉弟は「ペルー人の若者」による「ペルーの歌」を歌うこととされていた。

【参考文献】

東賢太朗 2006「親密な他者――フィリピン地方都市の呪医実践より」『文化人類学』71 (1), 1-21.
飯田剛史 2006「在日コリアンと大阪文化――民族祭りの展開」、『フォーラム現代社会学』5, 43-56.
稲津秀樹 2008「『マダン』へ行こう！『マダン』で会おう！――在日コリアンの文化政治の展開とそのジレンマ」、鶴本花織・西山哲郎・松宮朝編『トヨティズムを生きる――名古屋発カルチュラル・スタディーズ』、せりか書房、161-162.
江口信清 1994「民族の祭りとエスニック・アイデンティティの高揚――韓国・朝鮮人による生野民族文化祭の事例」、井上忠司・祖田修・福井勝義編『文化の地平線――人類学からの挑戦』、世界思想社、253-268.
岡田浩樹 2005「補論『多文化共生社会の実現』とエスニックマイノリティの選択に関するケーススタディ――震災後のアジアタウン構想と長田マダンの事例を通じて」、『「21世紀文明の創造」調査研究事業研究報告書「国際貢献、交流・ネットワークのあり方」（第4部会）』、財団法人阪神・淡路大震災記念協会、279-312.
金泰泳 1999『アイデンティティ・ポリティクスを超えて――在日朝鮮人のエスニシティ』、世界思想社
金徳煥 1985「民族のマダン（広場）――生野民族文化祭」、『月刊社会教育』29, 29-34.
能勢桂介 2009「多文化フェスティバルの『まなざし』――隠され、維持されるもの」、『現代社会学理論研究』3, 137-149.
Paerregaard. Karsten, 2008, Peruvians Dispersed : A Global Ethnography of Migration, Lanham : Lexington Books.
毛利嘉孝 2003『文化＝政治』、月曜社
山ノ内裕子 1999「在日日系ティーンエイジャーの『抵抗』―文化人類学と批判的教育学の視点から」、『異文化間教育』13 : 89-103.
梁民基 1985「猪飼野のマダン劇運動」、『新日本文学』448 (1),

43-49.
吉富志津代 2008『多文化共生社会と外国人コミュニティの力―ゲットー化しない自助組織は存在するか?―』、現代人文社

【文書資料】

① ふれあいＡマダン２００５実行委員会 2005『ふれあいＡマダン２００５報告集ひと・まち・マダン・Ａ――多文化共生のまちづくり』.
② 「アンニョン・ハンケ・ノラボジャヨ!」『第12回全国在日朝鮮人教育研究大会』発表資料（一九九一年八月）
③ 兵庫県在日朝鮮人教育を考える会 1990『兵庫の在日朝鮮人生徒にかかわる教育と運動Ⅲ――文剛君追悼』

〔謝辞〕
この場を借りてＡマダンに関わる全ての人びとに感謝の気持ちを申し上げたい。また、本稿は日本学術振興会特別研究費による成果の一部である。

第四部　アジアのイメージ、イメージのアジア

不安の感性、金守子《キムスジャ》と李昢《イブル》

――グロテスクな魅惑の都市、二一世紀のソウル・アート

禹《ウ》晶《チョン》娥《ア》（訳　常安郁彌）

連続する事故

一九九五年六月二九日午後六時、三豊《サムプン》百貨店は倒壊した。五〇〇人以上の死者と九〇〇人を超える負傷者を出したその事故は、朝鮮戦争以後の韓国において最悪の惨事となった。一九八九年に完成し、横一〇〇メートルの五階建て、明るいピンク色に身をつつんだ新しいそのビルは、韓国の経済と政治の中心地に隣接した江南《カンナム》にそびえ立っていた。三豊百貨店はソウルで最も魅力のあるショッピング・スポットの一つであり、日用品や高級品を買うというだけでなく、特にアッパーミドルクラスの主婦にとってはおしゃれなライフスタイルそのものを身にまとうための場所であった。展示会場、フィットネスクラブ、文化教育センター、グルメ街が備わったこの上質なデパートは裕福な女性買い物客の、着飾る美はもちろんのこと、内面的な美への願いすらも叶えていた。そんな女性客がデパート倒壊の主な被害者であった。倒壊は夜のピーク時、ちょうど彼女たちが地下のスーパーマーケットにぎゅうぎゅう詰めになりながら家族の夕食の材料を手にしているときであった。あるコメンテーターが的確に述べたように、事故はまさに「二一世紀の韓国ブルジョワジーのバラ色の未来」の倒壊であった（Gu 1995 : 110）。

三豊は単発の事故ではなく、一九九〇年代を特徴づける韓国都市部での連続する事故の驚愕のクライマックスであった。三豊百貨店倒壊に先立つこと二カ月、大邱《テグ》の地下鉄建設用地でガスパイプラインの爆破事故が起こり、一〇〇人以上の死傷者を出した。その一年前の一九九四年、漢江《ハンガン》にかかる聖水《ソンス》大橋は朝のラッシュアワー時に突然崩れ落ちた。一九九三年には、韓国の旅客機が墜落、高速鉄道は脱線し

た。このような一連の事故のあとで、大韓民国は自国に蔑称を与えた、「事故共和國」と。当時の大統領、金泳三《キムヨンサム》は看板政策として「グローバリゼーション」を掲げ、韓国が来たる二〇〇〇年までに「真にワールドクラスの国」に生まれ変わることを切に願ったが（Koh 1996 : 57）、その看板はこの蔑称により泥を塗られてしまった。

三豊百貨店の倒壊は、二〇世紀後半に「貧困との闘い」と称して国民を動員した韓国の独裁主義体制・軍国主義的イデオロギーの強烈な副産物であった。一九七〇年代後期にはじまる経済の奇跡的飛躍にうつつをぬかしている間、韓国社会は現れ始めた不吉な予兆から目を背けた。つまり、労働運動の鎮圧、環境破壊、階級間搾取、高級住宅による貧民街の急速な占領、政府や経済団体の組織的堕落などである。警察の調査で明らかとなったが、三豊百貨店のオーナーは市の役人へ賄賂を渡し、安全規制に反する基準でも建設計画を認めてもらえるよう謀っていたのだ。当然ながらこの事実によって人びとの注目は、韓国が大きく経済成長を遂げていた八〇年代のさなかに立案された建設計画へと集まっていった。

公共の安全性に対する蔓延する不安は、即座に国民感情に重大な危機をもたらした。大不景気と虚脱感である。三豊の悲劇は、韓国の「国家建設」の最良の手段として用いられた工業化への歴史的な信仰の破綻を露骨に示した。急速な発展という国の功績は今や、あの最大の魅力を放つモニュメント、三豊を揺るがした大惨事の諸悪の根源とみなされている。韓国の人びとは、一心に尽くしてきた全てのものがこんなにも早く粉々になってしまったというその現実によって、完全に幻想から目を覚まされ路頭に迷わされてしまったのである。三豊はかつてユートピアの実現であった。その理想の達成が、瞬く間に死と瓦礫の山へと化してしまったのだ。

三豊の事故の激しさと国家の存亡に関わる危機は、集団的な虚脱感を広め始めた。だが、マスメディアによって伝えられた事故直後の状況は、トラウマ的喪失と政治のタネとなる公式追悼との問題含みの関係を示すこととなった。放送局は全てのチャンネルを事故現場の救助作業のライブ中継に割り当て、瓦礫の下から一人でも多くの生存者が救出されるよう多くの視聴者を一日中祈らせ続けた。事故発生から一七日目、全ての希望が断たれたかに見えたその時、三豊デパートの従業員であった一九歳の朴勝賢《パクスンヒョン》が奇跡的に生存した状態で発見された。朴は驚くほど落ち着き、平静を保っており、その立ち居振る舞いから彼女は韓国メディアの、より決定的にはスポンサーと広告主にとっての、「お気に入り」となった（Lankov 2004）。英雄的生存者とボランティアの献身的努力を取りあげるメディアの熱狂は、あってはならない悲劇を巧みにヒューマンドラマに作り替えた。被害者への追悼の念と人為的な手抜きが引き起こした事故への激怒は、韓国の不屈の精神と誇りの連帯を披露する救助活動の感情的高まりによって覆い隠されてしまった（Kwon 1995：77）。ヒーローの物語は際限なく繰り返され、ついには事故当初の人びとのモラルの混乱は後景に追いやられ、麻痺させられ、うやむやにされた。メディアは悲劇の「見どころ」を美化することで事故を「見世物化」し、「見物人」はトラウマ的な記憶を離れて忘却を選びとったのである。

二〇〇四年、豪華マンション・アクロヴィスタが三豊の跡地に完成した。そのブランドネームが示すように、アクロヴィスタは高層住宅の集合ビルであり大都会の重厚な風景の一角をなし、都市のなかで最も高級な物件の一つとなった。アクロヴィスタの内部や周辺には事故の痕跡は何一つ残されていない。三豊の跡地に被害者慰霊のためのモニュメントを建てるという構想は、「重要な不動産の無駄使い」になるとの理由により否決された（M.Lee 2006）。このように、事故後のソウルの風景は経済成長を国家の至上命題として受け入れてきてしまったことを露呈しているのだ。

三豊の倒壊は、当時の病理を特徴づける大惨事と経済発展をはっきり結びつけて考える限り、現代の韓国社会における最初のトラウマとしてなお残存している。この「トラウマ」はその大惨事による衝撃の第一波から生じるだけではなく、事故が大規模であったことと関連して、第二波としての心へのダメージからより多く生じている。それは被害者への追悼が阻止され、無分別なコマーシャリズムと国家の成長を優先する体制の下でそれ自体がだんだんと忘れ去られてしまったという事実によるものだ。トラウマの基本的な定義において、ある事件は第一波としての衝撃を与えるだけのものであるが、事件によるその余波というものは鎮まることがない。多くの死者を出したという罪の意識は、「国家建設」という慣れ親しんだお気に入りの旗の下に抑え込まれた。しかし、コマーシャリズムの誇張と経済拡張主義への盲信がこの事故の根底にあることを、誰もが知っていたのだった。トラウマによる衝撃の核は倒壊そのものではなく、むしろ終わることなき強制的記憶喪失にある。人々は（意識的にせよ無意識的にせよ）国家政策を頓挫させることはできないからとして追悼催しに待ったをかけ、背を向けた。けれども人々は、得体の知れない不安、恐怖、崩壊の兆候をぬぐい去ることはできずにいた。[1]

金《キム》守子《スジャ》と李昢《イブル》は一九九〇年代初めに国際的に称賛を受けた女性アーティストで、彼女たちはそれぞれの芸術活動の中にトラウマ的喪失と三豊の事故への応答を刻みこんだ。一九八〇年代の反抗精神に洗礼を受けたこの二人の女性は、一般的に韓国のフェミニスト芸術家の先駆者として認知されている。彼女たちの芸術作品は二つの顔を持つ。すなわち、韓国の都市化・工業化が進んだ混乱の時代のごく私的な記憶とそれに続く歴史的悲劇をもたらしたあの不安に覆い尽くされたアイデンティティを探し求める者としての顔、そしてそれを媒介する者としての顔である。社会に貢献したこの女性アーティストたちが彼女たちの使命といかに奮闘していったのかを私はここで示したい。彼女たちの使命とは、母国の風景を変容させ韓国社会の高潔さを汚した大惨事と、トラウマ的な事故後の状況を目撃したものとしての使命である。ここからは、金守子と李昢がかつて明言していた、三豊百貨店の瓦礫が――いや、むしろその瓦礫がどこかへ消えてしまったことが――不気味にも表しているテクノクラート／男性中心主義の韓国へ向かう不安や憂慮の独特の表現形式を明らかにしていく。

図1

金守子《キムスジャ》：そこにない過去

光州《クァンジュ》ビエンナーレの第一回が一九九五年九月に催され、金守子はパフォーマンス、『歩みのなかの裁縫』(Sewing into Walking) を披露した。これは一九八〇年の光州での民主化運動のまっただなかで起きた大虐殺事件の被害者に向けたものであった（図1）。金は市の山道を古着や古ベッドカバーで覆い、死者の体を象徴的に表現した（Jacob 2004）。ジョン・レノンの「イマジン」がかけられる中で、キムは布に覆われた道をあてもなく歩き、彼女自身が傷ついた体と心を癒すような魂の拠り所としての母の姿を演じた。母の姿というのは、文明化とその猛威ではなく、平和と自然を調和させるものだ。朝鮮戦争後の韓国の歴史で最も残忍な圧政が行われた地、光州で開かれた国際的なアートの展示会の幕開けとは、たしかに世紀の変わり目における韓国の政治的躍進、社会連帯、そして経済成長という国家のプライドを強固にするものであった。このユートピア的な調和と万人への救いというものは金の一連の作品群、『演繹的オブジェ』(Deductive Object) を思い起こさせる。これは彼女の過去の作品を「隣人のため」に創りなおすというものであった。「隣人」とは三豊の倒壊で命を失った被害者たちである[2]（図2）。金はパフォーマンスとインスタレーション[3]を通じて、地球規模で繰り返し私たちの安心を脅か

図2

すさまざまな形の政治的暴力を鎮める意志を示した。

　金守子は一九五七年生まれ、弘益《ホンイク》大学の洋画学科を一九八四年に卒業し、一九九九年から活動拠点をニューヨークへ移している。一九八〇年代までの韓国のアートシーンは白を基調としたモノクロ画が支配的で、韓国で最も権威あるアートスクールの一つである弘益大学は、このミニマルな抽象美術の伝統の中心地であった。このアートの創始者である朴栖甫《パクソボ》や李禹煥《イウファン》は自身の芸術の出発点として東洋哲学を挙げており、また白という色が韓国の精神のエッセンスであると強調した（Y.Kim 2005：252-259）。だが、彼らの精神性への探求はより厳格な禁欲主義やエリート・インテリ主義へと傾注しており、フルクサスやビート詩人[4]などの西欧のアーティストやそのグループが表明した禅の感性における自発性という方向ではなかった。

　金の大学生活は一九八〇年のはじめ、韓国社会で数々の反体制運動が台頭した時代であり、この動きは光州での民主化運動の暴力的鎮圧によって爆発し、八〇年代の終わりまでにとうとう全斗煥《チョンドゥファン》の軍事独裁体制を転覆するに至った。そんな中、芸術界は政治的抵抗と同時に「民衆のアートムーブメント」の到来を目撃した。それは当時の芸術界におけるモノクロ画の堅苦しい権威に対して、そしてこんな非常事態においても政治的無関心を決め込もうとする姿勢に対しての異議申し立てであった。[5]まさにこのような革命的な時期において金は新たなメディアを発見したのだ。新たなメディア、それは縫物と針仕事である。金は、彼女の代表的な作品題材である縫物が、もともと抽象画の定則に対するアンチテーゼであったと述べている。それは縫うという身体的経験による頭でっかちな絵画創りへの対抗であり、また家事という領域による排他的な高級芸術への対抗である。金はこの発想の起源についてこう語っている。

> ある日（一九八三年）、私の母と一緒にベッドカバーを縫っていると、ある一瞬、私の思いや感性、動きの全てが一つにまとまっていくような驚くべき体験をしました。そして私は、埋もれた記憶や傷み、そして穏やかな生の情熱をも伝えられる新たな可能性を発見しました。布地と布地がすべて直交するような構造、平らな表面の上で針と糸が織りなす動き、カラフルな伝統的生地が感情をかきたてる力、その全てに私は魅了されました。（S.Kim 1988）

　金が初めての布地の作品に使った服とベッドカバーは、彼女が「開眼」する前年に他界した祖母のものであった（Malsch 2005）。金にとってベッドカバーとは「目撃－物、その物との日々の触れ合いを誰しもが感じることのできる。それは愛、セックス、夢、悪夢、出産、そしてついには、（…）死に付き添うのです」（quoted in Zugazagoitia 2003）。このような芸術的関心により金の作品とは人間の生や死、幸福への祈りや哀悼の念といった人間の最も根幹にある経験に関わるものとなる。

　針仕事のアートにおける可能性を金が見出したのにしたがって、金は『演繹的オブジェ』として知られる一連のインスタレーションとアッサンブラージュ[6]を展開していった。金はさまざまな対象を、折りたたんだり結んだり、縫い合わせたりしたベッドカバーで包装した。金のトレードマークである『ボッタリ』（the Bottari）は一九九二年、彼女がニューヨークのP.S.1スタジオに移住するときに登場した（Bahk 1999）。ボッタリとは大きな正方形の布で、移動や保存のためにものを包むのに使われるもので、近年はスーツケースによりますますお役御免となっている。金は多くの韓国の女性がするように、古着と古ベッドカバーでボッタリを作った。使い古したベッドカバーで自分の荷物をまとめて包み込み新たな地へ出発する、ボッタリはホームシックや心の奥底にある思い出、秘めた願いを呼び起こす。

　一九五〇年以前に生まれた韓国人は占領、朝鮮戦争、そして農業社会から超工業大都市への急速な転身というこの半世紀のうちに起こった全てを経験してきた。このような人たちにとって「移住」とは喪失や予期せぬ危機への不安を反射的にひき起こしてしまう。ボッタリ、急速に消えつつある前近代的過去の名残、それは置き去りにされた「あの時」「あの場所」とつながった思い出を呼び起こすものである。一九九七年の金のパフォーマンス、『動きゆく街――ボッタリトラックの２７２７キロ』（Cities on the Move—2727 kilometers Bottari Truck）で彼女は大きなトラックにカラフルなボッタリを満載した（図３）。そのトラックは韓国の町々を一一日間かけて走り抜けた。金はボッタリの道に座し、彼女の幼少期を送ったたくさんの「故郷」を再び訪れた。というのも金は父の軍隊の職業上、頻繁に町から町へと移住を繰り返していたからだ。

図３

　一九九九年、金はこのトラックをヴェネツィアビエンナーレへ『ボッタリトラック、国外追放中』（Bottari Truck in Exile）のタイトルのもと「移住」させた。コソボ難民を念頭においたインスタレーションであった（Ardenne

2003)。金はここでホームシックという彼女のごく私的な習性を、世界のあちこちで政治の争いや貧しさによって自らの「ホーム」を去ることを余儀なくされた人たちへの包括的な問題意識へと拡大したのであった。けれども、このプロジェクトの責任者であるハンス＝ウルリッヒ・オブリストが「ホームレス、難民、移民」などの政治色の強い言葉を使って移住の背景を論議するとき、金はこの問題を実に詩的な語り口とともに、ユートピア的グローバリズムへと昇華する。「（移住とは）情報の世界へ、文化と人びとの触れ合いの世界へ開かれていくことにリンクしています……動きゆく街とはこの世界ぜんぶを縫い合わせる私たちの心と魂。それは私の糧、そして私そのもの」。（quoted in Kim and Obrist 1998）

金は、彼女自身がフェミニストとして反抗してかつて批判した権威あるモノクロ画の作者たちにみられる東洋哲学のレトリックをきちんと身に着けていた。だが金はその先駆者たちの禁欲主義ときわめて抽象的な論調を、女性的で母性的な表現形式へと転換させた。彼女のビデオによるパフォーマンス、『針の女性』（A Needle Woman）（1999-2001）ではこの転換させた穏やかな価値観を、エコロジー、平和主義、魂のセラピーとして表現した。日本の渋谷、中国の上海、インドのデリーの混雑を極める街路で撮影されたこの無声のビデオは、スクリーンに向かって際限なく流れていく人々と、その

図４

人の流れに相対し、カメラに背を向けながらスクリーン中央に微動だにせず立ち続ける一人のアーティストを捉えている（図４）。撮影地は決してランダムに選び出されたわけではない。金が選んだ三つの都市は三つとも人でごった返した国際色豊かな街であり、経済的混乱、宗教間対立、はたまた政治的支配権をめぐる争いで記憶される街である（Rubio 2006）。カメラの中で流れゆく人々は静止したままの金をまったく無視したり、今にも殴りかかるような身振りをとったりとさまざまな反応を見せる。ますます均質化が進むといわれるこの世界において、金はほんの少しその世界に立ち入ることで人間模様の多様性を露わにした。

このパフォーマンスにおいて金は「黒の衣装を身にまとい、それは質素で、ほとんど修道女のローブのようで、（彼女の）黒い髪はゆったりと束ねられていた」（Keiji 2001）。ここで金

の「ほとんど修道女の」服装はまぎれもなく仏教僧のそれを思い起こさせるが、このローブの起源は多義的である。それは「ほとんど」アジアンテイストだが、韓国、日本、中国もしくはインドのテイストで一刀両断はできない。金やほかの評論家が述べたような「韓国の伝統」に収まりきるものでもない。[7] 金の服装は現代の人々の目には「伝統的」、もしくは「レトロ」にみえるだけである。実際には、人目を引くような色使いと花柄に飾られた光沢のあるナイロンの包みのボッタリのように、彼女のローブは一九八〇年代のテイストにより近い。それは安価な労働力を背景に韓国で繊維産業が栄えた時代であった。いくつかの色使いやパターンは韓国の伝統的な織物から得ているだろうが、そのほかは一九七〇年代や八〇年代のテイストと日本的、中国的なものがまじりあっている。金のローブは歴史的な状況を反映するというのではなく、その代わりにそれぞれのルーツや真正とされる歴史へのノスタルジアを装っているのだ。

金は『針の女性』において、彼女の体を針にたとえ、世界にまたがる深い間隙を縫い合わせ、差異の空白をつなげ、ほころびを整えるための航海へ出発したのだ。金は自ら選んだ北半球の都市から、常にここにはない世界の無垢で無為な姿を夢想し、そこに向かって旅を続けたのだ。世界をまたに掛ける自由な旅と万国共通のコミュニケーションが可能になりつつある歴史的な瞬間にめぐり合うことで、金の作品はこのような普遍的なコンセプトをハイブリッドな美的感覚と放浪のアイデンティティとして象徴的に表現した。だがしかし、二〇〇〇年代へさしかかり、「テロとの戦い」が声高に叫ばれ、放浪の自由な可能性は握りつぶされ、資本主義世界における新自由主義の明らかな失敗が好戦的なナショナリズムを増殖させた。現代の軍事危機や不況により、九〇年代に盛り上がったハイブリッド性や放浪主義のロマンティックな生き方を理解するのは難しくなってきている。今日この不確実な時代を生きる個人にとって、放浪したりハイブリッドであったりすることは、置き去りにされたり、「ホーム」を失うような根源的な不安を引き起こしたりしかねないのだ。

金の『マンダラ：ゼロの地点』(Mandala: Zone of Zero)(2003)が発表されたのはまさにそんな9・11以後の時代であった。その作品はグレゴリオ聖歌やチベット、アラブの歌のミックスされた音楽を鳴らすジュークボックスのインスタレーションであった。ある評論家はその作品を「じれったい新ヒッピー神秘主義」と表現した(Leydier 2004)。たとえ金の表現が宗教儀礼のようで、国家という枠組みによらない側面を持ち、それが時代遅れのコスモポリタン的ユートピアを投影したものだとしても、彼女の出発点はこの理想の断絶にある。金の作品は帰るべき場所なき不安と悲劇による傷を縫い合わせる

「針仕事」が今まさに必要とされていることを物語っているのだ。「ホーム」、わたしたちの安心安全を約束する架空の場所、今現在は永遠に失われてしまった場所。金守子の作品と身体はそんな「ホーム」へ帰るという埃のかぶったファンタジーを認めて、力を与えるのである。こんな場所が想像上のものだとは知りながらも、わたしたちは知らず知らずのうちにこの夢を大事にし、思いを馳せてしまうのである。

李昢《イブル》：そこにある未来

李昢は一九六四年に生まれ、一九八〇年代の中期から後期にかけて彼女もまた弘益大学に彫刻を学んだ。李は広く世界を旅する真の文化的放浪者であるが、活動拠点はソウルに置いている。李のアートの原点とは彼女の幼少期の私的な記憶と結びついている。両親の政治的活動によって李を含め一家全体が逃亡者の生活を余儀なくされ、彼女の母は生計を立てるべく、ビーズとスパンコールで安物のネックレスを作り続けた（J.Lee：1995）。一九八〇年代まで、収入を得る手段のない恵まれない女性がビーズに糸を通したり、人形の目を縫い合わせたりすることは日課のようなものであった。そんなことは二一世紀のハイテク国家、韓国においてほとんど都市伝説となったが、スパンコールとビーズは李の作品にたびたび登場する。スパンコールとビーズは経済的発展のさなかに労働者の分断という形で現れた階級／ジェンダー間の不平等への李の問題関心を表している。その一方でそれらは、韓国のアートスクールの伝統的彫刻にはびこる英雄的で力強く、偉大であれというドグマによって格下げされた個人的、身体的、家庭的という女性性も含意している。

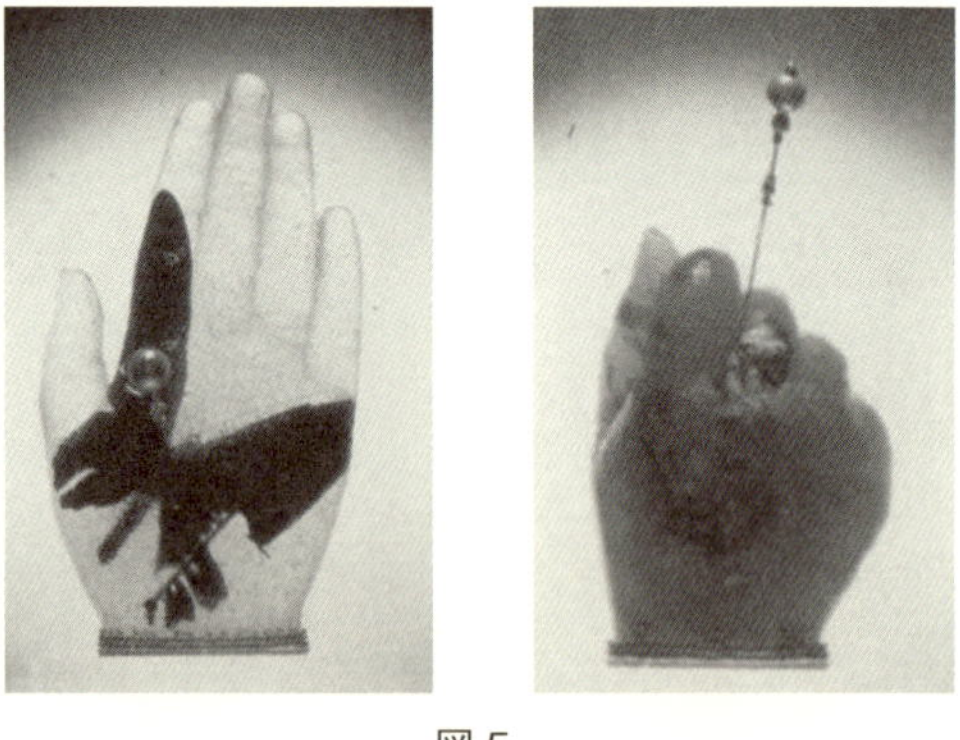

図５

李は『アリバイ』（Alibi）というシリーズ作品によって国際的認知を得た。『アリバイ』はシリコンでかたどった李の手であり、それぞれの手の内部深くに蝶が埋め込まれ、ビーズでできたヘアピンがその蝶を突き刺すといった格好をしている（図５）。この作品は明らかに彼女の一アーティストとしてのアイデンティティと一アジア人女性としてのアイデンティティとの葛藤の瞬間を結晶化している。女性の手ということが男性の活動分野としての芸術的創造性から逸脱する一方で、作品自体はアジア人女性のセクシュアリティ、美、従順さの強力なシンボルであるマダム・バタフライの幻影から逃れることはできない。作品の美しい表層は「アジアから来た女性」ということが呼び起こす美的感覚を堪能させているように思われる。しかし、半透明のシリコン——バイオテクノロジーによる幻想的な製作材料——で出来たぼうっと光るその手は見る者の心をかき乱すであろう。特に、美の絶頂で氷づけにされて命を奪われた蝶で飾られ、作品の中で女性のアクセサリーが死をもたらす武器へと変えられたとなれば。『アリビ』のやわらかな表層とカラフルなビーズは李の女性的感性と彼女の個人的な過去の記憶の双方を具現化しているが、その女性性とノスタルジアはテクノロジーの失敗、はかない美、暴力的なセクシュアリティへの不安を呼び起こすものである。

図6

一九九七年、李の初めての単独展示会、『華厳』(Majestic Splendor)はニューヨークにあるMoMA（ニューヨーク近代美術館）の美術館という空間が大きな障害となった（Macadam 1997）。『華厳』は生の魚を一列にして串刺しにし、ビーズやスパンコールで飾り付け、展示会の間は魚が腐敗するままにするというものであった（図6）。インスタレーションの工程の話し合いで、李は匂いというものの重要性を強調した。だが、美術館はその作品を完全に密封された冷蔵庫のなかに展示することを提唱した。妥協の末、李は作品に香水をかけることを提案した。その香水の名も実に思わせぶりな「オリエンタリティ」であった（Lee and Park 1997）。しかし、ずいぶんとお古な冷蔵庫の欠陥のおかげでその作品は強烈に臭い、李の抗議もむなしくついには開催の一日前に美術館側が作品を撤去してしまった。当時の現場では認識されなかったが、李が視覚の優位を覆してみようと試みたことは、予期せぬ結果として美術制度への強烈な反抗となった。この作品のプロジェクトにおいて、伝統的なステレオタイプとしての「オリエンタリティ」——セクシュアリティとエキゾチズム——は腐敗した魚肉と吐き気のするような悪臭へと姿を変えられていたのであった。はっきりしたのは、美術制度にとって聖なる空気を汚す死や腐敗の身体的なリアリティは我慢ならないものであるということだ。

アートジャーナル誌に発表された李の回想録、「美とトラウマ」は、彼女の全作品を貫く恐れと望みの神秘的な絡まり合いが、彼女の幼少期のある一瞬の記憶に深く根差していることを明らかにしている。李がまだ幼い時、彼女は一組の男女に出会った。美しき恋人同士に思われたその二人はバイクで街路をとばしていたが、次の瞬間、ベーカリーショップに突っ込んだ。「パンの上に放り出され、クリーミーなケーキとスイーツの山に顔面を打ち付け、そして、あたり一面に飛び散らかった……血」（B.Lee 2000）。若き日の李はほとんど魅了されたのだ、その「恋人たちの様子の、きらめく優美な姿に。でも、恋人を死に至らしめた事故は残酷なリアリティを露わにしたのでした。愛のオーラは、世界の残忍な物質性の前では弱く脆い肉体を何一つ守ることはないのです」（B.Lee 2000）。

この事件を目の当たりにしたこと、つまり若く美しい女性の死と、血まみれの遺体と混ざり合った鮮やかなスイーツは李自身の「はじまりのシーン」となった。この常軌を逸した暴力の成したワンシーンは一九九〇年代に韓国社会を荒廃させた様々な都市での惨事の中で何度も何度も思い起こされた。李は自身のエッセイにおいて韓国で起きた惨事をほとんど年代順に列挙している。飛行機事故、橋の崩壊事故、ガスパイプ爆発事故、そして三豊。テクノロジーのユートピアという輝かしい約束は再び「世界の残忍な物質性の前では弱く脆い肉体を何一つ守る事はないのです」。李にとって魅力的な女性のグロテスクな死は、比喩として、美と魅力のアイコンから凄惨な恐怖の現場へという三豊のグロテスクな変身へとつながった。テレビの前の視聴者の苦痛に満ちた目に、新しい悲劇の度に絶え間なく映し出された破滅の感覚、それは最も典型的な意味での「不気味なもの」を呼び起こした。つまり、居心地のいい「ホーム」の内側に見慣れぬものが侵入し引き起こす不安である。[8]

李の『サイボーグ』（Cyborgs）シリーズはこの不安を表現している。不安定でおかしくなった「ホーム」で経験した現実的、心理的な「移り変わり」の感覚によって引き起こされた不安である。李の『サイボーグ』の一〇年前、フェミニストでもあり科学者でもあるダナ・ハラウェイは機械と生物のハイブリットであるサイボーグを通じての女性の転覆の可能性を議論していた（Haraway 1991）。ハラウェイの主要論文である「サイボーグ宣言」において彼女はサイボーグを「ポストジェンダー社会の生き物」として定義し、ポストジェンダー社会とは「バイセクシュアリティとも、前エディプス的共生とも、疎外されない労働とも、各部分が有する権力をすべて最終的に簒奪してより高次の一体性を得るような過程を介した有機的全体性への誘惑とも無縁な」社会とした[9]（Haraway 1991 : 150）。ハラウェイはサイボーグを新たなアイデンティティとして構想した。それはもはや廃れたルーツ、ジェンダー、階級、家柄へのノスタルジアを一切持たない。[10]歴史的、生物的空白の外側から現れたサイボーグは記憶も希望も恐怖も抱かない。生まれるということはなく、ゆえに死ぬということもない。「置き去り」にされて不安に苛まれるというより、この平準化された変化の中でサイボーグは「どこにもない」ことを選び取ったのだ（Vidler 1992）。

『サイボーグ W1-W4』（Cyborgs W1-W4）は頭部がなくいくつかの切断された雑多な四肢が本体に埋め込まれた、白いポリウレタン製の等身大の像である（図7）。その像は多様な要素が盛り込まれている。ハラウェイのサイバネティックス革命の理論、日本のアニメに登場する少女のような容姿のロボット、そしてギリシャの女神からマネの『オランピア』に至るまで、歴史の中で芸術家が表象してきた女性の体（H.Kim 1997：Volkart 2000：Murray 2008）。このように李のサイボーグは科学、高級芸術、ポピュラーカルチャーの領域をオーバーラップする。だが、李は芸術の高低の境目を曖昧にすることよりむしろ、テクノロジーの脆さに対する警鐘を鳴らすことに主眼を置いている。それは前世紀にフランケンシュタインが制御不能となった産業革命のうねりの恐るべき帰結を視覚化したのと同じように（Kellner 1995：302）。

図7

私のサイボーグ達は全て四肢や器官のどれかを失っていて、ある意味不完全なからだですが、それはテクノロジーの完全無欠性という神話に疑問を投げかけているのです。（…）面白いのは（アニメや映画に登場する）そういったサイボーグには常に主人がついていることです。たいていはそのサイボーグをプログラミングしてコントロールする若い男性か少年です。本質的にそこには、サイボーグのイメージとのあいまいな調和のうちにはたらく人知を超えた力、テクノロジーのカルト、そして少女のか弱さがあります。それが私を惹きつけるのです。（Lee and Obrist 1998）

ハラウェイはサイボーグを「第三の性」として賞賛したが、李のサイボーグの体つきは「第二の性」のそれを表している。ハイテクな服装や装身具がこの女性戦士のエロティックな細身の足とふくらみのある胸を強調している。李のサイボーグたちは生の境界線の揺らぎをもはや称賛すまい。それは第二の性として、下級の文化としてすたれていく枠組みへ服従を強制されることに対するフラストレーションのメランコリックな表現なのである。だが、弱々しいそのサイボーグのボディは生物的でも非生物的でもなく、相矛盾した要素を持つ。固定され天井から吊るされたそのサイボーグは純粋に目で見て楽しむようにできていない。それはテクノロジーのディストピアと「ハイテクお化け屋敷」を同時に暗示しているようで極めて多様に解釈できる。[11]

一九九九年、李は『Gravity Greater than Velocity + Amateurs』というインスタレーションをヴェネツィアビエンナーレで行った。二つのカラオケカプセルが用意され、一九五〇年代の定番ラブソングが流れ、引き続いて『Amateurs』というビデオが上映される。ビデオは若い女性が貧相な学校の制服をまとって森の中で戯れているというものだ。一見すると李が歌を持ち出したことは彼女のサイボーグにおける関心からすると劇的な新展開に思われる。しかしカラオケカプセルもサイボーグも、マルチメディアによるエンターテイメントと新しいテクノロジーの激増が、平凡な日常生活の領域に深く浸透していった二〇世紀の終わりにおける、技術爆発の産物である。

李はカプセルを道徳の重荷やはかなさを一切背負わない「忘却」と形容した（C. Kim 2001）。たしかにこののぞき見的な喜びとロマンティックな感傷のための超現代的な装飾はハイパーリアリティをさし出している。そこでは希望、喜び、幸せの体験がよりリアルかもしれないし、ありふれた現存する世界よりかは人を引き付けるのかもしれない。

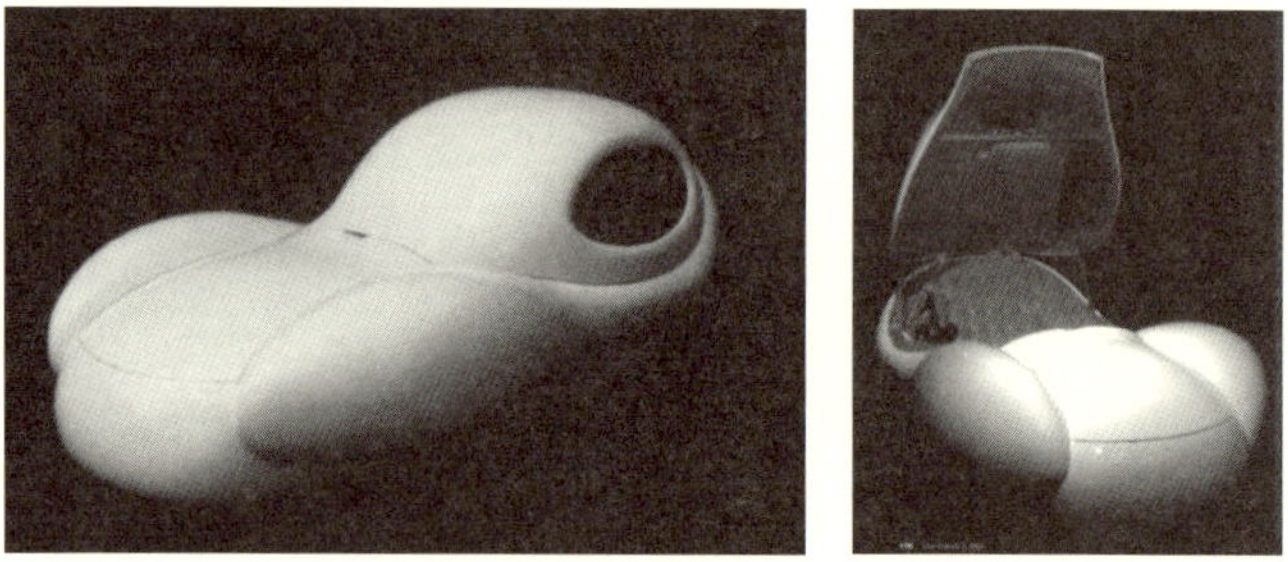

図8

しかしながら、李のプロジェクトは未だに「美とトラウマ」の間をさまよい続けている。『Live Forever』はカラオケカプセルを洗練させたバージョンで、ロボットの繭や未来の棺のような形をしている。それはどちらも一方では活力のよみがえりを暗示するかもしれないが、他方では荒涼とした停止状態をも象徴化しているのだ（図8）。

フランスの思想家、ジャン・ボードリヤールはポストモダンの世界をシミュレーションと表現した。そこでは人間の感情は人工的に組み上げられ、身体的な体験はテクノロジーによって媒介される。ボードリヤールが主張したように、個人は「実在の砂漠」を捨て去りハイパーリアリティのエクスタシーに走る（Baudrillard 1994: 1）。確かに、李のプロジェクトにおいて視覚によるリアリティは現実のリアリティに取って代わっているようだし、人間の主体性は新たなテクノロジーによって永久に変更させられてしまっている。もはや輝かしいテクノロジーによるロボットの未来を待ち望むことはなく、彼女のインスタレーションは純粋に「見捨てられた《デザーテッド》」現在のリアリティを示す。なんの前触れもなく命を脅かす暴力が日常に降りかかってくるというリアリティ。リアリティとはハイパーリアリティよりも奇なり、なのである。

二〇〇七年にソウルのソンジェ・アートセンターにて行われた展示会、「Tomorrow」で李は『Mon Grand Récit : Because everything…』（2005）を発表した（図9）。それは平らな石膏の土台の上に白とピンクのシリコンがしたたるように溶け出していて、土台自体は空中に宙づりになっている。ロシアの芸術家、ウラジーミル・タトリンの『Monument to the Third International』のらせん状の塔の石膏モデルにはクリスタルとビーズがちりばめられ、溶け出す大地を離れ上昇している。きらめく塔の足元には都会の建物や伝説的なモダン建造物の縮尺したモデルがいくつも立ち並んでいる。もっとも、溶けてしまってひとつひとつを認識することはできないが（S.Kim 2007）。大きくカーブした白いライン状の物体は現代の大都市を縫うように配置されるハイウェイにも似ていて、タトリンの塔と同じ高さで様々な建物や瓦礫の間を颯爽と通り抜ける。エッフェル塔にも似た鉄鋼の骨組みは雑多な土台の頂点にそびえたち、ＬＥＤライトでこう文字が掲げられている。「Because everything / only really perhaps / yet so limitless.」文章はポール・ボウルズの一九四九年の小説『*The Sheltering Sky*』から引用している。その小説は三人の若きアメリカ人旅行者が第二次世界大戦後に北アフリカへ赴き、その広大な空虚感と冷淡な残酷性をたたえた砂漠と相対した時の極度の精神的混乱の経験を描いている。タトリンの塔は前世紀の革命によるユートピアという未完の夢の証言として表れている。このように李の魅力的だがグロテスクな現代の都市の墓は過去に心に描かれていた未来を具現化している。それは持ち前の暴力と終わりなき荒廃で私たちをすでに捉え始めているのだ、まさに砂漠のように。

図９

結論

戦後のドイツ映画研究の中で、エリック・ザントナー（1990）は悲痛な過去に直面した際の「二つの極論」を観察した。

あれかこれかの過去にどのようにして人は向き合い、そしてどのようにして二つの極論を何とか避けているのか。つまり一方は祖先とのつながりのアイデンティティをグローバルな観点から否定すること、他方は過去を少しでも忌わしくないものとして修正すること？　言い換えてみよう、どのようにして人は腹立たしい二つの対立を避けるのであろうか。一貫性を失ったアイデンティティの溶解か／ナルシスティックなアイデンティティの再反映か？（151）

金守子も李昢もともにそれぞれの極論に近しいものがある。金は大規模な産業化の盛り上がりによって、とりとめもなく取り除かれてしまった前近代のアジアにおける文化的遺産に訴えかけた。李は有機的なアイデンティティを放棄し、機械と身体との統合なきハイブリットをシュミレートした。しかし、彼女たちにより再導入されたアイデンティティの領域、それは想像上の過去の中の文化であろうが、オリジナルのからだをもたないサイボーグのはかなさであろうが、存在論的な安全を安心させるような共同体としての「ホーム」を希求するノスタルジアを存分に満足させることはない。彼女たちは芸術を通じて、集団的忘却の前に立ち上がり、現代の韓国の歴史の中で繰り返される悲劇によって生み出された痛みや恐怖、フラストレーションといった捨て去れない傷跡を根気強く参照し続けているのだ。『20世紀の歴史――極端な時代』において、エリック・ホブズボーム（1994）は、歴史家は「他人が忘れてしまったことを覚えている」（3）と述べたが、それは芸術家についても言えることなのだ。

【注】

1　私のフロイトのトラウマ理解はキャシー・カルースの『トラウマ・歴史・物語　持ち主なき出来事』（1996）に負っている。アレキサンダーとマルガレーテ・ミッチャーリヒ（1975）はフロイトの喪や鬱といった概念を戦後ドイツの社会研究と敗戦国の集団的トラウマ分析へと応用した。エリック・ザントナー（1990）は喪や鬱の精神分析に基づいて戦後社会の不安の詳細な研究を行った。歴史的トラウマに関するこれらの研究は、羞恥や喪失による集合的不安や事故後の韓国社会で強制された忘却に取り組む本研究に重要な示唆を与えてくれる。

2　金の公式ウェブサイトで、彼女は「Kimsooja」の一語を名前として使っている。これは「ジェンダーアイデンティティ、結婚歴、そして社会的、政治的、文化的、地理的アイデンティティを姓と名を分けない事で拒否する」手段であるそうだ。www.kimsooja.com 参照。

3　（訳注）インスタレーションとは現代芸術における表現技法のひとつで、物体や装置を屋内や屋外の場に配置して、鑑賞者にはその空間全体を鑑賞、体験してもらうというもの。

4　（訳注）フルクサス（Fluxus）とは欧米で活躍した前衛芸術家グループの名称。様々な国のアーティストが参加し、一九六〇年代の芸術運動として著名。また、ビート詩人（the Beat poets）とは一九五〇年代中盤から一九六〇年代中盤へかけてアメリカ文学界で異彩を放ったグループ、ビート・ジェネレーションに属する詩人のことを指す。

5　一九八〇年代の反体制芸術運動として「民衆のアートムーブメント」は、政治的意図や階級的意識をもったグループの活動による、全盛期の社会派写実主義のスタイルを用いた壁画や木版画などのパブリックアートの制作によって盛り上がりを見せた（Kim 2005:260-264）

6　（訳注）アッサンブラージュも表現技法のひとつで、assembleという英語が示すとおり、物体を寄せ集めたり、結びつけたり、積み上げたりすることで一つの作品をなすというもの。

7　ロバート・C・モーガンの金守子の分析はまさにこの傾向の好例であろう（Morgan 2002）。

8　一九一九年に出版された『不気味なもの』でフロイトは「das heimliche」（「ホーム」の）という言葉の言語的な使用に力点を置いた。それは実際その対義語である「das unheimliche」（「ホーム」でない、不気味な）を含むものである。フロイトはさらに理論化を進め、不気味なものとはかつて親しみがあって、馴れていて、近しかったものが外部からの抑圧された要素の侵入を通して奇妙で異様になったものである、としている。フロイトにとって異様な対象や状況の、恐るべきファクターとは、全く不気味なものとなって「ホームの」空間へと舞い戻った慣れ親しんだものの抑圧された側面である（Freud 1955）。確かに、韓国の日常生活の安全の中心で起きた都市の数々の大惨事は、都市をますますunheimlichにしてしまった。

9　（訳注）『猿と女とサイボーグ――自然の再発明』（ダナ・ハラウェイ、高橋さき訳、青土社、2000）、「第8章サイボーグ宣言：20世紀後半の科学、技術、社会主義フェミニズム」二八九頁、七～九行目から訳文引用。

10　アンソニー・ヴィドラー（1992）はハラウェイのサイボーグの概念を用いて、現代の建築と都会の環境が「記憶なき街」を表象していることを詳述した。

11　ダグラス・ケルナー（1995）はウィリアム・ギブソンの『ニューロマンサー』（1984）からハイパーリアリティ、シミュレーション、インフォメーションの未来社会の多義的なヴィジョンを読みとった。『ニューロマンサー』はボードリヤール（304-5）のシミュラークルの概念に基づいた初期のサイバーパンク文学の傑作である。李のエンターテイメントとしての「サイボーグ」やハイテクな装身具の美的感性もボードリヤールのハイテク情報社会のヴィジョンに影響を受けているだろう。

【参考文献】

Ardenne,Paul（2003）'Kim Sooja : Courde des Corps dans le Tissu du Monde（Stitched into Our Times）,' *Art Press* (286).

Bak,Jeongja（1995）'Sampoong Department Store（Sampoong baekkwajeom）,' *Hanguk Nondan*（Korea Forum）（August）: 178-181.

Bahk,Youngtaik（1994）, 'Kim Sooja : To Approach from Plane to Three-Dimension. A Bundle,' *Space*（October）: 168.

Baudrillard, Jean（1994）*Simulacra and Simulation*. Translated by Sheila Faria Glaser. Ann Arbor : The University of Michigan Press.『シミュラークルとシミュレーション』竹原

あき子訳、法政大学出版局、一九八四年
Caruth, Cathy（1996）*Unclaimed Experience : Trauma, Narrative, and History*, Baltimore and London : The Johns Hopkins University Press.『トラウマ・歴史・物語　持ち主なき出来事』下河辺美知子訳、みすず書房、二〇〇五年
Drobnick,Jim（2007）'Kimsooja : Electronic Chants', *Listening Awry*, Hamilton, ON : McMaster Museum of Art, available at www.kimsooja.com/texts/drobnick.html
Freud, Sigmund（1955）'The 'Uncanny'（1919）,' in *The Standard Edition of the Complete Psychological Works of Sigmund Freud* Vol.17. Translated by James Stranchey. London : Hogarth Press.『フロイト全集 第17巻 1919-1922年――不気味なもの　快原理の彼岸　集団心理学』須藤訓任責任編集、岩波書店、二〇〇六年
Gu,Jain（1995）'City, Is It Safe? Looking at the Collapse of Sampoong', *City and Poverty*（July）: 110-119.
Haraway, Donna J.（1991）'A cyborg Manifesto : Science, Technology, and Socialist-Feminism in the Late Twentieth Century', in *Simians, Cyborgs, and Women : The Reinventive of Nature*, New York : Routledge : 149-182.『猿と女とサイボーグ――自然の再発明』高橋さきの訳、青土社、二〇〇〇年
Hobsbawm, Eric（1994）*The Age of Extremes : A History of the World, 1914-1991*, New York : Vintage Books.『20世紀の歴史――極端な時代（上・下）』河合秀和訳、三省堂、一九九六年
Jacob, Mary Jane（2004）'In the Space of Art : Buddha and the Culture of Now,' available at www.kimsooja.com/texts/Jacob.html
Kapš, Petra（2006）'Kimsooja : A One-Word Name is An Anarchist's Name,' available at www.kimsooja.com/texts/kaps.html
Keiji, Nakamura（2001）'Kim Sooja's A Needle Woman,' in *Kim Sooja* : A Needle Woman, Exhibition Catalogue, Bern : Kunsthalle Bern.
Kellner, Douglas（1995）*Media Culture : Cultural Studies, Identity and Politics between the Modern and the Postmodern*, London : Routledge.
Kelts, Roland（2001）'The Empty Orchestra' in *Lee Bul : Live Forever, Act One*, San Francisco : San Francisco Art Institute.
Kim, Clara（2001）'Interview with Lee Bul' in *Lee Bul : Live Forever, Act One*, San Francisco : San Francisco Art Institute.
Kim, Hong-Hee（1997）'Lee Bul's Grotesque Bodies', *Space*（Februrary）: 66-71.
Kim, Seungduk（2007）'Lee Bul : Les miroris de l'histoire,' *Beaux Arts Magazine* no.282 : 86-91.
Kim, Sooja（1988）, *Kim Sooja*, Exhibition Catalogue, Seoul : Hyundai Gallery.
Kim, Sooja and Hans Ulrich Obrist（1998）'Kim Soo-Ja and Hans Ulrich Obrist on e-mail' in *Cities on the Move - 2727 kilometers Bottari Truck*, Seoul : Ssamzie Art Project.
Kim, Youngna（2005）*20th Century Korean Art*, London : Laurence King Publishing Ltd.
Koh, B. C（1996）'South Korea in 1995 : Tremors od Transi-

tion', Asian *Survey* 136 (1) : 53-60.

Gwon, Taejun (1995) 'The National Goal and the Local Environmental Movement (Gukka mokpyo wa jiyeok hwangyoeng undong) ', *Philosophy and Reality* (Cheolhak gwa hyeonsil) (26) : 76-85.

Lankov, Andrei (2004) 'The Dawn of Modern Korea (233) : Collapse of Sampoong Department Store,' *The Korea Times* (October 14) .

Lee, Bul and Prk Chankyung (1997) 'Lee Bul : The Parody and Irony of Parody-like and Ironic Reality – Interview with Park Chankyung', *Space* (February) : 84-.

Lee, Bul (2000) 'Beauty and Trauma', *Art Journal* (Fall): 104 -.

Lee Bul and Hans Ulrich Obrist (1998) 'Cyborgs and Silicon : Korean Artist Lee Bul about Her Work', in *Lee Bul*, Exhibition Catalogue, Seoul : Artsonje Center.

Lee, James B. (1995) 'Yi Bul : The Aesthetics of Cultural Complicity and Subversion,' *Art Asia Pacific* (2/2) : 52-59

Lee, Min (2006) 'Anger Drives New S. Korean Film Inspired by Collapse of Department Building That Killed 501,' *The America's Intelligence Wire* (October 12) : n.p.

Leydier, Richard (2004) 'Review : Transcultures : Musée national d'art contemporain, Athens,' *Art Press* (October) : 71-3.

Macadam, Barbara A. (1997) 'Art Talk ; In the Swim', *Artnews* (May) : 29.

Malsch, Friedemann (2005) 'The Bottari as Time Capsule : Thoughts Accompanying the Exhibition, Kimsooja – Bottari Cologne 2005, Kewenig Galerie, Cologne 29.1-23.4, 2005' available at www.kimsooja.com/texts/malsch.html

Mitscherlich, Alexander and Margarete Mitscherlich (1975) The Inability to Mourn : *Principles of Collective Behavior*. Translated by Beverley R.Placzek, New York : Grove Press.

Morgan, Robert C. (2002) 'Kim Sooja : The Presistence of the Void,' Sculpture (January/February) : 30-35.

Murray, Soraya (2008) Cybernated Aesthetics : 'Lee Bul and the Body Transfigured,' *Performance Art Journal* 89 : 38-50.

Rubio, Olivia Maria (2006) 'Kimsooja : Less is More', in *Kimsooja : To Breathe – A Mirror Woman*, available at www.kimsooja.com/texts/rubio.html

Santner, Eric (1990) *Stranded Objects : Mourning, Memory, and Film in Postwar Germany*, Ithaca : Comell University Press.

Shimizu, Toshio (2000) 'A Question of Balance : Japan and Korea at the 48th Venice Biennale', *Art Asia Pacific* (25) : 23.

Vidler, Anthony (1992) *Architectural Uncanny : Essays in the Modern Unhomely*, Cambridge : The MIT Press. 『不気味な建築』大島哲蔵・道家洋訳、鹿島出版会、一九九八年

Volkart, Yvonne (2000) , 'This Monstrosity, This Proliferation, Once Upon a Time Called Woman, Butterfly, Asian Girl', *Make : The Magazine of Women's Art* (September/November) : 4-7

Zugazagoitia, Julian (2003) 'An Incarnation to Presence', *in Kimsooja : Conditions of Humanity*, Lyon : Contemporary Art Museum.

映画のなかの沖縄イメージ――その複線的な系譜

多田　治

はじめに――映画のなかの沖縄

青い空、透きとおった海。さんさんと照りつける強い日差しと、真っ白な砂浜。心地よく吹く風、穏やかに聴こえてくる三線の音。赤瓦の屋根の家々、それらを囲む石垣、赤いハイビスカス。ゴーヤーチャンプルーと泡盛を味わって、島唄を聴いては癒される……。

今ではごく当たり前に知られるこうした沖縄のイメージは、昔からあったわけではない。メディアや観光において、沖縄イメージは時代とともに大きく形を変えてきた。

本論では映画を事例に、沖縄イメージの変遷とその複数性を検証・把握していきたい。戦後日本の映画は、沖縄をどう映してきたか。その系譜をたどれば、私が著書『沖縄イメージを旅する』『沖縄イメージの誕生』で描いた、観光の歴史と重なってくる。沖縄を主題化するにせよ、単にロケ地にするにせよ、本土の映画監督の沖縄へのまなざしは、各時代のツーリストのまなざしを表現してもいる。本土優位の力関係のなかで沖縄は撮られていくが、高嶺剛（表1⑦）のような地元出身者の作品も、沖縄イメージの組みかえや深化に重要な役割を果たしていた。

私は二〇〇九年、韓国で行われた沖縄映画のシンポジウムでの報告のため、一定の期間に約七〇本の沖縄関連の映画作品を視聴した。それらを含む九五作品のデータに基づいて分析を行った結果、戦後映画の中から表1のような「六類型プラス二」の沖縄イメージが浮かび上がってきた。本論では、これらそれぞれの流れを見ていく形で、映画のなかの沖縄を検証してみたい。

1　戦争の沖縄

戦後の沖縄映画でまず挙げるべきは①戦争の沖縄であり、一九五三年公開の大ヒット映画『ひめゆりの塔』（今井正監督）である。観客六〇〇万人、配給収入一億八〇〇〇万円は当時、日本映画界空前の記録であった。ひめゆり学徒隊が日本兵の看護に尽くす「汚れなき殉国乙女」の姿が、国民的物語として受け入れられた。以来、「戦争の犠牲となった悲劇の島」という沖縄イメージが定着する。

『ひめゆりの塔』はその後も、六八年・八二年・九五年にリメイクされるが、時がたつにつれて戦争の記憶が遠ざかる雰囲気がうかがえる。六八年版は主演・吉永小百合の明るさが際立ち、九五年版では海で四つ竹を踊るシーン、赤いハイビスカスと沖縄シンガー石嶺聡子の歌「花」など、観光沖縄のイメージが入り込んでさえいる。

戦後の映画における沖縄イメージ6類型プラス2
① 戦争の沖縄
② 米軍占領と基地文化の沖縄
③ 差別と生きにくさの沖縄
④ やくざと空手、アクションの沖縄
⑤ リゾートと癒しの沖縄〜移住と里帰りの沖縄
⑥ ローカルな日常の沖縄〜習俗と信仰の沖縄
⑦ 高嶺剛ワールド
⑧ 中江裕司らの世代的沖縄ポップ

表1

一方、六二年『太平洋戦争と姫ゆり部隊』はすでに、『ひめゆりの塔』からかけ離れていた。日本軍司令官や米軍の戦場でのヒューマンな苦悩が強調され、沖縄県民は日本人と区別されずに国に尽くす。この時期の愛国心の高まりを表している。七一年『激動の昭和史　沖縄決戦』でもヒューマンな司令官が描かれ、日本兵の県民への残虐行為は薄められている。

対照的に、八九年の反戦教育アニメ『かんからさんしん』では、日本兵の横暴さが赤裸々に描かれている。他ジャンルだが、やくざ映画『沖縄10年戦争』（七八年）でも、ヤマトへの怨みは戦場の壕での仕打ちから始まっている。

なお、九八年以降の沖縄映画ラッシュでは、戦争の沖縄はほとんど描かれていない（ドキュメンタリーはあるが）。

2　米軍占領と基地文化の沖縄

②「米軍占領と基地文化の沖縄」は、劇映画で正面から扱ったものは少ないが、戦後沖縄を語る上では欠かせない。マーロン・ブランドがウチナーンチュを演じたハリウッド映画『八月十五夜の茶屋』は、占領下の沖縄における占領者と民衆のやりとりを、コミカルに描いた作品だ。芸者や茶屋のように、日本文化と沖縄文化を混同しつつ、民のたくましさから占領を風刺する。

六〇年代のベトナム戦争期、戦場に行く米兵の街に生きるウチナーンチュを描いたのが、『Aサインデイズ』『BEAT』だ。コザで米兵向けにロックを歌う喜屋武マリーをモデルにした前者の方がはるかにリアルで、当時の壮絶な青春を映している。

また六〇年代の高倉健主演『網走番外地　南国の対決』以来、コザをはじめ基地の街は、やくざ映画などの舞台設定にも使われてきた。横文字のネオンが並ぶアメリカ的な異国情緒の風景自体が、ツーリストの観光の対象になってきたのである。

二〇〇〇年代では、米倉涼子主演『Gun Crazy Episode 1 復讐の荒野』は、基地の街で米兵が人を殺す無法地帯という設定だ。中江裕司監督『ホテル・ハイビスカス』は漫画原作のロケ地に、普天間基地移設予定の名護市辺野古を選んだ。子どもの目線から基地や混血を描き、「おかえりんご」の旗が日の丸と似ているなど、政治性をパロディ化するねらいがあったのではないか。

3　差別と生きにくさの沖縄

東京や神戸など都会に上京してきた沖縄出身者が受けた差別や苦悩が、七〇〜八〇年代に描かれている（③差別と生きにくさの沖縄）。そのベースには、幼少期の戦争体験の記憶があることも多い。河原崎長一郎は、『やさしいにっぽん人』『太陽の子　てだのふあ』で、このようなトラウマを抱えた役を演じている。森崎東監督は、黒澤明リメイク『野良犬』で沖縄出身の犯罪者たちを描いた。『新幹線大爆破』の犯罪首謀者の一人も、沖縄から集団就職して苦労した経歴を持つ。復帰後まもなくの作品である。森崎監督は『生きてるうちが花なのよ　死んだらそれまでよ党宣言』で、再び沖縄出身者を登場させる。主役のストリッパーと原発作業員はコザ出身で、七〇年のコザ暴動を契機に故郷を離れて全国を転々とし、「一九の春」を歌って昔を懐かしむ。社会の底辺・周辺で生きる彼女たちの生きざまが、当時の沖縄を象徴的に表している。九七年の『愛する』では、ハンセン病の周辺性が沖縄出身者の生きにくさと重ねられる。だがこれ以外は九〇年代以降現在まで、「差別と生きにくさの沖縄」を描いた作品はほとんど見られない。

九八年からの沖縄映画ラッシュでは、①〜③のような戦争・基地・差別をテーマにした作品は減少した。貧困や家庭問題は扱われているが、沖縄の暗部に光を当てない傾向の表れだろうか。

4　やくざと空手、アクションの沖縄

六六年『網走番外地　南国の対決』以来、沖縄は異国情緒ある風景をバックに、繰り返しやくざ映画の舞台になってきた（④やくざと空手、アクションの沖縄）。復帰直前の七一年、深作欣二監督『博徒外人部隊』の主役（鶴田浩二）は、出所後の新たな縄張りを沖縄に求め、まるで沖縄に媚びない。戦争孤児から沖縄やくざが生まれた経緯や、復帰・海洋博を機

にヤマトのやくざが入り、沖縄やくざが系列化を迫られた結果、賛否をめぐって内部抗争が生々しく展開する、実話をモデルにしたのが『沖縄やくざ戦争』『沖縄10年戦争』である。松方弘樹・千葉真一らが演じる沖縄側のヤマトへの怨みは、幼少期に沖縄戦の壕で痛めつけられた記憶から来ていた。

やくざ映画と並んで、ブルース・リー『燃えよドラゴン』の大ヒットを受け、千葉眞一の殺人拳シリーズ、志穂美悦子の『必殺女拳士』などのアクション映画には、沖縄の空手家がよく登場する。それにしても、七〇年代の千葉の活躍ぶりはすさまじい。

八四年の『海燕ジョーの奇跡』になると、七〇年代の反ヤマト魂は薄れ、時任三郎演じるジョーは南へ、父を探す旅に出る。さらに、北野武監督の九〇年『3－4×10月』では、武自ら演じる沖縄やくざ上原は、全く沖縄色がない。九三年『ソナチネ』で武は、本土のやくざが石垣島に来て無邪気に遊び癒され、やがて死に至るまでをまったりと描く。こうしたやくざ像の変遷も、沖縄イメージの移り変わりを表していると言えよう。

5　リゾートと癒しの沖縄～移住と里帰りの沖縄

復帰の七二年に制作・上映された『夏の妹』は、観光メロドラマで沖縄と本土のすれちがいを描いている。大島渚監督の沖縄への過剰なまでの思い入れは、それ自体ツーリストの一方的で勘違いな沖縄イメージを映した面があり（後に見る⑥の今村昌平『神々の深き欲望』と同様）、地元から違和感や反発を招いた。とはいえこの作品は、三世代が複雑に交錯する近親相姦的な恋愛・性的関係を通して、沖縄が日本に復帰することの意味を独自に深くえぐり、問うものでもあった。

復帰以降の観光リゾート化の流れのなかで、映画のロケ地の風景や登場人物のツーリストは、各時代の観光のありようを伝えてもいる（⑤リゾートと癒しの沖縄～移住と里帰りの沖縄）。七四年の『ゴジラ対メカゴジラ』は、首里城門、玉泉洞、紅型など、復帰後まもない時期の典型的な観光沖縄のイメージを映している。沖縄の魔よけシーサーが巨大化した守護獣キングシーサーは、景勝地の万座毛から現れる。

七〇年代後半からの新婚旅行ブームで、若いカップルはこぞって青い海と星の砂を求めて、八重山地域の竹富島に来ていた。にっかつロマンポルノ『ひと夏の体験　青い珊瑚礁』は、南国のまぶしい太陽と青い海を、まさに舞台に使った。

八〇年の『男はつらいよ』で、全国を旅する寅次郎はついに沖縄にも来る。ヒロイン・リリーの療養に付き添いながらも、寅次郎は海洋博公園で働く地元女性にうつつを抜かす。「癒しの沖縄」の原型がここにある。

八四年の薬師丸ひろ子主演『メインテーマ』は、全日空が協力しただけあって、万座ビーチホテルのプロモーションビデオのような映画だ。ここまで典型的な観光映画は、実は意外と少ない。薬師丸が海でこわごわサーフィンを習うシーンは、この時期のマリンスポーツの流行を表す。八八年バブル期の『マリリンに逢いたい』も、慶良間諸島のダイビング観光を映している。

九〇年代に入ると、リゾートに環境保護のテーマも結びついてくる。『ぼくらの七日間戦争2』は、期末試験を集団ボイコットして沖縄に遊びに来た中学生たちの管理教育への抵抗が、島のリゾート開発反対運動へと展開する。椎名誠監督『うみ・そら・さんごのいいつたえ』は、東京の少女が夏休みに石垣島白保に来て島の子たちと仲良くなり、珊瑚礁の海の美しさにふれる。時期と場所からして、新空港建設反対運動のインパクトが大きかったはずである。

九三年『ソナチネ』九四年『パイパティローマ』あたりから、「癒しの島」の構図が前面に出てくる。九八年の香港・日本の合作『孔雀 Away with Words』も、都会の喧騒を脱した浅野忠信が、故郷の竹富島の海に唯一の逃げ場を求める。『生きない』は、莫大な借金を抱えた人たちが、保険金で返すために沖縄で自殺バスツアーの旅をさせられる話だが、帰りのないはずのツアーで、人々は結構生きる意志と輝きを取り戻していく。

九九年以降、純粋なリゾートものは『釣りバカ日誌イレブン』『恋戦。OKINAWA Rendez-vous』『リリィ・シュシュのすべて』くらいでむしろ少数派になり、移住と里帰りの設定が主流になる。(ロングステイも含めた)移住系は『星砂の島、私の島』『深呼吸の必要』『ゴーヤーちゃんぷるー』『子宮の記憶』『ドルフィン・ブルー』『サウスバウンド』、里帰り系は『ナビィの恋』『おぎゃあ。』『ニライカナイからの手紙』『イツカ波ノ彼方ニ』などである。移住も里帰りもともに、沖縄で自分を回復する癒しの物語が多い。こうした局面ではもはや、ヤマトゥンチュの沖縄移住も、県外へ出たウチナンチュの里帰りも、沖縄が自分の人生を見つめなおす場所になる点では、それほど大きな差異はなくなっている。むしろ同一の地平にあるとも言えよう。

これと関連して、二〇〇三年の『サマーヌード』は、とても示唆深い設定になっている。里帰りした医大生を主役に置きながら、様々な地元生活者とリゾート観光客らのいくつもの物語が、石垣島のなかでオムニバス風に同時進行するのである。彼らは、打ち上げ花火が夜空に上がった瞬間だけ、同じリアリティを共有する。これは、いま実際に島に起こっている状況を象徴してもいる。リゾートだけの単線的な作品が少なくなり、ディープさを掘り下げるために、生活者の目線が不可欠になってきた。生活者とリゾート、移住者と里帰り、内と外の視点が並立し、相互に浸透している。非日常から日常へ、ブームからスタイルへ。外の人にも内の人にも、より身近な生活感覚にフィットし自明視されていく、「沖縄の環境化」が進行している。

6 習俗と信仰の沖縄〜ローカルな日常の沖縄：ディープとリアル

以上は主に本土発の、外からの沖縄イメージだが、沖縄ローカル制作や、より地域に内在した作品群の潮流もある（⑥ローカルな日常の沖縄〜習俗と信仰の沖縄）。内から見た沖縄だ。

沖縄ローカルの映画はもともと、沖縄芝居の流れから来ている。戦前〜五〇年代、沖縄芝居は連鎖劇という、背景のフィルム映写と実演の芝居を組み合わせるスタイルをとっていた。五〇年代半ばから、沖縄芝居の劇団は連鎖劇だけでなく、映画も撮っていく。六一年、後のウルトラマンの父・若き金城哲夫は、『吉屋チルー物語』を自主制作した。劇場公開は当時されなかったが、後に完成度が高い作品と評価される。全編ウチナーグチ、沖縄芝居の演目を映画化したものだ。

一方、地域に根づいた習俗と信仰の沖縄も、外からのまなざしにさらされていく。六八年の今村昌平監督『神々の深き欲望』は、石垣島でロケを行い、柳田民俗学の影響のもとに島の習俗を扱うが、その未開社会のような描き方は実相からかけ離れているとして、地元から反発を招いた。東京から派遣された製糖工場の技師（北村和夫、のちNHKドラマ「ちゅらさん」に出演）が、五年後再び島に来たとき、飛行場ができてすっかり観光化していたラストシーンは象徴的だ。

青い海・リゾートの沖縄だけじゃない、日常の沖縄の面白さがある。八九年、新城和博らが『おきなわキーワードコラムブック』で行い、大ヒットさせた試みは、九二年の真喜屋力・中江裕司・當間早志ら琉球大学映画研究会出身の三人による『パイナップル・ツアーズ』とも通じる（⑧）。この傾向は、九九年の『ナビィの恋』以降の中江作品にもつながる。『ナビィの恋』はおばぁ、『ホテル・ハイビスカス』は子ども、『恋しくて』は高校生の視点から、ローカルな日常の沖縄を映し出そうとした。

九八年からの沖縄映画ラッシュのなかで、沖縄のディープな習俗や信仰と、何気ないローカルな日常のリアルな全体性を表現しようとする流れが高まってくる（この両者は結びつくことも多いので、同じカテゴリーにしておいた）。沖縄の芥川賞作家の原作を使って、沖縄の習俗や信仰をリアルかつディープに描こうとしたのが、崔洋一監督『豚の報い』と東陽一監督『風音』だ。『豚の報い』では、島の習俗と分かちがたい形で、性欲の強いあけすけな女性像が描かれる点は、かつての『神々の深き欲望』と共通しつつも、リアルさの面ではかなり異なり、自然な感じを表すのに成功している。

日常の沖縄のリアルさをはかる指標になるのが方言、ウチナーグチである。妻夫木聡・長澤まさみの共演で話題となった『涙そうそう』、本部のバンド高校生の青春物語『チェケラッチョ!!』は、ローカルな生活風景の空気感のなかで、「ちゅらさん」以後定着した「ウチナーヤマトグチ」が、わりと自然に聞こえてくる。

一方、沖縄の習俗や信仰のディープさを表現するのに、ユタ（霊能者）、キジムナー（精霊）、墓、おばぁの語りなどが多用されていく。『八月のかりゆし』は、柳田國男と折口信夫の名をもじった柳口が主役で、独自の民俗学的ファンタジーで沖縄の聖なる霊的世界をモチーフにしたが、設定にやや無理がある。対して『アコークロー』『サーダカー』は、沖縄出身の監督とキャストが沖縄の日常を自然に醸し出しながら、霊やユタらの織りなすホラーを展開しており、「沖縄ホラー」という新しいジャンルの確立を思わせる。『アコークロー』の岸本司監督は、かつて『パイナップル・ツアーズ』の助監督を務め、『サーダカー』にも協力している。『サーダカー』では、峰岸徹が東京出身沖縄在住の民俗学者として登場、事件に解説を加えるのが印象的だ。

7　高嶺剛ワールド

さて、以上の六類型のいずれにも収まらずはみ出してしまうのが、⑦高嶺剛監督の作品である。どれでもあるし、どれでもない。独特の広がりと強度をもつのが高嶺ワールドであり、独自のカテゴリーにしておいた方が適切だろう。彼の作品の固有性と面白さは、一体どこから来るのだろうか。

石垣島の川平集落生まれの彼は、地と血の論理、すなわち地域性や血縁性が沖縄では重要な意味をもつことを、もちろん一面では充分にふまえている。しかし、彼自身はそうした地と血の沖縄性を、ストレートに振りかざし、押し出すようなことは決してしない。彼が大学入学後、ずっと京都に身を置き、沖縄との距離を保ちながら、沖縄を作品のモチーフにし続けていることに注意しよう。沖縄への距離感とこだわりを同時に維持することで、彼は独自の「方法」を練り上げてきたのである。

彼は学生時代、京都の風景の美しさに実感をもてず、それで沖縄の風景に目を向け、『オキナワンドリームショー』を撮り始めた。復帰前後、激変していく風景。だが、目に見えない風景の根っこは、簡単にはなくならないという。高嶺は沖縄の風景を八ミリカメラで追いながら、戦争で風景を埋め尽くし、いまだ整理されずにさまよう、死者の匂いをかぎとった。

風景を撮り続ける中、スタッフ二人で方針を話し合った。「風景を映画の目的で一方的に決めつけたり、理屈で考えずぎない」「教条的な思想統一をお互いにせまらない」「日本復帰運動に便乗し、その象徴としての風景を撮らない・撮らされない」「自分たちの世代に基づく体験や趣味を押しつけて自閉しない」などである。[1] 日本復帰は、彼の大きなテーマであった。だが彼は決して政治を、政治的に語りはしない。基地もフィルムに映し込まれてくるが、特定の風景を特権化せず、等価に見ていった。風景の映像は、ロジカルな意味づけに回収されない記憶や思いを呼び起こすのだ。だから彼は、政治性や思想に縛られず、自由気ままに撮ることを大切にした。

　この作品がスローモーションという、独特な時間様式をもつことは重要である。日本に絡めとられない、沖縄固有の風景と時間の結びつき。このモチーフは、七八年の『オキナワン・チルダイ』へ受け継がれていく。チルダイとは、けだるさのことである。真夏の炎天下の沖縄では、暑くて何もやる気がなくなってしまう。こうした沖縄性は、怠惰としてネガティブに受けとられがちだ。日本復帰は、沖縄が一律の時計の時間に入っていく儀式でもあった。だが、七二年五月一五日の調印式で、今日から日本人だと言われても、高嶺はリアリティをもてなかった。「オキナワはニッポンか？　チルダイがなくなればニッポンだ」。作品ではこのフレーズがウチナーグチで繰り返される。

　高嶺はチルダイを、沖縄特有の「聖なるけだるさ」だととらえた。彼はこう言う。「チルダイは現実の時間だけではなく、ニライカナイの時間感覚でもあるのだ」[2]。つまりチルダイは、ここではない別世界との交信・行き来の時間でもある。それは、現実と映画の関係そのものでもある。

　こうした風景や時間への意識を、高嶺はさらに劇映画『パラダイスビュー』『ウンタマギルー』に結実させていく。『オキナワン・チルダイ』で、海洋博のみやげ紙袋をもった観光客は、石垣島に土地を買いに来た業者だった。『パラダイスビュー』でも同様に、随所で観光客をパロディ化した描写が出てくる。それらは単にシニカルな風刺というだけでなく、ツーリストの目線や行動自体を風景の一部として作品世界に取り込み、逆用している。他方で、高嶺は土地の固有性を重視し、沖縄の役者をたくさん登場させている。お国自慢のためでなく、沖縄の風景と芸能、役者の面白さ、濃密さを存分に発揮させたいからである。

　注意すべきは、こうした沖縄の固有性から立ち上げられるのが、あくまでファンタジーであって、「現実をありのままに映す」写実主義、リアリズムではない点である。実際の伝統芸能や政治的現実を持ち出しながら、彼の作品はつねに現実の向こうの「超現実」へと突き抜けてゆく。『ウンタマギルー』において、「インターナショナル」をウチナーグチで歌うシーンは、ありえないユーモアへの笑いとともに、「あってもいいよな」というビジョンを呼び起こしてくれる。

彼の『ウンタマギルー』は、同名の沖縄芝居をモチーフにしながら、オリジナルな世界を作り上げている。土地の伝統を生かしながら、それを創造と結びつける。沖縄芝居の『ウンタマギルー』が「劇中劇」として出てくるのもその一環である。映画におけるこの芝居と現実の関係は、より一般的に、夢と現実、虚構と現実、映画と現実の循環的な関係を暗示してもいる。

こうした高嶺ワールドの濃密さは、同時代の青い海・リゾートの定番化した沖縄イメージを相対化するだけのインパクトを充分にもっていた。が、といって高嶺作品は、沖縄の地元の人たちに広く受け入れられたわけでもない。バスの中でおばぁたちが、映画『ウンタマギルー』は沖縄芝居を忠実に再現してないからにせものだ、とひそひそ話していたというエピソードがある。ツーリストだけでなく地元の人の側にも、期待する沖縄像がある。伝統への忠実さ、写実性、わかりやすさ、エンターテイメント。「映画は沖縄を演じない」と高嶺が強く言い切るとき、ツーリストと地元、両方に向けて言っている面がある。

ツーリストの唯美主義的な沖縄でもなければ、地元の人が求める写実主義的な沖縄でもない。彼が表現するのは、「どこにもありえない琉球」の濃密さである。そこから現実は、実にさまざまな形で照らし返される豊かな含みをもっている。高嶺作品は、そういう自律性をもった、ひとつの可能態の世界なのだ。

8　パイナップル・ツアーズと世代の視点

最後に、⑧中江裕司監督の一連の仕事にも目を向けておく必要がある。[3] たとえば二〇〇七年刊行の『沖縄映画論』の論者たちは、高嶺監督の仕事を高く評価するのと対比的に、一様に中江監督を批判する。だが、その批判の論調はどうも単純で、実際にはより丁寧な検討が必要だろう。九九年の中江作品『ナビィの恋』は県内・県外で大ヒットし、二〇〇〇年代の沖縄ブームの契機となった。特に、沖縄のおばぁたちがバスに乗って那覇の映画館に一人で来て、連日満員になった状況は、一種の社会現象にまでなった。これは皮肉にも、先の『ウンタマギルー』のおばぁたちのエピソードとちょうど対照的だ。中江がおばぁの心に火をつけたのは、この作品で特に、観客へのわかりやすさとエンターテイメント性にこだわった点が大きいだろう。だがそうした作品固有の特性と、沖縄イメージのステレオタイプ化や観光主義などの問題は、別のこととして分けて考えねばならない。

中江の仕事をきちんと位置づけるためには、やはり九二年の『パイナップル・ツアーズ』にまでさかのぼる必要がある。この作品は、真喜屋力・中江裕司・當間早志ら琉球大学映画研究会出身の三人によるオムニバス三部作であった。八九年『ウンタマギルー』からの流れを見るとき、高嶺は中江らの作品づくりに大きな影響を与えており、[4]むしろ両者の連続性も見えてくる。

高嶺と中江らを分ける要素として何より重要なのは、世代のちがいである。一九四八年生まれの団塊の世代である高嶺に対し、六〇年の中江を筆頭に、彼らは六〇年代生まれのいわゆる新人類世代である（真喜屋は六五年、當間は六六年）。決定的なことに、彼らは六〇年代末期の政治の季節、さらには七二年の沖縄の日本復帰を、幼少期に迎えている。中江は京都出身だが、他の二人は沖縄であり、沖縄の人にとっては復帰を何歳で迎えたかが、経験や記憶、意識の大きな差異となって表れる。高嶺らの世代が抱いた復帰への違和感や政治意識を、リアルタイムで身体的に共有できるはずもないのが、この世代なのだ。

実際、當間はこう言う。「僕らの世代は、本土対沖縄をあまり意識することなく育った」。きちんとした方言が使えないので、「半端なウチナーンチュ」というコンプレックスがあったと。だが彼は『パイナップル・ツアーズ』で、「気負って沖縄を描くのではなく、半端なウチナーンチュなりの言葉遣いや物の考え方を素直に表現し、そこから妄想を膨らまして、伝統的な沖縄やステレオタイプ化された沖縄を吹き飛ばしてやろうと考えたのである」[5]。

このような姿勢はまさに同時期、地元出版社の編集者・新城和博らが試みた『キーワードコラムブック』や雑誌『wander』の、「僕たちの世代の沖縄の断面図を描く」志向性と通じる。[6]それが「沖縄ポップ」であった。実際に新城は、『パイナップル・ツアーズ』に対しても世代的なコミットを明示していた。「沖縄を舞台にした映画は昔からいろいろあったけれど、やっと僕の世代の沖縄を感じさせてくれる映画の登場という気がして、作品が出来上がったというだけで、嬉しかったというかホッとしてしまった。新しい試みで、友達が多数企画に参加しているので、出来がよくなかったりしたらどうしよう、なんて心配していたのだけれど、これがお世辞抜きに面白いのである。」「良いところも悪いところも全部、僕らの沖縄なのだ」[7]。

この時期、喜納昌吉やりんけんバンドら上世代の音楽のブレイクに後押しされながら、お笑いでは笑築過激団、映画では『パイナップル・ツアーズ』、本では『キーワードコラムブック』など、新しい世代のサブカルチャーの表現が、次々に湧き起こってきたのであった。それらの「沖縄ポップ」はまた、上世代が生き、語ってきた「沖縄」をめぐるリアリティや記憶、表現に対するカウンターカルチャー、世代間闘争としての意味合いもおびていたのである。

だがまた、ひとたび沖縄ポップが立ち上がってしまえば、それは「団塊／新人類」という世代の文脈を超えて、ひとつのジャンルとして恒常化していく。つまりこうした世代の差異は九〇年代以降、仲里効が編集する雑誌『EDGE』の「知識人系」と、新城和博が編集する『wander』の「ポップ系」が、沖縄の文化市場において並立するような状況へと発展していくのである。そして高嶺剛と中江裕司（作品、評価、コアな支持層）は、まさにこうした知識人系とポップ系に、おおよそ対応していたのであった。

おわりに――沖縄映画のマチブイ

以上、本報告では戦後の沖縄映画を「六類型プラス二」、八つのカテゴリーに分け、映画における沖縄イメージの変遷と、多様な特徴を検討してきた。具体的には、①戦争の沖縄、②米軍占領と基地文化の沖縄、③差別と生きにくさの沖縄、④やくざと空手、アクションの沖縄、⑤リゾートと癒しの沖縄～移住と里帰りの沖縄、⑥習俗と信仰の沖縄～ローカルな日常の沖縄、⑦高嶺剛ワールド、⑧パイナップル・ツアーズからの世代的沖縄ポップ、の八つである。

高嶺剛は、沖縄の世相はガジュマルのマチブイ（もつれ）そのものであると言う。[8] ガジュマルの木は、細い枝がもつれ合ってひとつの幹をつくりあげている。これまで見てきた、沖縄映画における八つの沖縄イメージの系譜たちも、まさに絡まりもつれ合いながら、全体として「沖縄」という幹を織りなしている。

本論では、通常の映画批評では切り捨てられがちな作品や監督も均等に見て、こうした複数の枝がもつれあい幹をなす沖縄イメージの流れを複線的に、よりトータルに把握しようと試みた。沖縄が固有にもつ複雑さをよりトータルに、互いに関係づけながら見ていく作業は、沖縄をまた新たに理解しなおす上でも、ある程度有効な素材を与えてくれるのではないか。もちろん、鳩山政権期に再燃した普天間基地移設問題などとも合わせて、[9] 本論が少しでも、沖縄と日本の関係について立体的な理解と思索をより深めるための一助になれば、誠に幸いである。

【注】

1 『EDGE』4号、pp.28-29。
2 天空企画編 1992 p.119。
3 質の高さや影響力において高嶺と中江は群を抜くため、六類型とは別にプラス二のカテゴリーにした。
4 例えば、中江裕司・素子「沖縄映画史」（天空企画編 2000

pp.154-175）を参照すれば、中江がどういう沖縄映画から影響を受けたかがわかる。

5　『EDGE』4号、p.30。

6　拙著『沖縄イメージを旅する』pp.161-4、「県内の世代間闘争」「僕たちなりのおきなわ」を参照。

7　新城和博 1993 pp.158-9。

8　『EDGE』13号、p.33。

9　普天間基地移設問題については別に論文を書いたので、そちらも参照されたい。多田治「沖縄と平和――軍事大国アメリカとどう向き合うか」平和と和解の研究センター／足羽與志子・濱谷正晴・吉田裕編 2010『平和と和解の思想をたずねて』大月書店、pp.89-114。

【参考文献】

壱岐一郎 2000『映像文化論・沖縄発』編集工房　東洋企画

岩渕功一・多田治・田仲康博編 2004『沖縄に立ちすくむ　大学を越えて深化する知』せりか書房

雑誌『うるま』二〇〇七年五月号（特集・沖縄映画を観よう！）三浦クリエイティブ

雑誌『EDGE』4号（高嶺剛、パイナップル・ツアーズ）、6号（「沖縄映画」の脱構築）、8号（特集・夢幻琉球・つるヘンリー）、13号（総特集・イメージのイクサ場）

沖縄県立博物館・美術館 2007『沖縄文化の軌跡 1872-2007』

新城和博 1993『うちあたいの日々』ボーダーインク（特にパイナップル・ツアーズの記事、pp.158-161）

同 1996『《太陽雨》の降る街で』ボーダーインク

同 2000『ンパンパッ！おきなわ白書』ボーダーインク（特に「BEATなカメジロー！」「連鎖する『沖縄映画』の恋人たち」、pp.129-133）

世良利和 2008『沖縄劇映画大全』ボーダーインク

多田治 2004『沖縄イメージの誕生――青い海のカルチュラル・スタディーズ』東洋経済新報社

同 2008『沖縄イメージを旅する――柳田國男から移住ブームまで』中公新書ラクレ

DeMusik Inter. 編 2006『音の力　沖縄アジア臨界編』インパクト出版会

天空企画編 1992『沖縄カルチャー・ブック　ウチナー・ポップ』東京書籍（特に高嶺剛「映画『オキナワン・チルダイ』採録風ゆんたく」、pp.116-127）

中江裕司・中江素子 2000「沖縄映画史」天空企画編『沖縄ポップカルチャー』東京書籍、pp.154-175

仲里効 2007『オキナワ、イメージの縁（エッジ）』未来社

福間良明 2006『「反戦」のメディア史』世界思想社（3章「沖縄戦を語る欲望の交錯――ひめゆりの塔）

藤田正／イエス・ビジョンズ編 1999『ナビィの恋　沖縄――永遠の愛してるランド』データハウス

まぶい組編 1989『事典版　おきなわキーワードコラムブック』沖縄出版

宮城涼 2001「時代別オキナワ映画の流れ」嘉手川学編『沖縄チャンプルー事典』山と渓谷社、pp.38-40

森口豁 1992『森口豁ドキュメンタリー作品集「復帰願望」――昭和の中のオキナワ』海風社

四方田犬彦・大嶺沙和編 2008『沖縄映画論』作品社

琉球電影列伝実行委員会事務局 2003『琉球電影列伝　境界のワ

ンダーランド』山形国際映画祭実行委員会
わうけいさお 2005『なんだこりゃ〜沖縄！』ボーダーインク（2章　映像に見る味わい深い　なんだこりゃ〜沖縄）
雑誌『WANDER』7号（パイナップル・ツアーズ記事）、9号（特集・沖縄芝居は眠らない）、28号（中江裕司インタビュー「ナビィの恋」に恋するおばぁたち）、36号（目取真俊・映画「風音」インタビュー）、38号（新垣映画組合）

〔付記〕 本論は、二〇〇九年六月二七日に韓国・ソウルの韓国映像資料院 Korean Film Archive（KOFA）で開かれた国際シンポジウム「沖縄映画、沖縄アイデンティティー：映画——地域／歴史研究との遭遇」で行った報告「沖縄イメージを旅する、映画編——日本の映画は沖縄をどうまなざしてきたか」に加筆、再構成を行ったものである。また本研究は、平成二一年度文部科学省科学研究費補助金・若手研究(A)「観光・移住・メディアがもたらす地域イメージと文化変容に関する社会学的研究」（研究代表者・多田治）の助成を受けた成果である。データの整理に際しては、一橋大学大学院博士後期課程の須田佑介君の助力を得た。なお本研究は、基礎資料として世良利和『沖縄劇映画大全』（ボーダーインク）を大いに活用した。その二〇〇八年一〇月の発刊がなければ、本研究の全作業の進行はありえなかった。以上を記して、感謝の意を表しておきたい。

付録　戦後の主な沖縄映画

No	年	作品名	ジャンル	主な特徴・監督・出演・見どころ等	制作	主な沖縄ロケ地
1	1953	ひめゆりの塔	戦争	今井正監督、大ヒット、ひめゆりイメージ確立	東映	沖縄ロケなし
2		沖縄健児隊	戦争	鉄血勤皇隊、男子の視点	松竹	戦前の実景のみ
3	1956	八月十五夜の茶屋	米軍占領	マーロン・ブランド出演	MGM	沖縄ロケなし
4	1959	海流	青春	戦後初の沖縄ロケ	松竹	国際通り・万座毛など
5	1961	吉屋チルー物語	時代劇	金城哲夫監督、全編ウチナーグチ	沖縄	首里など
6	1962	太平洋戦争と姫ゆり部隊	戦争	日本・米軍のヒューマンな視点、戦車	大蔵	戦場の実景（火炎放射）
7	1966	俺にさわると危ないぜ	アクション	小林旭主演、女忍者が胸にひめゆり花	日活	沖縄ロケなし
8		網走番外地　南国の対決	やくざ	高倉健主演、異国情緒でやくざ映画に	東映	首里城門、那覇港、コザ
9	1968	あゝひめゆりの塔	戦争	吉永小百合主演。冒頭踊る若者が回想	日活	沖縄ロケなし
10		神々の深き欲望	習俗	今村昌平監督、描き方に地元から反発	日活	石垣島
11	1969	日本海大海戦	戦争	宮古島の久松五勇士、敵艦目撃通報	東宝	沖縄ロケなし
12	1970	やさしいにっぽん人	差別	東陽一監督、河原崎長一郎主演	東プロ	沖縄ロケなし
13	1971	博徒外人部隊	やくざ	深作欣二監督、鶴田浩二主演	東映	那覇
14		激動の昭和史　沖縄決戦	戦争	岡本喜八監督、ヒューマン司令官、詳細史実	東宝	あり
15	1972	夏の妹	青春	大島渚監督、日本復帰をメロドラマで問う	創造社	那覇、コザ、南部戦跡
16	1973	野良犬	差別	森崎東監督、黒澤リメイク、鶴見の沖縄集落	松竹	沖縄ロケなし
17	1974	激突！殺人拳	アクション	千葉真一主演のシリーズ、空手の本場沖縄	東映	沖縄ロケなし
18		ゴジラ対メカゴジラ	特撮	考古学調査、守護獣キングシーサー	東宝	首里城門、玉泉洞
19	1975	新幹線大爆破	パニック	犯人の一人、沖縄から集団就職し苦労	東映	沖縄ロケなし
20	1976	沖縄やくざ戦争	やくざ	松方弘樹・千葉真一、実際の抗争モデル	東映	大半実景のみ
21	1977	ドーベルマン刑事	アクション	千葉真一主演、石垣署から黒豚抱え上京	東映	沖縄ロケなし
22	1978	沖縄10年戦争	やくざ	松方・千葉、海洋博、ヤマトへの怨み	東映	実景映像のみ
23		ヤマングーヌティーダ	伝記	具志堅用高の高校時代、謝花謙監督	個人	石垣島、那覇
24		オキナワン・チルダイ	短篇集	高嶺剛監督、島の土地を買いに来る業者	高嶺	石垣島川平、那覇空港
25	1980	男はつらいよ ハイビスカスの花	コメディ	ヒロイン浅丘ルリ子、海洋博公園、癒し	松竹	本部、那覇、金武
26		太陽の子　てだのふあ	教育	河原崎主演、神戸、戦争・差別の記憶	太陽	首里、波照間島など
27	1981	ええじゃないか	時代劇	今村監督、幕末世直し、薩摩を殺す琉球	松竹	沖縄ロケなし
28		ひと夏の体験　青い珊瑚礁	ポルノ	新婚旅行ブーム期、青い海と星砂の浜で	日活	竹富島
29	1982	ひめゆりの塔	戦争	今井監督が現地ロケでリメイク	芸苑社	摩文仁、南風原、喜如嘉
30		対馬丸　さようなら沖縄	戦争	平和教育アニメ、大城立裕原作	委員会	なし
31	1983	オキナワの少年	青春	東峰夫原作（芥川賞）、新城卓監督	パル	沖縄市、金武。首里
32		生きてるうちが花なのよ…	差別	森崎東監督、原発、コザ暴動、十九の春	キノシタ	コザ暴動のシーンのみ
33	1984	海燕ジョーの奇跡	やくざ	佐木隆三原作、時任三郎主演、南へ移動	松竹	中城村
34		メインテーマ	青春	薬師丸ひろ子主演、全日空協力	角川	那覇、万座ビーチ、石垣島
35	1985	パラダイスビュー	ファンタジー	高嶺剛監督、小林薫、ウチナーグチと字幕	ヒートゥ	本島、石垣島、竹富島
36		友よ、静かに瞑れ	アクション	崔洋一監督、北方謙三原作ハードボイルド	角川	名護市辺野古、屋部
37	1986	ベスト・キッド2	アクション	空手の達人ミヤギ、トミ村ハワイで撮影	コロムビア	沖縄ロケなし
38	1988	マリリンに逢いたい	動物	犬の恋愛、ダイビング観光、安田成美	松竹	座間味島、阿嘉島、那覇
39	1989	Aサインデイズ	基地文化	崔洋一監督、60年代コザロック、対米	大映	泊の外人墓地
40		かんからさんしん	戦争	反戦教育アニメ、津堅島、逞しく三線	委員会	なし
41		ウンタマギルー	ファンタジー	高嶺剛監督、劇中劇、芝居と幻想ミックス	パルコ	本部備瀬、読谷、辺土名
42	1990	3－4×10月	やくざ	北野武監督、武も沖縄やくざ上原で出演	松竹他	金武、那覇空港
43	1991	ぼくらの七日間戦争2	青春	宗田理原作、管理への抵抗と開発反対	角川	石垣島ほか
44		うみ・そら・さんごのいいつたえ	子ども	椎名誠監督、ダイビング、自然と癒し	ホネ	石垣島白保
45	1992	パイナップル・ツアーズ	コメディ	真喜屋力・中江裕司・當間早志の三部作	パナリ	伊是名島
46		人間兇器～愛と怒りのリング～	アクション	三池崇史監督、梶原一騎原作、沖縄空手	マクザム	那覇空港、平和通り
47	1993	新極道の妻たち　覚悟しいや	やくざ	岩下志麻主演、殺し屋・愛人が沖縄出身	東映	沖縄ロケなし
48		ソナチネ	やくざ	北野武監督、石垣と武の時間がシンクロ	バンダイ	石垣島

49		ボディガード牙　地獄の黙示録	やくざ	三池崇史監督、梶原一騎原作、沖縄空手	SHS	那覇、金武、万座毛
50	1994	パイパティローマ	ロード	中江裕司監督、南下するほどディープ沖縄	Sony	那覇、石垣、竹富、波照間
51	1995	ひめゆりの塔	戦争	神山監督、ゴクミ、方言、四つ竹、歌「花」	東宝	沖縄ロケあり
52	1996	GAMA月桃の花	戦争	嶋津与志脚本、沖縄戦終結50周年記念	こぶし	摩文仁、琉球村
53	1997	プロゴルファー織部金次郎4	コメディ	武田鉄矢監督・主演、鹿児島の特攻花	レオナ他	名護カヌチャ、首里城
54		愛する	ハンセン病	酒井美紀主演、渡部篤郎が沖縄出身	日活	沖縄ロケなし
55		モスラ2　海底の大決戦	特撮	ヒトデに似た生物増殖、八重山上空にCG	東宝	石垣島
56	1998	風の歌が聴きたい	スポーツ	大林宣彦監督、トライアスロン、聴覚障害と愛	PSC	宮古島
57		孔雀　Away with Words	癒し	浅野忠信主演、故郷竹富、海が逃げ場	香港	竹富島
58		BEAT	基地文化	宮本亜門監督、60年代Aサインバー	PeacH	辺野古
59		生きない	癒し	ダンカン脚本、北野風、自殺バスツアー	北野	那覇、読谷、恩納、玉泉洞
60		きみのためにできること	恋愛	柏原崇・岩城滉一、織物と音響	日活	宮古島
61		夢幻琉球つるヘンリー	ファンタジー	高嶺監督、大城美佐子主演、混血と移動	高嶺	与那原町ほか
62	1999	借王THE MOVIE沖縄大作戦	金融	哀川翔、第2海中道路、防衛庁水増し請求	日活	闘牛場、首里城、カヌチャ
63		故郷（ふるさと）	ロード	マラソンで列島縦断、戦争の記憶たどる旅	Mukai	名護
64		豚の報い	習俗	崔監督、又吉栄喜の芥川賞、ウチナーグチ	サンセント	久高島、浦添、石川
65		釣りバカ日誌イレブン	コメディ	西田敏行主演、三国が戦跡と海洋博へ	松竹	那覇、糸満、本部、久米島
66		ナビィの恋	コメディ	中江監督、おばぁの恋、ベテラン役者、ヒット	イエス	粟国島
67	2000	恋戦。OKINAWA Rendez-	恋愛	レスリー・チャン主演、警察と泥棒、リゾートの恋	香港	万座ビーチ、北谷美浜、本部
68	2001	月のあかり	癒し	海辺の岩場に山羊汁店。放浪者とオッサン	ギャガ	名護、恩納
69		デジモンテイマーズ冒険者たちの戦い	アクション	アニメ、島に墓参り、ウチナーグチ、沖縄アイテム	東映	なし（慶良間諸島？）
70		リリィ・シュシュのすべて	青春	岩井俊二監督、中学生が夏休みに西表へ	ロックウェル	西表島
71	2002	おぎゃあ。	出産	岡本綾、余貴美子。3代島を出て、帰る	GP	浜比嘉島
72		ホテル・ハイビスカス	子ども	中江監督、仲宗根みぃこの漫画原作	イエス	名護市辺野古
73		GunCrazyEpisode1復讐の荒野	アクション	米倉涼子主演、米軍基地のある無法地帯	キュー	名護、金武
74	2003	サマーヌード	コメディ	島でいくつも物語が進行、花火でシンクロ	委員会	石垣島
75		八月のかりゆし	習俗	柳田・折口民俗学をモチーフ、キジムナー、マレビト	ギャガ	本部町備瀬崎
76		キル・ビルVOL 1	アクション	タランティーノ監督、沖縄と日本まぜこぜ	ミラマックス	沖縄ロケなし
77		NOEL	アクション	平良とみ主演、代行殺人	ギャガ	那覇、宜野湾
78		星砂の島、私の島	青春	島に移住した体育教師の成長、モーニング娘	委員会	竹富島、石垣島
79	2004	深呼吸の必要	癒し	援農キビ刈り隊、JAL提供、長澤まさみ	松竹他	宮古島、沖永良部島
80		風音	習俗	目取真俊原作、東陽一監督	シグロ	本部、今帰仁
81		独立少女紅蓮隊	アクション	安里麻里監督、独立図るアイドル4人	ユーロ	実景のみ
82		真昼ノ星空	恋愛	中川陽介監督、市場の弁当屋、台湾	ホリプロ	那覇、沖縄市
83	2005	ニライカナイからの手紙	癒し	蒼井優、東京で苦、島帰り母の死を知る	エルゴ	竹富島
84		イツカ波ノ彼方ニ	青春	養豚とやくざ、墓とおばあ語り、竜宮城	日販	佐敷町
85		ゴーヤーちゃんぷるー	癒し	自閉少女が回復、移住者、大城美佐子	委員会	西表島、石垣島
86		探偵事務所5　マクガフィン	探偵	當間早志監督、藤木勇人、米軍枯葉剤	探偵社	恩納村、金武町、中城村
87	2006	涙そうそう	青春	妻夫木聡・長澤まさみ、地元色と方言	委員会	那覇、沖縄市、琉球大
88		チェケラッチョ!!	青春	高校生のバンドと恋愛、本部ローカル色	フジTV	本部、古宇利大橋、恩納
89		子宮の記憶	家族	松雪泰子主演、移住の日常、本部の夕景	共同	本部、古宇利島
90		アコークロー	ホラー	岸本司監督、きじむなーとユタ、リアル方言	彩プロ	糸満
91		琉球カウボーイ、よろしくゴザイマス	コメディ	當間早志ら監督の三部作、地元スター出演	カウボーイ	那覇、コザ、糸満
92	2007	ドルフィン・ブルー	動物	実話に基づくイルカ再生、移住獣医成長	委員会	本部、海洋博公園
93		恋しくて	青春	中江監督、高校生バンド、BEGIN実話	葵プロ	石垣島
94		サウスバウンド	コメディ	西表移住、豊川悦司、全共闘世代、開発	角川	本部、古宇利島、名護
95		サーダカー	ホラー	吉田妙子ユタ、峰岸徹民俗学者、地元キャスト	彩プロ	那覇など

表の注記：年は制作年で、情報は基本的に世良利和『沖縄劇映画大全』（ボーダーインク）に依拠した。これらは網羅的でなく、沖縄映画の中で特に重要な作品をはじめ、2009年3月28日〜5月29日に私が見た67作品と、それ以前に見ていた作品を中心に選んだ。基本的に劇映画であり、ドキュメンタリー作品は含まない。スペースの都合上、一部作品名は短縮してある。

「アメリカ」・モダニティ・日常生活の民主主義
――占領期における女性雑誌のアメリカ表象

松田ヒロ子

はじめに

一九四五年八月一五日――アジア太平洋戦争が終結した。庶民は爆撃による死の恐怖からは解放されたものの、多くは身体的に疲れ果て、心理的なトラウマを抱えていた。八月二八日、負傷者や孤児、夫を失った女たちで溢れる日本に連合軍が上陸し、占領統治を開始した。連合軍は日本占領政策の最高決定機関として、一一カ国を代表する委員から構成される極東委員会を設立した[1]。しかし実質的には、米国政府が連合国最高司令官総司令部（GHQ/SCAP）を通して日本の占領政策をほぼ独占的に決定し、遂行した。

一九九〇年代まで、占領期日本のジェンダー史に対する学術的関心はそれほど高くなかった。例外はスーザン・ファーの「女性の権利をめぐる政治」（1987）である。本著は当該期に実施された女性の権利に関する政策決定を分析し、後の女性の権利に関連する一連の占領政策についての理解に大きな影響を与えた先駆的な論文である。ファーはGHQ/SCAPによる改革について、以下のような好意的な評価を下している。

しかし誰ひとりとして、もっと驚くべき点に気付いてはいない。それはこの改革が西欧社会におけるものの考え方から見ても、進歩的なものだったという点である。事実、今から三〇年以上も前に米占領軍が日本に導入した法律は、ある面では、現在米国の連邦議会や州議会、そして多くのアメリカ人が、女性の平等や権利を法的に保障するために、当の米国に積極的に取り入れようとしているものよりも、はるかに進んだものだったのである。（ファー 1987

: 460)

ファーは、占領期に遂行された女性の権利に関する改革が、GHQ/SCAP内で働く米国人女性と、彼女たちと一緒に働いた日本人の女性権利団体のリーダーたちとの間の「解放のための同盟」によって実現したと分析している。ファーの分析は、日本人女性たち自身の回想と矛盾するものではない。一九八五年に出版された、占領軍事務局で働いた女性たちの回想録には、彼女たちが、女性の権利獲得を阻む日本の保守勢力の厚い壁を打ち破る上で、GHQ/SCAPが重要な役割を果たしたと認識していることが示されている（西 1985）。

注意されるべきは、日本人女性の占領軍に対する好意的な評価が米国のアジア地域への軍事介入を正当化する言説と見事に共鳴している点である。第二次世界大戦期とその後の合衆国における日本人女性表象を検討した米山リサ（2003）は、解放された日本人女性イメージが、米国の日本占領の成功を証明する事例として利用されたことを指摘している。またミレ・コイカリは、「アメリカ人にとって、日本人女性の解放のナラティブは、自由と民主主義のリーダーとしての米国のイメージを強化し、第二次世界大戦後の世界における帝国的ヘゲモニーの拡大を正当化し推進した」（Koikari 2008 : 4-5）と論じている。

このように、近年は、ファーの先駆的な研究を批判的に捉えながら、占領期日本のジェンダー史に関して、多面的な研究が進んでいる。だが、天野正子が「女性にとって、戦後改革でもっとも変わったのは、『制度』であった」（天野 2005 : 245）と述べているように、既存の研究の多くは占領期の法的、制度的改革を重視し、GHQ/SCAPの政策決定過程や法的改革の評価検討に集中している。[2] その結果、これまでの占領期のジェンダー史にまつわる議論は、GHQ/SCAP主導の改革を好意的に評価するか否かに関わらず、米国が日本人女性にいかに重大な影響を与えたのかを強調する傾向にある。

けれども、日本全土に住んでいた女たちや男たち、マスメディアや市民団体など、日本の市民社会を構成する多様な組織や集団は、決してGHQ/SCAPの政策を無批判に受容し、上からの指導や命令を機械的に実行していたわけではない。たしかに政府の政策や法的改革と比較すると、市民社会の諸集団や一般市民の社会的・文化的動態は微弱に過ぎて、六〇年以上経過した今、それらを掬い上げることは難しいのかもしれない。けれどもそれは、当該期の人々の社会的、文化的営みを検討に値しないとして学術的研究の対象から除外することを正当化する理由にはなりえないのである。

「占領期はジェンダー史における制度改革の時代である」という前提に疑問を呈しつつ、本稿は占領期に出版された日本のいわゆる「女性雑誌」[3]を分析の対象として、占領期の社会文化変容の一端を明らかにしたい。特に本稿は、米国が日本のジェンダー関係をいかに民主化したのか、あるいはしなかったのか、という点よりも、むしろ当時の日本の女性雑誌がどのように「アメリカ」を表象し、「民主主義」を再概念化したのか、という点に着目したい。

「婦人雑誌」または「女性雑誌」という言葉は、曖昧で定義するのが困難である。アジア太平洋戦争前も占領期も、「婦人雑誌」はひとつのジャンルとして年鑑などにも登場しているし、現在も、月刊誌や週刊誌を分類する項目として「女性（ミス、ミス&ミセス）」という部門が一般的に用いられている。だが実際には、「服飾」や「美容」、「料理」部門に分類されている雑誌の中には、明らかに女性をターゲットにしており、女性性や女らしさを強調する記事を多く掲載しているものも含まれている。本稿は、「婦人雑誌」や「女性雑誌」を厳密に定義することはしないが、購読者として第一に女性を想定し、意図的か否かを問わず、内容やデザイン、イメージ（写真や挿絵など）を通して、女性性や女性のアイデンティティを構築し、固定化するような内容やイメージに紙面の多くが割かれている大衆向けの定期刊行物を「女性雑誌」として考察の対象とする。本研究が特に分析の対象としたのは、米国メリーランド大学のゴードン・W・プランゲ文庫に所蔵されている雑誌のうち、「婦人誌（婦人のための総合誌）」に分類されている一〇二誌と「家事・家政（一般誌）」に分類されている一〇二誌である。これら二〇四誌の多くは、発行部数も少なく、短期間しか存続しなかった。本稿では、中でも平均発行部数が五万部以上で比較的長期にわたって継続した雑誌を選出してその記事内容を考察した。

占領期日本の女性雑誌を対象とした、近年の代表的な研究成果としては、二〇一〇年に出版された、近代女性文化史研究会（編）『占領下女性と雑誌』が挙げられよう。本書は、占領期に出版された女性雑誌を多角的な視点から分析することにより、当時の社会的・文化的動態を明らかにしている。しかしながら、本書は当時の女性雑誌がアメリカを主題とした記事を多く掲載していることを指摘しているものの、その政治的、文化的意義については詳しく論じていない。また本書は、女性雑誌の分析を通して GHQ/SCAP のジェンダー関連政策の実態を明らかにしているものの、女性雑誌自体が民主主義についてどのような意味を創出したのかについては論じていない。それに対して本稿の論点は表象としての「アメリカ」がどのように占領機関と出版業界、そして日本人読者の間の相互交渉によって創出されたのかという点にある。すなわち本稿の目的は、いかにして「アメリカ」イメージが日本の女性雑誌上で構築されたのかを明らかにし、それを第二次世界大戦後の日本そしてアジアにおける米国のヘゲモニー拡大という点から検討することにある。

1　啓蒙か、それとも統制か？——占領下の女性雑誌

女性を対象とした啓蒙的書籍の歴史は古いが、商業的な大衆向け女性雑誌が出現したのは二〇世紀初頭のことであった。一九二〇年代初頭までに「婦人雑誌」または「女性雑誌」は雑誌の一ジャンルとして一般的に認められるようになった。「主婦」や「新しい女」、「少女」といった近代日本のジェンダー関係を規定し、規範づけるような主要な概念が、当時の女性雑誌上で論じられ、大衆化された（Frederick 2006 : 2）。発行部数も増加し、当時「婦人雑誌」に分類されていた雑誌の一年間の総売上部数は、主要八誌だけで一九二七年に九四五万部、一九三五年には一九三八万部を記録した。これは、同じ年に発売された有力雑誌八三誌の二四パーセントから三〇パーセントを占めていた（東京堂［1937］1977 : 11-12）。女性雑誌が日本の女性の生活文化に広く浸透していたと同時に、二〇世紀前半の日本の大衆文化一般において重要な位置を占めていたことを示唆しているといえよう。

女性雑誌は、一九三七年以前も他の雑誌や新聞と同様に、新聞紙法・出版法によって規制され、内務省警保局検閲課をはじめとして、海軍軍事普及部や陸軍省新聞班、外務省情報部が記事内容を監視する下で発行されていた。しかしながら、日中戦争勃発以降は政府による指導と監視が一層強化され、禁止条項が強制されると共に、国民精神総動員運動への協力が強要された。戦争の長期化と共に用紙不足も深刻化し、女性雑誌を発行していた出版社の多くが操業停止に追い込まれるか統合合併を強要された。一九四三年末に実施された企業整備では、「婦人雑誌」に分類されていたもののうち存続をゆるされたのは『主婦之友』、『婦人倶楽部』、『新女苑』と大日本婦人会の機関誌『日本婦人』のみだったが、「生活雑誌」に分類されていた『婦人之友』や『女性と被服』なども残存した（日本出版協同［1947］1978）。

敗戦により、政府による言論と表現の統制から解放された日本の市民たちは、物資や印刷設備の不足にもかかわらず、多くの新聞や雑誌、書籍をこぞって出版し始めた。女性雑誌も、新たに創刊されたり大戦前に廃刊になっていたものが復刊し、一九四六年度の『出版年鑑』の「婦人雑誌」部門には六三誌が記載されている（日本出版協同［1947］1978 : 66）。その年の『出版年鑑』はまた、「婦人雑誌の主なるものは四〇誌を数えられるし、その出揃っていることは全雑誌中随一であろう。都会的にも全国的にも婦人雑誌ほど読者に結びついているものは他の雑誌にはみられぬ現象である」と述べている（日本出版協同［1947］1978 : 25）。

今日、一般的には占領政策の目的は非軍事化と民主化であったと理解されている。たしかにその通りなのだが、三和良一（2002）が指摘しているとおり、民主化の理想は非軍事化の目標と同列とは考えられない。むしろ民主化とは、市民を長期にわたる破滅的な戦争に駆り立てた軍事主義を打倒する上で不可欠の手段だと認識されていたのである。米国政府は当初、民主化を通じた日本の非軍事化という占領目的を達成するために直接的な軍事統治を計画したが、マッカーサーは結局、直接統治計画を変更し、日本政府を監督、統制することによって日本の民主化を通じた非軍事化政策を遂行した。

しかしながらGHQ/SCAPの「民主化を通じた非軍事化政策」の実際は多くの矛盾をはらんでいた。そのひとつとして挙げられるのが占領期に実施された検閲制度である。GHQ/SCAPは戦時中の日本政府のメディア統制を批判し、ポツダム宣言で掲げられたような言論の自由の重要性を主張したにもかかわらず、非民主的な言論を統制し、民主主義的理想と原理を普及させることを目的に、新たな監視機構を設け、日本のメディアに干渉した。それは、本来自主性に基づくべき民主主義を外国権力の支配下で強制的に実現させるという、GHQ/SCAPの占領統治の根本的矛盾を如実に表していたといえよう。

一九四五年九月三〇日、太平洋陸軍対敵諜報部（CIS）において、「日本における民間検閲の基本計画」が成立した。それ以前にも、前日に日本政府に通告された「新聞ノ自由ニ関スル追加措置」をはじめとして、GHQ/SCAPは様々なかたちで日本のメディアに干渉し、政府や新聞社に対する指導や処分を行っていたのだが、この「基本計画」の成立に伴い、民間検閲局（CCD=Civil Censorship Detachment）のもとで組織的な検閲が実施されるようになった（有山 1996）。

検閲の対象は非常に広範囲にわたり、また実際の検閲のあり方も時期によって変化した。占領初期の一九四五年一〇月から一二月の間にCCDの下部組織である新聞映画放送課（Press Pictorial and Broadcast Division）が対象としていたのは、放送台本、通信社配信ゲラ、主要新聞社のニュースゲラ、映画、芝居、レコード、紙芝居、幻灯、雑誌、書籍などである（有山 1996：222）。雑誌に関していえば、国内で発行されたものの全てがPPBの下部組織である新聞雑誌班（Press & Publication Section）に二部ずつ提出するよう要求された。新聞雑誌班の翻訳チームは、提出された雑誌の目次を全て翻訳し、担当官が(1)検閲統制が必要なもの、(2)主題別ガイドの事項に適合しているもの、(3)研究分析に有用なもの、に分類した上で処理した（有山 1996：213）。

GHQ/SCAPは日本のメディアを規制するだけでなく、自らの目的に適うかたちでそれらを利用しようともした。CCDが「不適切」な言論を統制する役割を担った一方で、民間情報教育局（CI&E=Civil Information and Education Section）は、日本人の意識改革のため積極的に啓蒙・宣伝活動を行う機能をつかさどっていた。CI＆Eは軍国主義的思想を破壊し、民主主義的思想を普及させるために、自らが作成した記事や記事材料を新聞雑誌社に提供して各紙に掲載させるよう指導した。後には、記者会見や講演、新聞社幹部との懇談を通じて日本のメディアがGHQ/SCAPの政策に沿うような記事を書くような指導を強化するようになった（有山 1996）。

こうした状況下において、女性雑誌を発行していた出版社のなかには、GHQ/SCAPと緊密な関係を築き、GHQ/SCAPの政策を推進する役割を担うものもあった。例えば、戦時中は日本政府の軍国主義的プロパガンダを広めた『主婦之友』は、占領期にはGHQ/SCAPの女性士官が執筆した記事を多数掲載した上に、女性士官が登場する座談会を頻繁に企画し、その内容を掲載している。GHQ/SCAPの関係者が執筆した記事は、一九四六年だけで十二篇にのぼった。実のところ、『主婦之友』は、終戦直後に総力戦に加担した罪を厳しく追及され、編集責任者の石川武美は『主婦之友』の廃刊を決意していた。しかしながらGHQ/SCAPは、雑誌の人気を利用することを企て、石川に雑誌の存続を促すと共に、GHQ/SCAPの改革政策に対する支援を要求したのであった（主婦の友社 1967：360-364；吉田 2003：238-241）。

無論、当時女性雑誌を刊行していたあらゆる出版社が『主婦之友』の編集者のようにGHQ/SCAPと緊密な関係を築いていたわけではないし、当時の出版社や編集者がGHQ/SCAPに完全に操作されていたわけでもない。だが、占領期の女性雑誌が常に監視下に置かれていたという事実は重大である。しかも、記事の情報源、とりわけ海外に関する情報は、GHQ/SCAPから厳しく統制されていた点は注意すべきだろう。占領期において女性雑誌は読者の欲望を資本主義の原理に従って具現していたわけでもなければ、統治権力の忠実な代弁者であったわけでもない。むしろそこは、欲望と統制が交錯する場であり、女性と女らしさの新たなイメージが、日本の女性と出版社、そして占領軍政府の間に生まれた協力関係と、妥協、調停を通じて生み出されたのである。

2　モダニティの主体としての「アメリカ」

占領期に刊行されていた女性雑誌の多くに共通するのは、アメリカとアメリカ人に対する強い興味関心である。単純に数量だけで比較しても、アメリカやアメリカ人に関する特集記事は、他の諸外国——例えば、ソビエトや中国、英国、フランスといった他の連合国——についての記事を圧倒している。

早稲田大学20世紀メディア研究所が運営している「占領期新聞・雑誌情報データベース」を用いて、「婦人誌（婦人のための総合誌）」に分類されている一〇二誌と、「家事・家政（一般誌）」に分類されている一〇二誌をそれぞれキーワード検索したところ、タイトル中に「アメリカ」を含む記事数は八五〇篇にのぼった。一方、「フランス」をタイトル中に含む記事数は一八八篇、「中国」を含む記事数は七五篇、「イギリス」あるいは「ソ連」を含む記事数はそれぞれ三六篇にとどまった。

アメリカやアメリカ人は様々な形で紙面に登場するのだが、中でもアメリカ人のライフスタイルに注目した記事が多いことは注目に値する。アメリカ人のライフスタイルを正面から取り上げてはいないとしても、アメリカ人の「価値観」や「生活様式」が各所で、しかもほとんどの場合好意的に言及されているのである。例えば、アメリカ人のファッションは当時の女性雑誌が多く特集した人気のテーマのひとつだが、記事は最新の流行を紹介するにとどまらず、以下のようにファッションをアメリカ人の生活様式や習慣と関連づけて紹介する例が多く見受けられるのである。

「春の舗道に映えるアメリカ好みの色彩」（『スタイル』第十二巻第四号、一九四九年四月一日）

……戦前、日本に多く輸入されていたモードは、フランス、イギリスなど、ヨーロッパが主でした……ところが、終戦と共に、アメリカ人が沢山日本に来た関係上、あのアメリカ婦人の着ている明るい色に魅せられて、その、アメリカ的な色が流行し始めました。いや日本だけではありません。今は、アメリカがモードの中心になって来ているので、世界中にこの明るい色が流行し始めたのです。戦争が終って、私達の気持が明るくなって来たことも、その原因の一つでしょう。とにかく、あのヨーロッパ的色彩から、アメリカ的色彩へと移って来たのです。グレー、黄などの色も、戦前の調子とは違った、つまりグレーと言っても、所謂白に黒の入ったグレー一色では無く、今までのグレーに紫とか、ピンクとか、三色も四色もの色が、しっくりと溶け合って、同じグレーでも、柔かい暖かみのある、甘い調子を出しています。このような色の流行は、戦後、殊更優雅なもの、美しいもの、女らしいものなどを求める気持が、フレヤーの多いロング・スカートとなり、ドロップ・ショルダー（肩の落ちた型）となり、そして、この柔かいハーフトーンの色となったのだと思います。しかし又、もう一方には、エメラルドグリーン、カーマイン（赤）など、はっきりと近代的な明るさを持った色が流行しています。機械文明の進んだ国、アメリカでは、街には高いビルディングが並び、幾何図形のように、家も、街も非常にメカニックになって来ていますが、このようなメカニカルな近代建物の並んだ街には、やはり、その街と調和した色、即ち原色に近いはっきりとした明るい色彩が、流行して来るわけです。（高井 1949：49-50）

このように、当時の女性雑誌には、著者がアメリカで流行しているファッションを紹介するのに加えて、アメリカ人女性がどのような着こなしをし、どのように化粧をするのか説明し、さらにはファッションを時代の風潮やアメリカのライフスタイルと関連づけて解釈する記事がしばしば見られるのである。ファッション記事にとどまらず、女性雑誌は様々な角度からアメリカ人女性の日常生活を紹介している。例を挙げると、「知って置きたいアメリカ人の気質と風習」（『婦人倶楽部』一九四五年一〇月一日）、「アメリカの男女交際：米軍将校の座談会」（『主婦之友』一九四六年六月一日）、「最近のアメリカの育児法：ベビー・ブックによつて」（『婦人之友』一九四七年七月一日）、「アメリカの模範的な婚約祝賀会の話」（『主婦と生活』一九四八年二月一日）、「恵まれたアメリカの農村婦人：豊富な文化施設と政府の援助」（『家の光』一九四八年六月一日）、「アメリカの家庭教育」（『婦女界』一九四八年七月一日）、「これからの生活設計その一：アメリカ女性の24時間：あちらではどんな風にして時間の余裕を作っているか」（『スタイル』一九四六年六月一日）というように、アメリカ人女性の日常の様々な場面を、模範や手本として紹介するような記事が数多く見られるのである。これらは、米国在住の日本人や米国人によって著されているものもあれば、『主婦之友』の例のように、日本在住の米軍将校の座談会の記録という形をとっているものもある。あるいは、*Life* のような米国で広く読まれているライフスタイル雑誌から抜粋、転載している記事も珍しくない。

アメリカ人のライフスタイルに対する関心は、実は女性雑誌に限られたものではなく、当時のポピュラー文化に共通していた（Yoshimi 2003：435）。吉見俊哉（2003）も指摘しているように、一九四八年二月から一九五二年一一月にかけて、ＮＨＫラジオはワシントンから米国の主要なニュースを伝える『アメリカ便り』というタイトルの番組を放送したが、これは非常な人気を博した（電通 n.d.）。また一九四九年から五一年にかけて、朝日新聞の朝刊版では、米国人漫画家チック・ヤング（Chic Young）による漫画『ブロンディ』が翻訳連載された。『ブロンディ』は現在までに五五カ国で三五カ国語に翻訳され、世界中で愛されている漫画であるが、日本では占領期後期に特に人気が高かった（King Features n.d.）。占領期の女性雑誌に看取される米国の習慣やライフスタイルに対する強い関心は、当時の日本のポピュラー文化の風潮の中で生まれたものだといえよう。

アメリカの時事問題に関するラジオ番組や米国人作家による漫画、アメリカの文化習慣を紹介する雑誌記事が日本人読者に好評を博した理由のひとつとして、戦時期にアメリカ文化に触れることが政府によって禁止されていたことが挙げられる。アメリカ文化に対する強い関心は、占領期に突如としてあらわれたのではなく、日本人はもともと明治期から米国の文化に対して強い好奇心を抱き続けていた。第二次世界大戦の勃発を機に、強い反米感情が生まれたものの、ジャズ音楽や野球など、米国で生まれたポピュラー文化に対する純粋な興味関心は日本の庶民の間に根強く残っていたのである（澤田 1999；吉田 2004）。

米国のライフスタイルを紹介する雑誌記事は、単に「アメリカ」を紹介するだけにとどまらず、「日本」をモダニティの他者として描いてもいた。すなわち、ライフスタイル記事は、「アメリカ」的なファッションや化粧、お祭り、結婚生活や愛などを紹介する一方で、何が「日本」的であるのかを規定し、しかもそれを将来的に乗り越えられるべきモダニティの他者として描き出していた。「日本人」の鏡像として描かれる「アメリカ人」像もまた、大戦前にその兆候が看取されていた。澤田次郎（1999）は、一九一四年に創刊され、一九三六年の絶頂期には七五万部の売り上げを記録した人気雑誌『少年倶楽部』の分析を通じて、当時の日本人の大衆文化におけるアメリカ表象について論じているが、それによると「日本人」の鏡像としての「アメリカ人」イメージの萌芽は一九三〇年代に見いだされる。

だが、日中戦争に続いて、太平洋戦争が始まると、ステレオタイプ的で、対米コンプレックスと復讐感情に満ちた「アメリカ人」イメージが、日本人の大衆文化では支配的になっていった。モダニティの主体としての「アメリカ」という特権的な地位は、前項で記したように、占領統治機関が米国と米国人官僚によってほぼ独占されており、海外に関する情報がGHQ/SCAPによって取捨選択され、厳しく統制されていたという特殊状況にあってこそ確立したのである。

3 「平均的なアメリカ人女性」を学ぶ

『占領期女性雑誌事典』によると、日本の女性総合雑誌は、ターゲットとする読者層や創刊の理念、または記事内容によって大きく三つのタイプに分類される。第一のタイプは、知識層や専門職を有する女性を主要な対象とし、占領期では『女性改造』や『婦人朝日』などがこれに該当する。第二は、一般に「婦人雑誌」と称されていた、主に家庭主婦層を対象とするタイプで、『主婦之友』、『婦人倶楽部』、『主婦と生活』や『婦人生活』に代表される。そして第三は、『婦人画報』

に代表されるような、服飾、料理、ファッションなどの生活情報を提供するタイプである（吉田 2005：241-242）。

『婦人公論』は、知識層や専門職を有する女性をターゲットとした第一のタイプに分類され、一九一六年一月に中央公論社から創刊されて以来、二〇世紀初頭の日本の女性雑誌の代表的なもののひとつに数えられてきた。女性解放と教養の向上を編集の理念とし、大戦前は、主に専門教育を受けた職業婦人層をターゲットとして、社会問題や時事問題記事を広く掲載していたが、一九四四年三月に一度廃刊となった（吉沢 2001：44-45）。四六年三月に復刊した後は、当時の他の女性雑誌と同様に、アメリカ関連の記事を多く特集したが、他の雑誌に比べると、内容はやや難解で歴史的事件や政治に関連する記事を多く扱っていた。

その『婦人公論』が一九四七年一月から三月まで米国人作家ローズ・フランケン（Rose Franken）による小説『クローディア（*Claudia*）』を部分翻訳し、「アメリカ新婚家庭記　クローディア物語」として連載した。『クローディア』は、いわゆる「平均的な若いアメリカ人女性」クローディアの日常を、ニューヨークの小さなアパートメントで繰り広げられる彼女の結婚と家族生活を中心に描いた大衆向け小説である。一九三八年に初めて米国の大衆雑誌『レッドブックマガジン』に連載が開始され、最終的には八巻組の小説として出版された。ラジオやテレビドラマとして連載されただけでなく、ブロードウェイでも計七二二回上演された（中野 1947a：101；*The New York Times* 一九八八年六月二四日）。

一九四七年一月一日号では、まず翻訳者の中野五郎が五頁以上にわたって、なぜ小説『クローディア』を翻訳しようと思ったのか、その動機を「デモクラシー生活のあり方」と題して解説し、続いて『クローディア』の第一巻第一章の前半部分の翻訳が掲載されている。米国でファラー＆ラインハルト社より一九三八年に出版されたハードカバー版では、第一章は「究極の愛（The Ultimate Passion）」と題されているのだが、『婦人公論』にはその章題はみられず、「究極の愛」の前半部が三部に分けられ、「新しい結婚愛」、「家庭生活のＡＢＣ」、「歌劇よりミッキー・マウス映画」という原作には無い副題が付けられている。この、ローズ・フランケンの『クローディア』の翻訳というよりは、それを基にした中野五郎版「クローディア物語」の第一回の導入部は次のようである。

★新しい結婚愛★

美しい夜であった。彼女は朝より以上に彼を愛した。『若し真実の恋愛でなかったらね——』デヴィッドは彼女にささやいた。『もしただ単なる肉体的恋愛であつたらね、ああいうふうにはゆかなかったろうね。』二人は摩天都市ニューヨークの美しい夜のひと時を差向いで新婚生活を顧みるのだ。クローディアは一八歳、まだ恋愛というものについて多くの事柄をしらなかつたけれども、しかし彼女の夫のすぐれた性的知識には最大の尊敬をはらっていた。それは彼が道楽の生活をして来たとか乱行をして来たといふ意味ではなくて、性に関する多くの書物を読んでいたのでまるでお医者さんのようにくわしい知識を持っていたからだ。（中野 1947a : 103）

中野五郎版「クローディア物語」では、まず小説中の主要な登場人物であるクローディアと夫のデヴィッドが紹介され、二人の新婚生活がどのようにして始まったのかが描かれている。そして、第三節では結婚後六ヶ月の記念日にデヴィッドの兄のハートレーがクローディアとデヴィッドを歌劇『トリスタンとイゾルデ』に招待し、二人は当初それを鑑賞するつもりでいたにもかかわらず、結局ミッキー・マウス映画を観に行くのである。中野五郎版「クローディア物語」の第一話は、二人が帰宅し、クローディアが「私たちが結婚の半周年記念日にこんなに幸福ならば、一周年記念日には私たちはどんなことになるでしょうね」（中野 1947a : 108）とつぶやきながらデヴィッドの横で眠りに落ちるところで終わっている。文末には（第一回幕。――これからいよいよ面白くなります。クローディアの新婚家庭生活と彼女の溌剌たる言動を通して現代アメリカ女性の生きた姿をよく汲み取って下さい。筆者）という註が付されている。

ところが原作の「究極の愛」では、中野五郎版「クローディア物語」では想像できないような展開がなされるのである。実は、クローディアとデヴィッドは、結婚半周年記念日の翌朝、些細なことから結婚後初の夫婦喧嘩をするのである。

デヴィッドは感情を爆発させた。「もうたくさんだ！」クローディアは「あなたは寒そうにしているし、コートを着なきゃだめよ。」と言ったが、デヴィッドは彼女を遮り、「じゃあね、クローディア。また今夜。」と言って出掛けてしまった。クローディアは大きく目を見開き、口を開けて呆然と立ち尽くしていた。彼女は、一体何が起きたのか全く理解できなかった。彼女自身、数ヶ月経った後にようやく、それが二人にとっての初めての夫婦喧嘩であったと分かったくらいである。クローディアは落胆し、幻滅を感じていた。（Franken 1939 : 11 : 筆者訳）

『婦人公論』では二人の朝の喧嘩の場面から始まる後半部は省略されており、第二話は、クローディアの妊娠中のエピソードが中心となる原作の第二章「秘密の同盟（Secret Alliance)」から始まっている。そして第三話において、クローディアとデヴィッドが、息子のボビーを連れて、コネチカットの田園地方に引っ越して新生活を開始しようとする場面で完結する。言うまでもなく、原作はそれよりもずっと長編であり、『婦人公論』の「クローディア物語」の結末は、中野五郎の創作といってよいだろう（中野 1947b：1947c）。

また、結末が異なっているだけでなく、原作の一部が中野五郎版「クローディア物語」では翻訳されず、除外されている部分が数カ所ある。その第一の箇所はクローディアが家事をしている場面であり、「中国で起こっている戦争やヒトラーがヨーロッパで行っていることは、彼女にとってはよく理解できず、非現実的に思われた」（Franken 1939：4：筆者訳）という一文で始まる一節である。次に省略されているのは、クローディアがデヴィッドの体重が増えるように濃厚な味のカリフラワー料理を作る場面。そして第三の省略箇所は、二人が歌劇の代わりにミッキー・マウス映画を観終わった後に、クローディアが「私たち、ドイツ人じゃなくて良かったわね」といい、デヴィッドもそれに同意する場面である。第二話は原作の第二章がほぼ全訳されているのだが、クローディアの親友へレンの母親が早くに離婚した後、政治に没頭し始めたことを説明している部分は省略されている。また原作には、宗教や信仰について言及している部分も少なくないが、それらも中野五郎版「クローディア物語」には描かれていない（中野 1947b）。

中野五郎が「クローディア物語」を書くにあたり、フランケンによる『クローディア物語』の何版を用いたのか不明なので、あるいは、中野が参照した原作『クローディア』には上記の箇所が書かれていなかったという可能性は否定できない。だが「クローディア物語」の連載にあたり、GHQ/SCAP の検閲をおそれてか、あるいは別の理由により、中野または『婦人公論』の編集者が上記の箇所を削除した可能性が高いと考えられる。なお、検閲により当該箇所が削除された形跡は見当たらない。

だが翻訳者である中野五郎にとっては、大戦前の米国の政治情勢を思わせる箇所を省略すること――省略を強要されること――は特に問題ではなかったのだろう。中野は「クローディア物語」の解説中で、『クローディア』を日本語で紹介したいと考えた動機について次のように述べている。

そして今ここに、日本に初めて今日のアメリカ女性として、クローディアが登場したのである。それは彼女の明るい、美しい、希望にあふれた新婚家庭記録を通じて、すべての日本人に、ことに日本の女性諸姉にデモクラシー生活のあり方を紹介したいと念願する私のささやかな試みである。したがってこれはアメリカの原作者ローズ・フランケン女史の小説の単なる翻訳ではなくて、アメリカ人の最も愛好するデモクラシー女性の生きた典型として、日本女性のためにクローディアの元気な姿を日本語で描き出してみた謂はば新型式の名作物語である。(中野 1947a : 100)

ここでは、中野がフランケンの著した『クローディア』を忠実に翻訳する意図をそもそも持っていないことが明言されている。当時中野五郎は、過去に朝日新聞のニューヨーク特派員であった経験を生かして、女性雑誌だけでなく多様な雑誌にアメリカの庶民生活を紹介する記事を執筆していた。『婦人公論』上で「クローディア物語」を連載した一九四七年には、当時非常に人気の高かった『主婦と生活』に「アメリカ女性気質：日本の女性の民主化のために」と題したエッセイを掲載している。そこでも中野は、日本が民主化を達成するために、アメリカ人のライフスタイルと、アメリカ人女性気質の本質を学ぶことの重要性を説いている。そして、中野が信じるところのアメリカ人女性気質を十項目にまとめている(中野 1947d)。中野は「クローディア物語」を通じて、『主婦と生活』で十項目にまとめたアメリカ気質を体現する典型的な女性、すなわち「民主的な女性」の具体的な姿を描き出そうとしたのだろう。ではなぜ占領期の女性雑誌は、これほどまでにアメリカ女性の日常生活に強い関心を寄せていたのだろうか——次項においてこの点について詳しく検討したい。

4 ライフスタイルとしての民主主義

中野は、「クローディア物語」の解説の書き出しの部分で、敗戦直後の日本の街頭で「社会的無関心と人間的無知の化物の如き若い女性群が、唇と爪先を真赤に染めた醜怪な姿をとくとくとさらして充満している」(中野 1947a : 98)ことを嘆き、次のように主張するのである。

これでは日本がたとひポツダム宣言を履行して欧米諸国と国交を回復しても、日本人は決して国際社会より快よく迎えられないであろう。なぜならばデモクラシーとは人間の平和な、自由な、楽しい生活のあり方(ザ・ウェー・オヴ・ライフ)であると同意にまた人間の公正な、独立的な、健全な物事の考え方(ザ・ウェー・オヴ・シンキング)であるからである。……してみると、日本を民主化し、さらに日本人の生活を民主化してデモクラシーを実現するためには、先ず第一に日本人がデモクラシーの自由な楽しい生活を十分に理解して、これを先ず熱望し、そしてこれを日本人の努力と奮闘によって各人の日常生活の中に達成せねばならない。……それには日本人はアメリカの社会と、アメリカ人の生活に大いに学ばねばならない。実際に日本人がいま即刻にアメリカより汲み取らねばならないものは、決して享楽的なジャズ音楽でもなければ唇や爪先を赤く塗る所謂『ハリウッド式化粧』でもニューヨークの流行スタイルでもないのだ。（中野 1947a：98-99）

『婦人公論』のように、デモクラシー概念を「アメリカ的」ライフスタイルと接合することによって再定義する試みは、同時期の他の女性雑誌――例えば、当時『婦人公論』と並んで主要な女性雑誌のひとつに数えられていた『スタイル』にもみられる。『スタイル』は一九三六年に「いかにおしゃれな生活をするか」をテーマにスタイル社によって創刊され、日本の女性雑誌史上のファッション又はモード系雑誌の先駆けであった。一九四一年一〇月に『スタイル』は『女性生活』に改題された。一九四四年一月にスタイル社の廃業をもって『女性生活』は廃刊となるが、四六年一月にスタイル社が出版事業を再開したのに伴い、第二次『スタイル』が復刊した。第二次『スタイル』は第一次の編集理念である「おしゃれな生活」の追求に立ち戻り、化粧の仕方や流行の服、アクセサリーなどの最新の情報を提供すると共に、男女交際や結婚をテーマにした特集記事を掲載し、アメリカの恋愛のあり方や欧米のファッション情報記事も特集した。だが当時は、低俗なアメリカニズムを売り物にしているとして酷評されることも珍しくなかった（吉田 2006：93-100）。そういった厳しい批評に対して、スタイル社社長の北原武夫は次のように反論している。

多くの婦人雑誌が終戦後男女同権とか民主主義とかいう言葉をそのままナマで用い、真っ向から鹿爪らしい評論で押しているのを見た時、僕は何という独りよがりな編集だろうと思った。男女同権とかデモクラシイとかの『意義』は、何もお説教されなくてもみんなとっくに知っている。肝心なことはその意義を日常の生活感情の中に摂り入れ、知らず識らずのうちに感覚的に消化するということだ。お洒落とかエチケットとか身の上相談とか、そういう具体的な卑近な例を挙げ、極力食べやすい、読みやすい、愉しい雑誌にしようとしたのはそのためである。卑近な面白い、愉しい読物として読み耽っているうち、知らず識らずのうちに教養や文化的感覚を身につける、そういうことが一番大切だと思ったのです。（［北原武夫 1947］吉田 2006：100-101）

『婦人公論』と『スタイル』は共に大戦前から日本を代表する女性雑誌であったが、両者は異なる読者層を対象とし、記事の内容も異なっていた。だが、両者が占領期の日本人女性にとって必要なのは日常生活の民主化であると考えていた点においては共通している。

　実は、民主主義を個人の生活の質の問題であるとする考え方は女性雑誌に特有なものではなかった。平石直昭（2005）は、敗戦後しばらくの間、新聞や雑誌上に、「封建的人間と民主的人間」「近代的人間類型の創造」「日本的学問精神と近代科学精神」といった、日本文化と近代性を問う論説が多く掲載され、座談会が企画されたことを指摘している。こうした議論の中で論者たちはしばしば「西洋近代」を参照軸として、日本が当時抱えていた問題を考え、未来の日本のあるべき姿を描こうとした。日本の知識人たちは、敗戦後の民主的改革が、日本の市民が自らの努力によって勝ち得たものではなく、外的な圧力によって扶植されたものであるということをよく自覚していた。また彼らは、民主的国家とは制度改革のみによって成立するのではなく、自由で自主的な近代的個人の結合によって成り立っていると認識していた。すなわち彼らの問題意識は、いかにして日本に内面的な精神革命を起こし、日本を真の民主的国家に生まれ変わらせられるかという点にあった。

　彼らの問題意識は、日本人はその封建的性質を脱却しなければ民主化を達成することはできないとするGHQ/SCAPの日本認識と矛盾するものではなかった。すなわち、占領政府は、日本人は西洋人と比較して後進的で非近代的であり、それが日本の民主化の弊害となっていると理解していた。こうした占領政府のオリエンタリスト的日本観は、当時の代表的な日本の知識人の自己認識と重なり合う側面を持っていた。民主主義を掲げたスローガンは、占領下の日本のあらゆる場で見受けられたが、その中身は曖昧であった。第2節で述べたように、占領政府は、もともと民主化を非軍事化の手段として捉えていた。民主化のスローガンの人気が出ると、GHQ/SCAPも日本の民衆も、次第に民主化自体が占領改革の目的だと考えるようになった。民主主義はしばしば近代化と同義的に理解され、近代化は西洋化やアメリカ化と同義に捉えられるようになった。

　とはいえ、敗戦直後の日本の男性知識人たちは、日本の民主化と近代化を論じる際に、ジェンダーや女性の精神革命を重視していたとは言い難い。一方、女性雑誌は、日常生活におけるジェンダー関係の民主化という観点から日本の未来を描こうとしていた。日本の未来のために、民主主義思想を再理論化する際、日本の男性知識人たちは西洋政治思想の教科書を参照にしたが、女性雑誌の編集者たちが参考にしたのは米国人女性のライフスタイルだった。たしかに、女性雑誌で論じられた「デモクラシー」や「民主化」の中身は曖昧なものが大半だった。そしてそれらの概念が不明確であったために、あたかも「アメリカ的」であることが民主的であるかのような言説が生まれた。

また、米国のライフスタイルを描きながら、女性雑誌は何が「アメリカ的」であるかを規定しただけでなく、何が「日本的」であるのかを同定した。女性雑誌中に描かれた「アメリカ的」な習慣や文化は、日本人の生活には存在しなかったからこそ、日本人女性が目指すべきモダニティの象徴として描かれたのである。そして、女性雑誌が描き出した異国的な「アメリカ的」ライフスタイルは、大戦前にすでに日本の一般市民の間で強い支持を得ていた、民主主義の普遍的な価値と接合されることによって、ヘゲモニー的な地位を獲得したのである。

5　おわりに

敗戦により、帝国憲法下で日本人の倫理的基盤となっていた天皇の神聖性は否定された。荒廃した全土で日々をなんとか生き延びようとする一方で、人々は新たな倫理的基盤と未来を構想するための理念を探し求めていた。連合軍の占領政策の第一目的は日本の非軍事化であったが、それを達成するためには日本の民主的改革が不可欠だと理解され、占領下で様々な改革政策が遂行された。

当時の日本の男性知識人たちが内面的な精神革命による真の民主的国家日本の建設を論じる際に女性やジェンダーをほとんど問題にすることがなかった一方で、日本の女性雑誌が問題にしたのは、女性の日常的な生活空間においてどのように民主化を達成するのかということであった。たしかに、当時の女性雑誌上で用いられたデモクラシーや民主化という言葉は、曖昧であったかもしれない。けれども、民主主義の概念が、女性の日常生活の営みと接合された点は注目に値する。また、女性雑誌上において「模範」として登場する「アメリカ的」ライフスタイルの表象は、二〇世紀の米国の国際関係レベルでのヘゲモニー的拡大が、私的領域におけるアメリカのモダニティの参照軸としての地位の確立と並行して進んだことを示唆しているといえる。もちろん、占領期のジェンダー史について包括的な理解を得るためには、女性雑誌だけでなく、当時の女や男たちの社会・文化的営みを、より多角的に考察する必要があることはいうまでもない。だが、高い発行部数を誇った女性雑誌上での「アメリカ」、「ライフスタイル」、「デモクラシー」を接合させた豊かな議論は、占領期が日本のジェンダー史において、制度改革の時代にとどまるものではなかったことを示しているのである。

［付記］

本稿は、二〇〇九年二月十九－二〇日にシンガポール国立大学のアジア研究所で開催された国際会議『アジアにおけるアメリカのポピュラー文化』と、同年七月一日―四日に東京外国語大学で開催された『カルチュラル・タイフーン　シンポジウム二〇〇九』における発表に基づいています。有益なコメントを下さった両会議の参加者の皆さんに感謝します。

【註】

1　極東委員会は当初米国、英国、中華民国、ソ連、フランス、インド、オランダ、カナダ、オーストラリア、ニュージーランド、フィリピンの一一カ国で設立されたが、一九四九年一一月にビルマとパキスタンが参加して一三カ国となった。

2　但し天野（2005）の論考も、占領期の女性の社会文化的な変化や女性団体の活動について言及しているが、それらについて踏み込んだ検討はおこなっていない。

3　占領期には、女性向けの雑誌を「婦人雑誌」と呼ぶのが通例であったが、本稿では「女性雑誌」を用いる。

【参考文献】

天野正子 2005「『解放』された女性たち――『男女の55年体制へ』」中村政則他編『新装版　戦後日本　占領と戦後改革　第三巻　戦後思想と社会意識』岩波書店、二一三―二五〇頁

有山輝雄 1996『占領期メディア史研究：自由と統制・1945年』柏書房

電通 n.d.「公告景気年表」、電通ホームページ（二〇一〇年一〇月一一日取得、http://www.dentsu.co.jp/marketing/adnenpyo/index.html）

Franken, Rose, 1939. *The Book of Claudia*. New York and Toronto: Farrar & Rinehart, Inc.

Frederick, Sarah, 2006. *Turning Pages: reading and writing women's magazines in interwar Japan*. Honolulu: University of Hawaii Press.

平石直昭 2005「理念としての近代西洋：敗戦後二年間の言論を中心に」中村政則他編『新装版　戦後日本　占領と戦後改革　第三巻　戦後思想と社会意識』岩波書店、五三―八六頁

近代女性文化史研究会編 2010『占領下女性と雑誌』ドメス出版

King Features, 2009, "Blondie Story", King Features, (Retrieved October 11, 2010, http://www.blondie.com/story.html).

Koikari, Mire, 2008. *Pedagogy of democracy: feminism and the Cold War in the U.S. occupation of Japan*. Philadelphia: Temple University Press.

三和良一 2002『日本占領の経済政策史的研究』日本経済評論社

中野五郎 1947a「アメリカ新婚家庭記：クローディア物語　第一回」『婦人公論』356、九八―一〇八頁

中野五郎 1947b「アメリカ新婚家庭記：クローディア物語　第二回」『婦人公論』357、五〇―五六頁

中野五郎 1947c「アメリカ新婚家庭記：クローディア物語　第三回」『婦人公論』358、八三―九〇頁

中野五郎 1947d「アメリカ女性気質：日本の女性の民主化のために」『主婦と生活』2(11)、三八―四〇頁

日本出版協同 [1947] 1978『出版年鑑〈昭和十九年版～昭和二十一年版〉』文泉堂（＝再版：日本出版協同）

西清子 1985『占領下の日本婦人政策：その歴史と証言』ドメス出版

スーザン・J・ファー 1987「女性の権利をめぐる政治」坂本義

和／R・E・ウォード編『日本占領の研究』東京大学出版会、四五九－五〇四頁
澤田次郎 1999『近代日本人のアメリカ観：日露戦争以後を中心に』慶応義塾大学出版会
主婦の友社編 1967『主婦の友社の五十年』主婦の友社
高井貞二 1949「春の舗道に映えるアメリカ好みの色彩」『スタイル』12 (4)、四九－五〇頁
東京堂 [1937] 1977『出版年鑑〈昭和十二年度版〉』文泉堂（＝再版：東京堂）
米山リサ 2003「批判的フェミニズムの系譜からみる日本占領：日本人女性のメディア表象と『解放とリハビリ』の米国神話」『思想』955、六〇－八四頁
吉田健二編 2003『占領期女性雑誌事典：解題目次総索引　第一巻』金沢文圃閣
―――― 2005『占領期女性雑誌事典：解題目次総索引　第三巻』金沢文圃閣
―――― 2006『占領期女性雑誌事典：解題目次総索引　第六巻』金沢文圃閣
吉田裕 2004「戦後改革と逆コース」吉田裕編『日本の時代史 26 戦後改革と逆コース』吉川弘文館：七－八五頁
Yoshimi, Shunya, 2003, "'America' as desire and violence: Americanization in postwar Japan and Asia during the Cold War," *Inter-Asia Cultural Studies*, 4 (3): 433-450.
吉沢千恵子 2001「『婦人公論』の社会時評：清沢冽を中心に」近代女性文化史研究会『戦争と女性雑誌：１９３１～１９４５年』ドメス出版　四四－六一頁
1988, "Rose Franken, 92, author of the 'Claudia' stories," New York, NY: The New York Times, (Retrieved October 11, 2010, (http://query.nytimes.com/gst/fullpage.html?res=940DE3D8143AF937A15755C0A96E948260).

第五部　メディアと公共性

越境する公共性——テレビ文化がつなぐ東アジアの市民

岩渕功一

「東アジア」における越境という視座

この一五年の間に東アジアにおける相互のテレビ受容が驚くほど活発となった。グローバル化がメディア文化の越境流動を推し進めるなかで、非西洋地域のメディア文化が台頭し、地域内での文化交流が顕著となった。東アジア地域では、それまでも香港映画や日本のアニメやテレビドラマは国境を越えて流通していたが、「韓流」や「華流」が示すように、テレビ文化の越境交通はますます活発となり、多方向なものとなっている。

テレビ番組やポピュラー音楽の東アジアにおける越境の状況、文化産業の連携、その受容は、アジアにおけるカルチュラル・スタディーズの中心的なテーマの一つであり、これまで多くの研究がなされてきた。しかし、新自由主義の力学による文化の市場化が深く進展するとともに、国家政府が文化産業と連携し文化をナショナル・ブランド化することで政治経済的な国益に結びつけることに躍起となるなかで、越境するメディア文化の研究では政治経済的な視点があらためて強調されるとともに、多様な市民に開かれたテレビ文化のあり方と対話的な関係の構築という観点からメディアの公共性の問題について考察することが重要になっている。この点をふまえて、本稿では、東アジアにおけるテレビ文化の越境をてがかりに、既存の国民国家の境界を越えてテレビ文化が果たしうる役割についてあらためて考えてみたいと思う。

ここでまず留意すべきことは、テレビ文化の越境というと、国境を越えた外部たる東アジアとの関係を思い起こしがちかもしれないが、越境の視座はそれだけに限定されないということである。越境ということばには、越えるべき境界が予め想定されているが、それは決して所与のものではなく、社会において構築されたものである。したがって、テレビ文化の越境について考えるとは、単に現存する国境を越えるテレビ文化の移動についての分析にとどまらず、テレビ文化が構築してきた境界そのものを批判的に捉え直すことが求められる。視聴者を国民と安易に同一視することへの疑問を突きつけ、私たちが無意識のうちに当たり前と思ってしまっている、テレビ文化を国という枠組みのなかで捉えること自体を根本的に再考することを促すのである。

その意味で、「東アジア」におけるテレビ文化の越境を考えるとき、その射程は、たとえば日本と韓国といった国民国家の間に引かれた境界にとどまらない。それは、必然的に日本の社会の内部に引かれている境界にも目を向けることとなる。両者は相互に関連しており、国という枠組みのなかでテレビ文化が引いてきた境界を乗り越えるには、両者を同時に批判的に検証することが求められるのである。特に、メディアと人がさまざまな境界を越えて交錯するなかで、この点はより緊要となっている。

国境を越えるテレビの視聴者

テレビは一体誰のものか。視聴者の要望に応える番組制作とは何か。こうした議論はテレビ関係者の間で頻繁にされてきたし、視聴者の関心事や目線で番組を作るというのはいわば制作者の合い言葉でもある。しかし、視聴者なるものが果たして誰を指し示しているのかについては不問とされてきたように思える。多くの場合、「視聴者」とは、テレビ局・スポンサー・広告代理店によって便宜的に数値化・類型化された、消費者という集合体として認識されている。視聴者第一に考えよ、といわれながらも、そこでは、テレビを見るという日常における複雑な市民としての文化実践に目を向ける意志自体が予め打ち消されてしまっている。

テレビを視聴するという行為は単なる娯楽、情報収集、消費行動にとどまらず、市民としての社会への参加と帰属と深く関わっている。ニュースやドキュメンタリーだけでなく娯楽番組などのすべてのテレビ番組は、自らが抱えるものだけでなく、さまざまな問題関心を他の市民と共有し、(実際に話し合うことがないまでも、少なくとも多様な意見や価値観を聞いて自らの考えを持つことができるという意味で)公共の議論に参加し、多様なアイデンティティのあり方と文化的な差異を相互に尊重し、社会(地域・国家・世界)の一員としての帰属・連帯意識を育むことを可能とする。だからこそ、多様な市民の声・関心や差異がテレビをとおして平等かつ正当に発信され、共有され、そして、対話を促しているのかどうかを、わたしたちは批判的に検証する必要がある。

この観点から問題となるのは、視聴者が消費者としてのみならず、「国民＝日本人」として想定されるとき、そこでは誰がそもそも含まれていないのかである。放送法では「公衆」という言葉が使われるが、実際にはテレビの視聴対象は自ずと国民に限られることが前提とされている。近代においてテレビは新聞などと同じく、国家の管理規制のもとで国民国家のメディアとして発展してきた。区切られた境界内において、共通の言語で共通の話題・関心事・文化を日々提供することで、テレビは国民という「想像の共同体」の構築に大きな役割を果たし続けてきたのである。しかし、そこからは実質的に多くの視聴者＝市民が予め想定外の存在とされてしまっている。公衆を国民と無批判に同一視して、テレビが本質的に国民を対象とするドメスティックなメディアであると考えてしまうと、実際に誰がどのようにテレビを観ており、テレビが社会のなかでどのような役割を果たしているのか、あるいは、いないのかを十分に理解することはできないのである。

では、誰が国民＝視聴者には含まれてはこなかったのか。まずは、日本以外の場所でテレビ番組を視聴している人々が挙げられるだろう。しかし、国際放送や現地のケーブル局など、在外の日本国籍者や日本に関心を持つ人々を対象にした番組の配信サービスが増えていることに加えて、番組販売・「海賊版」などをとおして日本のテレビ番組は国境を越えて多様な地域で視聴されるようになっている。テレビ事業者にとってはまったく想定外であった人々が異なる社会の文脈のなかで積極的に日本のテレビ番組を視聴し、ローカル、あるいはトランスナショナルな問題や関心と交錯させながら、さまざまな意味を受け取り、また、紡ぎ出している。

なかでも、東アジア地域で日本のテレビ番組（特にドラマ）を熱心に視聴する人たちは飛躍的に増加した。ごく最近まで、著作権の複雑さや利潤の低さのために、多くの東アジア市場は日本のテレビ産業にとって実質的に無視されてきた。いわば、儲からない、想定外の視聴者として、多くの東アジアの人々は置き去りにされてきたのである。そうした人々にとっては、非正規な「海賊版」がメディアアクセスを保障する重要なインフラストラクチャーとしての役割を果たしてきた。かつてはＶＣＤが日本のテレビドラマをいち早く、そして余すことなく多くの消費者に紹介してきた。それはＤＶＤに取って代わられるとともに、現在ではインターネットサイトをとおしてほぼ同時的に東アジアのドラマが翻訳つきで視聴されるようになっている。それは日本のテレビドラマを東アジアに広めるメディアとして機能したにとどまらず、インターネットサイトをとおして、実際に顔を合わせることのない人々が国境を超えてつながる新たな場ともなっている。そこではよりよい翻訳を提供したり、相互に情報と意見を交わしたり、ときには、企業の論理だけで推し進められる著作権保護と海賊版規制の議論に抗して連帯もする、いわば文化公共圏としての機能を果たすようになっているのである（フー2009）。

こうした活動に積極的に関わらない大多数の視聴者にとっても、テレビ文化の越境受容はごく日常のありふれた光景となっている。アニメや漫画だけでなく日本のテレビドラマなどが多くの東アジア地域で楽しまれる一方、日本においても韓国や台湾の映画やテレビドラマが好意的に受容されている。映画や音楽などの共同プロジェクトが積極的に東アジアで展開されたり、東アジア市場を想定したテレビドラマが制作されたりすることもあるが、テレビ文化は現在でもその多くは国内の視聴者を想定した番組制作が行なわれている。しかし、視聴者＝市民としてテレビ文化と接するという日常の実践は制作者の意図にかかわらず、すでに国境を越えてしまっており、これまでナショナルな枠組みのなかで考えられてきたテレビ文化の社会的な意味について再考することを私たちに促している。

テレビ文化の越境的な対話力

国境を越えて東アジアのテレビ番組が相互に受容されるなか、人々をつないで対話を活性化するというテレビ文化の社会的な機能は、まさにナショナルな想像の共同体の構築にとどまらない意味合いを持つようになっている。テレビ文化は社会に参加・帰属する意識を育んだり、自らの生やアイデンティティ、自己と他者の関係性について考え直す機会を人々に与える。テレビ番組の国境を越えた受容は、そうした社会的な参照点を多様化させるとともに、国境を越えた新たな相互理解や関係性を生み出している。東アジアのテレビ文化の越境受容はアジアの隣人へのあらたな理解をもたらし、知らぬ間に抱いていた他のアジア社会や文化への偏見に気付いたり、日本との歴史的な関係を改めて考え直す契機となっている。また、他の東アジア地域の「違うけど似ている」人間関係、生き方、社会のあり方にふれることで、それまで当たり前と思っていた自らの人生や社会に対して心的距離を感じる機会を多くの人たちに与えてもいる（岩渕 2001, 2003）。私たちがそれまで当たり前と思っていたことが批判的に捉えなおされるという意味で、東アジアにおけるテレビ文化の越境受容は国境を越えた新たな対話的な関係性を創りだしているのである。

この点は日本における韓国テレビドラマの好意的な受容に鮮明に現れている。男性中心のメディア言説においては、韓流というと四〇代以上の女性が、「昔の日本を思い出させるような」韓国の純愛物語と俳優の甘いマスクの虜になっていると揶揄されがちであるが、じっくりと彼女らの話しに耳を傾ければ、そうした見方自体がいかに表層的なものであるかに気付かされる。「冬のソナタ」などの韓国のテレビドラマをよく観ている人たちと話しをしていて驚かされるのは、ドラマを楽しむことで、自分が抱いていた韓国社会と文化への偏見に気付く人が多く存在することである。そうした意識は、韓国の言語・文化について学んだり、旅行をとおしてその社会と人々に直接触れたり、さらには、朝鮮半島における日本の植民地主義の歴史について学び直したりするなど、テレビドラマ視聴をきっかけにした様々な実践へと結びついてもいる。韓国で制作されたテレビ文化の受容は、他者への新たな理解を深め、自己の生き様や自らが住まう日本社会のあり方、そして、日本と韓国の関係性について批判的に省察する機会をもたらしているのである。「文化は政治が何一〇年かかっても越えられなかった壁を簡単に乗り越えてしまった」としばしばいわれるが、テレビ文化をとおした日常における越境対話の実践は、大文字の国家政治とは異なる、小文字ながらもより直接的で影響力の大きい重要な「政治的」な意義を有している（毛利 2004）。

共有されない声と排他的なナショナルな枠組み

とはいえ、現在促されている国境を越える対話はいまだ限定されたものであることは否定できない。越境するメディア文化をとおした新たな関係性は常に不均衡と排他的な境界の再生産と背中合わせにある。

国境を越えるメディア文化の交通を加速化させている主体が、一握りの先進国に本拠を置く多国籍企業やメディア企業であり、それを突き動かしているのは資本と市場の論理であることはあらためて強調されるべきであろう。東アジア地域でも、越境メディア文化交通を活性化させているのは、日本・韓国・香港・台湾などに本拠を置くメディア産業――より正確には、それは香港、台北、ソウル、東京、シンガポール、バンコク、上海といった大都市のメディア産業――であり、それらの連携が地域内の文化の再中心化を促進している。

テレビが想定する国民＝視聴者に含まれないのは、国外に居住する人々だけではない。国境の内部においても多くの市民を実質的に蔑ろにしていることを忘れてはならない。ジェンダー・セクシュアリティ・エスニシティ・階層・障害・年齢・地域など、さまざまな特徴や属性、異なる出自を持つ国内の多様な市民の声や関心を取り上げ、人々の社会的な参加を促すような役割をテレビ文化は十分には果たしてきたとはいえない。文化の越境交通は、それぞれの社会における主流メディア文化の相互の越境を強く促す一方で、越える文化と越えない文化、想定された視聴者＝市民と想定されない視聴者＝市民の選別を一層明確にしてもいる。そこからは、あまりに多くの地域や集団の文化、価値観、関心が周縁化され排除されている。国境を越えて構築される「マスカルチャー・ネットワーク」には、「儲からない」文化や社会の支配的な価値観に対抗的な文化表現は多くは含まれない。日本や韓国のテレビドラマにしても越境交流が奨励されているのは、それぞれの国における支配的な価値観や考え方が表象されたものに偏りがちであり、社会の多元性や社会的弱者への差別などに関する共通の問題は国境を越えてさほど共有されてはいない。テレビ文化の越境交流においても、誰の声や問題関心がいまだに表象されていないのか、共有されていないのかを考えることが求められている。

これと関連したもうひとつの重要な問題は、国という枠組みがテレビ文化の越境交流の単位として相変わらず強い規制力を持っていることである。グローバル化が促す資本・人・メディア文化の流動は国という枠組みを蔑ろにしていると言われているが、実際には、国という枠組みはもっとも有益なローカル市場として機能しているし、テレビ文化はいまだにナショナルな共同体性を喚起して、二項対立的なかたちで「われわれ」と「彼ら」をあらためて想像＝創造させている。

メディア文化の越境流動は、つながることへの拒否・無関心や、つながることをとおした支配、排除、分断をもたらす。世界がメディアをとおして密接につながるなかで、自らの利益を守ることに専心したり、遠くで起きていることを「ここ」で起きていなくて良かったと思いたがる心性、さらには、「危険な他者」を「われわれ」の共同体から排除しようとする、偏狭なナショナリズムや愛国心論議が反動的に世界各地で高まっている。

韓国のテレビドラマを好んで見ている人たちは、むしろ好意的な見方を韓国に対して抱くようになっており、そうした攻撃的な排他性とは無縁であろう。しかし、それでも、テレビ文化との接触から育まれる「韓国」の理解が果たしてどれほど韓国（そして日本）内部の多様性、差別、埋もれた声への理解に結びついているのかは疑問だし、越境テレビ文化交流によって「日本」と「韓国」という有機的なナショナルな文化統合体があらためて想像されてもいる。

この点は、メディア文化の国際流通と相互的な〈国・際〉の眼差しが「ナショナル」という枠組みとそれへの帰属をますます自明なものとして意識させるようになっていることと関連する。グローバル化の進展とともに文化がますます商品化・スペクタクル化されるなかで、ネーションの表象は、ローカルな土地、シンボル、風景、メディア文化、ツーリズムといった、グローバルに展開されるブランドビジネスにおいて中心的な役割を果たすアイコンやイメージによってますます構成されるようになった（Urry 2003）。スポーツ、ツーリズム、食文化、映画、ドラマ、音楽、アニメ、デジタルアートといった共通のフォーマットをとおして、それぞれの国で多様なかたちで文化が表現され、創造されている。それと同時に、スポーツイベント、メディアイベント、博覧会、ツーリズム、音楽フェスティバル、映画祭、トランスナショナルなテレビ番組やメディアコンテンツの流通など、ナショナルな文化を陳列する国際的な場がこの二〇年の間で飛躍的に増えた。このような「グローバル・スクリーン」とよべる、国際的な眼差しが交錯する文化邂逅の場において、文化はナショナルを代表＝表象するものとして比較され、評価され、消費されることで、ナショナル・ブランド化された文化として相互に認識されるようになっている（Urry 2003：107）。ナショナルな枠組みが標準化された差異を互いに楽しく競い合い、見せびらかし合い、そして評価し合うことを可能とする文化の邂逅の共通単位であることが広く深く浸透するなかで、文化を国民文化の「固有性」へと回収し、還元する言説作用があらためて強化されている。

ナショナルというグローバル・マスカルチャーのフォーマットをとおして、国際的な邂逅における相互の眼差しによって文化がブランド化されるとき、実質的な文化の中身への関心とは別に、まずもってナショナルなる枠組み＝箱への帰属が意識させられるかたちで再国民化・本質化が促されている。「日本的」なるものが実質的に何を意味するのかが深く問われることなく、そもそも日本文化とは何か、日本人とは誰を指すのかという問いを棚上げにしたまま、日本人がいわば文化ＤＮＡを保有するかのように、国民文化とその所有者としての「日本人」の関係性が本質的かつ排他的に了解されてしまう。そこでは、ナショナルな空間が多様な差異が不均衡かつ重層的に存在、交錯し、相互の交渉が不断に行われる場であるという見方は後退し、ベンハビブ（Benhabib 2002：4）が還元主義的文化社会学の文化の捉えかたと呼ぶものが支配的となる。それは国の文化を有機的な統合体として考えることから、「たとえ文化と呼ばれるまとまりのなかに複数の集団が存在し、あるいは複数の集団が同じような文化を有していたことが認められても、それはさして問題とされない」のである。

韓流と国・際文化交流

国境を越える文化の邂逅が文化に国の徴を付した国・際の枠組みのなかで奨励されることで、国境内に存在する文化差異や多文化状況は国の間の差異として表象され了解されてしまい、多様な出自や文化的背景を持つ市民を社会の正当な構成員として認める視点は一層後退してしまう。越境するテレビ文化を通した交流においても、国内の差異や多様性への視座が国と国との関係性への関心に凌駕され、覆い隠されてしまいがちであることは注意すべきである。すでに別稿で詳しく論じたように（岩渕 2007：四章参照）、韓国のイメージや日韓の関係性を草の根レベルで飛躍的に向上させた韓流は、韓国だけでなく植民地主義の歴史のなかで差別され周縁化されつづけてい在日コリアンの人たちのイメージを日本において高めた一方で、歴史的な認識を欠いたまま現在の韓国文化のレンズをとおして在日コリアンの人たちの存在と経験を理解させるような力学をもたらしてもいる。韓流は在日コリアンの人々に肯定的な影響を与えた。韓国の映画やドラマは自らの朝鮮半島とのつながりについて記憶をたどったり、新たな発見をしたりする機会を日常的なものにする一方で、韓国のイメージが向上したことで朝鮮半島に絆を持つ人間として朝鮮名で生きていく自信を与えてもいる。日本のメディアでもそうした人々の存在をこれまで以上に取り上げるようにもなったし、韓国テレビドラマを視聴することで、これまでは関心のなかった在日コリアンの人々についてより意識的になったという人は思いのほか多い。しかし、その一方で、彼ら彼女らを取り巻く厳しい現実はいまだ根本的には変わってはいないし、日本のテレビが、そうした内なる想定外の視聴者の声や関心を十分に取り上げているとはいまだいいがたい。また、日本の植民地主義の歴史のなかで差別的に構築されてきた主体としての在日コリアンという存在が、現在の韓国や韓流のレンズをとおして、「日本に住む韓国籍の人」として理解されてしまう傾向が見られる。そこでは、差別やアイデンティティをめぐる歴史的な経験が、日韓という二つの国の関係性の枠組みのなかで安易に単純化されて了解されてしまいがちとなる。

日本における韓流の受容は、国という境界を越えるときに、その外部と内部双方に引かれている境界を同時に越えることの困難さと重要さを示している。ナショナルな枠組みで想定されてきたテレビ文化受容が外部に向けて越境的となったとき、いかにそれが内なる越境と交錯しているのかを考えることは、メディア文化をとおした越境対話の可能性についての重要なひとつの試金石となるのである。「日本」と「韓国」の間に引かれてきた心的な境界に対して批判的な眼差しを向けるようになったことは大いに評価すべきであるが、それをさらに推し進めていくには、日韓の間の境界を越えたかに思える実践が、社会内部に引かれている国の境界線を越えることとは必ずしも結びつかないことをまずはしっかりと認識することが求められている。これは、韓国ドラマを視聴している人たちはやはり表層的なメディア受容しかしていないということでは決してない。むしろ、テレビ接触をとおして自省的に自己と他者の関係性に目を向けている人たちでさえも、国という既存の枠組みをなかなか越えきれないということである。それほど、私達が知らぬうちに纏ってしまっているナショナルな装束を脱ぎ捨てるのは容易ではないのである。

誤解のないように繰り返すが、テレビ文化をとおした越境対話の新たな可能性の萌芽は確実に見て取れる。とはいえ、褒め称えているだけでは、花を咲かせることはできない。現在のテレビ文化交流を真剣に評価するならば、それに甘んじるのではなく、その限界や、対話の芽を摘んでしまう力学にも真摯に目を向けて、その芽をいかにしてさらに育てていくのかを真剣に考えることが重要なのである。

しかし、実際に推進されているのは、むしろ国という枠組みを排他的なまま強化するような政策やメディア産業の取り組みである。最後に、こうした動きを批判的に検証して、テレビ文化の制作・政策に携わるもの、それをとおして社会に参加し対話する人々、そして、テレビ文化を研究するものがともにさまざまな越境対話の芽を大事に育てていくためになにが必要なのかを考えてみたい。

ソフトパワー論の高まりと見失われる民益

グローバル化はナショナルな境界を揺るがすといわれてきた。確かに、これまで見てきたように、資本と人の越境流動と相まって、メディア文化の生産・流通・消費はナショナルな境界を超えるものとなっており、「想像の共同体」とは異なるつながりや社会の関係性が日常において生成している。その一方で、すでに論じたように、ナショナルな枠組みはグローバル化のなかで霧散してはいない。それどころか、より強固なものとして引き直されている。メディア文化はいまだにそのなかで主に制作され受容されているし、ナショナルな市場はもっとも有効な「グローカル」の単位として機能しており、国際的な文化取引やメディア・イベントの場が増えるなかで、「国民文化」やナショナルなブランドが相互に売り出され、消費され、認識されるようになっている。さらには、これに協働して国益を高めるべく、国家も積極的に文化のブランド化や輸出促進に関与している。そこではメディア文化発信の奨励が〈国・際〉という枠組みのなかでなされており、越境対話の促進や社会における周縁化された声や関心の発信と共有に向けたメディア文化の活用に必ずしもつながってはいない。

「おしん」が無償で海外に送られて、アジアのみならず世界各地で好意的に観られて以来、メディア文化をとおした国際文化交流の推進が注目されてきたが、その動きはこの数年ますます顕著となっている。日本のメディア文化の世界発信に関して、ソフトパワーや文化外交という言葉を良く耳にするが、これらの議論に共通するのは、国際政治・外交・経済上の国益の推進にメディア文化を積極的に利用しようという考えである。メディア文化の発信によって日本の国際的なイメージを上げ、アジア各国とのあいだの「不幸な歴史」を乗り越えるべく文化交流を促進し、またそうした文化を日本が誇る輸出品の一部として奨励しようというのである。

世界における日本の文化・社会への理解を促進させることや、メディア文化の制作を奨励して創造的な文化表現を活性化させ、関連する雇用の機会を増やすことは、重要な文化政策である。しかし、最近の議論ではもっぱら国イメージ向上による国益増進に関心を払っており、幅広い民益を促進する文化政策の根本的な目的が見失われてしまっているように思える。

たとえば、メディア文化の発信と交流は果たして、単なる日本文化の紹介にとどまらずに、日本社会への理解を深くし、複雑化させて、様々な問題について国境を越えた対話を発展させることに結びついているのだろうか。二〇〇九年三月に外務省は、ドラえもんに続く日本の「ポップカルチャー発信使」として、ロリータ、女子高生制服、原宿系のファッションにそれぞれ身を纏った三人のカワイイ大使を任命した。カワイイファッションの魅力を世界に発信して日本のイメージをあげようというもので、すでにタイなどを訪問している。これに対しては等身大の日本の文化によくぞ目を向けたという意見がある一方、そうした文化は軽薄すぎて恥ずかしい、伝統文化をとおして日本を発信するべきだと疑問を呈する声も多い。

しかし、ここで問題とすべきは選択された文化そのものについての評価なのではなく、ある文化をとおして何を伝えるのか、どのように日本の理解を深めることができるのかということである。能や琴などの伝統文化でもポップカルチャーでも、単にそれらを紹介して国のイメージを上げることに専心するなら、それは交流ではないし、ましてや対話ともいえないだろう。しかし、カワイイ文化にしても、それが生まれてきた社会文脈やそこに関連するジェンダー・セクシュアリティ・都市の日常と若者・消費文化をめぐる現在の日本社会の問題について説明し、それらが他の社会でどのように共有されているのかと関連させるなら、重要な相互理解と対話の契機となるだろう。つまり、表層的かどうかを批判的に検証されるべきは、文化の使われ方なのである。

あるいは、メディア文化をとおして日本のイメージを上げることがアジア地域での反日感情を抑える重要な役割を持つといわれる。確かにそれは一定の効果を生むのかもしれないが、根本的な事の解決にはならない。日本のメディア文化を好意的に受容する人でも、過去の記憶に複雑な思いや傷みを抱く人はいまだに多いからだ。たとえどれほどメディア文化交流が日本のイメージを改善しても、歴史の傷跡や記憶が消え去るわけではない。過去とは真摯に向き合い続けなければならず、メディア文化の交流はそれに向けた対話の契機とはなるが、国イメージの向上を過去の克服と安易に混同してはならない。

それでも、メディア文化の紹介は戦争と結びついた負のイメージや固定を払拭して新たな「日本」に目を向かせる良い機会となると言われる。しかし、そのためにはメディア文化の交流を国のイメージ向上という表層的な役割から脱却させて、対話を一層深めるものへと進展させる必要がある。すでに論じたように、テレビ番組の越境受容は間違いなく、新たな自己と他者の間の対話を日常にもたらしているが、そこには限界や問題も見て取れる。もし、メディア文化の対話力を真剣に受けとめるのなら、まずはメディア消費の複雑な過程をきちんと検証したうえで、これまでの国際文化交流からさらに一歩踏み出して、対話の芽をいかにして大きく育てていくのかを真剣に考える段階へと進むべきだろう。

国際放送と内なる国境

ＮＨＫは二〇〇九年の二月から国際放送を拡充した。その目的の一つは日本の広報・ブランドイメージの向上をとおした国益推進とされるが、ここでもどのような「日本」の姿を伝え、どのような理解や対話を深めるのか、という根本的な議論はあまり見られない。「日本」の発信というときに忘れられがちなのは、いかなる文化も決して日本全体を代表することはないし、日本には実に多様な文化が存在し、さまざまな主体によって実践されているにもかかわらず、その多くは「日本」という括りには含まれてはいないという事実である。何が「日本」の文化として選別されているのかは、社会の支配的な価値観や権力関係が反映されており、極めて政治的な問題なのである。

さらに問題なのは、「日本」の発信という暗黙の前提が、多様な声や表現を公共空間において発信・共有するためにメディア文化をどう活用するのかという議論そのものを後景化させてしまうことである。もともと今回の放送拡充の話は小泉前首相が在日外国人の人たちと懇談したときに、日本の放送メディアが国内の多様性を蔑ろにしていることが指摘されたことが発端であったとされている。しかしその数日後の閣議で、その話は日本のイメージを向上させるべく、海外に向けた英語での国際放送サービスの拡充へと転換された。国境外における日本のブランドイメージアップへの関心が、国境内の多様性を重視した放送サービスの発展に関しての議論自体に蓋をしてしまったのである。韓国ドラマの受容をとおした越境対話の実践が内なる国境を越えることに必ずしもつながらないように、ナショナルな閉じた枠組みを自明の単位とする国対国の関係に専心する〈国・際〉発信の視座は、内部の差異を一層覆い隠して、内なる国境を強固にしてしまう危険をはらんでいる。

多文化状況が深まる日本社会において、マスメディアでは拾いあげられない声や関心を自らの手で発信するメディアが多く現れている。社会のなかの多様性がより表面化するようになるとともに、インターネットをはじめとするデジタルコミュニケーション技術の発展によってさまざまな市民メディア・オルタナティブ・メディア、マイノリティ・メディアが可能となっているのである。また、八〇年代終わり以降、日本に居住する外国籍の市民は増加しつづけており、いわゆるエスニックマイノリティ・メディアの数が大幅に増え、メディア受容の形態もトランスナショナルなものになっている。海外から発信される衛星テレビ放送、（海賊版）ＤＶＤ、インターネットをとおして、遠く離れた故郷＝ホームと日常的につながることが可能となっている。ホームへの愛着、ノスタルジア、そして距離感など、メディアと人の越境流動は「想像の共同体」を越える新たな社会との心的つながりをうみ出している。

しかし、このような越境的なつながりは、決して日本社会と切り離されたものではない。それはホスト社会のマスメディアにおける自らの存在と関心の不在に対する強い不満と失望とに深く関係している。以前に私が行った外国籍の市民のテレビ視聴についての聞き取り調査でも、日本のテレビが「外国人報道」といった否定的なイメージのみを繰り返し放送していることへの強い反発と、自分達の声・存在・関心がほとんど反映されていないことへの苛立ちが繰り返し表明されていた。

「エスニック・メディア」や「マイノリティ・メディア」という括り方は、日本社会におけるメディアをとおした社会への参加と帰属という視座を後退させて、日本社会から隔離された視聴者である「マイノリティ」、「外国人」によるメディアの発信・受容として理解されてしまう危険がある。あるいは、そうしたメディアは狭いコミュニティだけを対象としており自らをゲットー化しているといわれるとき、社会のなかで自らの声をあげて他の人々に（日本語で）知らしめる責任は、もっぱら彼ら彼女らにあるかのように思われがちともなる。しかし、そうした理解は、既存のナショナルなメディア、特にテレビの枠組みがいかに排他的なかたちでその国民を想定してきたのかという事実を一層覆い隠してしまうだろう。内なる国境を越える視座がここでも求められる。

日本国内に居住する多様な文化背景を持つ市民の声や関心を「日本」の一部としてどう表象することができるのかは、おそらくは海外で日本のイメージを高めること以上に優先順位が高いメディアの公共性に関する問題だろう。日本がますます多文化社会となっているなかで、メディアが想定する「われわれ」からどのような人々がこぼれ落ちているのかを検証して、そうした人々の声をていねいに拾い上げるようなシステムの確立が求められている。

メディア文化の対話的な活用に向けて

本稿では、メディア、特にテレビがその対象として想定してきた「国民」という枠組みが決して自明ではなく、そうした発想そのものが社会に存在する多様な市民の存在・声・関心を周縁化することで成り立ってきたこと、そして、すでに国境を越えてしまっているテレビの公共的な意味合いや役割について真摯に目を向けてこなかったことについて批判的に考えてきた。ナショナルな枠組みのなかで制作されてきたテレビ番組が多くの市民に楽しみや希望を与えたり、社会への帰属意識やアイデンティティの構築と結びついていることを軽視するわけではない。しかし、多様な市民の声や関心へのケアを厚くして、様々な境界を越えた相互の対話を活性化するために、テレビが暗黙の前提として設定してきた内外の国境を越えることはますます緊要となっている。[1]

対話の芽はすでに生まれている。国境を越えたテレビ文化の交流は、いまここにないものを自省的に想起する契機をもたらしている。国内における多様な主体によるメディア実践も盛んとなっている。そして、マスメディアにも変化の兆しは見られる。

たとえば世界を覆う金融・経済不安と深刻化する失業者の増加について、ていねいな取材と広い視野をもって問題検証をする優れた記事や番組が多く見られた。失業やホームレス状態に置かれた人々やそれを支援する人たちに寄り添って、国や企業の対応の問題点を指摘して、国境を越えた複雑な負の連鎖をわかりやすい関心事として伝えようとする意気込みが感じられる。さらには、より過酷な失職の状況にあえぐ日系ブラジル人などの人々についても丁寧に繰り返し扱われたり、また、日系ブラジル人や在日コリアンの新成年が成人式の特集で取り上げられ、NHK教育の「ハートをつなごう」といったセクシャル・マイノリティの声を真摯に取り上げた番組も放映されたりするなど、社会の弱者への視点がこれまで以上に目立つようになっている。

「情けは人の為ならず」ということわざがある。私もそうだったが、その意味を、情けをかけて甘やかせてしまうとその人の為にならない、と思っている人は案外多い。しかし、本来の意味は、人にかけた情けは回り回って自分に返ってくるということである。人を甘やかせては良くないという解釈はいわゆる新自由主義の自己責任の論理と重なる。現在の危機が私たちにあらためて気付かせたのは、人々の窮状は決して他人ごとではなく、いつ誰に降りかかってくるかわからないのであり、皆でその危険を共に担保しようという社会保障の基本的な発想への覚醒のように思える。そうした社会における相互のケアという発想には差異にかかわらずすべての市民が自ずと含まれるのであり、これまで「日本人」という括りの外部に置かれてきた人々や世界各地で生きる人たちを、同じ社会空間を共に生きる構成員と捉える包含的な社会的創造力を芽生えさせる。メディア文化はそうした意識を共有し醸成する場として機能する力を持っている。それを活用しない手はない。

国民国家の枠組みがいまだにテレビ文化の制作・流通・受容に対して極めて強い規制力を持っていることは間違いないが、私たちが生きる現代社会の多様な市民の生とテレビの結びつきを考えるには、国という枠組みでは大きすぎるし、また小さすぎる。社会のなかに存在する多様な主体や集団の声、関心、アイデンティティ、価値観を丹念かつ平等に拾い上げるには国という枠組みは大きすぎる。他方、グローバル化のなかで多くの社会問題がもはや国境の内部だけで解決することができなくなり、世界各地で起きている出来事やメディア文化が国内のローカルな日常に関わりを強く持つようになるなかで、国という枠組みは小さすぎる。グローバル化における人とメディアの流動が活性化するなかで、テレビの視聴者を既存の国民という枠組みや境界には収まりきらない市民として想像し直すことは、さまざまな境界を越える対話を促進するために、ますます重要となっている。

大切なのは、すでに創発している既存の国境を越えた実践やつながりを一時的なものにとどめずに、いかに大切に育てていくのかについて真剣に皆で考えることである。メディア文化は公共財である以上、現在のあり方をきちんと批評し、議論し、より良いものへと変えていく責任は、メディア事業者だけでなく私たち全員が共に担っている。社会の多様な主体を巻きこむコーディネーターとしてマスメディアの役割はいまだ大きいが、さまざまなメディアの実践者・表現者、市民、社会運動組織やNGO/NPOに関わる人たち、政府、自治体、教育者、研究者も何ができるのかを共に考えて実践していくことが不可欠だろう。国という枠組みにおいて周縁化されている主体を共に社会を生きる市民として歓待し、国よりも大きく、あるいは小さい問題に柔軟かつ協同的に応対して、境界を越えた様々な次元での幅広い対話を推進する開かれた場としてメディア文化を活用する主体は、企業でも国家でもなく、あくまでも私たち一人一人なのである。

そうした実践の土台となるのは、何が暗黙の前提とされており、何が見落とされているのかを検証する批判的思考である。批判は現実的でないと一蹴されがちな時勢だが、長い目で見れば批判的思考こそが社会を変えていく最大の実用性を有していることを今一度想起して、多くの市民や制作者を巻き込んだメディア文化批評の場を活発にすることで、内外に幾重にも引かれた国境を少しずつ着実に、より対話的なものにしていくことが重要である。これからの東アジアのメディア文化研究に求められるのは、精緻な研究から導かれる批判的な知見を、社会のなかに少しずつ確実に制度化していくことなのである。

＊本稿は雑誌「GALAC」の二〇〇九年四月号、五月号、六月号に掲載された論考をもとにしている。

【注】

1　二〇〇九年三月二一日に放映された、テレビはこれからどうなるのかをテーマにしたＮＨＫの三時間の番組では、地方格差の話やいかにテレビが実は視聴者の方を向いていないのかといった、興味深い議論がされていたが、そこでも、視聴者＝茶の間＝日本国民という図式が暗黙のものとされたまま議論が進められており、あくまでも国民という共同体の再構築を前提にしていた。

【参照文献】

Benhabib, Seyla (2002) *The Claims of Culture : Equality and Diversity in the Global Era*, Princeton, N.J. : Princeton University Press.

ケリー・フー 2009「流通のパワー——デジタル技術と日本製テレビドラマの中国人オンライン・ファン」、放送メディア研究　6号

岩渕功一 2001『トランスナショナル・ジャパン：アジアをつなぐポピュラー文化』、岩波書店

——— 2003『グローバル・プリズム：〈アジアン・ドリーム〉としての日本のテレビドラマ』、平凡社

——— 2007『文化の対話力：ソフトパワーとブランドナショナリズムを越えて』、日本経済新聞出版社

毛利嘉孝（編）2004『日式韓流：『冬のソナタ』と日韓大衆文化の現在』、せりか書房

Urry, John. (2003) *Global Complexity*, Cambridge : Polity.

フィリピンにおける日本製アニメの人気と両国関係

マリア・ベルナデット・ブラヴォ（訳　山嵜佑衣）

はじめに

「アニメ」という言葉は今や国際的に通用する用語となった。その世界的人気は、とりわけ学術的な研究を促進させている。九〇年代後半に始まった学問分野での日本製アニメ（以下アニメ）への関心の高まり（Craig 2000）は、大ヒットした『ポケモン』や、オスカー賞を受賞した『千と千尋の神隠し』など、興業やコンクールでの大ヒットが示す通り、西洋でのファンの着実な獲得に因ることが大きい。しかしながら実はそれ以前から、特に韓国、台湾、香港、タイといったアジア諸国では、アニメが非常に大きな流行となっていたのである。

アニメの人気の高まりはアニメに関する様々な研究を生んだ。アニメ研究の対象はその美意識への影響、さらに経済的、文化的、心理的、社会学的、政治的領域への影響にまで及ぶ（Naipier 2000；Kinsella 2000）。中でも経済的観点からは、日本が徐々にエンターテイメントの世界で国際的な力をつけてきていることが示されている。ただし技術進歩に伴う著作権の侵害といった問題が生じていることも確かである。しかし文化芸術の研究の面からは、アニメは日本の美的伝統を受け継ぎ、そして西洋の技術を取りこんだ、独特の視覚的な物語作品として理解することができる。アニメが国境を越えて広がった理由の一つに、これらの折衷的な要素が要因としてあることは常に指摘されてきた。さらにアニメがアメリカで制作されるアニメーションと明らかに異なる性質をもつことから、アニメの普及にアメリカが支配力を振るう大衆文化世界での、抵抗の一形態を見出す学者もいる（Martinez 1998）。

とりわけ日本の政府高官が、アニメや他の大衆文化商品の盗用の可能性を表明したことは特記に値する。それ以降、様々な委員会が作られ、多くの対応策がとられるようになった。そこで具体化した計画の一つが「クール・ジャパン」と名づけられた観光促進の企画であり、若者と大衆文化を紹介している。最近では、人気アニメキャラクターを各方面で日本の大使に任命しており、二〇〇七年一一月に鉄腕アトムを海外安全大使に、〇八年五月にドラえもんを大衆文化促進大使に、そしてハローキティーを中国と香港への旅行大使に選んでいる。

このような中で、日本の隣国であるフィリピンが、アニメの影響を受けるようになるのは当然であろう。いまやアニメはフィリピンの至る所に溢れている。二〇年前、アメリカで制作されるアニメーションの脇役にすぎなかったアニメは、今や地方テレビ局の主な番組となり、各局で少なくとも一つはアニメシリーズを放映している。Hero TVというアニメ専門の放送局は、日本のアニメ番組をタガログ語の字幕入りで放映している。アニメの影響力はテレビに限ったものではなく、都市にはアニメ商品を扱う専門店が誕生するという現象にまで及んでいる。アニメという言葉もフィリピンの若者の間で広く使用されるようになり、人の外見や身なりの描写にも用いられるようになった。アニメはフィリピンの若者の生活に溶け込んでいるのである。

このような状況だからこそ、フィリピン人の大衆意識におけるアニメと、フィリピン人のアニメとの関わりに対する包括的な研究の必要性があると考える。本稿はその研究の一助となることを期待して書き起こしたものである。そして、広く波及する日本文化に関する国際的な議論に、フィリピン人の声を加えるためのものでもある。本稿全体としての主旨は、グローバルな枠組みの中での文化的な相互作用および二国間の関係に、アニメがどのように関わっているのかを解析し、この現象を理解することである。

フィリピンと日本の間の文化的な関係の概観

フィリピンと日本の文化交流は様々な分野にわたっており、その領域には日本の文化外交、民間団体による海外との文化交流、さらには日本人とフィリピン人の個人レベルでの交友も含まれる。両国は社会的、経済的、文化的分野で結びついてきたが、以下の概略では、本研究に関連のある文化的関係と文化交流の側面にのみ着目する。

一九三〇年代後半、日本は文化交流の促進を公的に開始した。これは日本の経済的な利権を守るとともに、対日親善感情を高めるためであった。半官半民の組織が、日本に関する書籍や日本語を紹介し、人的交流や学生リーダー会議開催の準備をした。しかしながらフィリピン文化を日本側に紹介する同様の組織は存在しなかった。四一年一二月八日に日米間で戦争が勃発すると、フィリピンは日本軍によって占領された。フィリピン人の大多数はその時期に初めて日本人に出会ったが、この時の経験はおよそ日本人に対して好感を抱けるようなものではなかった。同時期に、日本はフィリピンを西洋の影響下から転換させることを狙って、若干名のフィリピン人を米国のペンショナード奨学金に模したプログラムで日本に留学させている。しかしながら、その戦争をくぐり抜けたほとんどのフィリピン人の記憶には、日本軍による多大な恐怖と苦痛の経験がきざまれてしまった。

したがって、四七年に両国間の貿易は再開されたものの、戦争直後のこともあり、フィリピン人の間には激しい反日感情が存在した。そこで、正常な関係回復をめざし、スポーツの分野での文化交流を行うことになった。五二年には日本人留学生の一団が初めてフィリピンを訪れ、日本政府はフィリピンの研究者を迎え入れた。続く一〇年間で復興を果たした日本は、フィリピンのジャーナリストや教育者、そして芸術家を日本に招待している。このような文化交流事業は七〇年代まで継続拡大した。それにもかかわらず、反日的な世論は根強く、友好、通商、航海条約の批准は膠着状態に陥ったままであった。

五六年から七六年の賠償期間中、二国間には経済面で重大な交流があった。七〇年代に入ると日本は貿易額で時に米国を凌ぐなど、フィリピンにとって米国に次ぐ二番目の貿易相手国となり、また日本はフィリピンへの補助金と貸付金の最大の供給国となった。七二年には日本の国際交流基金が設立されたことによって、以前に増して公的な文化活動への道が開ける。七七年には時の首相福田赳夫が、後に福田ドクトリンと呼ばれる演説をマニラで行い、東南アジア諸国連合（ASEAN）に対する日本の友好的な政治方針をはっきり表明している。このように経済的にも文化的にも様々な出来事が起きた七〇年代は、フィリピンから日本への出稼ぎ労働が始まった時期でもあった。

続く八〇年代、フィリピン人は日本への認識と理解を深めることとなる（Yu-Jose 2006）。これは主に出稼ぎ労働者の激増によるものであった。帰国した出稼ぎ労働者による日本文化の普及は、学生や専門家、知識人やマスメディア従事者などエリート向けの国際交流基金による文化外交と肩を並べるものであった。豊かになれるチャンスのある国としての日本の魅力は高まり、大学生は日本語の授業を受講し、日本文化の講座に通うようになった。八〇年代後半、日本政府の奨学金を申し込む学生が増加し、多くの大学で新たに日本語教育プログラムが立ち上げられた。

九〇年代に入ると国際交流基金マニラ支部が設立され、映画祭、日本の芸術の展示会や日本の芸術家によるパフォーマンスなど、文化交流事業がさらに定期的に行われるようになった。政府系の事業以外でも、フィリピン労働者の絶え間ない日本への出稼ぎや、商業行為、日本人とフィリピン人の間の結婚、そしてアニメなどの日本のテレビ番組のフィリピンでの放映など、現代社会の新たな現実が日本文化の広がりに役立ってきた。

近年の両国間のもっとも大きな出来事は、昨年（訳注：2006）一〇月の日本・フィリピン経済連携協定（JPEPA）の批准である。しかしそれまでの三つの条約と異なり、JPEPAはフィリピンの世論をほとんど喚起しなかった。出稼ぎ労働者の日本語の高い習熟度が条件の一つであることは、経済と文化の相互連関を、この協定がいみじくも実証してしまったことを示している。もっとも、フィリピン人の経済的な需要が日本文化を促進する機会を造り出したことにかわりはない（Yu-Jose 2006）。

つまり両国の文化交流は、公式の政府の計画という観点からも、日本が有利になるよう一方的でひどく偏向しているのである。もちろんこれは両国間の経済発展の差がもたらした結果である。日本は三〇年代、五〇年代そして七〇年代まで、主に経済上の目的達成のために文化外交を利用してきたのだが、八〇年代から現在にかけて文化外交は、日本文化の普及に主眼を置くようになる。経済的動機が文化外交よりも大きな規定力を持つことはいつだって明らかではあるが、それでもこのように文化交流を奨励したことが、少なくともアッパークラスやミドルクラスのフィリピン人に富をもたらしたことは確認しておいてよい（Yu-Jose 2006）。現在のところ、国際交流基金のオフィシャルなプログラムはエリート層向けのままであるが、フィリピン人の多くは、帰国した労働者、実習生、奨学生、日本人配偶者たちによってもたらされるインフォーマルな文化作用の影響下にある。そうしたことが起こるのは、日常的な商取り引きを介してであり、また、日本のメディアが作りだしたコンテンツ、とくにアニメに日々触れることができるようになったからである。

フィリピンにおけるアニメ

フィリピンへのアニメの導入は、衝撃とともに始まった。具体的には、その禁止である。フェルディナンド・マルコス元大統領がアニメの上映を七〇年代の末に禁止したことは、多くのフィリピン人の脳裏に焼き付いている。ところが今では、主要なテレビ局の一つであるGMA Channel 7が『超合金塊ボルテスV』、『鉄人28号』、『マジンガーZ』、『UFOロボ　グレンダイザー』、そして『闘将ダイモス』などのいくつかの〈機械もの〉を、子どもたちを対象とした平日夕方の時間帯に放映している。それらの目新しいアニメは子どもたちの間で熱狂を呼び起こし、一方で親たちの間では一九七九年の禁止[1]の根拠になったと推測されるアニメの暴力性に対する不満の声が上げられた。この出来事はマルコスとアニメ自体への悪評をうみ、『超合金塊ボルテスV』は『マジンガーZ』

のように世界的に知られているわけではなかったが、図らずもフィリピン史に刻まれることになった。

この禁止は、健全な主人公が登場する『花の子ルンルン』や『キャンディ・キャンディ』など、八〇年代初頭の家族向きアニメの登場を促すことになった。結果的にアニメ禁止は解除され、かつてのロボットシリーズは新たな番組名を冠して戻って来た。毎週土曜日の朝に放映された『鉄腕アトム』と『ロボテック』は当時フィリピンで人気を博した。ロボットをテーマにした他の作品は、RPN Channel 9で特集されることが多かった。自国で製作した少数作品と海外の作品で放映を賄うことは経費の節約になるため、当時のテレビ放送網では一般的に行われていた。

この頃、アニメ字幕のほとんどは英語であった。『鉄腕アトム』などは米国から輸入されており、フィリピンにおけるアニメ入手の新たな経路を広げた。米国の映画会社を通じたアニメの入手がなかったらならば、これらアニメのフィリピン上陸はさらに限定的なものとなっていたであろう。[2] したがって当然ながら、入手作品の多くは米国市場に適合するようにすでに手を加えられており、文化への否定的な言及や言語面での障壁が矯正されていた。これらのアニメを見ていたフィリピン人の大多数が、これらのアニメが〈日本もの〉であることに気づいていなかったことは、それ故もっともなことであった。ただし、これらのアニメは、当時支配的であったアメリカで制作されたアニメーションに比べれば数としてはわずかにすぎなかった。ほぼ同時期に、アメリカではオリジナル・ビデオ・アニメーション（OVA）という、アニメを直接ビデオにして販売する新手の配給傾向がみられるようになった。比較的安価で著作権を獲得することができたので、アニメは米国市場に浸透した。しかしながら、当時のフィリピンでこの恩恵を受けたのは、ベータマックス・テープを購入できる中流または上流階級に限られていた。

この頃、日本のアニメーション会社はアニメ制作の安価な労働力をアジアに求めて、外部委託を始めた。現在の東映アニメーション・フィリピン社の前身は八六年の一一月に設立され、フィリピンのアニメスタジオも日本の会社の下請けを始めた。したがってフィリピンで放映されたアニメのいくつかは、フィリピンのアニメーターの手によるものであった。フィリピンのアニメーターの制作への関与は、アニメの受け入れや視聴に影響を及ぼすことはなかったものの、安定した安価のアニメ作品の供給を、日本のみならず他のアニメ消費国にもたらすこととなった。

九〇年代初頭、アニメ作品の放映時間は、子どもたちのために平日早朝と休日に集中するようになった。ABS-CBNは『小公子セディ』、『小公女セーラ』など、感傷に訴える作品を放送した。これらの作品は大変な人気を博したため、九〇年代の半ばにはABSの映画会社であるStar Cinema社が新たにフィリピン映画として作り直している。また、有名な『ピーターパン』や『サウンド・オブ・ミュージック』、世界的に知られたシリーズ物の『ドラゴンボール』や『セーラームーン』、聖典的アニメである『アニメ親子劇場』や『トンデラハウスの大冒険』などのアニメ版の放映権がフィリピンのテレビ局に与えられた。上映作品の多様化の兆しが見出せるこの時期には、多くの作品がタガログ語に吹き替えられている。当時のフィリピン人視聴者の大多数は、これらのアニメ作品を日本のものだと認識していなかったであろう。

中でも特記に値するのは、バスケットボール部に所属する高校生たちを描いた『スラムダンク』の熱狂的人気であろう。バスケットボールがフィリピンでもっとも人気のあるスポーツであることを考慮に入れると、この人気はもっともなことである。『らんま½』は、裸のシーンの削除と卑猥な台詞の緩和によって内容が和らげられた形で放映された。両作品ともに子ども向けの時間帯に集中していたが、大人の視聴者をも間違いなく引きつけたであろう。この時点ですでに、アニメを取り巻くサブカルチャーがフィリピンに存在していたことになる。

九〇年代末になると、テレビ局はさらに広範なジャンルの作品の放映権を獲得する一方で、人気作品を再放送した。この新たな動きの中で、二つのアニメ作品が、玩具に対する熱狂を生みだした。『爆走兄弟レッツ&ゴー』は玩具会社タミヤの制作したミニ四駆への熱狂を喚起し、専門店の誕生やレーシング大会、そして収集の習慣を生みだした。さらに世界的人気を博した『ポケットモンスター』あるいは『ポケモン』は、フィリピンでもカード交換やぬいぐるみ、電気仕掛けの玩具への熱狂を生んだ。したがって多くのアニメのジャンルが存在するにも関わらず、フィリピンにおいてアニメはいまだに子どもを対象としたものとされており、このことはアニメの扱われ方からも読みとることができる。日本ですでに物議をかもしていた『新世紀エヴァンゲリオン』[3]は、フィリピンでは内容が弱められ子どもに無害な形で放映された。

物語の筋がきちんとあり、タガログ語へ吹き替えられた二つのアニメが、九九年に視聴者の心をつかんだ。人気のお笑い番組が『超合金塊ボルテスV』のオープニングテーマ曲を番組の一コマで用いたのだ。その曲は大人の視聴者に子供時代の記憶を喚起し、再放送された『超合金塊ボルテスV』は再び高い視聴率を得た。大成功を収めたもう一方の作品は『幽幽白書』である。登場人物の名前を替え、宣伝の際にはこのアクション冒険物語のドラマチックな要素に重点が置かれた。『幽幽白書』が視聴率競争で成功をとげたことをうけて、ライバルのテレビ局も同様の番組を放映した。

この時期のアニメのほとんどがゴールデンタイムに放映され、テレビ局間の競争の渦中に身を置いていた。『ポケモン』や『デジモン・アドベンチャー』という類似するアニメ番組が同じ時間帯に放映された。GMAはこの流行に注目し、平日の早目のゴールデンタイムにアニメ番組を放映することにした。かつての人気番組の再放送も行われ、映画版アニメも週末の深夜に特番枠を得て放映されるようになった。GMAが立ち上げたWe Are Anime.comというウェブサイトは、その年の終りにはフィリピンでもっとも大きなオンラインコミュニティーとなっていた。このグループの定期的に開かれるオフ会は、フィリピンのアニメ関連のイベントの出発点となる。

二〇〇〇年に入り、フィリピンの大半の人がテレビを見るようになると、いわゆる「アニメの爆発」[4]という状況が起きることは明らかであった。テレビ局間の競争、タガログ語への吹き替え、アニメのジャンルの多様化、アニメ同好会やアニメ関連の店の登場など、前触れとでも言うべきいくつかの現象が現れた。AXNのような有線テレビ網のアニメ放映開始は視聴者の選択肢を増やし、インターネットの普及はアニメとその関連情報の普及に役立った。「アニメの爆発」と名付けられた最初のアニメの集会が二〇〇〇年一一月に三日間開かれ、一万人もの人々がゲーム、アニメーションの講義実演やコスプレなどの列に並んだ。このイベント後、アニメブームの盛り上がりはもはや必然的なものになっていた。アニメのコミュニティーが次々に作られ、集会は定期的に行われるようになり、アニメに影響を受けたフィリピンの漫画本*Culture Crash*とアニメ雑誌*Questor*が刊行された。すでに広く読まれていた*Funny Komiks*などのフィリピンの漫画本も日本の漫画風の描き方を始め、日本のポップやロック音楽に興味を持つようになった若者たちは、日本的な髪型や日本のストリートファッションを身につけるようになった。

なぜ、アニメはフィリピンの視聴者の間で人気を得ることができたのだろうか。それは『超合金塊ボルテスV』、『幽幽白書』、『スラムダンク』など、人気を博したシリーズの多くが、本物そっくりのドラマであったからである。そこにはフィリピン人に必ず支持される筋が描きこまれていた。勝ち目のない主人公が人生の苦難と対峙するも、友人に支えられながら、その間を強い決意とともに明るく過ごすというものである。協力、友情そして仲間意識などというフィリピン人の価値基準に沿うものを、これらのアニメの物語の中に見出せることがヒットの要因である。ただし視点を替えてみると、フィリピンには独自のアニメーションが存在せず、それらを生みだそうとした数少ない試みはほとんど短命で失敗に終わっていることも分かる。[5]アニメの種類が増加したことは、視聴者の選択肢を増やし、放送局が比較的安価なコストで番組を放映できることを可能にしたことも事実である。

このアニメ熱は二〇〇二年まで続いたが、〇三年から〇四年の初頭にかけて、アニメへの関心に著しい低下が見られるようになった。台湾や韓国から参入したドラマとの競争、市場の飽和、安価であった制作経費の上昇、高速のインターネットの普及や著作権の侵害の増加が原因と見なされている。もっとも筆者は、この現象をアニメに対する関心の低下としてではなく、むしろアニメ人口がすでに頂点に達し、フィリピンにおけるアニメへの関心が安定した段階に入ったことを示すものであると考えている。

〇四年と〇五年に、アニメを終日放映する二つのチャンネルAnimaxとHero TVが開設されたことは、活気を失っていたフィリピンのアニメ業界に再び火をつけた。Animaxはシンガポールからの放映であり、Hero TVはChannel 2の子会社である。いくつかの変化は見られるものの、すでに放映したアニメを、新しい番組の獲得後も再放送するという仕組みは残っていた。現在のところ、日本製アニメはフィリピンで放送されるアニメーションのなかでもっとも有力なものとしての地位を保持している。かつて独裁者によって禁じられた、見た目の奇妙なロボットたちの活躍する番組は、今やフィリピンのテレビ業界の日常を占領しているのである。

アニメの影響

九〇年代末から国際交流基金の年次報告において、アニメがフィリピンにおける同基金の活動計画に入れられるべき要素の一つであること、またアニメが日本語の宣伝に利用することが可能であることが言及されてきた。そこで本稿では次に、フィリピンの若い世代の日本語や日本文化への関心の生成に対するアニメの影響を考察する。フィリピンでもっとも高度な日本研究プログラムを設置しているフィリピン大学ディリマン校、アテネオ・デ・マニラ大学、デ・ラ・サール大学で、〇五年から〇六年の学年度に日本関係の授業[6]を受講する学生に対してアンケート調査が行われた。[7]一一九人の回答者の平均年齢は二〇歳、回答者の六五％が女性で三五％が男性であった。調査結果はいくつかの重要な点を示唆しており、そのなかでももっとも重要性の高いものを以下で取りあげる。

三つの大学で開講されている日本関連の科目は様々であり、さらにフィリピン大学ディリマン校で開講されている日本関連の科目は、複数の学部学科を横断した形で開講されている。一一九人の回答者のうち、一三・三％は修士課程に在籍する学生で、そのうち一〇・九％が日本研究の修士課程に在籍し、残りの二・四％はドイツ語や経済学、創作の修士課程に登録していた。デ・ラ・サール大学以外の学部生は言語学、政治科学、学際的研究、コミュニケーション学、数学、そし

表1　その科目を受講する理由

あなたはなぜ日本関係の授業を受講しているのですか？

	人数	割合（%）	累計割合（%）
日本の文化と奨学金の機会の魅力	1	0.8	0.8
日本語をより理解するため	2	1.7	2.5
日本に焦点を当てた研究をし、外交上の共同体に参加するため	7	5.9	8.4
日本について学び、キャリアを向上させるため	2	1.7	10.1
日本に関して更なる知識を得るため	3	2.5	12.6
日本に関する理解を深めるため	7	5.9	18.5
自己達成とアジア社会に対する知識を得るため	1	0.8	19.3
出世のため	8	6.7	26.1
日本の文化・社会・言語に対する関心	24	20.2	46.2
他に受講可能な授業がなかったため	1	0.8	47.1
言語を習得し、働くため	3	2.5	49.6
勉強し、働くため	2	1.7	51.3
必須科目であるから	6	5	56.3
選択科目であった、または簡単そうだったため	3	2.5	58.8
日本や日本語など日本文化が好きなため	4	3.4	62.2
日本語を学び、日本語で自己表現をするため	18	15.1	77.3
特技にするため	1	0.8	78.2
奨学金に向けて言語を学ぶため	2	1.7	79.8
大変魅力があり、面白いため	1	0.8	80.7
アニメ、漫画、ポップカルチャー、言語と文化への関心	12	10.1	90.8
日本語と日本文化を学び、いつか日本に行くため	4	3.4	94.1
受講したいから	1	0.8	95
アジアの中でも特に日本に興味があるため	2	1.7	96.6
好奇心	1	0.8	97.5
時間割に好都合、または便利なため	3	2.5	100
合計	119	100	

てエンジニア関係など様々な課程に所属している。日本語を副専攻語とする言語学専攻の学部生の率がもっとも高かったが、その他は様々な専攻課程に所属しながらこれらの授業を受講していた。このことから、必ずしもすべての受講生が日本関係の授業を受講することを求められていたわけではなく、これらの日本関係の授業への登録は個々人の関心または便宜的な都合によるものであると考えられる。

　便宜的な都合による受講であるか否かを知るために、受講理由も尋ねている。もっとも多かった三つの解答は以下のものである。日本文化、社会と言葉への関心が二〇・二%、日本語を学びたいという意欲が一五・一%、そしてポップカルチャーへの興味が一〇・一%であった。表1の数字をみると、約八九・二%が日本への関心や、奨学金の機会やキャリア向上のために履修し、便宜上の都合で受講したのは一〇・八%のみであることがわかる。このことは、回答者が自身の関心からこの科目登録を行ったことを意味している。しかしながら、彼らが上位三つの理由として、アニメ、漫画、ポップカルチャーへの興味をあげていることは注記に値する。この上位三つの理由は、日本のポップカルチャーが人々の興味を呼び起こす要因になりうることを示している。

　「あなたは日本をどのように知りましたか」という質問に対する上位四つの回答は、アニメ（二六・九%）、他のマスメディア（一六・八%）、本（一二・六%）、友人、親族（一一・六%）であった。アニメは他のマスメディアとともに、文化を紹介するための一つの媒体として位置づけられている（四一・一%）。このことはもちろんマスメディアの遍在性とその情報や知識の普及力を証明している。それと同時に第四番目の回答は、多くの人が自分の関心から情報を集めるよ

表2　日本への関心

あなたは日本に対してどの程度関心がありますか？

（1－最も低い、5－最も高い）

		人数	割合（%）	累計割合（%）
度合い	1	1	.8	.8
	2	5	4.2	5.0
	3	18	15.1	20.2
	4	53	44.5	64.7
	5	42	35.3	100.0
	合計	119	100.0	

うになっていることを表わしており、日本で働いたり直接的な関わりを持ったりする人が増加したために現われた傾向であると考えられる。そしてこれは人々の交流が増えることによって、情報や知識のより自由な広がりの可能性を示すものである。

アンケート調査では、学生に日本に対する関心を五段階で評価することを求めた（表2参照）。四四・五％が自身の関心の度合いを四、三五・三％が五、そして一五・一％が三としている。回答者の多くがこの教科に関してとても高い関心をもち、便宜的に受講している学生はわずかに過ぎないことがわかる。

次に回答者は、価値観、技術、文化や伝統という三つの理由を含め、日本のどのような側面に関心を抱いているかという問いに答えている（グラフ1参照）。文化と伝統を回答として挙げたものが全体の八三・一九％を占め、技術が七五・六三％、そして価値観を挙げたものは五九・九九％であった。それらの他に具体的な関心の対象は、言語（一二・六一％）、大衆文化（一一・七六％）、アニメ（七・五六％）そして芸術（五・八八％）等である。ほとんどの回答者の答えが一つではなかったことは、複数の側面に興味を抱く人が多いことを示していよう。一部の回答者たちにとっては、大衆文化とアニメは同一の関心事なのである。

グラフ1　回答者たちが関心を抱いている日本の側面

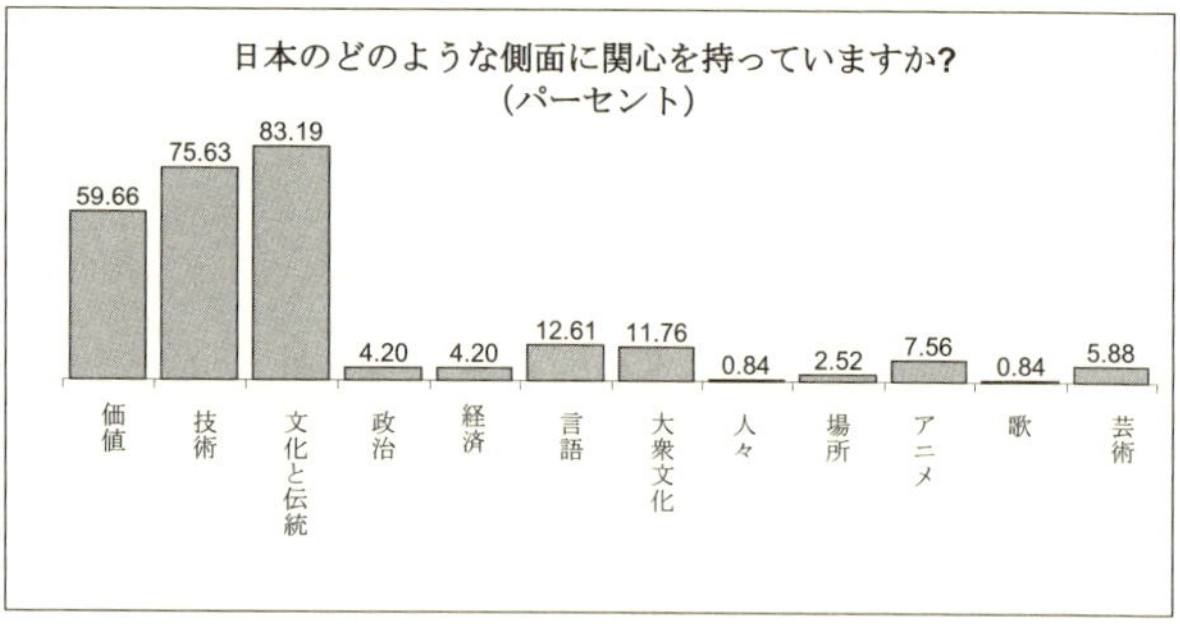

回答者の日本に対する認識は、九〇・九％が肯定的で、わずか九・一％が否定的または中立的な考えを持っているに過ぎない（表3参照）。回答者が日本に対して抱いているイメージには経済技術大国（一七・六％）、伝統的な価値観が現代性と共存する国（一四・三％）、技術先進国（一四・三％）、強力な文化とアイデンティティをもった進歩的な国（一〇・九％）などがある。回答者の日本への肯定的な印象は、その経済的な地位と高度な技術に由来しており、彼らは日本が高度な技術国であるにも

関わらず伝統的な文化やアイデンティティを保持し続けている点を高く評価している。

日本に対して肯定的な印象をもった理由として、アニメや映画で観たこと（一三・四％）、本やアニメを含むマスメディア（九・二％）、グローバリゼーションや高度な技術の進歩の中での伝統の保持（九・二％）、そして日本の技術と製品（八・四％）が挙げられている（表4参照）。ほとんどの回答者の日本観はアニメや映画、さらにはマスメディアを通したイメージから得られたものであり、メディアがイメージと情報の伝達者としての役割を果たしていることがわかる。また、日本の電化製品の性能の高さも、肯定的な印象を抱く根拠となっている。

二つ目の質問項目はアニメに関するものである。回答者の九七％はアニメを視聴したことがあり、九四・一％が授業を受講する以前にアニメを見たことがあった。受講生のほとんどが少なくとも一度はアニメを見ており、ほぼ全員がなんらかの形でアニメに触れていたことになる。「日本関係の授

表３　日本に対する認識

あなたは日本をどのように捉えていますか？

	人数	割合（%）
ポップカルチャーとポップアートの中心地	1	0.8
東南アジアの国々や発展途上国に援助することができる	2	1.7
ステレオタイプ化され、誤解されている	1	0.8
ユニークな人や変人が多くいる国	2	1.7
自然を愛する国	1	0.8
愛国主義の国	1	0.8
良質なゲームの作り手	1	0.8
素敵	2	1.7
忙しい空間	2	1.7
とても自立した国	1	0.8
楽園	1	0.8
この言語を学んでいる理由	1	0.8
豊かな国	5	4.2
技術が高度に発達し、創造的で統制されている	5	4.2
住むのに良い国	4	3.4
技術先進国	17	14.3
富と興味深い人々の存在する土地	1	0.8
ユニークで豊かな美しい文化を持つ国	8	6.7
解明するのは難しい問題。興味深く、魅力がある	6	5
経済技術大国	21	17.6
伝統的な価値観が現代性と共存する国	17	14.3
工業化され、重労働と厳しい決まりのある社会	5	4.2
経済的に巨大で、軍事的には弱いが厳格な社会	1	0.8
強力な文化とアイデンティティをもった進歩的な国	13	10.9
合計	119	100

表４　回答者たちの日本に対する認識の根拠

日本に対する印象の根拠

	人数	割合（%）
個人的な経験	2	1.7
日本人の振る舞い方	5	4.2
経済大国であり環境問題に取り組む姿勢	1	0.8
日本の民主主義制度	1	0.8
優れたゲームが日本製であること	1	0.8
技術／日本の開発する便利な機械装置	10	8.4
日本のGNPやGDP	1	0.8
アニメで観たこと	1	0.8
多くの理由	1	0.8
日本の歴史と現状	4	3.4
ユニークな文化／国／人	8	6.7
メディアと製品	6	5
素晴らしい発明や伝統工芸、伝統的衣服や慣習	4	3.4
日本のポップカルチャーの創造性、規律と清潔さ	1	0.8
TV	5	4.2
ロボットに関するニュース	1	0.8
グローバリゼーションや高度な技術進歩の中での伝統の保持	11	9.2
本、アニメ、映画、雑誌、TV	11	9.2
アニメと映画で観たこと	16	13.4
敗戦国から世界第二位の経済大国への成長	1	0.8
本	4	3.4
経験的に証明されたこと	1	0.8
歴史的試みでつねに中心にあること	1	0.8
本、教師	2	1.7
現在の世界情勢の中の日本	9	7.6
世界第二位の経済大国でありながら米国に防衛の面で依存していること	1	0.8
世界の主要な経済大国の一つ	10	8.4
合計	119	100

グラフ2

日本関係の科目を受講することへのアニメの影響

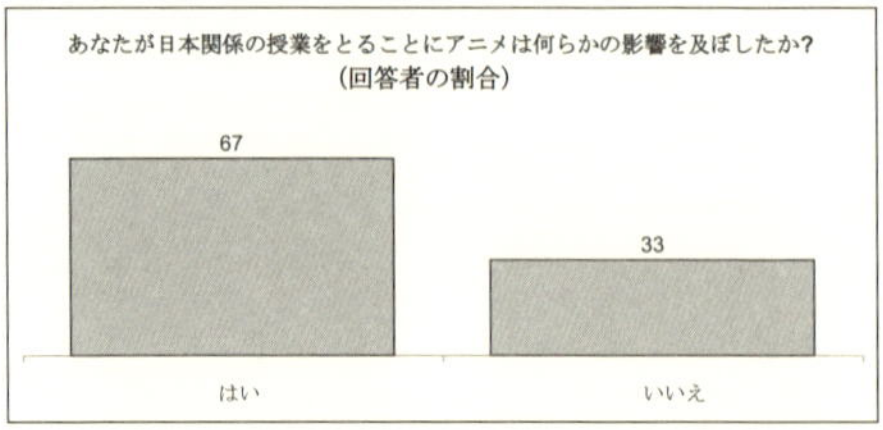

業を履修することにアニメは何らかの影響を及ぼしたか」という質問には六七%が肯定的に答えている（グラフ2参照）。この六七%の回答者に、五段階評価でアニメの影響の度合いを示してもらったところ、二一%がアニメの影響を五とし、二〇・二%が三、一九・三%が四と回答した（表5参照）。この科目を履修するに際して、ほとんどの回答者に対してアニメが、ある影響力をもっていたことが示される。回答者自身が評価した影響度合いの平均値は、三・七九であった。

「あなたは自分のことをアニメのファンだと思いますか」という質問に対しては、六二・二%が肯定的に回答している（表6参照）。そしてどの程度のファンかという問いに対して、この肯定的に回答した六二・二%のうち、二四・二%が三、一九・三%が五、一五・一%が四と答えている（表7参照）。三・八という熱意の度合いの平均値は、回答者に対するアニメの影響力の大きさを示していよう。さらに六七%がアニメに影響を受けたと回答しているにも関わらず、アニメファンだと回答したものは六二%である。これは四・八%のアニメファンではない人々も何らかの形でアニメの影響をうけていること、つまりアニメがファン以外の人々にも影響を及ぼしていることを示している。

表5　アニメの影響の程度

「はい」と回答した場合、それはどの程度ですか？

（１－最も低い、５－最も高い）

		人数	割合（%）
度合い	5	25	21
	4	23	19.3
	3	24	20.2
	2	6	5
	1	2	1.7
	合計	80	67.2
不明		39	32.8
合計		119	100

調査結果の数値は、アニメが少なくともこれらの学生たちに対して影響力を振るっていたことを示している。とはいえ、回答者の考え方と行動をさらに掘り下げるためには、より内実に迫ったアプローチが必要である。そこでアンケート調査の直後、筆者は回答者に対して略式のインタビューを行った。学生たちが緊張していたため、筆者はまず自分の日本やアニメへの関心、アニメのサブカルチャー活動への参加経験、日本関係の授業を受講したこと、そして何より日本で勉強し、住んだことなどを学生に語ることにした。その結果、学生たちも快活に冗談をいうようになり、筆者に質問をあびせるようになった。彼らの質問は、アニメや日本のイメージ、そしてその理解に関する

もの、そして彼らの希望や計画などに関するものであった。

この会話が功を奏し、これまでの調査結果が裏付けられた一方で、全く別な要因が明らかになった。ほとんどの回答者は、アニメによって日本と日本文化を評価するようになったと主張するが、アニメはあくまで足がかりに過ぎないということである。アニメファンである彼らは、ゲームだけではなく、ドラマや音楽など他の形態の日本文化にも関心を向け始めている。ある者にとっては、アニメで見知ったキャラクター、場所、そして出来事などが、更なる日本文化探究の糸口になったのである。

彼らのほとんどは日本で利用できる奨学金や仕事の機会などをよく心得ている。これは、彼らの大学では情報が行き渡っていることや、彼らが日本で勉強や生活を経験した教授や講師などと知り合う機会に恵まれていることの明白な証拠ともいえるであろう。回答者のほとんどが直接日本と親交のある人々と知り合いであり、そのような人々から何らかの形で励ましをうけている。そのような人々との間の会話で繰り返し述べられることは、日本が教育とキャリアの点で間違いなく魅力的な国であるということである。筆者も、留学生としての経験と、どのように奨学金を得たかという彼らの質問に答えなければならなかった。ある回答者たちはすでに奨学金の申請を考えはじめる段階にあったので、奨学金と日本での学生生活に関する実際的な情報が求められた。

つまり、アニメはこの学生たちの間で、言葉や文化など日本文化に対する興味を育む重要な働きをした。アニメは足がかりであると同時に、影響力の源でもある。しかしながら、調査の結果と、インタビューの回答からも明らかなように、アニメだけが日本への関心創出に寄与しているというわけではない。日本への関心は、特に経済や技術、伝統文化とその保持など、様々な形で日本への肯定的な評価と結びついたものである。これらの肯定的な評価を、日本で良い経験をし、回答者たちにも同じことを勧める友人や親族、そして知り合いなどが強固にしていることは見逃すことができない。

表6　アニメのファンだと自認する回答者たち

あなたは自分のことをアニメファンだと思いますか？

	人数	割合（%）
いいえ	45	37.8
はい	74	62.2
合計	119	100.0

表7　アニメファンの程度

「はい」と回答した場合、それはどの程度ですか？

（1－最も低い、5－最も高い）

		人数	割合（%）
度合い	1	1	0.8
	2	3	2.5
	3	29	24.4
	4	18	15.1
	5	23	1.3
	Total	74	62.2
不明		45	37.8
合計		118	100

結びにかえて

フィリピンにおけるアニメの人気や普及は、日本および日本の諸相に対する関心をもたらしたという点で、フィリピンと日本の文化的関係の発展に寄与しているように思われる。加えてそのような関心は、日本で奨学金や仕事を求めることや、言語や文化を習おうとすることに現れているように、日本に関連する事柄への更なる関与を促すであろう。日本研究に対して関心を抱き、日本研究の専門家や組織が発展することは、そこに第一歩を刻んでいる。英語のpromptまたはtriggerという言葉が含意する「きっかけ」を、アニメが十分果たしているのである。

しかし、アニメはこの世代の関心事として特異だというわけではない。これは日本が経済発展と高度な技術、そして独自の伝統を組み合わせた文化を保持する国であることを考慮すれば納得がいくことである。さらにこの考え方は、日本に対して好印象・知識を持った人々によって補強されるであろう。こうした積極的な評価が、多かれ少なかれ日本の経済的地位に関係しているということを念頭に置いておく必要がある。本稿の冒頭で示した通り、フィリピンと日本の文化的交流の重要な特徴は、それが経済関係や評価の結果となっていることである。このことは文化外交が公的に行われていることを考慮にいれると、よりはっきりと見えてくるだろう。組織的、制度化という点で、両国間の交流は一方に偏したものである。まず第一に、フィリピンには日本の国際交流基金に相当するものがないし、またフィリピンは日本と同等の資力をもっていない。それと同様にフィリピンには、アニメのような国境を越えて広がるメディアコンテンツを生み出すことが可能なメディア製品や流通能力がない。

それにもかかわらず、アニメに関するマクロレベルの議論を行うにあたってフィリピンにおけるアニメの人気を日本の経済的優位性のみに帰することはできない。経済的格差を否定するわけではないが、多相を示すこの現象は単純な議論によって説明されるわけがなく、より綿密に調べる必要がある。したがってアニメ現象の概念化は、ミクロな面から焦点を当てるべきであろう。そうすることによって、単なる上滑りな理論となることが回避され、経験的な研究が可能になると Tobin（2004）と Befu（2003）も指摘している。本稿で言及することができたのは、フィリピンにおけるアニメ論のごく一部にすぎず、いわゆる高等教育機関の学生にアニメが与える影響という実践例を超えた研究は、まだなされていない。それだけに、本稿はフィリピン・日本間の文化関係に新たな側面を加える現象を明らかにするものである。より詳細な調査研究が今後の課題となる。

【注】

1　しかしながら、この出来事の状況に関して、別の主張が絶え間なく繰り広げられてきた。その一つが、独裁者からの解放のために反逆の戦いを展開する『超合金塊ボルテスV』を国民が受け入れていることにマルコスが恐れを抱き、国民が影響を受けないよう戒厳令を出して放映を禁止したというものである。他には、GMA7が国営放送の二局に視聴率競争で勝っていたために禁止をしたというものもある。

2　このことは、フィリピンで放送された初期のアニメが米国版のタイトルであり、すでに英語に吹き替えられていたことの説明となる。

3　Kinsella（2000）が指摘するように、この作品は日本ですでに大きな物議を醸しており、フィリピンで放映された版は大幅に修正が施されたものであった。

4　これはアニメの驚くべき発展を考察したジャーナリストたちによって名付けられ、フィリピンで最初の大きなアニメ集会の名前にも選ばれた。

5　受賞経験もあるフィリピンのアニメーター、Grace Dimaranan氏がフィリピンのアニメーションの状況について説明し、初期のフィリピンのアニメーションのプロジェクトについて述べたインタビュー記事による。

6　これは日本語と日本文化、日本史、日本社会についての科目である。科目が日本に焦点を当てていることを基準としており、語学の授業との日本関連の授業とを区別してはいない。

7　Lydia Yu-Jose は著作『Philippine External Relations: A central Vista』（2000）の中で、フィリピンでもっとも高度な日本研究プログラムを開設しているとしてこれら三つの大学を例証している。

【参考文献】

Craig, Timothy, ed. *Japan Pop! Inside the World of Japanese Popular Culture*. M.E.Share, Inc. : New York, 2000.

Kinsella, Sharon. *Adult Manga : Culture and Power in Contemporary Japanese Society*. University of Hawaii Press : Honolulu, 2000

Martinez, D.P.. ed. *The Worlds of Japanese Popular Culture : Gender, Shifting Boundaries and Global Culture*. Cambridge University press : Cambridge, 1998

Napier, Susan. Anime, *From Akira to Princess Mononoke : Experiencing Contemporary Japanes Animation*. Palgrave : New York, 2000.

Nye, Joseph. *Soft Power : The Means to Success in World Politics*. Public Affaires : New York, 2004

Tobin, Joseph, ed. *Pikachu's Global Adventure : The Rise and Fall of Pokemon*. Duke University Press : Durham and London,2004.

【学術誌掲載論文】

Befu, Harumi. "*Globalozation Theory from the Bottom Up : Japan's Contribution*". Japanese Studies. Vol.23, No.1, 2003.

McGray, Douglas. "Japan's gross National Cool". *Foreign Policy*. May/June 2002.

【インターネット掲載論文】

Yu-jose, Lydia. "Japan's Cultural Diplomacy in Philippines in the Last Fifty Years : An Assessment". (http://www.gsec.keio.ac.jp/wp/wp11_e.html)

ファンの地下経済活動——ジャニーズファン[1]を例に

龐《パン》 惠《ホエ》潔《イチエ》

二〇〇八年六月、定価六五〇〇円のコンサートチケットが、ヤフーオークションにおける競り合いによって、原価の約五八倍に当たる三八万円で落札された。これは、大物の海外ミュージシャンのコンサートのチケットでもなく、また、めったに公演を行わないミュージシャンのコンサートのチケットでもない。ジャニーズアイドルグループ「嵐」[2]の、毎年恒例のコンサートツアーの公演のチケットである。

「嵐」をはじめとする、ジャニーズアイドルは、毎年、日本全国でコンサートを行う恒例がある。全国の大都市にある大規模な会場で複数回の公演が行われているにもかかわらず、ファンの間では、コンサートチケットの競り合いや地下経済活動[3]が絶えずに起きており、ファンではない人が驚くような落札価格でチケットが取引きされている。

なぜ、ファンは地下経済活動に参加するのであろうか。このファンの地下経済活動から、現代日本社会におけるアイドル産業とファンとの関係はどのように映し出されるのであろうか。これらの問いを解明するには、ファンの視点から見たファンの地下経済活動を考察する必要がある。

しかし、ファン研究や経済学研究においては、いまだ、このようなファンの間で行われている地下経済活動に着目する研究は存在しない。このため、ファンの地下経済活動の実態、影響、そして消費社会における意義も不明瞭となっている。

そこで、本稿では、P・ブルデューの「資本説」、M.Hills の「ファン資本」などの論点に基づき、定性的な手法を用い、ジャニーズファンの地下経済活動を研究対象として捉え、ファンの地下経済活動と地下経済活動がファンカルチャーに与える影響を考察する。この作業を通し、草の根の視点から、東アジアのポピュラーカルチャーの形成に深い影響を与えているジャニーズファンのファンカルチャーの構造を明らかにする。

1 ファン研究と地下経済活動

1-1 ファン研究における営利活動の否認

「ファン」とは、「こだわりのある対象」[4]に、時間、お金、感情を集中的に費やし、自ら「ファン」というアイデンティティを受け容れる人を指す。[5]消費、群集、創作など様々な活動を通じて、こだわりのある対象に対する支持を表現しながら、他のファンとの関係の構築を求めるのも、「ファン」の特徴である（Radway 1986：Jenkins 1992a：Baym 2000）。

アカデミズムやマスメディアにおいては、「ファン」がよく「われわれ」と違う「他者」として捉えられる。しかし、「ファン」は、一部の限られた人だけが経験するものではなく、メディア情報に囲まれている現代社会に生きるわれわれの誰もが経験する、あるいは、いつか経験する可能性があるものである。また、「ファン」は現代社会における最も積極的な消費者であり、最もアクティブな情報の発信者でもある。「ファン」たちによる多彩な行動は、消費社会を動かす最大の力と言っても過言ではない。このため、ファンカルチャーを知ることは、私たち自身を知ることだけでなく、私たちが生きている消費社会の構造を知ることにも繋がる。

「ファン」に研究者の注目が集まるようになってきたのは一九八〇年代後半である。その背景には、消費社会の成熟とマスメディアの発展による、ファン活動の顕在化がある（Fiske 1989：Abercrombie & Longhurst 1998）。S・ホール、P・ブルデュー、M・ド・セルトーの理論を援用しながら、ファン研究（fan studies）はオーディエンス研究の一つとして、欧米を中心に発展してきた。一方、一九九〇年代半ば以降花開いた東アジアのファン研究は、現時点では欧米からの借り物の理論が多い状況であるが、グローバルテクストに対するファンのローカル的受容、ファンによる「アンチファン」（anti-fan）の行動（辻 2003：張 2005）など、多彩な研究が数多く存在している。

従来のファン研究によると、ファンの消費行動には、「集中性」と、「能動的な意味の生産」の二つの特徴がある。「集中性」とは、ファンがこだわりのある対象に関連する商品を大量に買ったり、集めたり、観たりすることをさす。そして、消費した商品に対し、ファンが積極的に「想像力」を働かせ、商品に独特の意義を付け加えながら、商品と自分との関連を作り出すのは、ファンの「能動的な意味の生産」である（Lewis 1992：Jenkins 1992a：Radway 1986）。この二つの特徴によって、ファンを一般的オーディエンスから区別することができる。

ここで注意を払わなければならないのは、ファンの消費行動は、ファンのファンコミュニティにおける活動と日常生活との間の相互作用に欠かせない要素であるという点である。ファンが取得できるアイドルのグッズ、情報の質、量は、ファンが持っている実資本に依存する。同時に、ファンが取得できるアイドルのグッズや情報の質・量の増加は、ファンが持つ「ファン資本」の蓄積につながり、ファンのファンコミュニティにおける地位の向上にも貢献する。

「ファン資本」という概念は、イギリスのファン研究者の Matt Hills（2002）が、ブルデュー（1979）の資本説と Thornton（1995）のサブカルチャー資本説に基づいて提示しているものである。Hills は、ファン資本をファンの文化資本と、ファンの社会資本に分けている。前者は、ファンが持つ、こだわりのある対象に関する知識・情報である。一方、後者は、ファンが持つファンの人脈、あるいは、こだわりのある対象との距離を縮めることに有利な人脈である。ファンの消費行動を問うことを通じて、ファンのファンコミュニティにおける活動と日常生活との間の相互作用の実践の過程を認識することができるのである。

しかしながら、ここには深刻な問題が潜んでいる。これまでのファン研究で論じられた消費行動は、プロダクションが提供する商品と、ファンの創作物の消費に限定されており、ファンによる商品の転売行動とその意義については議論されていない。さらに、ファン研究者の議論においては、現在でもファンの営利活動を否認する傾向が強い。なぜなら、ファン研究者がファンのイメージをポジティブに保つため、ファン活動に並存している文化生産と経済生産を切り離して考え、ファンの文化生産のみに焦点を当てているからである。したがって、筆者が提示する、コンサートチケットの転売・消費のようなファンの経済活動は、ファン研究の議論の射程には含まれておらず、ファンの所有する実資本、ファン資本、そしてファンのファンコミュニティにおける地位の向上、この三者の間の転換がどのように実行されているのかも不明瞭となる。

ファンによる営利活動抜きには、ファンカルチャーの実態を十分に把握することができない。ファン研究に存在しているこれらの問題を解決に導くには、ファンたちの地下経済活動、すなわち、ファンの間で行われる私的な取引を考察することが重要であると、筆者は考えている。

1-2 地下経済活動を通してみた文化研究

複製技術により、音楽が共有できるようになった現代において、コンサートや舞台など、「生」で芸能人を見ることができる活動は、「希少性の高い商品」（毛利 2007：188）として市民権を得ている。そして、この希少性は同時に、ファンに地下経済活動を促す最大の理由でもある。

どうしても現場で芸能人を見たいが、正規の手段でチケットを入手できない場合、ファンはプロダクションが認めない手法を通じてチケットを求めるしかない。このため、法律で禁じられているにもかかわらず[6]、コンサートの会場の近くで、「ダフ屋」[7]と交易するファンの姿は絶えない。さらに、インターネットの普及に、ネット上の取引に対する法律[8]がいまだに曖昧であることも加わり、ネット上で自らチケットの転売を行うファンが増えつつある。テクノロジーの進歩によって、ファンの地下経済活動も拡大し、多様化しているのである。

このような変化が起きているにもかかわらず、従来のファンカルチャーの研究者らは、「ファン同士の間では営利活動は存在しない」(Fiske 1992 ; Jenkins 1992a) と強く主張し、ファンの消費行動は「ファンがアイドルグッズを買うこと」に限定されているとしているため、地下経済活動のような転売行動などに対して、より細緻な区別は行わず、また、ファンコミュニティにおける商品の循環とその意義なども言及していない。しかし、巧みに地下経済活動を利用し、莫大な利益を得ながら、自らのファンコミュニティにおける影響力を拡大させるファンが現実に出現している現状を考えると、この主張は再検討せざるを得ない。

元々、「地下経済活動 (underground economy)」とは、公的機関に報告されず、公的統計にも載らず、地下に潜める意図を持つ取引を指す (高成田 1986 : 3 ; Feige 1989 ; Skolka 1987 : 35)。地下経済活動が発生した背景としては、一般市民の利潤追求、課税回避、規制や禁令への不満などが挙げられている (Walter 1985=1987 : 27-28 ; Ports & Haller 1990 : 409 ; 名東 1987 : 28)。言い換えれば、「何らかの価値は創造するが、何かの規制・禁令を免れることを意図すること」(Walter 1985=1987 : 22)、これが、地下経済活動が持つ最大の特徴と言っていい。

地下経済活動の実態・規模を把握するため、従来の地下経済活動の研究では、計量的な方法で調査されることが多かった。しかし、地下経済活動に関する研究は、必ずしも計量的な方法にこだわる必要はない。地下経済に対する学問的関心を高めるには、計量的手法に限定されない社会科学的アプローチによる、様々な地下経済活動の研究も不可欠であると、武井 (1987 : 50) が指摘している。

これまでの地下経済活動研究では、既に地下経済活動の発達の背景、規模、実質的な影響などが論じられている。更に、リスクが高く、法律で保障されていない地下経済活動の成立には、参加者たちの間の信頼関係が不可欠であると、従来の研究も指摘している (Harding & Jenkins 1989 : 43 ; Ports & Haller 1990 : 408)。

しかし、この信頼関係がどのように構築されてきたのか、また、地下経済活動が参加者たちにどのような影響をもたらすのかについては、主に計量的な問題に着目する手法による地下経済研究では示されていない。このため、筆者は、定性的な方法を採用し、ファンの視点から見た・経験した地下経済活動を分析することにする。この作業を通し、計量的な面に着目する手法では探り出せない地下経済活動の実態・影響を明らかにする。

2　ジャニーズファンの地下経済活動

2−1　ジャニーズファンと東アジアのポピュラーカルチャー

本稿では、ジャニーズファン同士の間にある、コンサート・舞台チケットの交易を、一種の地下経済活動として捉えることにする。ジャニーズファンによるチケットの交易は、法律・条例だけではなく、ジャニーズ事務所による諸々の規制[9]の下で行われ、公的機関およびプロダクションによる管理からの脱出という、ファンの意図が見られる。同時に実質的な利益も伴うという点で、従来の地下経済活動の定義と一致していると考える。

ジャニーズファンを研究対象として取り上げる理由は二点ある。一つは、ジャニーズファンが最も積極的に地下経済活動に参加しているファンである点である。もう一つは、ジャニーズアイドルとジャニーズファンによって形成された「ジャニーズブーム」[10]が、一九八〇年代後半以降、日本をはじめとして、東アジアのポピュラーカルチャーに大きな影響を与えているからである。

現在、日本では、「ジャニーズ」という言葉は国民のほとんどが知っている芸能用語であり、「ジャニーズ系」という言葉も美少年の代名詞として使われている。また、シングルが売れない、テレビ番組の視聴率が下落している（辻 2004：4；『日本民間放送年鑑』2003：100, 2007：112）と言われる時代であるにもかかわらず、ジャニーズアイドルのシングルの売上やテレビ番組の視聴率は、いまだに一定の実績を保っている（『日経ビジネス』二〇〇六年三月六日号、二〇〇七年九月一七日号）。一方、ジャニーズアイドルの海外進出によって、その影響は近隣諸国までに及び、東アジアを席巻している[11]。

東アジアで拡大しているこの「ジャニーズブーム」は、ジャニーズ事務所やジャニーズアイドルの存在だけでは成立せず、ジャニーズファンの存在がなければ発生し得ないものである。ジャニーズファンのジャニーズアイドルに対する情熱的な支持行動や、コンサートに対する積極的な参加行動[12]が、ジャニーズアイドルの影響力が日本に留まることなく、東アジア全体にまで及んだ要因である。そのため、「ジャニーズブーム」を理解するには、まずはジャニーズファンが生み出したファンカルチャーを知らなければならない。ジャニーズファンカルチャーを知ることは、一九八〇年代以降東アジアのポピュラーカルチャーへの理解を深めることに繋がる。

　しかしながら、ジャニーズファンは、いまだ学問の対象としては定着していない。メディアとファンが積極的に「ジャニーズブーム」について語っているのに対し[13]、アカデミズムの分野では、ジャニーズファンを対象にした研究はいくつか存在しているが（辻 2003, 2004, 2007；龐 2003, 2008）、決して多いとは言えない。また、既存研究においては、研究対象の拡大と、分析の視点を多様化、深化させるという課題が残っている。このため、本稿ではジャニーズファンを研究対象として、ジャニーズファンの地下経済活動を考察することにする。

2‐2　ジャニーズファンの地下経済活動へのアプローチ

　ジャニーズファンの地下経済活動の実態を調べるため、筆者は定性的な研究法（Qualitative research method）を用い、四四名のインフォーマントからのインタビュー（in-depth interview）を通じて資料を集めた[14]。また、以下の三つの研究課題に絞りながら、ジャニーズファンの地下経済活動の意義を追究する。

(1)　ジャニーズファンの「地下経済活動」がどのように発展してきているのか。その特徴と形成の経緯は何か。

(2)　ジャニーズファンは、なぜ「地下経済活動」に参加するのか。ファンの動機は何か。

(3)　「地下経済活動」が、ジャニーズファンとファンコミュニティとプロダクション、それぞれにいかなる影響を与えているのか。三者の関係が、この地下経済活動にどのように投影されているのか。

　インタビューに応じてくれた四四名のインフォーマントは、全員がジャニーズアイドルのコンサートに行った経験がある。また、そのうち、三九名がジャニーズファンクラブ（Johnny's Family Club、以下「ＦＣ」と略称）に参加している。年齢別、出身地別、「担当[15]」別、勤務形態別のプロフィールは、表1、表2、表4の通りである。この四四名のインフォーマントのうち、地下経済活動に参加した経験がある人は三八人おり、残りの六人は、直接に地下経済活動に参加した経験はないが、地下経済活動の存在については知っていると答えた（表3）。

3　研究分析

　以下、筆者が2‐2節で挙げた課題に従いながら、インタビューを通じて集めた内容を整理する。なお、一部の特徴の

表 1 インフォーマントの年齢・出身国構成

年齢別／国別	日本	台湾	合計
20 以下		1	1
20～24	5	7	12
25～29	5	13	18
30～34		4	4
35～39	2	1	3
40～44	4		4
45～49	2		2
合計	18	26	44

表 2　インフォーマントの勤務形態構成

勤務形態	人数
学生	14
自営業	1
正社員	23
派遣社員	1
パート・フリーター	5
不明	1
合計	44

表 3 地下経済活動に参加する経験

地下経済でチケットを	取得あり	取得なし
転売・交換：あり	21	1
転売・交換：なし	17	5

表 4 インフォーマントの「担当」が所属しているグループ

「担当」が所属しているグループ	人数
SMAP	6
Kinki Kids	4
TOKIO	
V6	3
嵐	10
タッキー＆翼	3
NEWS	4
関ジャニ∞	2
KAT-TUN	8
Hey!Say!Jump!	
ジャニーズ Jr.	4
合計	44

ある発言だけを抜き出して引用することもある。

3－1　ジャニーズファンの地下経済活動

まず、ジャニーズファンの「地下経済活動」の形成、形態、変容、特徴をまとめる。

3－1－1　地下経済活動の形成

ジャニーズファンの地下経済活動を追究するには、まずはジャニーズファンがコンサート・舞台のチケットを取得する正規の仕組み、すなわち、「地上」経済活動を知らなければならない。

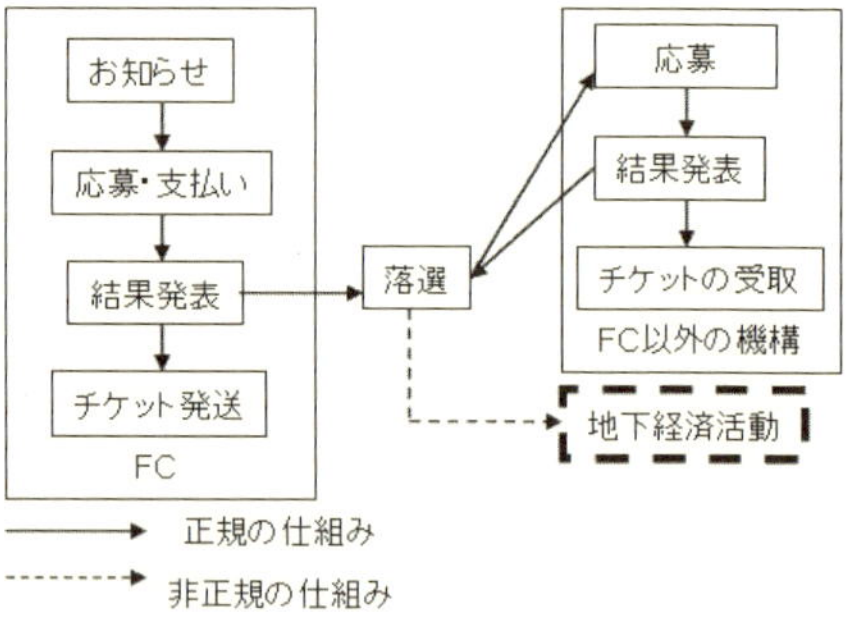

図1　チケットの取得の仕組み

ジャニーズファンのチケットをめぐる地上経済活動は、図1の実線が示す通り、FCとFC以外の機構によるものに分けられる。FCによる抽選は、FCに入会したファン向けの優先抽選制度である。入会したファンは、料金を前払いし、抽選に参加する。一方、一部のコンサートや舞台のチケットは、FC以外の機構によって販売されるが、チケットの数が限られているため、殆どのジャニーズファンは、FCによる抽選制度を通じてチケットを取得する。この二つの仕組みでチケットを得られなかった場合、ファンは、プロダクションが認めていない、破線の地下経済活動への参加を始めることになる。

ジャニーズファンの地下経済活動の発生は、チケットの需要と供給の間の差に起因している。この需要と供給の差は、プロダクションが導入しているチケットの抽選制度と、ファンのコンサート・舞台に参加する意欲の二つの要素の間の不調和によって生まれたものである。

正規の抽選制度においては、一つの名義で申し込める公演の回数・チケットの枚数に制限があり、また、座席の位置が抽選で決まる。プロダクションは、この抽選制度を通じ、一人のファンが行くことができる公演数を管理し、チケットをめぐる紛争を事前に抑えようとしている。しかし、プロダクションがより多くの観客を獲得するために流布させた「コンサートに行くことはファンとしての義務」、「毎回、毎回のコンサートは違う」という認識が、ファンの間で浸透しているため、コンサート・舞台に行く意欲の高いファンにとって、正規の抽選制度が、逆にチケットの取得を妨害するという結果を招いている。チケットを確保するため、ジャニーズファンは、(1)抽選の段階で手配できるチケットを増やす作業、あるいは、(2)地下経済活動に参加することにする。

抽選の段階で手配できるチケットを増やす作業とは、ファンが(A)複数の人から個人情報を借り、複数の名義でFCに入会すること、あるいは、(B)既にFCに入会している他のファンとチームを結成し、共に応募することである。[16] どちらの場合も、ファンの「資金（年会費、チケット代、手数料）」と「人脈」（名義を貸してくれる人、共同作業をする人）が重要である。しかし、このような手配できるチケットを増やす作業は、チケットの需要と供給との差を更に激しくする。チケットの余った人が売り手として、また、チケットの不足している人が買い手として、地下経済活動に転向することに繋がる。つまり、ファンによる、手配できるチケットを増やす作業の増加は、ファンの地下経済活動を発達させる一因となるのである。

3−1−2 地下経済活動の形態

ジャニーズファンの地下経済活動の形態は、表5で示すように、チケットの(1)交換、(2)譲渡、(3)転売に分けられている。

ここで注意を払わなければならないのは、(1)ファンが取引の対象を探す手法と、(2)ファンが取る行動の順番の二点である。

図2で示すように、地下経済活動におけるリスクを抑えるため、ジャニーズファンは、まずファンコミュニティ内部の人員から、次にファンコミュニティに関連する外部の人員、更にインターネット（掲示板、オークション）、コンサート・舞台の

	交換	譲渡	転売
対象	ファン	ファン	ファン・ダフ屋
方法	知人、ネットの掲示板	知人、ネットの掲示板、会場	ネットオークション、ダフ屋
方式	物々交換	定価	定価より高い値段
目的	特定の日時、場所、席のチケットの取得	余ったチケットの処分	余ったチケットの処分、利益の取得
機能	コンサート・舞台の入場機会の増加	ファンの社会資本の蓄積、経済的負担の減少	経済資本の蓄積

表5

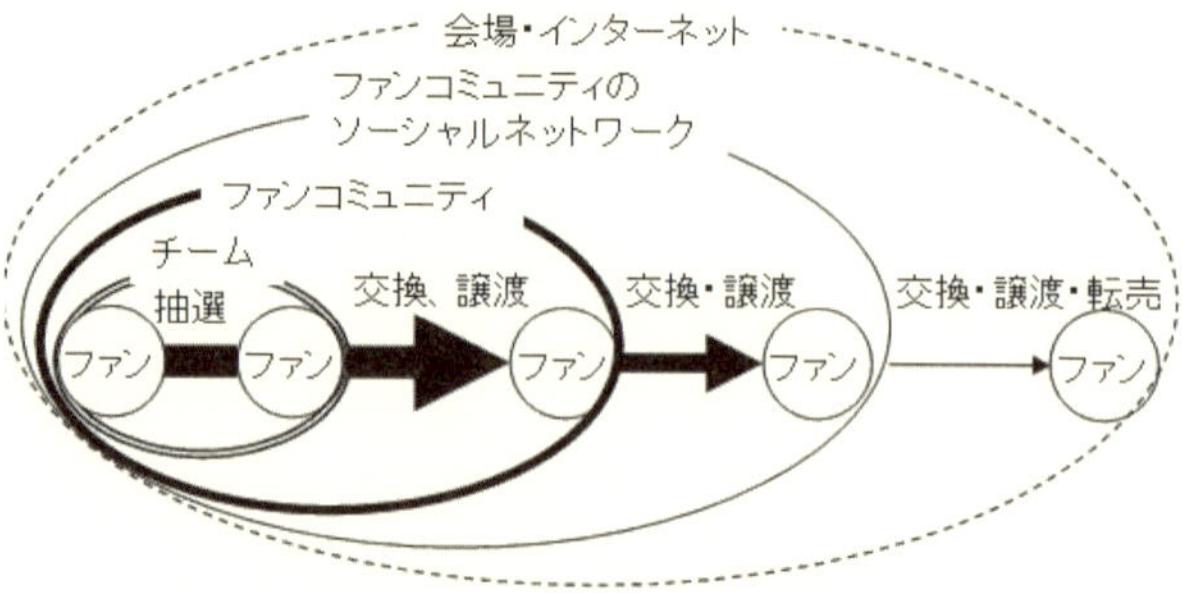

図2　取引の対象を探す手法

会場の順番で、取引相手を探す。ファンコミュニティに所属するファンは、ファンコミュニティを通じて、多くのファンの協力を得ることができるため、チケットの獲得競争において有利な立場となる。一方、ファンコミュニティの支援が得られないファンは不利な立場に陥るのである。このように地下経済活動における取引対象の獲得にファンコミュニティが大きな役割を果たしているため、ファンの間におけるファンコミュニティの存在感が増していくのである。

次に、ファンが取る行動の順番を見てみよう。ジャニーズファンの地下経済活動は、そもそもファンのコンサートや舞台に行きたいという意欲によって形成されたものである。このため、ジャニーズファンの間では、余分なチケットが出た場合、ファンはまず「交換」の形で、自分が欲しい別の日時・場所・席順のチケットを手に入れる傾向が見られる。更に余分なチケットがある場合は、譲渡や転売の形で売り出し、譲渡・転売で得た所得をコンサートの資金に回す。これらの事例を踏まえると、「コンサートや舞台に行く意欲」の有無が、ファンによる転売と、ダフ屋による転売の最大の相違点である。

3-1-3　チケットの「転売」の変容

次は、地下経済活動の「転売」行動に着目する。チケットの転売は、昔から存在しており、以前は、「ダフ屋」によって独占されていた。これは、ジャニーズファンの間で横断的な連絡の仕組みがなかったためである。しかし、近年のインターネットの普及により、ジャニーズファンはインターネットを通じてファン同士で連絡を取ることが容易となり、様々な団体作業も行われるようになっている。チケットの私的な取引が多様化し、「ダフ屋」によるチケット転売の独占状態は崩壊したのである。

この影響を受け、ファンと「ダフ屋」との上下関係も変わってきている。現在、ファンは「買い手」だけではなく、「売り手」にもなるため、「ダフ屋」が常に上位に立つ構造が崩れ、ファンと「ダフ屋」が対等な地位となった。そして、ファン同士の間でも、図3の右の図のように、より流動的な関係が構築される。

なぜ、インターネット、とりわけネットオークションが[17]、「チケット転売」の主要な手段として、ジャニーズファンに受け入れられているのであろうか。これは、プロダクションによる厳しい取り締まりが背景にある。プロダクションに自身のチケット売買の事実が伝わることを回避するため、ジャニーズファンは、個人情報を漏らさずに、チケット売買が可能となる手段を探すことになる。「他人と一定な距離を保ちながら、コミュニケーションを行う」(Rheingold 2000：11) という特徴があり、危険性を感じる際には、自ら連絡を行わないようすることができるネットオークションは、より安全性の高い売買手段として、ジャニーズファンに受容されている。

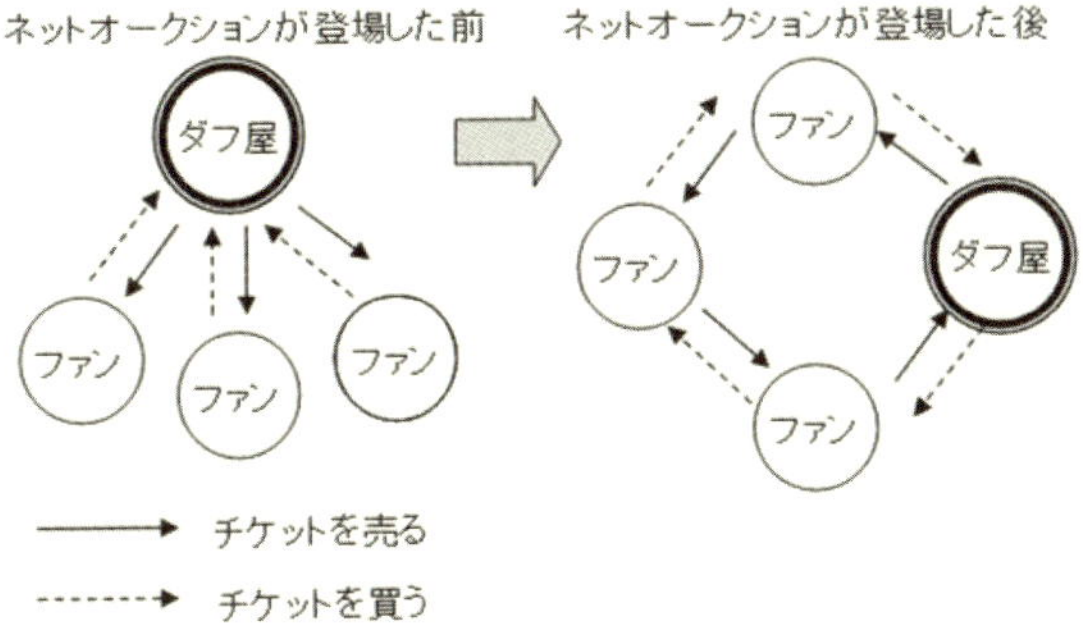

図3　チケットの転売の変容

　インターネットの利用が進むと、ファンは、自らが売買の主導権を持つようになり、あえて「ダフ屋」にチケットを提供するようになる。この変化によって、チケットの転売が「『ダフ屋』対個人」の形から「個人対個人」の形に発展し、流動的な取引関係が生み出されている。Abercrombie & Longhurst (1998) が提示した、メディアの発達につれて、オーディエンスも情報発信者の地位を持つようになるという論点は、ファンの地下経済活動でも成り立つのである。

　プロダクションが導入している抽選制度とジャニーズファンのコンサートや舞台への参加意欲の二つの要素が、ジャニーズファンに地下経済活動を促す最大の理由である。これに加え、ネットオークションの発展が、チケットの転売の主導権を「ダフ屋」から奪い、ファン同士の私的な取引をジャニーズファンの地下経済活動の主流へ押し上げたのである。

3－1－4　地下経済活動の特徴

ジャニーズファンの地下経済活動には、以下の二つの特徴がある。

　第一は、ファンがチケットを入手する可能性が、ファンが所有している(1)「経済資本」と、(2)「ファンの社会資本」とに依拠している点である。

「経済資本」とは、ファンが操ることのできる経済資源のことである。「経済資本」の高いファンは、チケット抽選の段階で資金を調達しやすく、地下経済活動の段階でも高価でより良い座席やチケットを取得することができる。例えば、インフォーマント44は、仕事を持ったときと持たないときの、自分の地下経済活動について、次のように語った。

「まずは抽選。外れたら、オークションで買う（中略）。今まで一番高かったのは、四万円台。それは、関ジャニの千秋楽だった。高かったね。今は働いていないから、二万円が限界だなぁ。あの時は仕事があって、給料もあったから、三、四万円でも手が出せたけど。」（44、二〇代後半、学生）

「ファンの社会資本」とは、ファンがファンコミュニティで持っている人脈である。Ports & Haller（1990：408）は、法律で保護されていない「地下経済活動」の成立には、売買の両側の信用と社会的連帯が重要であると指摘している。この傾向は、ジャニーズファンの地下経済活動にも見られる。ジャニーズファンは知人やファンコミュニティの力を借りて、チケットの交換・譲渡の相手を探すことが多い。ゆえに、ファンが持っている「ファンの社会資本」は、ファンの「地下経済活動」をより円滑にする重要な要素である。ファンの仲間が多いインフォーマント4は、地下経済活動で活躍しているファンの一人である。彼女は、ファンの仲間たちのチケットの交換を手伝うだけでなく、気に入らないファンに対するチケットの譲渡の妨害さえできる。

「（私は）よく友達のチケットの交換を手伝っており、感謝される対象となることが多くあります。チケットが余ってしまう場合、交換や譲渡の相手を紹介したりしています。なるべく、友達全員が（コンサートに）行けるようにしたいのです。しかし、この間、××さんから『チケットを譲ってください』と頼まれた時、チケットが余っていましたが、譲りませんでした。××さんはいつも、私の『担当』の悪口ばかり言っているので、彼女には絶対に譲りたくなかったのです。」（4、二〇代後半、学生）

地下経済活動におけるジャニーズファンの持つ優位性が、「経済資本」と「ファンの社会資本」に依拠するのに対し、チケットの抽選段階におけるジャニーズファンの優位性は、「経済資本」、「社会資本」、「ファンの社会資本」の三つの資本に左右される。

ここで取り上げる「社会資本」とは、「ファンの社会資本」とは違い、ファンが実世界で持っている人脈およびその人脈の力と指す。「ファンの社会資本」の高いファンは、チケット抽選の段階では、共同作業を実施するファンを見つけやすい。これに対し、「社会資本」の高いファンは、ファンではない人からの名義の借り受けや別の手法でチケットを取得することが可能である。例えば、インフォーマント14は社会資本を活用し、抽選で得られなかったチケットを手に入れた。

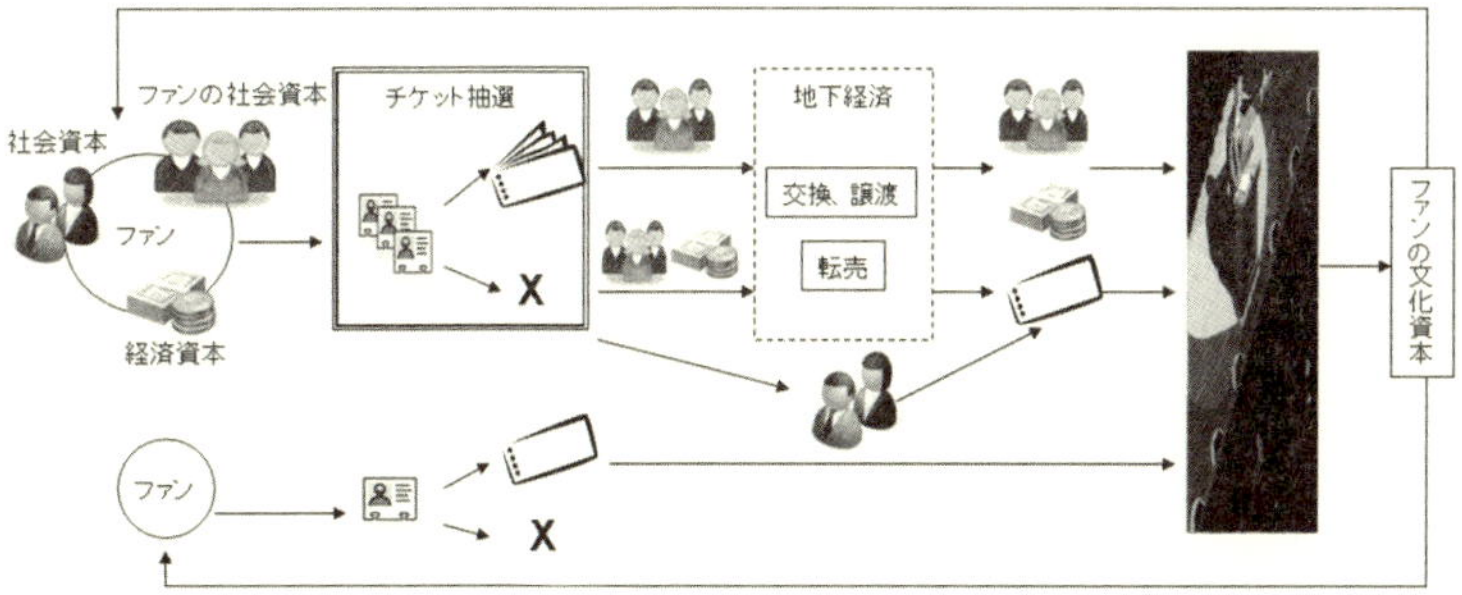

図４　実資本・ファン資本とファンのチケット取得との関係

「今回は、なかなかチケットが手に入れられないのね。一般のほうから買おうと、いろいろ考えていたら、主人がチケット手に入れてくれたの。良く見えるところの席をね。だから行ったのです。うちの主人はいろいろな人脈があって、そういう（芸能産業）関係の人からね。」（14、四〇代前半、自営業）

ここで一度整理を行う。図4で示した通り、ファンが(1)チケットの抽選の段階（複数の名義を作ること、チームで共同応募すること）と、(2)地下経済活動の段階（交換、譲渡、転売）で持つ優位性は、ファンが持つ「経済資本」、「社会資本」、「ファンの社会資本」によって変わる。実資本・ファン資本の豊かなファンは、チケットの抽選の段階でも、地下経済活動の段階でも、有利な位置に立つことができる。これに対し、実資本・ファン資本が乏しいファンは、チケットの抽選の段階や地下経済活動の段階のいずれにおいても、不利な位置に陥るのである。

その上、チケットを手にしたファンは、コンサート・舞台に参加することによって、ファンとしての新たな知識、すなわち「ファンの文化資本」、を得ることができる。また、新たに獲得したファンの文化資本を活用し、自分のコミュニティにおける地位を更に高めることもできる。このように、Hills（2002）が提示した実資本がファン資本に転換するプロセスは、ファンの地下経済活動でも成り立っていることが検証される。

第二は、地下経済活動の継続には、地下経済活動のリスクに対するファンの共通認識と暗黙の合意が欠かせない点である。ジャニーズファンの地下経済活動には、(1)詐欺、(2)会員資格・チケットの失効、(3)「ドタキャン」の三つのリスクがある。これらのトラブルが起きた場合、売り手も買い手も、例えば、法的な手段に訴えることで、自らの権益を保護することは難しい。このため、これらのリスクに対するファン同士の共通認識と暗黙の合意は、地下経済活動の成立と継続にとって重要である。

逆に言うと、この認識がないと疑われているファン、とりわけ、(1)外国人のファン、(2)外見の目立ちすぎるファン（例えば、ギャル）、(3)オークションにおける行動が極端な（落札価格、取引時間、質問内容等）ファンは、地下経済活動から除外される可能性が高い。このため、地下経済活動に参加するファンは、様々な工夫をし、自身の地下経済活動に対するリスクの認識を示さなければならない。例えば、台湾人のファンの一人は、地下経済活動に参加する際、外国人であることを隠す工夫について、次のように述べている。

「外国人であることが『バレ』ないように、わたしはいつも工夫しています。一部の日本人のファンは外国人と話すこと自体が嫌だと思っていますし、そうでなくても、外国人はルールを守らないというイメージを持っているようです。一旦『バレる』と、チケット交換が取り消されるかもしれません。ですので、チケットが手に入るまで、相手に外国人であることを感じさせないように、一生懸命に隠しています。」（3、二〇代前半、学生）

本節では、ジャニーズファンの地下経済活動を形成、形態、変容、特徴の四つの面から検討した。

3―2　ジャニーズファンが「地下経済活動」に参加する動機

ジャニーズファンはなぜ、リスクが高く、多くのコストを投資する必要がある地下経済活動へ参加しようとするのだろうか。この課題を解明するためには、ジャニーズファンの地下経済活動への参加動機を問わなければならない。本節では、ジャニーズファンが地下経済活動に参加する動機を、チケットの「買い手」・「売り手」の立場に分けて、検証する。

3―2―1　ジャニーズファンはなぜ、「買い手」に

(1)コンサート・舞台への参加意欲と、(2)アイドルとのインタラクションを得る意欲の二つが、ジャニーズファンが「買い手」として、地下経済活動に参加する動機である。特定の日時・場所で行われる公演への参加を求めるファンは、地下経済活動で(A)「特定の日時・場所」のチケットを求める。これに対し、より近い席で、「アイドルとのインタラクション（Interaction）」を期待するファンは、(B)「特定の席順」のチケットを求める。

まず、(1)を考察する。コンサートや舞台への参加は、ファ

ンにとってどのような意味があるのだろうか。Abercrombie & Longhurst（1998）によると、コンサートや舞台など、範囲が限られ、直接且つ即時的であり、また、大量の儀典に基づく非日常的なパフォーマンスは、希少性があるため、メディアに媒介されるパフォーマンスに慣れているオーディエンスにとっては、極めて貴重な経験となる。ジャニーズファンのコンサートや舞台に対する評価にも、この傾向が見られる。コンサートや舞台への参加を通じて、アイドルとファンが結び付き、その結びつきによって、アイドルとファンの共通の思い出が作られるのである。この、共通の思い出を作ることは、容易にアイドルに近づくことのできないファンにとっては、替え難い貴重な経験である。

この意識は、プロダクションのあらゆる手法——FCの会報、アイドル自身の発言——を用いたコンサートや舞台への参加意欲の醸成と、ファン同士の口頭コミュニケーションによって、更に強化される。例えば、インフォーマント8はアイドルの発言を受け、「コンサートはアイドルとファンの共同空間」と認識し、また、「コンサートに行くこと＝ファンとしての義務」と感じ、積極的に地下経済活動に参加している。

「コンサートでは、毎回、毎回違うものが出ています。このため、前回のコンサートを見ていないと、今、アイドルは何を喋っているのかがわからなくなります。堂本光一も、『コンサートは、わたしたちとファンとの共同空間です。それぞれのコンサートが特別な意味を持っている』と言っています。だから、コンサートに行くことは、一人のファンとしての義務です。毎回、毎回のコンサートは、取替えのきかない、唯一の存在です。」（8、三〇代前半、会社員）

次に、(2)を分析する。ジャニーズファンは、コンサート・舞台に行く際に「アイドルとのインタラクション」も求める。このジャニーズファンに特徴的な現象は、従来のファン研究では多く論じられていない点である。ジャニーズファンは、アイドルを見るだけではなく、自分がまなざしを受けることをも認識していることが、インフォーマントの回答から明らかになった。

ジャニーズファンにとって、まなざしを受ける対象は二つある。一つは、他のジャニーズファンである。もう一つは、ジャニーズアイドルである。「アイドルはファンを見る」という、アイドルからのまなざしに対するジャニーズファンの確信は、コンサートに行く意欲と同様に、プロダクションが発信した情報やファン同士の口頭コミュニケーションによって、高まっていく。アイドルとのインタラクションをより多く得るため、ジャニーズファンは「生」の活動に参加し続け、アイドルにより近い席を求める。

「ファンサービスがない場合、次はリベンジだわ（笑）！　リベンジって、いい席を取ること。北海道のコンサートを見に行ったとき、席はまぁまぁだった。何ももらえなかったし、二公演しか見られなかったから、がっかりだった。（中略）ファンサービスがあればうれしい。ファンサービスをたくさんもらったから、今まで『山P』（山下智久）を支え続けることができました。」（22、二〇代前半、学生）

更に、アイドルの目線を自分に留めさせるため、ジャニーズファンはコンサートに参加する際の外見、態度に気を遣い、工夫をしている。

「コンサートのとき、アリーナの最前列か二列目、三列目の席のときは、そういう電気の団扇を持っていると、（アイドルが）見てくれます。だから『目が合っている！　合っている！』みたいな、ただの思い込みですけど、合っているような気がしています。とにかく目立つ物を持って行きます。メッセージを書きます。そうではないと、皆と一緒（になってしまいます）。何も持っていかないと、（アイドルも）ただこうやって手を振っているだけでは、見てくれませんから。」（25、四〇代後半、フリーター）

このように、コンサート・舞台は、アイドルだけがパフォーマンスを披露する場ではなく、ファンにとっても、アイドルにアピールする「パフォーマンス」を行う場と言える。

3-2-2　「買い手」が「売り手」に転身する鍵

ジャニーズファンが「買い手」から「売り手」になる最大の前提は、⑴余ったチケットを持っていることである。余ったチケットを保有するには、3-1-1で述べたように、抽選の段階で手配できるチケットを増やす作業が必要である。この作業が行えない場合、ファンが「売り手」として地下経済活動に参加する可能性は低くなる。

また、⑵地下経済活動に参加した経験と、⑶「売り手」を経験した知人の存在も、ファンの「買い手」から「売り手」への転身を促す要素である。地下経済活動が摘発された場合、「売り手」はFCの会員資格が取り消され、今後のチケット抽選への参加も困難となる。このリスクへの対応策がない場合、ファンは「売り手」としての地下経済活動への参加を回避する。

「売り手」として参加した経験がなく、「売り手」を経験した知人もいないインフォーマント2は、「買い手」として地下経済活動に参加したことがあるにもかかわらず、私的な取引に対する不安が払拭しきれないため、なるべく地下経済活動の「売り手」にならないような行動を取っている。

「まったく知らない人にチケット売ったりするなんて、面倒くさいでしょう。金額の計算とか、『ドタキャン』とか、いろいろな問題が起こるかもしれませんから、わたしはなるべく関与したくありません。」(2、二〇代後半、学生)

彼女と比べると、取引経験のあるファンや、知人が地下経済活動に参加したことのあるファンは、地下経済活動について詳細な情報を持っており、取引のトラブルを回避する方法も知っているため、地下経済活動に積極的に参加する傾向が見られる。

「ネットオークションを通してチケットを売りました。ネットオークションでチケットを買うことがありますので、余ったチケットを売りたい時も、もちろんネットオークションを利用します。」(8、三〇代前半、会社員)

これらの事例を踏まえると、ジャニーズファンの地下経済活動における行動は、チケット抽選段階におけるファンの行動と大いに関連していると考えられる。チケット抽選段階で積極的に手配できるチケットを増やす作業を行うファンは、チケットが余る可能性が高く、また、地下経済活動を通じて、余ったチケットを処分する可能性も増える。さらに、地下経済活動を通じて蓄積した経済資本・ファンの社会資本を、ファンの次回のチケットの手配作業に活かすこともできる。このように、チケット抽選段階におけるファン行動と地下経済活動との間には、相互強化の関係が形成されている。

「(チケットを転売で得た収入で)最初にかかったコストを補います。一回のコンサートのため、七〇、八〇万円を用意しなければなりません。そのうち、三〇、四〇万ぐらいはオークションでチケットを買うことに使います。チケットの転売で得た収入によって、少なくてもかかったお金の六割程度を取り戻せます。残りの四割については、毎月の給料などでカバーします。」(8、三〇代前半、会社員)

3−2−3 「営利目的」でも、「シェア」

地下経済活動における取引経験の有無は、ジャニーズファンの間の地下経済活動に対する評価にも影響を与える。地下経済活動に参加していないファンは、営利目的でチケットを入手し転売するファンを厳しく批判する。

「行きたいファンが行けないのが嫌です。儲けるために取っている人もいるみたいですから、ネットオークションは、今、凄く規制が厳しくなっているようですけど。やっぱり行きたい人が取れないと、意味ないでしょう。そういうのが嫌ですね。」（27、二〇代後半、会社員）

このような意見は、Jenkins（1992b）やFiske（1992）が提示した「ファンは営利目的の活動を行わない傾向がある」と一致している。

しかしながら、実際に地下経済活動で活躍しているファン、あるいは、地下経済活動でチケットを入手したファンは異なる視点を持っている。地下経済活動に関与したことがあるファンは、地下経済活動の出現はプロダクションの抽選制度の欠陥に起因するものであり、チケットの値段の高騰も売り手より買い手の行動に要因があると考える。

「もちろんコンサートに行きたいです。しかし、チケットが当たらなかったとき、裏（＝地下経済活動）で買うしかありません。きっと誰かがチケットを持っているからです。昔は『ダフ屋』、そして今はネットオークションで買います。事務所からチケットを割り当ててもらえませんから、このようにしなければなりません。もし、全員のファンはチケットがもらえるのであれば、誰もネットオークションで争わないでしょう。」（7、二〇代前半、学生）

また、チケットを売ってくれるファンがいなければ、コンサートに参加したいと考えていても参加できないのも事実である。このため、ファンによるチケットの転売は、営利を目的にしていても、「シェア」の定義には反していない、と主張するファンも数多く存在している。

「おかしいと思われるかもしれませんが、私はチケットを売ってくれる人に、心より感謝しています。このような人がいなければ、（コンサート・舞台に）行きたくても行けません。チケットさえあれば、いつもよりお金がかかっても構いません。」（8、三〇代前半、会社員）

地下経済活動における取引を通じて、ジャニーズファン同士が知り合いになることも少なくない。この点から見ると、これまでの研究者が設定した「営利の有無」という判断基準でファンの行動を評価することは見直す必要がある。なぜなら、チケットの売り手となることができるファンは、他のファンを助けることができるため、自らのファンの社会資本をさらに増大させることができるからである。
以上、ジャニーズファンが地下経済活動に参加する動機と、ジャニーズファンの地下経済活動に対する評価について検討を行った。

3－3　地下経済活動の影響

地下経済活動の出現は、ジャニーズファンに⑴日常生活の中でファン活動が占める割合の増大、⑵ファンコミュニティへの依存、⑶プロダクションに対する不信感の増大、の三つの影響を与える。

3－3－1　日常生活の中でファン活動が占める割合の増大

3－1－4で取り上げた通り、地下経済活動における優位性を維持するには、経済資本・ファンの社会資本が重要となる。ジャニーズファンは、多額の金銭と多くの時間を投資する一方、他のファンとの繋がりも大事にしなければならないため、ジャニーズファンの日常生活の中でファン活動が占める割合がどんどん増大していく。

「ジャニーズファンの友達は、とても重要！友達がいれば、（アイドルに関する）新しい情報が流されると、すぐ回してくれますし。（中略）チケット抽選のときもそうでしょう。ファンの友達がいれば、ダフ屋に行く必要ないわ。ただし、全然連絡とっていない人に頼むわけにはいかないから、普段から、情報の共有とか、何かの手伝いとか、しなきゃ。だから、ジャニーズの情報だけではなく、日常生活のことも。結構時間が掛かるわ。」（22、二〇代前半、学生）

他のファンとの付き合い・ファン活動の割合の増大に伴い、ファンがお互いの行動に与える影響も拡大する。ファンにとって、アイドルの情報も、他のファンの存在も、生活に不可欠な要素となっていく。

「彼女たちは、私の『本当』の友達です。元々の私は、イベントに参加しても参加しなくても構わない人間だったので、彼女たちがいなければ、頻繁にアイドルに会いに行こうとも思わないでしょう。アイドルのイベントだけではなく、新しい店を探したり、食事したりするときもそうです。彼女たちがいるからこそ、私の生活も多彩になるのです。」（4、二〇代後半、学生）

3－3－2　ファンコミュニティへの依存

ジャニーズファンの地下経済活動において、ファンコミュニティの役割は増大する一方である。なぜなら、チケットの取得、譲渡、売買は、ファンコミュニティを通じたファンの協力、協調、分配によって成り立つことが多いからである。したがって、独自にチケットを手に入れることを困難と感じているファンは、ファンコミュニティへの依存が高くなり、ファンコミュニティに所属していないファンは、更に不利な位置に陥るのである。

近年、インターネットの発展に伴い、ファンコミュニティの数が激増し、同時に複数のコミュニティに参加しているファンも増加している。この影響もあり、各ファンコミュニティの間では、複雑な人間関係が生み出されている。同じコミュニティに属しているファンたちの関係が親密化するのに対し、どのコミュニティにも属していないファンは、更に孤立を深める。後者のようなファンは、行動や価値観において、他のファンと距離があるため、コミュニティに参加することが一層難しくなる。なお、ファンコミュニティから孤立したジャニーズファンは、ファンコミュニティの力を借りることができないため、チケットの抽選段階でも、地下経済活動でも、優位性を持てず、搾取を受ける対象となる。

「チケットは、大体オークションサイトから入手します。高いけど、他には方法がないから、仕方がありません。誰かにチケットを取ることを頼むことはほとんどありません。」(11、二〇代後半、教師)

地下経済活動の出現によって、ファンがファンコミュニティに依存する状況が増えつつあり、ファンコミュニティがファンに与える影響力も拡大する。ファンは、「他人/私」の違いを重要視する一方、ファンコミュニティでは、「優位性を持っている人は更に上昇、優位性のない人は更に貧しくなる」という両極化現象が起きる。ファンが持っている実資本・ファン資本によって、彼女らがチケットを取得するプロセスにおける優位性が変化する。また、優位性を持つファン、あるいは地下経済活動に詳しいファンは、他のファンからの尊敬の対象となる。Hills (2002) が示唆している、ファンの資本の蓄積によるヒエラルキーの形成は、ジャニーズファンの間でも観測された。

3-3-3　ファンのプロダクションに対する不信感の増大

地下経済活動の拡大に伴い、ジャニーズファンが正規の仕組みでチケットを取得することがさらに困難となるため、プロダクションに対してファンが抱く不信感が高まっていく。プロダクションに対する、ジャニーズファンの不信感は、(1)チケット抽選段階において手配できるチケットを増やす作業と、(2)プロダクションに所属しているアイドル以外の芸能人の応援という二つの行動に結びつく。

経験を重ね、抽選制度の欠陥を十分に把握している一部のジャニーズファンは、この欠陥をあえて利用し、自分のチケットの取得過程における優位性を増大させる。一方、チケットの取得過程における優位性を高めることが難しいファンは、コンサート・舞台に参加できず、アイドルに近づく機会が少なくなるため、他のアイドルの応援を始めることになる。

「ジャニーズアイドルはね、世界一近づきにくいのよ。韓流スターと比べると、韓流スターは追いかけやすい。だから、ジャニーズファンだったのに、韓流スターのファンになる人は、結構いるのよ。」(39、二〇代前半、学生)

さらに考えれば、(1)はプロダクションの利益を増やすのに対し、(2)はプロダクションの期待に反する結果を招いている。この二つの対立の特徴を持つファンの地下経済活動は、プロダクションにとっては、アンビバレンスな存在である。地下経済活動による、プロダクションに対するファンの不信感を抑えるため、プロダクションはさらに厳しい監視、検挙、ルールの改正などを行う。このように、ファンとプロダクションとの関係は、どんどん緊張していくのである。

3－4　地下経済活動はファンの「戦術」

これまでの考察を踏まえて、本稿では、地下経済活動をファンにとっての一つの「戦術」(Tactic) 捉えることとする。ここで取り上げる「戦術」は、ド・セルトー (1984) が消費行動を論じる際に提示している「戦術」という概念に基づいたものである。プロダクションの提供したチケットを利用し、プロダクションへの反抗を示しながら、自分に有利な条件を整えていくファンの地下経済活動は、ド・セルトーが示唆する、生産のツールを持たず、生産の空間も持たない遊撃手にあたる行動者が、敵の領土で扱う即時的かつ流動的な反抗行動、と共通である。しかし、ド・セルトーの主張よりも、このファンの地下経済活動は、一層複雑な意義を持っている。なぜなら、この地下経済活動は、ファンのプロダクションに対する「戦術」だけではなく、他のファンに対する「戦術」にもなっているからである。

まず、対プロダクションの「戦術」として、ファンはプロダクションが禁じている地下経済活動を通じて、プロダクションから搾取を受けることへの不満とアイドルの「追っかけ」をする過程で溜まったストレスを発散させることができる。一方、ファンはこのような「地下」の活動を通じて、プロダクションとの全面的な対立を、意識的に回避する。

ファンが、プロダクションとの全面的な対立を回避する理由は、ド・セルトーが述べているように、ファンが、自分が生産のツールを持っていないことだけでなく、自分の支持しているアイドルがプロダクションから独立することができないことも十分認識しているからである。プロダクションとの全面的な対立は、ファンとアイドルが接触できる機会を減らすという不利な結果をもたらすだけである。これは、ファンにとっては避けたい事態である。このように、憎みながらも離れないというファンのプロダクション対する複雑な感情が表出する地下経済活動は、ファンのプロダクションに対する一つの「戦術」となるのである。

また、ファンは、地下経済活動をアイドルへのロイヤリティーを示す一つの方法と考えている。ファンは、地下経済活動に参加するリスクが大きいことを認識しながらも、地下経済活動に参加することを決意する。そして、この決意を自分のアイドルへのロイヤリティーの証とする。さらに、自分が持つ実資本・ファン資本を最大限に活用し、自分のファンコミュニティにおける優位性を更に高めるファンもいる。言い換えれば、ファンの地下経済活動は、ファンが、ファン資本やファンコミュニティにおける優位性を累積する、他のファンに対する一つの「戦術」になっている。

結果として、地下経済活動の発達によって、ファンとプロダクションとの関係だけではなく、ファン同士の人間関係にも変化が現れる。ファン同士はチケット取得の利害関係人となるため、同盟関係が発生すると同時に、対立、闘争も発生する。地下経済活動を通じて知り合いを増やしたファンもいれば、他のファンから搾取を受けるファンもいる。このように、地下経済活動が拡大した結果、ファン同士の間ではより複雑な人間関係が形作られる。このように、地下経済活動は、プロダクションに対する「戦術」と、ファン同士の間の「戦術」として、ファンに受け入れられてきたのである。

4　終わりに

本稿は、ジャニーズファンの地下経済活動の起源、形態、意義を検討してきた。ジャニーズファンは、地下経済活動を通じ、同盟や対立など、様々な人間関係を経験し、同時に、そこからファン同士の「絆」を育んでいる。さらに、ファンが地下経済活動を自分に有利な「戦術」として活用していることも、地下経済活動の調査から浮かび上がってきた。

地下経済活動への参加を通じて、ファンは、自分たちが同質の群れではなく、種々の価値観が溢れ、多様性のある集団であることを示している。その多様性と能動性があるからこそ、ファンカルチャーを彩るダイナミズムが生み出されるのである。

ファンカルチャーには、文化生産と経済生産、地上活動と地下活動が並存しており、交差している。これまでのファン研究では十分に描き出されてこなかったファンの経済生産と地下活動の考察を行うことは、今後のファン研究にとっては有意義な一歩になる。ファン研究の発展を考えた場合、ファンの経済生産と地下活動に向き合うことが非常に重要であることを、改めて強調しておきたい。

【注】

1　ジャニーズ事務所に所属しているジャニーズ系アイドルを応援するファンのこと。ジャニーズ事務所は、一九六二年に喜多川拡によって創立された芸能プロダクションである。現在、七人のアイドル、一〇組のアイドルグループ、研修生に当たるジャニーズJr.などが在籍している。

2　ジャニーズ事務所に所属している五人組アイドルグループ。

3　「地下経済活動」は、経済学における一つの概念であり、公的機関に報告されない経済活動のことを指している（Feige 1989；Greenfield 1993；高成田 1986；バブリー 1987）。本稿では、このような、ジャニーズアイドルのコンサートや舞台のチケットをめぐる、ファンたちの私的な取引を、ファンの「地下経済活動」と呼ぶこととする。

4　Grossberg（1992）によると、この「こだわりのある対象」は多くの場合、マスメディアに媒介されたポピュラーカルチャーである

5　これまでのファン研究では、行動の特徴によってファンと一般のオーディエンスを区別する議論が数多く存在している。しかし、Harrington & Bielby（1995:97）によると、ファンとオーディエンスを区別する際に重要なのは、ファンが取る行動ではなく、ファンが自分はファンであると承認することである。つまり、ファンに対する社会的な偏見が存在している状況においても、ファンというアイデンティティを持つことができるかどうか、という点が重要である。

6　例えば、東京都では、「ダフ屋」の行為は「東京都迷惑防止条例」第二条で禁じられている。「東京都迷惑防止条例」第二条によると、①何人も、乗車券、急行券、指定券、寝台券その他運送機関を利用し得る権利を証する物又は入場券、観覧券その他公共の娯楽施設を利用し得る権利を証する物（以下「乗車券等」という）を不特定の者に転売し、又は不特定の者に転売する目的を有する者に交付するため、乗車券等を、道路、公園、広場、駅、空港、ふ頭、興行場その他の公共の場所（乗車券等を公衆に発売する場所を含む。以下「公共の場所」という）、又は汽車、電車、乗合自動車、船舶、航空機その他の公共の乗物（以下「公共の乗物」という）において、買い、又はうろつき、人につきまとい、人に呼び掛け、ビラその他の文書図画を配り、若しくは公衆の列に加えて買おうとしてはならない。②何人も、転売する目的で得た乗車券等を、公共の場所又は公共の乗物において、不特定の者に、売り、又はうろつき、人につきまとい、人に呼び掛け、ビラその他の文書図画を配り、若しくは乗車券等を展示して売ろうとしてはならない。

7　非公式に入場券を買い、もしくは売ることを商売としている人のこと（別役 1987：60）。

8　現行の法律では、ネット上における取引は、公共の場所で

の取引ではないため、ダフ屋行為には当たらず、取り締まりの対象とされていない。

9　ファンが行うコンサートチケットの交易は、プロダクションのジャニーズ事務所によって禁止されている。このため、ジャニーズ事務所に知られた場合、チケットの有効性と売り手の会籍が取り消されてしまう。詳細は、ジャニーズアーティストクラブの会員規約の第三条（http://www.johnnys-net.jp/j/_ppp/agree.html）を参照のこと

10　広辞苑によると、「ブーム」とは、(1)にわかに需要が増大し、物価が暴騰すること、あるいは、(2)ある物事がにわかに盛んになることをさす。本稿は(2)に従い、一九八〇年代後半以降、ジャニーズ事務所に所属しているジャニーズアイドルが急に熱狂的な人気の対象となることを、「ジャニーズブーム」と称す。

11　例えば、ジャニーズの最初の海外拠点の一つである台湾においては、ジャニーズアイドルの影響により、それまでポピュラー音楽業界には存在しなかった、「少年アイドルグループ」というジャンルと「追っかけ」が誕生した。その他、香港、韓国、タイでも、「ジャニーズブーム」がメディアの注目を集めている。

12　『日経エンターテインメント』が二〇〇四年一一月で公表した「二〇〇四年コンサート動員数ランキング」では、一位と二位にジャニーズアイドルがランクされた。また、二〇〇九年にKAT-TUNは、東京ドームで史上初となる八日間連続コンサートを行い、五五万人の観客を動員し、「キネス・ワールド・レコーズ」の記録を更新した。

13　マスメディアにおける報道のほか、近年は、ジャニーズファンが自らのファン経歴を本にまとめ、出版する行動が目立つ。例えば、日本には、松本美香（2007）：『ジャニヲタ 女のケモノ道』双葉社、竹内義和（2008）：『僕が、嵐を好きになった理由』メタモル出版、がある。台湾では、希小爾（2007）：『哈日追星大作戦』墨刻出版股份有限公司 2007、Mayu（2009）：『東京小女行～PS. 男生可能不適用（囧）～』上旗文化、が出版された。

14　インタビューは、二〇〇八年六月から二〇〇九年一〇月の間、台北市、東京都、神奈川県で実施した。全てのインタビューの内容は、インフォーマントの許可を得た上で録音している。

15　ジャニーズファン用語。「～担当」＝「～ファン」。一人のファンは、一人の担当しか持たないことがジャニーズファンの間の暗黙のルールである。例えば、木村拓哉ファンは、自分を木村拓哉担当と呼ぶ。また、同じアイドルのファンのことを「同担」という。

16　FCの規定により、一回の公演において、一口の名義で応募できる枚数は一枚～四枚に制限されている。ジャニーズファンは、自分で手配できるチケットを増やすため、インタラクションの多いファン二～三人と一緒に、二～四人の「チーム」を結成して応募することが多い。

17　「ページビュー」、「個人情報保護対策」、「チケットの売買への許可」という三つの点を勘案した場合、チケットの値段を更に上げる可能性を一番持っているヤフーオークションがジャニーズファンに最も好まれている。

【参考文献】

［日本語］

『オリコン年鑑』オリジナルコンフィデンス 1981～2004, 2006

～2007
『日本民間放送年鑑』コーケン出版 1990～2009
Bourdieu, P. 1979：*La Distinction: Critique Sociale du Jugement* (De Minuit).［石井洋二郎 1989：『ディスタンクシオン（社会的判断力批判 I, II）』新評論］
Walter, I. 1985. *Secret Money* (Allen and Unwin).［佐藤隆三 1987：『シークレット・マネー』春秋社］
小川博司 1991：「アイドル歌手の誕生と変容」藤井知昭、高橋昭弘編『現代と音楽』東京書籍株式会社、九〇－一〇六頁
小川博司 1991：「アイドル歌手の誕生と変容」藤井知昭、高橋昭弘編『現代と音楽』東京書籍株式会社、九〇－一〇六頁
小川博司 1995：「ノリの社会学」『桃山学院大学総合研究所紀要』、九－一七頁
毛利嘉孝 2007：『ポピュラー音楽と資本主義』せりか書房
日経ビジネス編 1982『地下経済の研究：税高ければ、地下深し』日本経済新聞社
名東孝二 1987：「地下経済概観」『経済科学研究所紀要』11号、二七－三五頁
名東孝二 1987：『世界の地下経済』同文館
辻泉 2003：「ファンの快楽」東谷護編『ポピュラー音楽へのまなざし』勁草書房
辻泉 2004：「ポピュラー文化の危機――ジャニーズファンは〝遊んでいるのか〟」宮台真司、鈴木弘輝編『21世紀の現実――社会学の挑戦』ミネルヴァ書房、二－五二頁
辻泉 2007：「関係性の楽園／地獄――ジャニーズ系アイドルをめぐるファンたちのコミュニケーション」玉川博章等編『それぞれのファン研究』風塵社、二四三－二八九頁
佐和隆光編 1990：『サービス化経済入門：その全データと展望』中公新書
武井昭 1987：「地下経済の理論的研究の現状とその問題点」『経済科学研究所紀要』11号、三七－五九頁
武井昭 2003：『現代の社会経済システム』日本経済評論社
高成田享 1986：「地下経済のフレームワーク」『地下経済ネットワーク』東洋経済新報、一－一九頁
野村総合研究所 2005：『オタク市場の研究』東洋経済新報社
新村出編 1998：『広辞苑（第五版）』岩波書店
稲増龍夫 1989：『アイドル工学』筑摩書房

［英語］

Abercrombie, N. & Longhurst, B. (1998)：Audiences (SAGE).
Baym, N. (2000)：Tune In, Log On (Sage).
Feige, E.L. (1989)：The Underground Economies：Tax Evasion and Information Distortion (Cambridge).
Fiske, J. (1987)：Television Culture (Methuen).
Fiske, J. (1992)："The Cultural Economy of Fandom". In Lewis, L. (edt.) The Adoring Audience (Routledge), pp.30-49
Gray, J., Sandvoss, C. and Harrington, L. (2007)："Introduction: Why Study Fans?" In Gray, J., Sandvoss, C. and Harrington, L. (eds.) Fandom: Identities and Communities in a Mediated World (New York University Press), pp.1-18.
Greenfield, H.I. (1993)：Invisible, Outlawed, and Untaxed: America、s Underground Economy (Praeger).
Grossberg, L. (1992)："Is There a Fan in the House?: The Affective Sensibility of Fandom". In Lewis, L. (edt.) The Ador-

ing Audience (Routledge), pp.50-65
Harding, P. & Jenkins, R. (1989)：The Myth of the Hidden Economy (Open University Press).
Harrington, C.L. & Bielby,D.D. (19959)：Soap Fans: Pursuing Pleasure and Making Meaning in Everyday Life (Temple University Press).
Hills, M. (2002)：Fan Cultures (Routledge).
Jenkins, H. (1992a)：“Strangers No More, We Sing：Filking and the Social Construction of Science Fiction Fan Community”. In Lewis, L. (edt.) The Adoring Audience (Routledge), pp.208-236
Jenkins, H. (1992b)：Textual Poachers (Routledge).
Ports, A. & Haller, W. (1990)：“The Informal Economy” In Smelser, N.J. & Swedbery, R. (eds.). The Handbook of Economic Sociology (Princeton University Press), pp.403-425
Radway, J. (1986)：Reading the Romance：Women, Patriarchy and Popular Literature (Verso books).
Skolka, J. (1987)：“A Few Facts About the Hidden Economy” In Alessandrini, S. & Dallago, B. (eds.) The Unofficial Economy (Gower), pp.35-59
Thornton, S.（1995）：Club Culture (Polity Press).

［中国語］
阮冠穎 2003『跨界地下經濟：「金門小貿易」之社會經濟分析』台灣大學建築與城鄉研究所碩士論文
張郁欣 2005：『反偶像明星社群之初探』國立政治大學國際貿易研究所碩士論文
梁鴻斌 2005：「演唱行銷知多少――唱行兩岸三地台灣歌手題相記」『中華民國行政院新聞局出版年鑑 2005』
陳坤賢 2006：『饕食勞動――從契約關係析論流行音樂歌手之勞動條件』國立中正大學電訊傳播研究所碩士論文
鄧哲偉 2002：『我國地下經濟規模變動之研究』中山大學公共事務管理研究所碩士論文
龐惠潔 2003：「初探迷社群內的權力關係：以台灣傑尼斯迷為例」第三屆網路與社會研討會發表論文
龐惠潔 2008：「迷社群內的地下經濟：以傑尼斯迷為例」『數位時代的自由傳播與知識共享研討會論文集 2008』國立政治大學新聞學系 pp.27-50

［新聞紙・雑誌］
「ジャニー喜多川、少年スターの創造主」『日経ビジネス』二〇〇六年三月六日号
「女子十二楽坊、著作権で失敗」『日経ビジネス』二〇〇七年九月一七日号
「日本の会社　法人申告所得ランキング」『週刊誌東洋経済臨時増刊』一九八九〜二〇〇六年
『聯合報』一九八九年二月二一日

あとがき

一七五五年一一月一日にポルトガルのリスボンで、突然巨大地震が起こった。この出来事が一八世紀の知的世界や自己理解に与えた影響は大きかったという。ほかならぬカトリックの信仰篤い国リスボンに、地震と津波の途方もない災害が突然襲いかかってきたのである。この出来事にはどんな意味があるのかと、立ちつくして考えざるをえないひとびとがいた。ひき起こされた破壊は想像を絶していた。それは人間の知がなしうる表象の限界を越えることであり、ひとびとは、慣れ親しんだ思考や感受性の根底の部分が裂けて、その向こうに出現する言い表しがたい異様な何かに直面しているかのように感じた。この災いをもたらした神の御意志とは何か。これは弁神論的な大事件であり、世界の存在の根底に善への信頼を据えることができないのではないかという疑念を引き起こした。ヴォルテールやJ・J・ルソーを初め、多くの知識人に、懐疑と無力感をもたらしたのである。哲学者カントにとっては、かれがケーニヒスベルク大学の私講師として講壇に立ち始めた時期での事件であり、深い衝撃を受けてこの意味に哲学的に取り組んだという消息も残っている。既存の形而上学の根底に、存在の無意味さという暗闇を覗きこむことになったという点では、カントの三批判書が成立する大きな背景にもなっただろう。それはとくに崇高、つまり人間の表象が限界を越えて働かなくなるような向こう側の問題として、カントの思考のなかに場所を占め続けた。崇高が見出される経験とは断絶のそれであり、圧倒的な無力さに脅かされることであった。

3・11の大震災と原発人災も、どこかでそれ以前の感受性を決定的に揺るがすような出来事であった。

カントがちょうどリスボン地震を前に知的に立ちすくんだように、わたしたちもまた文化と政治の総体を考えようという志向をもっていたからこそ、この事態の大きさにたじろぎ、困惑している。本書の公刊が、当初想定していた時期よりも遅れることになってしまったために、大震災以後になった。そのことがもたらした困惑である。収録されている論文は、ほとんどが、それ以前に脱稿した考察である。おそらくどの執筆者も、少なくともひとことは、この大震災以前の思考に、以後の感受性からの補足をしたいところだっただろう。それほどに、3・11の衝撃は例外なくカルチュラル・スタディーズを実践し、考えようとする人間たちに、知的にも降りかかってきた。これから徐々に、震災と原発をめぐって地に足のついた批判的な文化実践が展開されていくことだろうし、それがアジアのカルチュラル・スタディーズの大きな課題となっていくはずである。本書に結実している思考と経験も、震災の被害の崇高さに直面したときの表象の限界突破から立ち直りながら、あらためて出来事の経験をより適切な象徴系のなかに言語化していくことができるだろう。

しかし、災害がもたらすのはカオスのなかでひとがひとを押しのけて相争うような状況ではなく、ある特別な相互扶助のユートピア状況であると述べたのは、『災害ユートピア』のレベッカ・ソルニットだった。このこともカルチュラル・スタディーズに関わるひとびとにとっては、鮮やかな認識枠組みの転換であろう。それに、カルチュラル・タイフーンを担ってきたひとびとのなかからも、短期間に東北とつながって具体的な支援を進めようとする動きが生まれた。カルチュラル・タイフーンが現在の状況に対してつねに確保している感度を証明するような反応であったのかもしれない。おそらく、この災害ユートピア状況からの文化実践は、これからのカルチュラル・タイフーンのひとつの風になっていくに違いない。

本書は、*Inter-Asia Cultural Studies* から陳光興が、カルチュラル・タイフーンからは吉見俊哉、岩崎稔が編者として出てまとめることになった。アジアの広い範囲にわたって展開している活動の規模からある程度予想はしていたにしても、この論集をまとめるにあたっては、当初の予定よりかなり遅くなってしまった。その過程でご迷惑をおかけすることになった方々には、編者の非力をお詫びしたい。

本書の装丁は、若いデザイナーの大熊真未さんにお願いしている。大熊さんはカルチュラル・タイフーン2009のウェブサイトやフライヤーのデザインを初め、駒沢大学で開催されたカルチュラル・タイフーン2010のパンフレットを作るなど、カルチュラル・タイフーンの仲間のひとりとして、デザインの分野を担当してきてくれている。

最後になったが、せりか書房社長の船橋純一郎さんと武秀樹さんには、言い尽くせないほどお世話になった。せりか書房からは、カルチュラル・タイフーンのなかから出てきた成果のいくつかをこれまでも公刊していただいている。構造的な出版不況のなかで、「カルスタ」の可能性を評価していただき、積極的にカルチュラル・スタディーズのせりか書房でもあろうとしてくださる見識に、敬意を表しておきたい。

二〇一一年六月二五日

編者として
岩崎　稔
陳　光興
吉見俊哉

執筆者紹介

【編者】

岩崎稔（いわさき　みのる）
東京外国語大学大学院総合国際学研究院教授、東京外国語大学出版会編集長。哲学／政治思想。共編著に『東アジアの記憶の場』（河出書房新社）、『記憶の地層を掘る』（御茶ノ水書房）など。

陳光興（Chen Kuan-Hsing）
台湾交通大学社会文化研究所教授、『インターアジア・カルチュラル・スタディーズ（*Inter-Asia Cultural Studies : Movement*）』主幹。著書に、*Asia as Method : Toward Deimperialization*, Duke University Press など。

吉見俊哉（よしみ　しゅんや）
東京大学大学院情報学環教授。社会学、文化研究、メディア研究。著書に『カルチュラル・スタディーズ』（岩波書店）、『親米と反米』（岩波新書）など。

【論文】

ミーガン・モリス（Meaghan Morris）
香港嶺南大学カルチュラル・スタディーズ学部教授。カルチュラル・スタディーズ。著書に、*Too Soon Too Late : History in Popular Culture*（*Theories of Contemporary Culture*）, Indiana UP、*Identity Anecdotes : Translation and Media Culture*, Sage Publications など。

ファービアン・シェーファ（Fabian Schäfer）
ライプチッヒ大学東アジア研究所日本学科講師。メディア論、カルチュラル・スタディーズ。論文に "Public Opinion and the Press : Transnational Contexts of Early Media and Communication Studies in Prewar Japan, 1918-1937." In : *Social Science Japan Journal* 2011 14(1), "The Re-articulation of Cultural Studies in Japan and its Consequences for Japanese Studies." In : *International Journal of Cultural Studies* 12(1) など。

本橋哲也（もとはし　てつや）
東京経済大学コミュニケーション学部教授。カルチュラル・スタディーズ。著書に『思想としてのシェイクスピア』（河出書房新社）、『深読みミュージカル』（青土社）など。

毛利嘉孝（もうり　よしたか）
東京芸術大学音楽学部准教授。社会学、メディア研究、文化研究。著書に『ストリートの思想』（NHK 出版）、『ポピュラー音楽と資本主義』（せりか書房）など。

柏崎正憲（かしわざき　まさのり）
東京外国語大学大学院博士後期課程、日本学術振興会特別研究員。政治思想。論文に「反差別から差別への同軸反転――現代コリア研究所の捩れと日本の歴史修正主義」（『クァドランテ』第 10 号）、「政治的合理性と国家――フーコー「統治性研究」の裏面」（『未来』2009 年 7 月号）など。

木下直子（きのした　なおこ）
九州大学大学院比較社会文化学府博士後期課程、日本学術振興会特別研究員。社会学、フェミニズム理論。論文に「DV 被害者支援をおこなう民間シェルターの課題――利用者からの異議申し立てを中心に」（『女性学年報』第 30 号）、「映画紹介『ガイサンシーとその姉妹たち』」（『リベラシオン』129 号）など。

上原こずえ（うえはら　こずえ）
東京大学大学院総合文化研究科博士後期課程、日本学術振興会特別研究員。戦後沖縄の社会運動史・思想史。

菊地夏野（きくち　なつの）
名古屋市立大学人文社会学部准教授。社会学、ジェンダー・セクシュアリティ研究。著書に『ポストコロニアリズムとジェンダー』（青弓社）など。

鄭嘉英（Chung Ga Young）
韓国女性政策研究院委嘱研究員、社会学。論文にLife Experiences and Its Interpretation of Mongolian Migrant Youth in Korea, 사회연구（『社会研究』2009年2/2号）など。

稲津秀樹（いなづ　ひでき）
関西学院大学大学院社会学研究科研究員、日本学術振興会特別研究員。移民研究、監視研究、ナショナリズム／エスニシティ論。論文に「日系ペルー人の『監視の経験』のリアリティ―〈転移〉する空間の管理者に着目して」（『社会学評論』61(1)号）、「移動する人びと／エスニシティのフィールド調査における『可視性の誤謬』」（『KG/GP社会学批評 別冊 共同研究成果論集』）など。

禹晶娥（Woo Jung-Ah）
韓国科学技術先端研究所（KAIST）人文社会科学学科客員教授。近現代美術史。論文に"Terror of the Bathroom: On Kawara's Figurative Drawings and Postwar Japan," *Oxford Art Journal* Vol. 33、"On Kawara's *Date Paintings* : Series of Horror and Boredom," *Art Journal*など。

多田治（ただ　おさむ）
一橋大学社会学研究科准教授。グローバル社会学、沖縄研究、メディア研究、現代社会理論。著書に『沖縄イメージを旅する――柳田國男から移住ブームまで』（中公新書ラクレ）、『沖縄イメージの誕生――青い海のカルチュラル・スタディーズ』（東洋経済新報社）など。

松田ヒロ子（まつだ　ひろこ）
日本学術振興会特別研究員。歴史社会学、社会史。論文に、"Moving out from the Margin : Imperialism and Migrations from Japan, the Ryûkyû Islands and Taiwan" *Asian Studies Review*, 32(4) など。

岩渕功一（いわぶち　こういち）
早稲田大学国際教養学部教授。メディア・文化研究。著書に『トランスナショナル・ジャパン――アジアをつなぐポピュラー文化』（岩波書店）、『文化の対話力――ソフトーパワーとブランド・ナショナリズムを越えて』（日本経済新聞出版社）など。

マリア・ベルナデット・ブラヴォ（Maria Bernadette Bravo）
早稲田大学大学院アジア太平洋研究科博士課程。国際メディア研究、カルチュラル・スタディーズ。論文に、"On Turning Japanese : The Impact of Anime on Philippine Pop Culture" in *International Journal of Comic Art* Vol. 13. など。

龐惠潔（Pang Hui-chieh）
東京大学大学院学際情報学府博士課程。カルチュラル・スタディーズ。論文に「ファン・コミュニティにおけるヒエラルキーの考察」（東京大学大学院情報学環紀要78巻）など。

【翻訳】
橋本良一（はしもと　りょういち）
東京大学大学院総合文化研究科修士課程。比較文学。

遠見里子（えんみ　さとこ）
一橋大学大学院社会学研究科修士課程。社会学。

常安郁彌（つねやす　ふみや）
一橋大学大学院社会学研究科修士課程。社会学。

山嵜佑衣（やまざき　ゆい）
一橋大学大学院言語社会研究科修士課程。二〇世紀英国文化／英文学。

カルチュラル・スタディーズで読み解くアジア

2011 年 7 月 30 日　第 1 刷発行

編　者　岩崎稔・陳光興・吉見俊哉
発行者　船橋純一郎
発行所　株式会社 せりか書房
〒 101-0064　東京都千代田区猿楽町 1-3-11 大津ビル 1F
電話 03-3291-4676　振替 00150-6-143601　http://www.serica.co.jp/
印　刷　信毎書籍印刷株式会社
装　幀　大熊真未

ISBN978-4-7967-0306-2